Gert v. Paczensky

CHAMPAGNER

Fotos von Jürgen D. Schmidt
Aquarelle und Zeichnungen von Jean-Pierre Haeberlin

HÄDECKE VERLAG

Vorstellung

Erholung vom Champagnerstudium bei … das verraten sie nicht.
Gert v. Paczensky und Jürgen D. Schmidt in ihrem Champagner-Domizil in
Ambonnay, einem der besten Champagner-Orte. Von hier aus durchstreiften
sie viele Monate lang die Champagne und sammelten einen Schatz an Bildern
und Informationen für dieses Buch.
Jean-Pierre Haeberlin, Hausherr im elsässischen Drei-Sterne-Restaurant
Auberge de l'Ill, Maler und Zeichner schon für unser COGNAC-Buch, war
natürlich auch in der Champagne wieder dabei.

ISBN 3-7750-0168-9

© Walter Hädecke Verlag, D-7252 Weil der Stadt, 1987.
Reproduktionen: Meyle + Müller, Pforzheim.
Satz: IBV Satz- und Datentechnik GmbH, Berlin.
Printed in Germany. Gesamtherstellung: Mohndruck, Gütersloh.

INHALT

»In victory we deserve it, in defeat we need it.«
(Winston Churchill)

*»Die Götter trinken ihn stehend,
die Damen im Sitzen und wir auf den Knien.«*

*(Spruch auf der Weinkarte im Pariser
»Pied de Cochon«, gelesen 16. 8. 1986)*

VORWORT

In allen Weinbauländern der Welt wird schäumender Wein gemacht und als besonderes Getränk zu besonderen Anlässen getrunken oder auch einfach zur Erfrischung, jedes Jahr etwa 1,3 Milliarden Flaschen. Unbestritten Bester unter den Schaumweinen ist der Champagner – nicht, weil er am teuersten ist, sondern weil komplizierte Herstellungsmethoden, Mühe und Aufwand ihm jene größere Qualität geben, die schon teurer zu bezahlen wäre, wenn nicht auch noch begrenzte Verfügbarkeit hinzukäme. Es ist unwahrscheinlich, daß der Absatz, der 1986 erstmals die Grenze der 200 Millionen Flaschen überschritt, bald oder je die dreihundert Millionen erreichen wird.

Champagner ist nicht nur ein besonderer Wein. Er und die Menschen und die Landschaft, die ihn

hervorbringen, haben unter den Weinen auch die interessanteste Geschichte. Sie ist eng mit unserer eigenen verbunden, im schlechten und im guten. Eigentlich merkwürdig, daß sie so, wie Sie sie hier finden, noch nie erzählt worden ist.

Für dieses Buch haben Jürgen Schmidt und ich viele Monate in der Champagne verbracht; ganz ahnungslos waren wir schon vorher nicht. Die Auskunftsfreudigkeit der Unternehmen und die Freundlichkeit vieler Menschen, die wir bei unserer Arbeit kennenlernten, haben uns sehr beeindruckt. Zu besonderem Dank für wertvolle Informationshilfe sind wir dem Comité Interprofessionnel du Vin de Champagne verpflichtet; Ganz besonders Philippe Le Tixerant (Epernay) und Alain Fion (Reutlingen) und ihren Mitarbeiterinnen.

ETWAS GESCHICHTE

1.
Unerwartete Allianz

Champagner ist ein internationales Getränk. Staatskunst, Politik, Gastronomie und Halbwelt nutzen seine anregende Fähigkeit zur Verständigung der Menschen und Nationen. Doch sein Siegeszug ist ein Gemeinschaftswerk einiger Völker, die alles andere als einig waren.

Die Franzosen haben den Champagner und machen ihn. Sie sind die Bewahrer seiner Einmaligkeit. Aber bei der Aufgabe, ihn so gut zu machen, wie es nur geht, hat ihnen niemand so geholfen wie die Deutschen – als Macher, als Mitmacher, als Propagandisten. Das Syndikat der Champagner-Handelshäuser, das Anfang 1884 durch Gesetz verankert wurde, bestand aus einundsechzig Firmen: neunzehn davon hatten deutsche Gründer oder Besitzer, immerhin fast ein Drittel. Und der Champagner zog immer wieder junge Deutsche aus verwandtem Milieu nach Epernay, Reims oder anderen seiner Hochburgen, wo sie interessante und wichtige Stellungen errangen, keineswegs nur in Unternehmen ihrer Landsleute.

Andererseits wurde für viele Champagnerfamilien, auch »echte«

Historisches bei Moët & Chandon

französische, der Weg nach Deutschland zur Selbstverständlichkeit. Zwischen ihnen und der deutschen Weinwirtschaft bestanden damals und bestehen noch heute enge partnerschaftliche, oft freundschaftliche Beziehungen. Die Lansons beispielsweise, ohne familiäre Bindung nach Deutschland, gehören zu jenen, die immer wieder zu uns kamen – zum Lernen auf deutschen Weinbaufachschulen wie etwa Geisenheim oder in deutschen Betrieben. »Viele Jungen aus

den Champagnerhäusern wurden traditionell nach Deutschland geschickt«, erzählt Pierre Lanson, Direktor der gleichnamigen Firma. »Mein Vater war vor dem Ersten Weltkrieg mit Ribbentrop* zusammen. Mein Großvater, der Urgroßvater – alle waren in Deutschland. Auch die Polignac von Pommery, die Heidsieck, die Krug und viele andere. Ich war 1951 bis 1953 bei MM und zwei Jahre lang während der Ferien in Geisenheim.«

Doch verdankte der Champagner seinen Siegeszug dann, als er kam – mühsam zunächst, denn Geburt und Jugend dieses erstaunlichen Getränkes fielen ja in eine überaus kriegerische, blutige Epoche – ganz überragend denjenigen, die auch Cognac, Portwein, Bordeaux und Sherry zu Welterfolgen gemacht haben: den Briten.

Champagner war für die Franzosen noch ein »stiller«, also nicht schäu-

* der damals das Sekt- und Champagnergeschäft lernte; zu den Nazis stieß er später; die Familie war Teilhaberin des Sektunternehmens Henkell.

Die Kathedrale von Reims ist Schauplatz nicht nur französischer, sondern auch deutscher Geschichte. ▷

J.P. HAEBERLIN.

mender Wein, da sprudelte er in England schon aus Flaschen, die dicker waren als die französischen, also dem Druck standhalten konnten (der freilich damals noch weit geringer war als heute, aber immerhin…). Großbritannien war damals die führende Weltmacht. Seine Geschäftsleute, Funktionäre, reichen Adeligen und Offiziere tranken schon Champagner, als er in Frankreich noch so gut wie unbekannt, und immer mehr, als er dann richtig erfunden war. Sie nahmen in die ganze Welt mit, was sie zu Hause schätzen gelernt hatten. Ihre Heimat war von Anfang an der führende Champagnerkonsument; diese Stellung ist fast nie durchbrochen worden.

Der Pflege des britischen Marktes verdanken viele Champagnerhäuser ihren Aufschwung und manche ihren heutigen Reichtum. Champagner-Verbrauchszahlen von 1898: Großbritannien fast elf Millionen Flaschen, Frankreich selbst nur etwa fünf Millionen – mehr als ein Jahrhundert nach seiner Einführung. Die Franzosen rafften sich erst sehr viel später auf, Hauptabnehmer ihres ureigenen Getränkes zu werden, erst nach dem Ersten Weltkrieg. Heute verbrauchen sie knapp 63 Prozent allen Champagners, 129 Millionen Flaschen waren es im Jahr 1986.

Deutsche Champagnerliebhaber haben dafür gesorgt, daß sie trotz eines gewaltigen Sektangebotes im eigenen Lande einen respektablen dritten Platz unter den Exportkunden halten, übrigens in den letzten Jahren in geradezu sprunghaftem Aufschwung. 1982 waren wir noch vierte, bis dahin tranken Italiener und zeitweise auch Belgier mehr als wir. Daß Italiener Champagner of-

fenbar so sehr schätzen, ungeachtet des vielen eigenen »spumante«, der dort ebenso reichlich schäumt wie bei uns der Sekt, hilft auch mit, den hohen Verbrauch der USA zu erklären. Die größten Einwandererströme nach Nordamerika kamen bekanntlich aus Großbritannien, Deutschland und Italien – wen wird also wundern, daß die Vereinigten Staaten heute die Briten gelegentlich vom ersten Platz der Champagnerverbraucher verdrängen und sonst eisern den zweiten halten.

Ohne Nordamerika übrigens würde es vielleicht gar keinen Champagner mehr geben, und überhaupt nur ganz wenig europäischen Wein. Um die Jahrhundertwende begann die Reblaus, die Winzer Europas zu ruinieren. Die Rettung kam schließlich aus den Vereinigten Staaten (s. Seite 25). Viele Westeuropäer denken, die Amerikaner hätten sie zweimal in unserem Jahrhundert gerettet, in den Weltkriegen. Es war dreimal.

Auch die Belgier waren von Anfang an ein guter Champagnermarkt, im Pro-Kopf-Verbrauch sind sie fast allen anderen (mit Ausnahme der Schweizer und Luxemburger) haushoch überlegen.* Sie und – heute glaubt man es kaum – die Russen sind die nächsten Verdienstvollen in der Geschichte des Champagners, fast von Anfang an. Die Belgier als solide Dauerkonsumenten mit höherem Qualitätsbewußtsein als die meisten anderen, auf diesem Gebiet und anderen der Gastronomie, kaufen im allgemeinen bessere Qualitäten als die Deutschen und Franzosen. Die Russen wiederum waren sehr früh ein schier sensationell ergiebiger Markt, dem einige der bekanntesten Champagnerfirmen ebenso ein frü-

hes Vermögen verdankten wie andere den Briten (Clicquot, Roederer…). Bis die Revolution dem Geschäft, das ja ohnehin nur von den reichsten Schichten bestritten werden konnte, ein Ende machte.

Die Rolle der Deutschen, die sich leider in der Champagne nicht nur angenehm bemerkbar gemacht haben, beschreibe ich noch ausführlicher. Aber bei den Briten möchte ich noch etwas verweilen. Sie haben nicht nur durch ihren für die damaligen Zeiten extremen, heute immer noch beachtlichen und überdurchschnittlichen Verbrauch von Champagner der ganzen Branche auf die Beine geholfen. Sie haben auch entscheidend zur Geschmacksbildung beigetragen. Der »Brut«, also der sehr trockene Champagner, wurde nach anfänglicher englischer Abneigung, die damals ganz Europa teilte, zuerst bei ihnen ein Erfolg. Er war in Großbritannien schon lange zum Standard geworden, als die Franzosen noch am süßlichen Champagner festhielten, und das Beispiel (auch das Marktgewicht) der Briten hat ihn dann gottlob weltweit zur vorherrschenden Geschmacksrichtung gemacht – selbst bei uns in Deutschland. Frühzeitig gewöhnten sich die Champagnerhäuser daran, ihre besten »cuvées« nach Großbritannien zu schicken oder sie jedenfalls zuerst der britischen Kundschaft anzubieten, oft ganz zu reservieren.

Eine interessante (auch wirtschaftlich interessante) Folge war, daß sich ein »englischer Geschmack« herausbildete, ähnlich wie beim

---

* fast eine halbe Flasche pro Kopf der Bevölkerung im Jahr. Die Bundesdeutschen: 0,15, US-Amerikaner: 0,05, Briten: 0,29 Flaschen. Aber die Schweizer und Luxemburger 1,01 und die Franzosen selbst: 2,35 Flaschen.

Cognac, der von der heutzutage vorherrschenden Richtung* abweicht. In Großbritannien ist Champagner beliebt, der weniger schmeckt als die auf dem Kontinent bevorzugten Sorten, und länger gelagerter, was fast aufs gleiche hinausläuft. Englische Importeure lagern manchen Jahrgangs-Champagner sehr viel länger, als die Hersteller selbst für normal halten würden, bis zu zehn Jahre und noch länger. Das bringt das Risiko mit sich, daß diese Champagner schon stark an Qualität verloren haben, wenn sie endlich geöffnet werden. Es fördert aber auch einen bestimmten, für unser Gefühl firnigen Altersgeschmack, den viele Briten offensichtlich mögen. Natürlich gibt es nicht nur Importeure, sondern auch zahlreiche Kunden, die ihren Champagner ebenfalls länger liegen lassen, als die französische Regel besagen würde. Aus der englischen Weinliteratur und aus Berichten über dortige Verkostungen geht ganz klar hervor, daß diese Vorliebe keineswegs nur auf den einen oder anderen Sonderling beschränkt ist. Der englische Champagnergeschmack ist eben, wie beim Cognac, etwas anders als der kontinentaleuropäische. Ich finde ihn keineswegs schlechter – eher besser als den hierzulande, aber auch den in Frankreich selbst vorherrschenden.

Sollte sich der gegenwärtige europäische Zug zum nur noch erfrischenden, weitgehend neutral schmeckenden Champagner durchsetzen, dann wäre Großbritannien das Land, dem Champagner-Liebhaber verdanken würden, daß es weiterhin, wenn dann auch leider als Ausnahme – und hoffentlich nicht immer nur als die teurere – Champagner gibt, dessen Geschmack daran erinnert, aus was dieses Getränk entsteht: aus Wein.

* siehe das nächste Kapitel

2.
Geschmacks-Sachen (1)

»Leider ist unbestreitbar, daß Champagner in den letzten fünfzig Jahren ständig jene Individualität verloren hat, die für den Weinliebhaber so viel bedeutet.« Diesen Satz könnten wir uns zu eigen machen, aber er stammt aus dem Jahr 1952 und ist von dem höchst sachkundigen Briten H. Warner Allen, der in der ersten Hälfte unseres Jahrhunderts zu den führenden schreibenden Weinkennern gehörte*. André Simon, älter und vielleicht noch bekannter als einer der frühen Weinpäpste (seine »History of the Champagne Trade in England« erschien 1905), fand, daß 1893 der letzte Jahrgang gewesen sei, dessen Champagner einen charakteristischen, klaren, differenzierten Geschmack gehabt hätten.

Diese Klage kann also bald ihren hundertsten Geburtstag feiern.

Immerhin sind sich die versierten Zeitzeugen einig, daß noch der Jahrgang 1928 in fast allen Häusern fabelhaften Champagner ergeben habe, schier den besten unseres Jahrhunderts, und das hätten sie sicher nicht gesagt, wenn einer geschmeckt haben würde wie der andere.

Auch meiner Erfahrung nach ist aber unverkennbar, wie sehr sich viele Champagner ähneln. Kunststück, wo es doch alles Champa-

Dieser 1928er, 1986 geöffnet von Alfred Simon bei Heidsieck-Monopole, war nun doch nicht mehr so gut wie sein Ruf; Farbe und Geschmack erinnerten eher an Sherry. Das Glas ist das französische Standard-Probenglas.

gner ist... Aber Wein ist ja auch nicht gleich Wein, und die jährlich neu auf den Markt gebrachten Standard-Cuvées setzen die Unternehmen doch gerade aus vielen verschiedenen Weinen und oft auch verschiedenen Jahrgängen** zusammen, um den firmentypischen Geschmack zu erzielen und zu bewahren, mit dem sie sich deutlich voneinander unterscheiden wollen – und sollten. Dennoch wird die Unterscheidung immer schwieriger, oft unmöglich. Das gilt auch

für die Jahrgangs-Champagner, die vom allgemeinen Charakter des betreffenden Jahres abhängiger sind, und sogar für die Prestige-Cuvées, denen ganz besondere Pflege und Auslese gilt und die daher besonders unverkennbar verschiedene Handschriften tragen sollten.

Für die Kundschaft mag das nicht gar so enttäuschend sein, wie es klingen könnte, solange die allgemeine Qualität akzeptabel bleibt, also gut. Die wenigsten Leute trinken wohl verschiedene Champagner gleichzeitig und können dann merken, wie groß oder wie klein die Unterschiede sind. Doch hat zum Thema Qualität der Präsident der Union der Champagnerhäuser am 25. März 1986 Alarmierendes gesagt. Jean-Michel Ducellier vom Hause Ayala erklärte sich »zuweilen beunruhigt«, wie sich manche Produzenten hinreißen ließen, Zweitklassiges mit Erstklassigem zu mischen und auf erheblich höhere Erträge hinzuarbeiten, was nur auf Kosten der Qualität gehen könne. Da Ducellier auf dem Bankett des Winzersyndikates sprach, wird er nicht nur an seine Kollegen von den großen Häusern gedacht haben, und am Ruf des Champagner sind natürlich unzählige kleine

* White Wines & Cognac
** siehe Kapitel »Dom Pérignon«

Hersteller ebenso beteiligt wie die großen.

Hoffen wir, daß seine Mahnung beherzigt wird. Dennoch werden die Liebhaber besonderer Geschmacksrichtungen und größerer Vielfalt unter Marken, die in ihrem Angebot wiedererkannt werden sollten, die allgemeine Annäherung des Geschmacks für bedenklich halten. Der Spruch »Das ist Geschmackssache« kann kaum noch gelten, wenn die Devise »möglichst neutral« vorherrscht, ob auf hohem oder niedrigerem Niveau.

Der Standardgeschmack hat sich im Lauf der Zeit mehrmals geändert. Ursprünglich war Champagner ein ziemlich süßer Dessertwein, der eben lustig schäumte (während die stillen, nicht schäumenden Weißweine der Champagne bis zu seinem Erscheinen sehr trocken gewesen waren). Besonders stark süßten ihn die Handelshäuser für Rußland, aber die Franzosen selbst tranken ihn anfänglich auch nicht trocken, und die Engländer ebenfalls nicht, wenn wir ihnen dann auch den Umschwung verdanken. Als 1848 ein Londoner Weinimporteur das Haus Perrier-Jouët bewog, eine ungesüßte Partie nach England zu schicken, hatte er starke Bedenken des Hauses überwinden müssen. Es fürchtete, seinen Ruf zu schädigen. Er argumentierte, solange Champagner hauptsächlich zum Nachtisch getrunken werde, sei keine Umsatzsteigerung möglich, denn da konkurriere er mit dem bestens eingeführten Portwein und mit süßem Sherry. Champagner werde sich erst dann richtig durchsetzen, wenn die Briten sich angewöhnen könnten, ihn während des ganzen Essens zu trinken.

Die Bedenken Perrier-Jouëts stell-

ten sich als berechtigt heraus. Der Offiziersklub, dem der Importeur die Flaschen zum Ausprobieren geliefert hatte, schickte sie nach flüchtigstem Kosten sogleich wieder zurück und verlangte »das Übliche«. Der blamierte Händler versuchte es 1850 von neuem, tapferer als die Militärs. Diesmal wandte er sich an Roederer – und erhielt eine dürre Absage. Der Ruf des Hauses solle nicht in Gefahr geraten.

Aber dann dauerte es nur noch ein Jahrzehnt, bis die Wende kam. Clicquot und einige andere Häuser schickten verhältnismäßig ungesüßten 1857er, teilweise als »dry« bezeichnet, und nun hatten sie guten Erfolg. Jetzt war auch nicht mehr nur der Pionier (Mr. Burne von der Firma »Burne, Turner«, um ihm seinen Nachruhm nicht zu schmälern) am Werk, sondern es gab auch andere unternehmungslustige Importeure, die um möglichst wenig gesüßten Champagner baten. Nun fanden sich auch Lieferanten: Ayala, Bollinger, Clicquot und manche andere reduzierten den Zuckergehalt ihres Jahrgangs 1865 zu (gemessen an bisher) fast nichts (aber natürlich ließen sie auch die bisher üblichen süßen weiter am Markt). Jetzt schickte niemand mehr zurück. Ein Jahrzehnt später stellten fast alle großen Champagnerhäuser trockenen her, Pommerys erster trockener für England war der 1874er. Mitte der achtziger Jahre war die Sache entschieden. Trockener Champagner, nun bald als »brut« bezeichnet, war »in«. Das Lager des süßen Schaumweins trat den Rückzug an – in England war es eine regelrechte Flucht.

Was das für eine geschmackliche Revolution war, zeigen die damals üblichen Zuckerwerte an: für Eng-

land 50 Gramm pro Flasche (also 66,6 pro Liter), USA 150, Frankreich und Deutschland 160 bis 200, Rußland 250 bis 300. (Die heute geltenden Höchstwerte finden Sie auf Seite 68.)

Das Zögern der Firmen ist natürlich leicht zu erklären. Nicht nur mit der löblichen Rücksicht auf den noch eine Zeit vorherrschenden Geschmack, sondern mit dem sehr einfachen Umstand, daß die Süßung ideal war, um eine zu »grüne«, unreife Beschaffenheit des Weines zu verdecken und auch andere Fehler. Das gilt noch heute.

Die Briten waren also die Schrittmacher. Der Rest der Welt folgte nur zögernd. Auch Frankreich war bis zum Ersten Weltkrieg noch im süßen Lager und hat noch heute viele Liebhaber von ziemlich süßem Champagner. Die USA sind auch noch nicht ganz so »brut« wie die Briten. Einige Lateinamerikaner und die Deutschen, vor allem aber die Russen, blieben dann jahrzehntelang die führenden Abnehmer süßen Champagners.

Inzwischen hat sich der Geschmack auch bei uns weiterentwickelt. 1979 war noch etwa jede fünfte Flasche in die Bundesrepublik eingeführten Champagners »sec«, mit bis zu 35 Gramm Restzucker pro Liter, 1985 nur noch jede siebzehnte. Tendenz: weiterer Rückgang. »Brut« hat schon mehr als neunzig Prozent Marktanteil. Aber erst in den fünfziger Jahren war es ihm gelungen, die meistverkaufte Champagnersorte zu werden.

Unsere und anderer Bekehrung vom süßen Champagner weg zeigen schön plastisch die Zahlen von Heidsieck Monopole. Vor vierzig Jahren waren vierzig Prozent des Verkaufes »Green Top«, halbtrokkener Champagner mit bis zu 50 Gramm Zucker pro Liter. Vor dreißig Jahren waren es nur noch zwanzig Prozent. 1986: ein Prozent.

Aber ... nach französischen Statistiken trinken noch immer drei Viertel der Kundschaft den Champagner zum Nachtisch. Das bedeutet: zu süßen Gerichten, zu denen der trockene Brut keineswegs ideal ist. Der Zucker in der Nachspeise läßt ihn belanglos und ziemlich säuerlich wirken. Also sollte man zu süßem Nachtisch keinen oder zur Not eben doch »trockenen« (sec oder dry) oder halbtrockenen (demi-sec) trinken.

Auch die bevorzugte Farbe hat sich geändert. Früher waren Champagner dunkler als heute – bernsteinfarben, goldgelb, wenn nicht schon fast braun. Heute gilt als ideal ein helles Gelb mit eher grünlichen Reflexen. Wenn er heute etwas dunkler ist, ist er meist schon älter, und dann hat er oft auch einen weinigeren Geschmack. So seltsam es scheinen mag: Die meisten Leute der Champagne finden ihn dann nicht mehr sehr gut, denn weiniger Geschmack wird heute von den meisten Herstellern nicht gewünscht. Ich freue mich, daß es unter den Firmen Ausnahmen gibt.

Die Abkehr vom Süßen hatte eine wichtige praktische, materielle Folge. Da ganz junger, kurz gelagerter Champagner in der Tat »grün« und spröde schmeckte, also nicht gerade sehr angenehm, was durch die »Dosage« ausgeglichen werden konnte, durften die neue »dry«, dann »very

dry«[*] und schließlich der »brut« nicht mehr ganz so jung sein. Also mußten die Flaschen länger lagern. Also mußten *mehr* Flaschen gelagert werden können. Also brauchten die Handelshäuser sehr viel mehr Platz als vorher – nun entstanden die teilweise gigantischen Anlagen, die heute Hunderttausende von Besuchern anlocken.

Letzthin sind also »leichtere« Champagner immer beliebter geworden. Zwar herrschen an Menge die Cuvées vor, die aus dunklen Trauben gekeltert werden oder jedenfalls überwiegend aus dunklen; Weißweinreben stellen schließlich nicht einmal ein Drittel des gesamten Bestandes. Champagner so dunkler Herkunft (pardon!) gilt als mächtiger als der aus ausschließlich hellen Trauben, der sogenannte Blanc de Blancs. Es beweist, daß der Geschmack der Genießer von allem möglichen mehr abhängt als von statistischen Verhältnissen, denn der Alkoholgehalt ist der gleiche. Aber die helle Chardonnay-Traube bringt eben doch größere Leichtigkeit. Also haben nicht wenige Häuser in den letzten Jahren den Chardonnay-Anteil an ihren Cuvées erhöht, und die Blancs de Blancs sind mehr und mehr in Mode.

Den Champagner, der ausschließlich aus Rotweintrauben hergestellt ist, ohne die weithin übliche Chardonnay-Beigabe, kann man Blanc de Noirs nennen.

Neben einigen in der Tat vortrefflichen Blancs de Blancs gibt es aber nun längst zu viele, die einen so gering ausgeprägten Geschmack haben, daß man sich schon nach kürzester Zeit nicht mehr an ihn erinnern würde. Nicht unter allen Herstellern gilt Blanc de Blancs als Stein der Weisen; einige berühmte Häu-

ser stellen auch keinen her: weil sie nicht wollen, nicht etwa, weil sie Mühe hätten, sich Chardonnay-Trauben zu beschaffen. Ihre Distanz gilt den *jungen* Blancs de Blancs; zum Altern ist dieser Champagner hervorragend geeignet.

Doch der »leichtere« Champagner entspricht eben gut dem »Zeitgefühl« und der verbreiteten (hier allerdings nur vermeintlichen) Absage an zu starken Alkohol. Mehrere, darunter berühmte Häuser, haben den Stil ihrer Champagner in diesem Sinn auch verändert, ohne es immer gern zuzugeben, zum Erfrischenderen, durchaus Vergnüglichen hin. Aber die Gefahr ist eben groß, daß er immer weniger an Wein erinnert.

Das berühmte Unternehmen Krug, Hersteller von Luxus-Champagner par excellence, gehört dazu, ohne diese Gefahr zu laufen. Krugs »Grande Cuvée« enthält mehr Chardonnay als die durch sie abgelöste »Private Cuvée«. Unter Krug-Freunden gibt es nicht wenige, die der »Private« nachtrauern.

Deutlich dem Geschmackswandel der Zeit unterliegt auch, ob der Champagner leicht säurebetont sein soll oder nicht. Brut mit mehr oder weniger Säure wird durchaus verschieden beurteilt. Die meisten Hersteller bremsen die Säure von jeher zugunsten einer gewissen Weichheit, die dann etwas auf Kosten der Frische geht, andere finden diese besser und verhindern daher die säuremildernde Milchsäuregärung. Dieses vorläufig noch kleine-

---

[*] die englische Bezeichnung für trocken und sehr trocken hat sich in der Welt des Champagners weitgehend durchgesetzt, auch auf vielen Flaschenetiketten für andere Länder

vers Ambonnay.

Ambonnay, am Fuß der Montagne de Reims, ist eine der bekanntesten Champagner-Lagen

re Lager scheint in letzter Zeit Zuzug zu bekommen.

Sehr viel Geschmacksempfinden hängt davon ab, ob man Champagner als Apéritif, als Begleitung bestimmter Gerichte oder ganzer Mahlzeiten oder »nur so« nimmt. Es gibt eine ganze Literatur mit Ratschlägen, welcher zu was paßt; teilweise widersprechen sich die »Experten«. In England, das als das Pionierland bezeichnet werden kann, hat »man« Champagner lange Zeit, wenn er voll und kräftig genug war, als Tischgetränk von Anfang bis Ende betrachtet (wenn »man« es sich leisten konnte). Doch die Gebrüder Krug, fürwahr Autoritäten, haben in England den Eindruck gewonnen, wer dort heute während einer Mahlzeit nur Champagner trinke, gelte als neureich.

Rosé mit Tradition

Schon sehr früh wurde in der Champagne auch Rosé-Champagner gemacht. In den Clicquot-Archiven ist eine Lieferung schon 1777 verzeichnet, sechzig Flaschen nach Lausanne. Seine Beliebtheit schwankte sehr; zur Zeit stellen ihn wieder ziemlich viele Produzenten her. Allerdings ist es insgesamt nur eine recht bescheidene Menge, nur wenige Prozent der gesamten Champagnerproduktion.

Dabei hat die Champagne ein Verfahren gewählt, das seltsam von anderen Weinbaugebieten absticht (dort gilt es als unmöglich, ordinär und ist streng verboten) und auf den ersten Blick auch noch sehr unlogisch erscheint. Rosé macht man anderswo, indem man die Schalen der Rotweintrauben nach der Pressung noch im Most beläßt. Sie geben ihm ihre Farbe ab (das Fruchtfleisch ist meist farblos und jedenfalls farblos bei den für Champagner verwendeten Pinots Noir und Meunier). Nirgendwo entsteht Rosé, indem man schlicht Weiß- mit Rotwein mischt. Nirgendwo, außer in der Champagne.

Offenbar aus der Routine heraus, Rotweintrauben so schonend und schnell zu pressen, daß der Most ihre Farbe nicht annimmt, wenden viele dieses Verfahren gleich auch für den Rosé an: machen den Rotwein also erst weiß und färben ihn dann durch Zugabe von Rotwein (der aber aus der Champagne stammen muß) rot. Warum einfach... Und dann wird sehr darauf geachtet, daß das Ergebnis nicht allzu rot wird, sondern nur eine ganz leichte Färbung hat. Kräftigeres Rot gilt geradezu als Betriebsunfall, denn roten Champagner darf es nicht (mehr) geben; er gilt als plump und überflüssig. Ich habe freilich schon ziemlich dunklen, vollen Rosé-Champagner probieren können, aus einer großartigen Lage, der mir ausgezeichnet mundete (und schon sieben Jahre Flaschenlager hinter sich hatte). Den Namen des Produzenten halte ich lieber geheim, damit er nicht von Champagnerpuristen Schwierigkeiten bekommt.

Immerhin – das seltsame Verfahren praktizieren doch nicht alle. Es gibt einige Häuser, auch unter den berühmten großen, die Rosé-Champagner auf die anderswo traditionelle Weise herstellen, eben durch Belassen der Schalen im Most. Dazu gehören von den großen Firmen zum Beispiel Laurent Perrier, Taittinger und Roederer. Freilich – den Unterschied der Herstellungsweise schmeckt man nicht, nur den im Stil der Häuser.

Wie die Mehrheit der »stillen« Rosé-Weine auch, hat Rosé-Champagner, wie gesagt, lange Zeit keinen besonders guten Ruf gehabt. Noch 1983 betonte Michael Broadbent[*] seine Abneigung: Rosé-Weine, nicht nur Champagner, hätten »so wenig Charakter... für gewöhnlich sehr wenig, wenn überhaupt, Trauben-Aroma« – und meist nur neutralen Geschmack. Das war wohl lange die Mehrheitsmeinung. Doch inzwischen haben die Rosé-Produzenten dazugelernt. Auch bei Champagner ist Rosé wieder salonfähig, sonst hätte wohl das Haus Krug nicht 1984 ebenfalls einen auf den Markt gebracht. Es gibt kaum eines der großen Handelshäuser mehr, das nicht Rosé anbieten würde, und viele kleinere Produzenten folgen ihrem Beispiel.

Crémant... wird verschwinden

Ebenfalls geringen Anteil an der Gesamtproduktion von Champagner hat Crémant. Das ist einfach ein Champagner mit geringerem Druck in der Flasche. Anstatt fünf bis sechs atü (oder bar) hat er nur etwa vier. Man setzt ihm vor der zweiten Gärung[**] nur etwa 15 Gramm Zucker pro Liter zu anstatt 23 bis 24. Entsprechend weniger kräftig ist dann auch seine »Mousse«, sein Schäumen.

Crémant nannten freilich sehr schnell und auch mit amtlicher Billigung die Produzenten anderer französischer Weinbaugebiete ihre Schaumweine, die sie nach der »méthode champenoise«[***] herstellen. Nachdem diese Bezeichnung durch europäisches Gerichtsurteil mit Wirkung von 1993 an verboten wurde, wird die Champagne ihrerseits dann auf die Bezeichnung Crémant verzichten. Die Hersteller – darunter so bedeutende Firmen wie Mumm und Besserat de Bellefon – müssen sich bis dahin einen neuen Namen ausdenken oder die Produktion aufgeben.

[*] als Weinversteigerer des Auktionshauses Christies einer der berühmtesten Fachleute geworden
[**] siehe Seite 60.
[***] siehe Seite 60.

Rapsfelder bei Louvois ▷

Für und wider Jahrgangs-Champagner

Deutliche Meinungsunterschiede bestehen in der Champagne in der Einstellung zu Champagner mit Jahrgangsbezeichnung, französisch »millésime«, englisch »vintage«; beides wird in der Champagnersprache ständig benutzt.

Jahrgangs-Champagner müssen länger lagern als solche ohne Jahrgang, nämlich mindestens drei Jahre im Firmenkeller in der Flasche bleiben, bevor sie versandfertig gemacht werden dürfen*. Also sind sie teuer. Sie werden nur in Jahren guter Erntequalität hergestellt. In den vergangenen dreißig Jahren kam es im Schnitt alle drei Jahre vor, doch manche Häuser tun es viel seltener. Das verschafft den Ihren den Ruf der edleren Rarität: der macht sie teurer. Die Beurteilungen der Häuser, welches Jahr einen Jahrgangs-Champagner verdient, gehen manchmal auseinander. Wenn sie einen herstellen, dürfen sie höchstens achtzig Prozent von ihrem Wein des betreffenden Jahres dazu verwenden. Der Rest muß als Reserve oder für Standardcuvées genutzt werden.

Aber – zu den Grundweinen, die eine »Standardcuvée« ohne Jahrgang zusammensetzen (das ist mit Abstand das Hauptgeschäft der Branche), gehören ja auch fast immer Reserveweine aus früheren Jahren, darunter auch gute, und in einem oft hohen Verhältnis; ihr Anteil kann leicht ein Fünftel erreichen und war schon höher.

Gerade wenn man der Mischphilosophie der Champagne folgt (Mischung heißt hier feiner »assemblage«), derzufolge erst aus solcher Vielfalt das Bestmögliche entsteht, muß man sich fragen, ob die Standardcuvée dann nicht oft besser schmecken kann als die mit Jahrgang. Die Antwort: ja, so ist es. Bei manchen Verkostungen haben mir die Standardcuvées in der Tat besser gefallen, nicht immer unter Protest der Macher. Mit besonderem Nachdruck verteidigt man ihre Vorzüge im Hause Krug (aber nicht nur dort); freilich liegt die Krugsche, der in vieler Hinsicht mehr Sorgfalt zuteil wird als den Standardcuvées zahlreicher anderer Häuser, schon aus diesem Grund in jenem Preisbereich, in dem andere ihre Jahrgangs- und Prestigecuvées ansiedeln. Roederers Agent in den USA inserierte Ende 1986 bei der Einführung des Brut Premier plakativ den Ausspruch eines amerikanischen Weinautors: »Louis Roederer Brut sollte jeden bekehren, der nicht akzeptieren will, daß Champagner ohne Jahrgang besser sein kann als mit...«

Da kann man also keine feste Regel sagen. Immerhin ein Hinweis: Viele Firmen bringen ihre Standardcu-vée, die unter den gesetzlichen Vorschriften mindestens ein Jahr Flaschenlager braucht, ziemlich schnell danach auf den Markt. Die länger lagernden (und reifenden) Jahrgangs-Champagner (mindestens drei Jahre Lager) haben etwas von ihrer ursprünglichen Aggressivität verloren. Wer eher weichere Champagner liebt, wird, so er sie bezahlen kann, doch zur Jahrgangscuvée greifen. Bei Häusern freilich, die ihre Champagner aus Prinzip wesentlich länger lagern lassen, als vorgeschrieben ist, muß dies nicht stimmen. Es gibt ja sogar Standardcuvées, die ausschließlich aus Jahrgangs-Reserveweinen zusammengesetzt sind.

Übrigens kommt nicht wenigen Fachleuten, auch in großen Häusern, die amtliche Dreijahresfrist zu kurz vor. Sie halten fünf Jahre für erforderlich, um eine höhere Qualität zu gewährleisten.

Um die Auswahl zu komplizieren, machen viele Häuser über den Jahrgangscuvées noch besondere Abfüllungen, ihre sogenannten Prestigecuvées, fast immer mit Jahrgang. Oft lagern sie wirklich noch länger als die Jahrgangs-Champagner, manchmal ist lediglich ihre »assemblage« anders (beliebt: höherer Anteil an Chardonnay, der weißen Traube). Gelegentlich aber zahlt man hauptsächlich ein eindrucksvolleres Etikett oder eine teurere Flaschenform.

* (Einzelheiten der Champagnerherstellung Seiten 56 ff.)

Millionen Flaschen lagern unter der Erde bei etwa zehn Grad – die kilometerlangen Kellergewölbe von Moët & Chandon in Epernay. ▷

3.
Erfolge und Katastrophen

Dies ist keine Geschichte des Weinbaus. Uns interessiert der besondere unter den besonderen Weinen, der Champagner.

Weinbau ist in der Champagne schon vor dem 5. Jahrhundert nachgewiesen, unter römischer Besatzung. Reims hieß damals Durocortum und war Hauptstadt des (römisch-)belgischen Galliens. Die für die Bauten der Römer benötigten Kalksteine wurden aus den gewaltigen Kreidevorkommen direkt unter der Stadt ausgegraben – so entstanden jene gewaltigen Höhlen und Gänge, in denen heute Millionen von Champagnerflaschen ruhen.

Im Mittelalter entwickelten sich in mehreren Orten der Champagne, die günstig an den europäischen Handelsstraßen lagen, regelmäßige Märkte, nach heutigen Begriffen schon fast Messen. Da lernten Besucher aus allen Teilen Frankreichs und Europas den Wein der Gegend schätzen. Ausländische Potentaten erwarben ganz wie französische Noble Weinberge, hauptsächlich im schon damals besonders berühmten Anbaugebiet Ay, oder stationierten Einkäufer dort, um stets gut versorgt zu sein.

Mitte des 17. Jahrhunderts beherrschten die Champagnerwinzer schon die Kunst, ihren Wein so stabil zu machen, daß er mehrere Jahre

Über Weinfeldern, die zu den berühmtesten der Champagne gehören, die Kirchturmspitze von Bouzy.

Lager vertrug. Und sie lernten, aus dunklen Trauben hellen Wein zu keltern, »grauen«, dann hellgelben. Ein paar Jahrzehnte später – Ende des 17., Anfang des 18. Jahrhunderts – war entdeckt und wurde genutzt, daß der »stille« Wein im Frühjahr neuerlich gor und, wenn man ihn öffnete, als Schaumwein aus der Flasche kam: Der Champagner war da.

Im Jahre 1728 erlaubte der König den Transport in Flaschen; bis dahin waren Fässer verschickt und vom Empfänger umgefüllt worden. Ein Jahr später, 1729, wurde das erste Champagner-Handelshaus gegründet. Es existiert noch heute:

Ruinart. Die Winzerfamilie Gosset in Ay (siehe ABC) war freilich schon lange vorher am Werk, mit Wein, aber dann auch bald mit Champagner. In rascher Folge entstanden weitere Handelshäuser, von denen einige heute nur noch als Marken im Gedächtnis haften, andere zu den Großen der Branche aufgestiegen sind: 1730 Chanoine (Epernay), heute eine Marke der Gruppe Vuitton/Clicquot; 1734 Fourneaux (Reims), heute Taittinger; 1743 Moët (Epernay), heute als Moët & Chandon das größte Champagner-Unternehmen überhaupt; 1757 Vander-Veken (Reims), heute Abelé, 1760 Delamotte (Reims), heute Lanson; 1765 Dubois & Fils, (Reims), heute Roederer; 1772 Clicquot (Reims), 1785 Heidsieck (Reims), 1798 Jacquesson (Châlons-sur-Marne).

Der Handel über die engere Champagnergegend hinaus war anfangs nicht einfach. Haupttransportweg war längere Zeit die Marne, als sehr zuverlässig und problemlos schiffbar erwies sie sich nicht. Doch sicherte sie den an ihr liegenden Orten einen gewissen Vorsprung.

Das Champagner-Museum von Boizel. Die alten Flaschen können durchaus noch gut Trinkbares enthalten. ▷

Frühherbst nahe Avenay, nördlich der Marne (Bild Seite 22/23) ▷▷

Dieses nördliche Weinbaugebiet litt unter der Unregelmäßigkeit seines Klimas. Mißernten waren fast häufiger als gute. Kriege und Wirren störten Produktion und Handel, Wirtschaftskrisen bremsten die förderliche Wirkung der industriellen Revolution, die den Winzern und Handelshäusern verbesserte Kellertechnik bescherte. So stiegen die Verkäufe nur langsam: von einigen hunderttausend Flaschen im Jahr 1785 auf 6,5 Millionen 1845; zwei Drittel der Produktion wurden exportiert. 1881 verkauften die Handelshäuser insgesamt rund 20 Millionen Flaschen (davon wurden 18 Millionen exportiert), Ende des 19. Jahrhunderts fast 30 Millionen.

Das war die hohe Zeit, die »belle époque«, des Wohllebens für jene in Paris und anderen Hauptstädten, die es sich leisten konnten, und auch für die erfolgreichen Handelshäuser, aber keineswegs für alle Winzer. Da war ja bereits die Katastrophe im Gange, die fast die gesamte europäische Weinwirtschaft an den Rand des Ruins brachte und viele Winzer tatsächlich ruinierte: die Reblaus (Phylloxera).

1883 waren Rebläuse aus Amerika, wo sie merkwürdigerweise den Rebstöcken nicht schaden können, mit einer Schiffsladung nach Europa gekommen, vielleicht mit Weintrauben... Zuerst wurden sie in der Provence entdeckt, sie breiteten sich aus und nur allmählich wurde den europäischen Winzern klar, daß eine tödliche Gefahr auf sie zukam. 1890 erreichte die »Phylloxera« die Champagne. Um die Jahrhundertwende versuchte man noch immer vergeblich, sie mit Chemikalien zu bekämpfen; jährliche Ausgaben von Hunderten Millionen Francs bewirkten nichts. Kurz vor

dem Ersten Weltkrieg waren mehr als sechstausend Hektar in der Champagne befallen, fast ein Viertel der heute genutzten Fläche. Schließlich war klar, daß hier wie anderswo in Europa nur ein Mittel half: die Rebstöcke auf jene amerikanischen aufzupfropfen, denen der Reblausbefall nichts ausmachte. Das war ebenso wie der vorangegangene vergebliche Kampf ein langwieriges, teures Programm. Nicht alle Winzer waren zunächst bereit mitzumachen – aber es half.

Langsam, denn die Neuanpflanzungen brauchten ja wieder Jahre, um brauchbare Reben zu tragen, sanierten Handelshäuser und Winzer in gemeinsamer Anstrengung die Weinberge. Noch heute werden die regelmäßig notwendigen Neuanpflanzungen, nicht nur in der Champagne, sondern in vielen europäischen Anbaugebieten, auf amerikanische Rebstöcke gepfropft. Die braucht man freilich nicht mehr aus den USA zu beziehen; spezialisierte Unternehmen in Südfrankreich züchten sie, wie zum Beispiel Gendre in Quissac bei Nîmes, der über Anbauflächen von fünfhundert Hektar verfügt. (Sie beliefern auch die Weingebiete der Bundesrepublik.)

Die Reblauskrise war in vollem Gang, der Erste Weltkrieg warf seinen Schatten voraus, eine Serie von Mißernten verschärfte die Not der Winzer – da lieferte ein schon lange schwelender Streit zwischen Winzern und Handelshäusern den Funken zur Explosion.

Champagner kommt heute aus einem gesetzlich fest umrissenen Anbaugebiet; die Herstellung wird schärfer überwacht als damals. Anfang des Jahrhunderts verarbeiteten einige Händler billigere Weine von

anderswo in Frankreich zu Champagner, was jedenfalls die Preise für die Champagnerwinzer drückte und oft auch die Menge, die sie noch loswerden konnten. Die Wut über solche Praktiken entlud sich 1911 in regelrechtem Aufruhr. In Ay, Damery, Epernay und Hautvillers wurden Handelshäuser verwüstet, auch solche, die gar nicht zu den Fälschern gehört hatten. Um die gleiche Zeit tobte Streit über die Umgrenzung des Anbaugebietes, dessen Wein allein zu Champagner verarbeitet werden durfte. Ein Gesetz über die »zone délimitée« schloß das Gebiet der Aube, das bisher dazugehört hatte, von der Champagnerproduktion aus und verursachte neuen Aufruhr, im Aube für die Abschaffung des Gesetzes, an der Marne, wo Aube-Weine verachtet wurden, für die Beibehaltung.

Das Jahr 1911 ist in der Champagne als Jahr des Bürgerkriegs in schmerzlicher Erinnerung. Die Regierung sorgte mit vierzigtausend Soldaten für Stille – und änderte das Gesetz. Nun konnten die Winzer der Aube zwar Champagner herstellen, mußten ihn aber Champagner der »zweiten Zone« nennen. Das wollten sie natürlich nicht. Doch der Widerstand gegen diese Regelung hatte nicht viel Zeit, sich zu entfalten, da bescherte der Weltkrieg der ganzen Region weit schlimmere Sorgen.

Die Champagne wurde Schlachtfeld. Sie zahlte mit Menschen, mit ihren Städten und Dörfern – und mit ihren Weinbergen, durch die lange Zeit die Front verlief. Bei Kriegsende waren vierzig Prozent der Weinberge verwüstet, die anderen in denkbar schlechtem Zustand.

Die »Porte de Mars«, römischer Triumphbogen, eines der Wahrzeichen von Reims

Gleich nach Kriegsende lebte im Gebiet Aube die Kampagne gegen die Bezeichnung »zweite Zone« wieder auf. Produzenten weigerten sich, den diskriminierenden Begriff auf ihre Etiketten zu drucken. Eine Serie von Prozessen zwischen dem Winzersyndikat der Marne und den Winzern der Aube bescherte diesen durch alle Instanzen hindurch einen Sieg nach dem anderen. Da bequemten sich Regierung und Parlament: 1927 wurde die Diskriminierung aufgehoben. Seitdem gibt es nur ein Produktionsgebiet, nur einen Champagner – formell jedenfalls.

Nach dem Weltkrieg konnte theoretisch der Aufschwung beginnen. Statt dessen verschlossen die USA, vormals stattlicher Markt, mit der Prohibition ihre Grenzen bis 1933 auch dem Champagner, was durch Schmuggel nicht ausgeglichen werden konnte, und noch in den zwanziger Jahren begann die Weltwirtschaftskrise. Der weltweite Kaufkraftschwund traf dieses schon schwergeprüfte Gebiet, das sich auf ein Luxusgetränk spezialisiert hat-te, natürlich besonders hart. Bald danach kam der Zweite Weltkrieg, die deutsche Besetzung.

Einen Aufschwung, der den riesigen Anfangserfolgen des 18. und 19. Jahrhunderts vergleichbar wäre, schaffte die Champagne, oder besser gesagt der Champagner, erst einige Jahre nach Ende des Zweiten Weltkrieges. 1910 waren vom beliebtesten Festgetränk der Welt fast vierzig Millionen Flaschen verkauft worden. 1955: wieder vierzig Millionen. Aber 1971: hundert Millionen. 1986 wurde die 200-Millionen-

Grenze überschritten, mit knapp 205 Millionen Flaschen.

Für diesen Erfolg, und erhoffte weitere, arbeiten etwa einunddreißigtausend Menschen: fast fünfzehntausend Winzerfamilien, die Arbeiter und Angestellten von etwa hundertzehn Handelshäusern und verschiedenen Rand- und Zulieferbetrieben. Heute gibt es nach manchen Schätzungen knapp unter zehntausend, nach anderen bis fünfzehntausend Champagnermarken.

Diese Vielfalt ist indessen trügerisch. Die große Masse der Marken entsteht in rund 150 Genossenschaften, denen bzw. deren Mitgliedern nicht weniger als die Hälfte der gesamten Anbaufläche zur Verfügung steht. Sie verarbeiten den Wein oder (meist) die Trauben ihrer Mitgliedswinzer und liefern jedem »seinen« Champagner mit seinem gewünschten Etikett zurück. Unter Hunderten verschiedener Namen verbirgt sich da immer der gleiche Champagner.

Sodann hat die große Mehrzahl der Winzer, seien sie nun Genossenschaftsmitglieder oder Eigenproduzenten, nur kleinen Besitz. Mehr als achttausend, also mehr als die Hälfte, bewirtschaften weniger als einen Hektar, wovon keine Familie leben könnte: Sie haben andere Berufe* und sind nebenher Winzer oder umgekehrt. Weitere fast dreitausend haben nur zwischen einem und zwei Hektar, die Größe, von der an es einer Familie möglich ist, nur vom Champagner zu leben – nicht gerade schon sehr fürstlich. Die Pyramide geht so weiter: zwei bis drei Hektar besitzen zwölf Prozent (knapp 1800), drei bis fünf Hektar neun Prozent (etwas mehr als 1300), mehr als fünf Hektar vier

Prozent, knapp sechshundert.

Nun beliefern die Winzer ja die Handelshäuser, die einen gewaltigen Anteil des Champagners vermarkten und fast allein den Export bestreiten, aber vergleichsweise wenig eigene Weinberge besitzen: Alle zusammen, rund 110 vom kleinen bis zum riesigen, nur 13 Prozent der Gesamtfläche (viele von ihnen haben gar nichts). Sie müssen also bei den Winzern kaufen. Daß sie ihren Bedarf decken können, bewirkt ein langjährig gültiger Vertrag zwischen den Verbänden der Winzer und der Häuser. So bleiben zum Verkauf durch die Winzer nur rund dreißig Prozent übrig (was manche große Firmen noch für zu viel halten).

Zur äußerlichen Vielfalt trägt der Reichtum an »Handelsmarken« bei – Marken, die sich große und kleine Handelsketten, Geschäfte, Lokale, Verbände für ihre eigene Kundschaft oder Sonderzwecke oder auch nur für den Privatgebrauch** herstellen lassen und deren Namen sie beliebig bestimmen können. Oft ist es der des eigenen Geschäfts, ebenso oft ein möglichst edel klingender Phantasiename. Solche Marken entstehen fortgesetzt neu, ziemlich wenige beim nicht sehr lieferfähigen Kleinen, bis in die Hunderte bei manchen Großen. (Eine Auswahl finden Sie weiter hinten im ABC.)

Welche Mühe sich die »Champenois« auch geben – die Erntemengen dieses nördlichen, klimatisch benachteiligten Weinbaugebietes schwanken so gewaltig, daß die Bewahrung ausreichender Vorräte, eine Lagerhaltung, die im Durchschnitt dem Volumen von etwa drei Verkaufsjahren entspricht, eine Hauptsorge ist. In reichlichen Jah-

ren wird die Reserve nachgefüllt, bei ungenügender Ernte wird sie angezapft. 1982 war eine Rekordernte gewesen, die dem Inhalt von 300 Millionen Flaschen entsprach, 1984 waren es nur 196 Millionen, 1985 nur 150 Millionen. Im Jahr 1979 hatte der Ertrag rund 224 Millionen Flaschen betragen: 1980 fiel er auf 110 Millionen. 1978 waren es gar nur 78 Millionen gewesen.

1986 brachte die Ernte umgerechnet rund 260 Millionen Flaschen, von denen 27 Millionen in die Reserve befördert wurden. An Trauben waren im Durchschnitt etwas mehr als 11500 Kilogramm pro Hektar geerntet worden, gegenüber 3700 kg des Jahres 1978.

Entsprechend schwanken die Vorräte. 1979 lagerten nur 465 Millionen Flaschen, 1986 waren es 665 Millionen.

---

* 5 Prozent sind Landwirte
** es gibt auch, vom gleichen Mann registriert, »Champagner der Republikanischen Garde«, der Kavallerie, der Gendarmerie, der »Soldats du Feu«, der »Sauveteurs de France«. Das berühmte Haus Krug fabrizierte vor vielen Jahren, als es noch nicht so berühmt war, für den englischen Markt unter dem Namen »K & Co« einen Champagner »Extra Dry for Invalids«.

Champagner entlang dem Marnekanal, am Rand von Mareuil-sur-Ay, östlich Epernay. Auf dem Hügel der »Clos des Goisses«, Prestigelage von Philipponat. ▷

4.
Ein frommes Werk

Seit Menschen Alkohol kennen, seit Tausenden von Jahren sind Priester an der Herstellung und Fürsten führend am Genuß beteiligt; unter Fürsten seien hier die Anführer aus grauer Vorzeit über die Feudalherren bis zu den Modeführern der Gegenwart verstanden. Als immer breitere Massen am Genuß teilhaben konnten, sprach sich auch herum, was Alkoholexzesse anrichten können. Aber diese geheimnisvolle Kraft gab Inspiration, Schwung, Freude, Rausch, ohne daß anfangs von den Folgen des Übermaßes viel Aufhebens gemacht wurde, und daher betrachtet die Kirche keineswegs als seltsam oder gar belastend, durch wie viele ihrer frühen Exponenten sie in die Geschichte des Alkohols verwickelt ist.

Unnütz, hier alles Alkoholische aufzuzählen, was Mönchen zugeschrieben wird. Der Champagner gehört jedenfalls auch dazu. Doch darf nicht als antiklerikaler Akt ausgelegt werden, wenn man diese Legende, die ja französische Historiker schon stark relativiert haben, auch in unseren Gefilden schrumpfen läßt.

Manche Champagner-Handelshäuser werben mit mönchischen Urfiguren des Champagners wie manche Cognac-Häuser mit Napoleon oder andere Schnäpse mit Zaren und Wikingern. Ihre Erzeugnisse sind ja auch gut, wenn sie dies nicht

Die Korken der Champagnerflaschen wurden anfangs festgeschnürt; der Metall-»Korb« von heute kam erst im vergangenen Jahrhundert.

den ehrwürdigen Figuren der Vergangenheit verdanken. Daß zwei heute noch über die Grenzen der Champagne hinaus berühmte Gottesmänner wie Dom Pérignon und Frère Oudart an der Höherentwicklung der Weinwirtschaft in diesem Gebiet großes Verdienst hatten, bestreitet niemand. Den schäumenden Wein erfunden haben sie nicht.

Wer als erster Schaumwein gemacht hat, ist unbekannt. Es wird wohl eher eine ganze Gruppe von Menschen gewesen sein. Jedenfalls war

sie nicht prominent genug und ihr Verdienst nicht so klar eingrenzbar, daß ihre Zeitgenossen es erkannt und die Kunde an uns weitergegeben hätten. »Das Rätsel Nummer eins des Großen Jahrhunderts wird bis ans Ende der Zeiten weiterdauern. Es gibt nur eine Wahrheit – wir werden sie niemals kennen. Sie wäre dennoch von ungeheurem Interesse, denn die Erfindung eines neuen Weines ist ein Ereignis, das sich nur einmal in der Geschichte der Menschheit zugetragen hat«, sagt der französische Schriftsteller Raymond Dumay in einer witzigen Untersuchung über die Anfänge des Champagners,* die der berühmtesten der mythischen Anfangsfiguren gewidmet ist: Dom Pérignon.

Dieser Benediktinermönch verbrachte fast ein halbes Jahrhundert als Kellermeister (neben anderen wichtigen Aufgaben) in der Abtei Saint Pierre von Hautvillers, wo er 1715 starb. Der Besitz gehört heute Moët & Chandon. Hautvillers ist eines der am schönsten gelegenen Dörfer der Champagne, für Besucher ein lohnendes Ziel (aber bei Moët & Chandon in Epernay fragen, ob eine Besichtigung möglich ist; sie muß vereinbart werden,

* in Le Vin de Champagne, Ed. Montalba

Die Statue von Papst Urban II., der aus der Champagne stammte, grüßt von Châtillon-sur-Marne über das Marnetal hinweg. ▷

zosen der verschiedenen Weinbau-gebiete erinnern sich offenbar genau und noch heute betroffen, daß sie dem römischen Kaiser Domitian im ersten Jahrhundert nach Christi Geburt ein totales Weinbauverbot verdanken, das dann im Jahre 280 der Kaiser Probus wieder aufhob; er wird heute noch deswegen gebührend gerühmt.

Die Champagne war ein angesehenes Weinbaugebiet. Ihre Weine genossen guten Ruf, als um die Wende vom 17. zum 18. Jahrhundert der Champagner erschien. Was war an ihm neu?

Er schäumte. Aber das taten schon Weine der Bibel, im Orient, im alten Rom, und ein Jahrhundert vorher in Frankreich selbst. Den Vorläufer der Blanquette de Limoux, noch heute ein erfolgreicher Schaumwein aus dem Südwesten, gab es schon etwa 1530.

Um Champagner zu werden, muß der Wein in der Flasche eine zweite Gärung durchmachen (die erste verwandelt den aus der Pressung, also »Kelterung« entstandenen Traubenmost in Wein). Das passierte mit dem Wein der Champagne Ende des 17. Jahrhunderts, entwickelte sich weiter im 18. und wurde in den ersten Jahrzehnten des 19. dort allgemein beherrscht: Die zweite Gärung, die zunächst nur von allein kam, wenn das Klima günstig war, ließ sich durch Zugabe von Zucker und Hefen auslösen.

Der so gewonnene Champagner schäumte freilich mit stärkerem Druck, als man bisher gekannt hatte. So sehr, daß die Flaschen oft platzten, jedenfalls die französischen. Da waren die Engländer besser dran: sie hatten dickere, solidere, die hielten.

Dom Pérignon hat in der Abtei von Hautvillers als Weinfachmann dauerhaftere Spuren hinterlassen denn als Mönch; Moët & Chandon, heutiger Besitzer der Anlagen, hat ihm zu Ehren ein Museum eingerichtet.

meist klappt es nur für Gruppen. Die Adresse von Moët & Chandon finden Sie weiter hinten im ABC).

Dom Pérignon also erwarb sehr schnell den Ruf, einer der bedeutendsten Weinfachleute zu sein. Anscheinend verdankt man ihm die seither für Champagner benutzte Weinpresse und einiges andere. Doch sind über sein Wirken zu wenig Einzelheiten bekannt, als daß man ihm die Erfindung des Champagners zuschreiben könnte; dagegen spricht sogar einiges, wie wir gleich sehen werden.

Dom Pérignon hatte einen kaum weniger berühmten Kollegen in Frère Oudart von der Abtei in Châlonssur-Marne, die in Pierry, nahe Hautvillers, ebenfalls Weinberge besaß. Auch er gilt als einer der ersten großen Champagner-Experten.

Anstatt uns etwa selbst an der Suche nach dem Erfinder zu beteiligen, müssen wir uns erst einmal klarmachen, was denn das Besondere am Champagner ist oder damals war; diese Eigenschaften oder Begriffe werde ich später noch genauer erläutern*. Die Geschichte des Weines selbst, also des nicht schäumenden, brauchen wir nicht zurückzuverfolgen. Sie unterscheidet sich nicht von der anderer Weine. Fran-

* siehe Seite 56 ff.

Der stärkere Druck machte es schwer, die Flaschen ordentlich zu verschließen. Das neue Wundergetränk drängte nach außen. Während die Franzosen noch ölgetränkte Hanfpfropfen verwendeten, hatten die Spanier schon richtig festsitzende Korken erfunden, und die Engländer benutzten sie auf Champagnerflaschen einige Jahrzehnte vor den Franzosen. Sie füllten aus Fässern in die Flaschen um.

Die technischen Errungenschaften kamen natürlich auch nach Frankreich, und dann war schnell der Hauptunterschied zwischen Engländern und Franzosen, daß eben nur die Franzosen Champagner machen konnten.

Aber wieso schäumte Champagner in England, bevor die Franzosen richtig merkten, daß sie da einen potentiellen Schaumwein hatten? Die Weine der Champagne waren doch eigentlich »still« wie alle anderen, sie moussierten nicht.

Hier ist ein kurzer Hinweis auf die feuchten Tatsachen der Weinbereitung fällig. Der Most, der aus den gepreßten Trauben fließt, vergärt nur bei ziemlich warmer Temperatur zu Wein, bei höherer schnell und ziemlich explosiv, bei niedrigerer langsamer, ruhiger. Die Champagne gehört zu den nördlichsten Weinbaugebieten, wie unsere Mosel. Dort ist die Durchschnittstemperatur nur ein Grad über dem Minimum, ab dem Weinbau überhaupt möglich ist. Da in diesen Gegenden spät geerntet wird, kann es passieren, daß die Gärung wieder aufhört, ohne ihr Werk abgeschlos-

Flaschen mit dem Hals nach unten »auf der Hefe« zu lagern, war schon damals üblich. Das Becken im Vordergrund sollte den Champagner auffangen, der aus den damals oft platzenden Flaschen auslief.

Musterstücke aus dem Dom-Pérignon-Museum

sen zu haben. Wenn man solchen Wein in der kalten Jahreszeit abfüllte, begann die Gärung in der Flasche von neuem, wenn es wieder wärmer wurde, also im Frühling. Nun konnte das dabei entstehende Kohlendioxyd nicht entweichen: Druck entstand, und beim Öffnen entwich die Kohlensäure mit Schaum.

So ist der frühe englische Champagner entstanden; man nannte ihn schon damals »sparkling champaign«. Der Druck war aber bei weitem nicht so hoch wie heute.

Wem man das als Methode verdankt, läßt sich nicht mehr feststellen. Es werden eben mehrere gewesen sein. »Der Champagner hat sich selbst erfunden« zitiert François Bonal Edward Hyams.[*]

Diese zweite Gärung, die damals ein Zufallsergebnis war, wird heute, wie gesagt, planmäßig ausgelöst. Sie ist stärker als die damalige, natür-

lich entstandene. Die Engländer wußten schon damals, daß sie den Druck, also die »mousse«, den Schaum, durch vorherige Zugabe von Zucker verstärken könnten, und taten es. Da einer der wenigen Mönche, die etwas aus der Umgebung Dom Pérignons erfahren und darüber berichtet haben, ganz nachdrücklich dementiert hat, daß dieser Zucker verwendet habe, brauchen wir ihn auch hier nicht als den Erfinder anzusehen.

Da man damals nicht genau wußte, wieviel Zucker wieviel Druck in der Flasche auslöste, und die Flaschen zu dünn waren, jedenfalls die französischen, erlebten die frühen Champagnermacher ein Explosionsdesaster nach dem anderen. In den ersten Jahren zersplitterten bis zur Hälfte der lagernden Flaschen unter dem Druck der zweiten Gärung. Henry Vizetelly zitiert[**] einen Champagnermacher aus

Reims: »1746 füllte ich 6000 Flaschen eines sehr süßen Weines – mir blieben nur 120 davon. 1747 war er weniger likörhaft – nur ein Drittel war Bruch.« Der Produzent verbesserte sein Ergebnis dank immer geringerer Zuckerzugabe[***] von Jahr zu Jahr. Aber Vizetelly erzählt, daß noch 1850 in einem Keller in Reims 98 Prozent der Abfüllungen dieses Jahres zu Bruch gegangen seien. 1830 waren es im Durchschnitt des Gebietes noch etwa dreißig Prozent; die Arbeiter in den Kellern mußten Spezialhelme tragen, um ihr Gesicht zu schützen. Mitte des Jahrhunderts erfand Professor François ein Verfahren, genauer zu bemessen, wieviel Zucker hinzugefügt werden mußte, um die zweite Gärung und den gewünschten Druck auszulösen. Ende des Jahrhunderts rechneten die Häuser »nur« noch mit acht Prozent »casse«, Bruch. Dabei wurde damals nur etwa die Hälfte des heute üblichen Drucks von 5,5 bis 6 Atmosphären erzielt.

Die zweite Gärung verursacht, daß sich aus dem Wein wieder Stoffe ausscheiden, darunter die Hefen, die man dazugegeben hat; sie vertilgen den Zucker und dann sozusagen schließlich sich selbst, leben aber doch, wenn man sie läßt, jahrelang und beeinflussen weiter den Geschmack. Manche hochangesehene Firmen lassen ihren Champagner deswegen überdurchschnittlich lange »auf der Hefe«. Aber irgendwann muß sie mit den anderen

[*] Dyonisus: A social history of the wine, London 1965.
[**] A History of Champagne, London 1882
[***] welche für den Druck sorgt, siehe Seite 60.

Inmitten der Weinfelder, weitab von ihrem Dorf, die Kirche von Chavot (südlich Epernay). Sie stammt aus dem 13. Jahrhundert ▷

Ablagerungen heraus; dieses Depot, das sich an der unteren Wand der liegenden Flasche ablagert, wird bei Kellerbesichtigungen gern gezeigt. Um es loszuwerden, werden die nach unten geneigten Flaschen auf Spezialgestellen gerüttelt, bis sich das Depot in der senkrecht auf dem Kopf stehenden Flasche auf dem Korken abgesetzt hat. Das Rüttelsystem wurde Anfang des 19. Jahrhunderts im Hause Clicquot erfunden, Mitte des Jahrhunderts war es allgemein üblich*.

Ursprünglich wurde das Depot entfernt, indem man den Korken aus der Flasche zog (der Druck half) und dann den (theoretisch) depotfreien Inhalt in eine andere Flasche umfüllte, wobei natürlich auch bei sehr trainierten Umfüllern mancher Inhalt verlorenging. Dann lernte man, die Flasche sofort nach dem Ausfließen des Depots aufzurichten, mit etwas Wein (und Dosage, darauf komme ich noch) wieder aufzufüllen und schnell wieder zu verschließen. 1884 erfand Armand Walfart ein praktischeres Verfahren für das »Degorgieren«. Die Flaschenhälse wurden (nach unten) in eine Kältelösung getaucht; das Depot gefror am Korken und konnte leicht entfernt werden. Dieses Verfahren wird noch heute für die große Masse allen Champagners angewendet. Nur einige Prestige-Cuvées werden noch mit der Hand »degorgiert« (»à la volée«, da das Depot unter dem Druck des Kohlensäuregases herausschießt). Maschinelle Wiederverkorkung existiert seit 1827, die maschinelle Wiederauffüllung der Flaschen mit dem sogenannten liqueur d'expédition (siehe *dosage*, S. 68) seit 1844. Der Draht, der den Korken zusätzlich sichert, wird seit 1870 maschi-

»Degorgieren«, hier nach alter Weise vorgeführt, wird heute fast überall maschinell erledigt.

nell befestigt. Nach den stabileren Flaschen hatten sich auch die portugiesischen bzw. spanischen Korken bewährt und durchgesetzt. Anscheinend hat Dom Pérignon, um auf ihn zurückzukommen, zu beidem Anstöße gegeben.

Frühzeitig überzeugten sich die »Champenois«, Champagner sei am besten nicht aus einer Lage, einem einzigen Weinberg, sondern als geschickte Mischung aus mehreren, bis zu Dutzenden verschiedenen. Nur sehr wenige »monocrus«, also Champagner aus einer einzelnen Lage, gelten als ebenbürtig, etwa aus Le Mesnil-sur-Oger, Ay, Bouzy und Ambonnay, und von solchen Ausnahmen (die für den Liebhaber durchaus interessant sind) möchte die Mehrheit der Branche möglichst nichts hören. Hier scheint nun gesichert zu sein, daß Dom Pérignon ein genialer Mischer verschiedener Grundweine zu einer guten Cuvée war und darin als Vorbild wirkte – schon bzw. noch, als Champagner ein »stiller« Wein war. Man schreibt ihm auch zu, daß er als erster aus den überwiegend roten Trauben

der Champagne einen hellgelben klaren Wein machen konnte; bis dahin war der Wein eher grau und wolkig gewesen.

Mischen, »assemblage« genannt, macht man nicht nur für Champagner. In der Charente praktizierte man es für Cognac, und Wein mit anderem zu verschneiden, war schon gar nicht neu. Dom Pérignon verschnitt jedoch keine Weine, sondern mischte Trauben verschiedener Herkunft, und das offenbar mit großer Treffsicherheit. Heute macht das freilich niemand mehr; vermischt werden nicht Trauben, sondern Weine.

Aus roten Trauben hell zu pressen, erfordert Geschwindigkeit und Geschick, wenn auch in nördlichen Gefilden wie der Champagne der Most wegen der tieferen Temperatur nicht so schnell rot wird wie weiter südlich. Hier scheint der Mönch seine Landsleute an sorgfältigeren Umgang mit der Weinpresse gewöhnt zu haben.

Was immer Dom Pérignon und anderen Champagner-Mönchen wie Frère Oudart zu verdanken sein mag oder nicht – sicherlich gehören sie ins Pantheon der Champagnergeschichte. Dort thront ja auch Napoleon, Referenzfigur für so viel Cognac und so viel Champagner, der von beiden nicht genug getrunken hat, um diese Inanspruchnahme wirklich zu rechtfertigen.

Hauptsache ist freilich nicht, wer Champagner »erfunden« und frühzeitig gefördert hat, sondern wie Champagner seiner Kundschaft heute schmeckt.

* Die Einzelheiten des Champagner-Verfahrens erläutere ich genauer im folgenden Kapitel.

Vor den schrägen Rüttelpulten (zur Lösung des Depots im unfertigen Champagner) erfand man bei Clicquot den Rütteltisch ▷

Das Rezept

1.
Vom Tintenfisch zum Rüttelpult

Der besondere Boden

Champagner wächst über einer dicken Kreideschicht. Sie ist im Lauf von Millionen Jahren entstanden, als Europa vom Ozean bedeckt war. Ablagerungen von Meeresgetier aller Art, ihre Panzer und Knochen, häuften sich langsam. Es war ja Zeit. Als Erdbeben, Umwälzungen, Auftürmungen Europa aus dem Wasser hoben, war die Schicht an manchen Stellen zweihundert bis dreihundert Meter dick. Über diesen Ablagerungen liegt heute, ziemlich flach, Humus und Lehm, meist keinen halben Meter tief, großenteils tonhaltig.

Das ist die Champagne. Die Kreide existiert auch anderswo, sie erstreckt sich von Südengland bis in die Champagne, es gibt sie auch in der Charente und im Pariser Becken. Aber außerhalb der Champagne fehlen andere Voraussetzungen – Champagner gibt es nur hier.

Die Rebwurzeln dringen durch die Humus- und Lehmschicht hindurch in den kreidigen Untergrund. Die Kreide behält zwar Feuchtigkeit zurück, läßt aber überschüssiges Wasser ablaufen. Im trockenen Sommer hat sie noch genug Feuchtigkeit für die Rebstöcke übrig. Sie speichert auch Wärme. Was die Sonne tags auf sie strahlt, hält in den Nächten den Boden etwas wärmer. Das macht für dieses nördliche, fast zu kalte Weinbaugebiet den ganzen Unterschied zwischen Belanglosigkeit und Besonderheit.

Fachleute streiten darüber, ob dieser Kreideboden für den Champagner so besonders günstig ist, weil er so viele Belemnitenpanzer enthält[1] anstatt von Micraster[2] geprägt zu sein. Das darf ich wohl als eine für Champagnerfreunde, die nicht gerade den Erdball umgestalten und noch anderswo eine champagnergünstige Landschaft einrichten wollen, müßige Sorge betrachten.

Im Süden des Anbaugebietes, im Département Aube, ist der Unterboden anders: dort besteht er mehr aus Lehmschichten.

Die Weinberge der Champagne ziehen sich hauptsächlich an Hügeln entlang: Montagne de Reims,[3] Vallée de la Marne[4] und Côte des Blancs[5] sind zusammen mit dem besonders hohe Qualitäten erzeugenden Gebiet nordöstlich der Linie Epernay-Tours-sur-Marne, das einige der besten roten Crus beherbergt und zur Montagne de Reims gezählt wird, die wichtigsten und wertvollsten Lagen. Aber im Westen langt das Gebiet bis 60 Kilometer an Paris heran, und der Süden (Aube) liegt nur wenige Kilometer oberhalb des nördlichen Burgund. Auch diese Weinberge gehören dazu, wenn sie auch (bzw. ihre Trauben) von den Mischern der großen Lagen nicht so geschätzt werden. Die Verachtung ist keineswegs immer berechtigt. Ganz abgesehen davon, daß die Weingebiete des Départements Aube in einer beson-

---

[1] eine sehr frühe kleine Tintenfischart
[2] See-Igel
[3] tragen zum Bukett, Alkoholgehalt und zum kräftigen, aber ausgewogenen Anteil der Gerbsäure bei. Viele Nordlagen. Grand Crus
[4] gibt die besonders vollen Weine, mit Frucht und viel Bukett. Süd- und Südost-Hanglagen
[5] die größte Weißtraubengegend, gleich unterhalb Epernay nach Süden. Überwiegend leichte, elegante, frische Weine. Osthang-Lagen. Grand Crus

ders freundlichen und friedlichen Hügel-und-Tal-Landschaft liegen, schön für ruhigen Tourismus.

Der Wein wächst meist in einer Höhe von 120 bis 180 Meter in den Départements Marne (Hauptproduzent) und Aisne (das kaum eine Rolle spielt), zwischen 170 und 300 Meter über dem Meeresboden im Aube.

Champagner wächst über einer dicken Kreideschicht ▽

Nachts in der Champagne, einer der kältesten Weinbauzonen überhaupt, wo man besonders die Frühjahrsfröste fürchtet. Da heizen die Winzer. ▷▷

Das Klima

Zum besonderen Boden gehört neben dem durch ihn mitgeprägten Mikroklima das große, allgemeinere. Die Champagne liegt dicht unter der Nordgrenze, unter der Weinbau möglich ist. Die jährliche Durchschnittstemperatur beträgt zwischen zehn und elf Grad – unter einem Durchschnitt von neuneinhalb würden die Trauben nicht mehr reif. Im Frühjahr drohen gefährliche Fröste, gegen die in den Weinbergen nicht selten Heizöfen aufgefahren werden; manche sehen wie kleine Kanonen aus. Die »Champenois« denken, diesen Grenzbedingungen verdanke ihr Produkt besondere Rasse und Feinheit. Die Champagne erlebt im Schnitt 1750 bis 1780 Stunden Sonnenschein im Jahr, verteilt auf 288

Tage; schon im nahen Burgund können die Winzer mit rund zweitausend Stunden rechnen.

Das Klima ist noch etwas unter ozeanischem Einfluß (das »Kontinentalklima« beginnt ein bißchen weiter östlich, in den Argonnen). Es gleicht im wesentlichen dem des Pariser Beckens, eher etwas kühler (am härtesten in der Aube). An 177 Tagen regnet es, ziemlich gleichmäßig übers Jahr verteilt, am wenigsten im Februar, am meisten im Juli. Der Januar ist am kältesten, die größte Wärme bringt der Juli. Der Wind weht im Frühjahr und Sommer hauptsächlich aus Westen, im Herbst und Winter aus Südwesten. Es schneit nicht viel, manche Jahre überhaupt nicht. Von örtlichen Abweichungen und den Ausnahmejahren abgesehen, ist das Klima relativ milde und ausgeglichen.

Die Hierarchie der Crus

Champagner produzieren 311 Gemeinden mit einer Gesamtanbaufläche von rund vierunddreißigtausend Hektar, von denen derzeit nur etwa 25 400 genutzt sind. Davon liegen drei Viertel im Département Marne (18 800 ha), siebzehn Prozent im Département Aube (4200), die restlichen acht Prozent in den Départements Aisne, Seine-et-Marne und Haute Marne. In der Champagne wird diskutiert, ob man die genutzte Fläche allmählich auf 30 000 Hektar steigern (ein entsprechendes Programm der Neuanpflanzungen ist im Gange), oder sie um zweitausend bis dreitausend Hektar verringern soll, um den Qualitätsstandard zu halten bzw. zu erhöhen.

Die Gemeinden sind untereinander hierarchisch geordnet, nach einer wohl einzigartigen Methode: nach dem Verkaufswert ihrer Trauben. Der Traubenpreis pro Kilo wird vor jeder Ernte neu festgesetzt, und je nach Einstufung der Gemeinde erhalten die Verkäufer zwischen achtzig und hundert Prozent dieses Preises. Die Liste wird in unregelmäßigen Abständen revidiert – stets nur leicht.

Für den neuen Preis wird der Durchschnittspreis einer Flasche Champagner ab Keller in den zwölf vorhergegangenen Monaten mit zugrunde gelegt – Preiserhöhungen der großen Häuser kommen also indirekt auch den Winzern zugute.

Die »Hundertprozenter« sind »Grands Crus« (Große Gewächse, oder wie sich bei uns eingebürgert hat: Hochgewächse, jedenfalls am höchsten angesehen). Ihre Produktionsfläche betrug 1987 4065 ha.

Die von 90 bis 99 Prozent können sich »Premier Crus« nennen, Erste Gewächse. Sie produzierten 1987 auf 5102 ha. Grands und Premiers Crus nehmen mit zusammen 36 Prozent mehr als ein Drittel der ge-

nutzten Rebfläche ein. Auch unterhalb dieser Gruppen finden sich ganz vortreffliche Lagen. Die Abstufung hat auch nur Sinn, wenn man gleiche physische Reife und Gesundheit der Trauben voraussetzt nebst gleichwertig pfleglicher Weinbereitung, worin ein 100-%-Winzer einem 80%er durchaus unterlegen sein kann. Die »unteren« bieten oft sehr angenehme Überraschungen, und die »oberen« gelegentlich unangenehme. (In unserem ABC werden Sie daher auch eine ganze Reihe 80%-Winzer finden, die sich bewährt haben.)

Ohnehin ist Champagner, jedenfalls der der Handelshäuser, der bekannten Marken, eben so gut wie immer eine Mischung, meist aus sehr vielen verschiedenen, auch geographisch weit voneinander entfernten Weinbergen verschiedener Einstufung. Das betrifft die übergroße Mehrheit der Champagner, die man außerhalb Frankreichs bekommen kann, denn am Export haben die Handelshäuser, wie schon gesagt, den Löwenanteil, die Winzer fast nichts. Doch in Frankreich, gar in der Champagne, sieht die Sache anders aus: Nicht nur sind weitaus die meisten Weinberge in der Hand der Winzer, bei denen die Markenhäuser kaufen müssen, sondern die Winzer vermarkten auch einen stattlichen Anteil direkt, unter ihren eigenen Marken (etwa 30%). Sie können meist nur aus ganz wenigen Lagen mischen, die ihnen gehören, oder auch gar nicht, weil sie nur eine besitzen.

Auch da entstehen durchaus vortreffliche Champagner. Die Privatkunden, die sich auf die Suche nach »ihrem« Winzer machen, achten zwar auf die Einstufung, aber auch auf den Preis, und der ist in den kleineren Lagen auch fast immer niedriger. Das Preis-Leistungs-Verhältnis kann sehr wohl für Winzer sprechen.

Hier folgt also die Hierarchie der Champagnerlagen. Damit Ihnen, sollten Sie kauflustig durch die Champagne fahren, die Auswahl leichter fällt, habe ich darin auch eine Auswahl in diesen Orten ansässiger Winzer aufgeführt, die Sie (mit genauer Anschrift und anderen Angaben) alphabetisch geordnet in unserem ABC finden können. Fast überall läßt man Sie kosten, bevor Sie kaufen.

ÜBERSICHT ÜBER DIE RANGORDNUNG
DER CHAMPAGNER-CRUS

Die Rangordnung der Crus ist auch die der Ortschaften, nach denen die Lagen heißen. Sie richtet sich nach dem Prozentsatz, der vom jährlich neu festgesetzten Preis für ihre Trauben bezahlt wird.

Für manche Orte ist die Einstufung verschieden zwischen den roten Trauben (Pinot Noir und Pinot Meunier) und den weißen (Chardonnay), sie können also doppelt erscheinen. In diesem Fall sind sie entsprechend gekennzeichnet.

In Klammern die Namen der Winzer und Firmen des betreffenden Ortes. Für Handelsfirmen ist die Einstufung natürlich ohne Bedeutung, da sie auch aus anderen Gebieten zukaufen können. Die genauen Adressen stehen im ABC; ab Seite 122.

Familiennamen, die in einem Ort für mehrere Winzer gelten, sind nur einmal angegeben. Die Winzer in Orten mit geteilter Klassifizierung sind unabhängig von der Einstufung aufgeführt. Bei Orten außerhalb des Départements Marne ist ihr Département in Klammern gesetzt (Aisne oder Aube).

Siehe auch Übersichtskarte auf Seite 254/255.

GRANDS CRUS (100 %)

AMBONNAY (Beaufort, Billiot, Bremont, Demière, Dethune, Egly, Fauvet, Foureur, Gauthier, Hulin, Ledru, Marguet-Bonnerave, Michel, Payelle, Pérard, Rodez, St. Réol/Coop., Secondé Prevoteau, Secondé-Simon, Simon, Soutiran)

AVIZE (Agrapart, Assailly-Leclaire, Bigault, Bonville, Bricout & Koch, Callot, Deregard Massing, Ghys, Gonet, Sanger & Vaubecourt, Selosse, de Sousa, Union Champagne, Waris & Chenayer)

AY (Ayala, Bollinger, Brun, Cheval-Gatinois, Collery, Collet/Cogevi, Deutz, Driant, Faniel, Fliniaux, Gosset, Gosset-Brabant, Goutorbe, Goyard, Hamm, Hénin, Husson, Ivernel, de Méric, Montvillers, Premiers Crus)

BEAUMONT SUR VESLE (Macquart, Portier)

BOUZY (Bara, Barancourt, Barnaut, Beaufort, Clouet, Collard, Delavenne-Crépaux, Martin, Paillard, Savès, Tournay, Vesselle)

CHOUILLY (Chardonnay) (Centre Vinicole/Nicolas Feuillatte, Champion, Genet, Hostomme, Legras, Simart, Vazart, Vazart-Comte, Vazart-Coquart, Voirin-Desmoulins)

CRAMANT (Bertin, Bonnaire, Bonningre-Durand, Collard, Guiborat, Jumel, Krier-Busson, Lancelot-Royer, Larmandier, Lebrun, Lesage, Lilbert, Morizet, Pertois-Lebrun, Richomme, Sugot-Feneui, Vignier-Lebrun, Wanner-Bouge)

LOUVOIS (Beautrait, Bunel, de Chassey)

MAILLY-CHAMPAGNE (Barbier-Gosset, Chevallier, Devarenne, Floquet, Garitan, Hernoux, Mailly-Champagne/Coop., Roguet Pol, Vanzella)

LE MESNIL SUR OGER (Billion, Cazals, Chaillot, Charlemagne, Delamotte, Gonet, Jacquart, Jardin, Launois, Moncuit, Pertois, Pertois-Morizet, Péters, Robert, Salon, Tarin, Union des Propriétaires, Vergnon)

OGER (Bonnet, Bonville, Desautels-Roinard, Henry, Maximy, Milan, Renaissance)

OIRY (Lang-Biemont)

PUISIEULX (produziert nur Trauben für die Handelshäuser)

SILLERY (Secondé)

TOURS SUR MARNE (Pinots) (Chauvet, Delaporte, Lamiable, Laurent-Perrier)

VERZENAY (Arnould, Bovière, Busin, Floquet-Gélot, Foureur, Godmé, Hatté, Henriet, Michel, Pithois, Quenardel, Quenardel-Esquerré, Rallé)

VERZY) (Cuperly, Deville, Fresnet-Décotte, Fresnet-Juillet, Hanotin, Juillet-Lallement, Lallement-Deville, Sacy)

PREMIERS CRUS (90–99 %) 🍇

99 %

MAREUIL SUR AY (Bénard, Billecart-Salmon, Dantenay-Mangin, Ducoin, Hebrard, Montebello, Philipponat)
TAUXIÈRES (Louvet)

MONTBRÉ
RILLY LA MONTAGNE (Adam-Daniel, Adam Garnotel, Chauvet, Delaunois, Fagot, Germain, Herbert, Lemoine, Manceaux, Paques, Vilmart)
TAISSY
TROIS PUITS

95 %

BERGÈRES LES VERTUS (Chardonnay) (Milliat)
BILLY LE GRAND
BISSEUIL (Bauchet)
CHOUILLY (Pinots)
CUIS (Chardonnay) (de Blémond/Coop., Le Brun, Gimonnet, Vallois)
DIZY (Barnard, Bernard, Berthelot, Chiquet, Gentils, Jacquesson, Tarillon, Vautrain)
GRAUVES (Chardonnay) (Domi, Royal Coteau/Coop.)
TRÉPAIL (Beaufort, Carré, Carré-Guebels, Darreye, Gabriel, Machet-Griffon, Maizières, Pétiau, Redon)
VAUDEMANGES (Chaudron, Rochet-Bocart)
VERTUS (Bouché, Boulonnais, Doquet-Jeanmaire, Doublet, Doyard, Duval-Leroy, Fourny, Goutte d'Or/Coop., Jacopin, Larmandier, Larmandier-Bernier, Launois, Napoleon/Prieur, Perrot-Boulonnais, Pougeoise, Schirru, Séverin-Doublet, Vranken-Lafitte)
VILLENEUVE-RENNEVILLE
VILLERS MARMERY (Boutillez, Brassart, Dayer, Margaine, Rémy)
VOIPREUX

93 %

AVENAY-VAL D'OR (Gabriel-Pagin, Morlet, Ricciuti-Révolte)
CHAMPILLON (Autréau, Devavry)
CUMIÈRES (Denois, Geoffroy, Leclerc-Briant, Maître-Geoffroy, Mignon, Vadin-Plateau)
HAUTVILLERS (Bliard, Desruets, Gobillard, Lemaire, Locret-Lachaut, Lopez-Martin, Tribaut)
MUTIGNY (Thibaut-Charlot)

90 %

BERGÈRES LES VERTUS (Pinots)
BÉZANNES
CHAMERY (Bertrand, Labbé, Lallemant)
COLIGNY (Chardonnay)
CUIS (Pinots)
ECEUIL (Brochet-Hervieux, Brugnon)
ETRECHY (Chardonnay)
GRAUVES (Pinots) (Marchand)
JOUY LES REIMS
LES MESNEUX (Jacquinet-Dumez)
PARGNY LES REIMS (Médot)
PIERRY (Bouché, Canteneur, Gobillard, Lagache, Mandois, Michel, Vollereaux)
SACY (Hervieux-Dumez)
TOURS SUR MARNE (Chardonnay)
VILLEDOMMANGE (Bardoux, Bergeronneau, Charlier, Clos de la Chapelle/Coop., Coulon, Devilliers, Fresne-Ducret)
VILLERS ALLERAND (Stroebel)
VILLERS AUX NOEUDS

94 %

CHIGNY LES ROSES (Broggini, Cattier, Desmazières, Gardet, Lassalle, Leroux, Menu, Rebeyrolle-Dumenil, Tixier)
CORMONTREUIL
LUDES (Brimont, Brixon-Coquillard, Canard, Canard-Duchêne, Forget-Brimont, Forget-Chemin, Forget-Menu, François-Delage, Gaidoz-Forget, Montmarthe, Ployez-Jacquemart, Quatresols-Gauthier, Quatresols-Jamein, Quenardel, Rafflin)

Blick ins Marnetal ▷

DIE WEITEREN CRUS

89 %

COULOMMES LA MONTAGNE (Hoche, Lepitre, Massonot, Ponson)
DAMERY (Casters, Casters-Liebart, Dessaint-Dubois, Haton, Jeeper, Laroche, Lenoble, Namur, Prévoteau-Perrier, de Telmont)
SERMIERS (Fresne, Froment-Griffon, Hury-Manceaux, Rat, Rat-Lapie)
VENTEUIL (Dubois, Guerre, Marniquet, Marniquet-Coutelas, Mignon, Prévoteau-Tintier)
VRIGNY (de Latour)

88 %

CHAVOT COURCOURT (Arvois, Desbordes, Desmarest, Diogène Tissier, Jacquesson, Lebeau, Leblond, Prin)
EPERNAY (Bauget-Jouette, Beaumet, Boivin, Boizel, de Castellane, Charbaut, Desmoulins, Ellner, Gonet, Gratien, Jeanmaire, Jestin, Leclerc-Briant, Mansard-Baillet, Mercier, Miltat, Moët & Chandon, Oudinot, Perrier-Jouet, Petitjean, Pierlot, Pol Roger, Régent, Rothschild, S.A.M.E., Sté Sparnacienne, Testulat, Trouillard, de Venoge)
MANCY (Bourboin, Domi-Marceau, Esterlin/Coop., Fransoret, Jacques-Fleury, Lancelot, Pernet-Lebrun)
MONTHELON (Le Brun, Colin, Frézier, Gaspard-Permantier, Guichon, Du Mont Hauban/Coop.)
MOUSSY (Duverger, Godard, Michel, Ruelle-Perthois, Renaudin, Thiercelin, Tourneur-Prieur)
REIMS (Balahu de Noiron, Besserat de Bellefon, Billiard, Castille, Chatellier, Demarest, Doyen, Heidsieck, Henriot, Jacquart, Krug, Lanson, Lepitre, Marie Stuart, Marne et Champagne, Montaudon, Mumm, Paillard, Palmer, Piper-Heidsieck, Pommery, Roederer, Ruinard, de St. Marceaux, Taittinger, Veuve Clicquot)

87 %

ALLEMANT (Chardonnay)
BARBONNE FAYEL (Chardonnay) (Logeard)
BETHON (Chardonnay) (Le Brun de Neuville/Coop., Gruet & Fils/-Coop, Petit)
BROYES (Chardonnay)
LA CELLE-SUR-CHANTEMERLE (Chardonnay)
CHANTEMERLE (Chardonnay)
COLIGNY (Pinots)
COURMAS (Alexandre)
ETRECHY (Pinots)
FONTAINE DENIS (Chardonnay) (Collet)
MONTGENOST (Chardonnay) (Cocteaux, Copinet)
NOGENT L'ABESSE
SAINT THIERRY
SAUDOY (Chardonnay)
SÉZANNE (Chardonnay) (Roux)
VILLENAUXE LA GRANDE (Aube) (Chardonnay)
VINDEY (Chardonnay)

86 %

BINSON ORQUIGNY
BOUILLY
BRANSCORT (Gandon)
BROUILLET (Ariston)
BRUGNY VAUDANCOURT (Oudart)
CHÂTILLON SUR MARNE (Charlot)
CRUGNY
CRUISLES
FAVEROLLES
HOURGES (Lefebvre)
LAGERY
LHÉRY
MONTIGNY-SOUS-CHÂTILLON (Charlier, Lascroix)
REUIL (Lagache-Diot)
SAINTE EUPHRAISE (Delong)
SAINT MARTIN D'ABLOIS (Cez-Danjou, Desmoulins, Didier Niceron, Jamart)
SAVIGNY SUR ARDRE
SERZY ET PRIN (Bailly, Delozanne)
TRAMERY
TRESLON
UNCHAIR
VANDEUIL
VANDIÈRES (Delabarre-Brochet, Faust, Moreau, Nowack)
VERNEUIL (Vatel)
VILLERS SOUS CHÂTILLON (Charpentier)
VINAY (Closquinet, Mignon)
VINCELLES

85 %

ALLEMANT (Pinots) (Nollevalle)
BARBONNE FAYEL (Pinots)
BARZY SUR MARNE (Aisne) (Lévêque)
BASSU (Oury)
BASSUET
BAYE (Jacques)
BEAUNAY
BETHON (Pinots)
BROYES (Pinots)
LA CELLE-SOUS-CHANTEMERLE (Pinots) (Gaudichau)
CHANTEMERLE (Pinots)
CERNAY LES REIMS

COIZARD JOCHES
CONGY (Breton, Charbaux,
  Collin, Desbrosse)
CORMOYEUX (Lemoine,
  Mondet)
COURJEONNET (Ragot-No-
  miné)
ETOGES (Grongnet, Mancier-
  Lasnier, Ruffin, Verrier)
FEREBRIANGES (Bergère,
  Ducoin-Petit)
FLEURY LA RIVIÈRE (Pom-
  melet, Fleurysienne)
FONTAINE DENIS (Pinots)
GERMIGNY
GIVRY LES LOISY
GUEUX
JANVRY
LOISY EN BRIE (Gorisse-De-
  bas)
MONTGENOST (Pinots)
ORMES
OYEYS
PASSY SUR MARNE (Aisne)
ROMERY (Gobert-Pingret,
  Tribaut)
SAINT LUMIER
SAUDOY (Pinots)
SÉZANNE (Pinots)
SOULIÈRES
TALUS SAINT PRIX (Poilvert)
TRÉLOU SUR MARNE (Aisne) (Belouis,
  Olivier)
VERT TOULON
VILLENAUXE LA GRANDE (Aube)
  (Pinots)
VILLEVENARD (Nominé-Renard, Re-
  nard-Barnier)
VINDEY (Pinots)
VITRY EN PERTHOIS

84 %

BASLIEUX SOUS CHÂTILLON (Tail-
  let)
BELVAL SOUS CHÂTILLON
BERRU
BOURSAULT (Berat, Château de B.,
  Husson-Joliet)
BROUSSY LE GRAND
CERSEUIL (Debargue, Dehours, Mathe-
  lin, Pinbouen-Mansard)
CHÂLONS SUR VESLE
CHAMPVOISY
CHENAY
CUCHERY (Marlé)

FESTIGNY (Loriot, Perrin, Vautrain)
HERMONVILLE
JONCHERY SUR VESLE
JONQUERY
LEUVRIGNY
MARDEUIL (Beaumont des Crayères/
  Coop., Leclère)
MAREUIL LE PORT (Lecart-Bousse-
  let)
MARFAUX
MERFY
LE MESNIL LE HUTIER (Brochat-
  Huat, Monoz-Bruneau)
MONDEMENT
MONTIGNY SUR VESLE
MORANGIS
MOSLINS
NESLE LE REPONS
LA NEUVILLE AUX LARRIS (Bou-
  lard)
OEUILLY (Rasselet, Tarlant)
OLIZY VIOLAINE
PASSY GRIGNY
PÉVY
PONTFAVERGER
PORT À BINSON (Cordoin, Lecaret-Ca-
  baret, Nowack)
POUILLON
POURCY
PROUILLY (Couvreur)
SAINTE GEMME
SELLES

THIL
TRIGNY (Bertrand, Forest,
  Malot)
TROISSY (Orban, Vieillard)
VAUCIENNES
VILLERS FRANQUEUX

83 %

BAULNE EN BRIE (Aisne)
BLIGNY
LE BREUIL (Mignon, Moutar-
  dier)
BRIMONT
CAUROY LES HERMON-
  VILLE (Dormay)
LA CHAPELLE MONTHO-
  DON (Aisne)
CELLES LES CONDÉ
  (Aisne)
CHAMBRECY
CHAMPLAT BOUJACOURT
CHAUMUZY
CONNIGIS (Aisne)
CORMICY (Cantori-Guerlet)
COURCELLES SAPICOURT
COURTEMONT-VARENNES (Aisne)
COURTHIÉZY
CRÉZANCY (Aisne)
DORMANS
IGNY COMBLIZY
MÉZY MOULINS (Aisne)
MONTHUREL (Aisne)
POILLY
REUILLY SAUVIGNY (Aisne)
ROSNAY
SAINT AGNAN (Aisne)
SARCY
SOILLY

82 %

ARCIS LE PONSART
AUBILLY
BOULEUSE
COURTAGNON (Lutun)
COURVILLE
MÉRY PRÉMECY
NANTEIL LA FORÊT
ORBAIS L'ABBAYE
ROMIGNY
SAINT GILLES
VILLE EN TARDENOIS

DIE WEITEREN CRUS
80 %

DEPARTEMENT MARNE:
BREUIL SUR VESLE
GERMAINE
MAGENTA (Martel, Rapenau,
*   Sacotte)*
PLIVOT
LA VILLE SOUS ORBAIS

DEPT. HAUTE MARNE:
ARGENTOLLES
RIZAUCOURT

DEPT. SEINE-ET-MARNE:
CITRY
NANTEUIL
SAACY

DÉPARTEMENT AISNE:
AZY SUR MARNE
BÉZU LE GUÉRY
BLESMES
BONNEIL
BRASLES
CHARLY (Baron, Gratiot)
CHÂTEAU THIERRY (Pannier)
CHÉZY SUR MARNE, CHIERRY
CROUTTES SUR MARNE (Bourgeois)
DOMPTIN
ESSÔMES SUR MARNE
ETAMPES SUR MARNE
FOSSOY
GLAND
JAULGONNE
MONTREUIL AUX LIONS
MONT SAINT PÈRE
NESLES LA MONTAGNE
NOGENTEL
NOGENT L'ARTAUD
PAVANT
ROMENY SUR MARNE
SAULCHERY (Figuet)
VILLIERS ST. DENIS

DEPT. AUBE:

AILLEVILLE, ARCONVILLE
ARGANCON
ARRENTIÈRES (Breton, Gauthier)
AVIREY LINGEY (Mathieu)
BAGNEUX LA FOSSE
BALNOT SUR LAIGNES (Josselin)
BAROVILLE
BAR SUR AUBE
BAR SUR SEINE (Lenoir, Léonze
*   d'Albe/Pol, Baron/Union Auboise)*
BERGÈRES (Prieur)
BERTIGNOLLES, BLIGNY (Château
*   de B.)*
BRAGELOGNE BEAUVOIR,
BUXEUIL (Leblond-Lenoir, Moutard)
BUXIÈRES SUR ARCE
CELLES SUR OURCE (Arnoult = Côte
*   & Sandrin, Bouchard, Carreau, Cheur-*
*   lin, Cheurlin-Dangin, Dangin, Delot,*
*   Gautherot, Tassin, Vézien)*
CHACENAY
CHAMPIGNOL LEZ MONDEVILLE
CHANNES
CHERVEY
COLOMBÉ LA FOSSE
COLOMBÉ LE SEC (Boulachin, Breu-
*   zon, Cercle d'Or/Coop., Vinot)*
COURTERON
COUVIGNON

EGUILLY SOUS BOIS
ENGENTE
ESSOYES
FONTAINE
FONTETTE (L'Huillier,
*   Senez)*
FRAVAUX
GYE SUR SEINE (Bartnicki-
*   Robin, Cheurlin, Hérard &*
*   Fluteau, Josselin, de Préaut)*
LANDREVILLE (Dufour,
*   Jolly, Robinet, Royer)*
LIGNOL LE CHÂTEAU
LOCHES SUR OURCE
*   (Amyot, Dautel & Jacque-*
*   net)*
MERREY SUR ARCE
*   (Jacob)*
MEURVILLE (Tapprest)
MONTGUEUX
MONTIER EN L'ISLE
MUSSY SUR SEINE
NEUVILLE SUR SEINE
*   (Carré, Clérambault/Coop.,*
*   Guyot, Hérard)*
NOE LES MALLETS
PLAINES SAINT LANGE,
POLISOT
POLISY (François)
PROVERVILLE
LES RICEYS (Bauser, Bonnet,
*   Dechánnes, Defrance, Galli-*
*   mard, Lamoureux-Plivard,*
*   Morel)*
ROUVRES LES VIGNES
SAINT USAGE (Bartnicki)
SAULCY
SPOY
TRANNES
URVILLE (Drappier)
VERPILLIÈRES SUR OURCE
VILLE SUR ARCE (Chassenay d'Arce/
*   Coop., Massin, Penot)*
VITRY LE CROISÉ
VIVIERS SUR ARTAUT (Grand-Pierre)
VOIGNY (Aubriot, Bertrand, Robert,
*   Sampers)*

Neupflanzung. In der Champagne ist umstritten, ob die Anbaufläche ausgeweitet oder eher verkleinert
werden sollte. ▷

Die Rebsorten

Zu Champagner dürfen nur noch drei Rebsorten verarbeitet werden.* Die Reben müssen aus der »région délimitée« stammen, aus den gesetzlich genau umrissenen Weinzonen der erwähnten 311 Gemeinden: die Rotweinsorten Pinot Noir und Pinot Meunier (die helles Fruchtfleisch haben und »weiß« gekeltert werden, außer eventuell für Rosé-Champagner) und die Weißweinrebe Chardonnay, die weiter südlich die großen weißen Burgunder hervorbringt. Ihnen werden folgende Eigenschaften zugeschrieben, die natürlich beim Zusammenstellen einer Cuvée, der »assemblage«, ihre Rolle spielen:
PINOT NOIR: kräftig, ergiebig, gibt Rückgrat und Fülle, Langlebigkeit.
PINOT MEUNIER: robuster, verträgt schlechtes Wetter besser als der Noir, treibt später aus und ist daher weniger von den Frühlingsfrösten gefährdet. Gibt dem Wein Frische und Frucht, etwas mehr Parfum, Gefälligkeit, ohne die Tiefe und Eleganz des Noir. Bringt manchmal einen erdigen Ton, manchmal einen süßlichen (auch ohne Zucker). Altert schneller als die beiden anderen zugelassenen Sorten und gilt als weniger fein, verglichen mit Pinot Noir, wird aber von fast allen großen Häusern verwendet, auch in Prestigecuvées. »Wir nehmen ihn, weil wir ihn brauchen«, sagt man auch im Hause Krug, einem der ganz anspruchsvollen.

Rohstoff für Champagner: zwei blaue Rebsorten (Pinot Noir und Pinot Meunier) und die weiße Chardonnay.

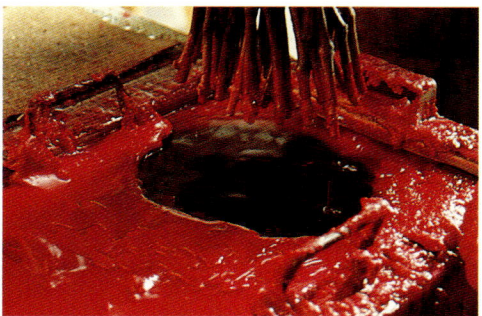
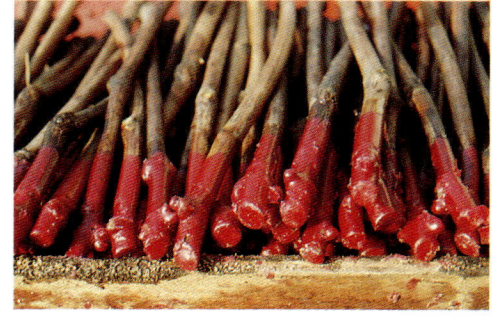

Wegen der Reblausgefahr werden die Rebpfropfen auf Wurzelstöcke amerikanischer Sorten gesteckt. Dann taucht man beide in Paraffin, um sie gegen Infektionen und vor Austrocknen zu schützen.

CHARDONNAY: weniger fruchtig, bringt Feinheit, Leichtigkeit, Eleganz, Frische. Verleiht Langlebigkeit, obwohl er in der Gegend am liebsten jung getrunken wird.
Nur diese Rebsorten also werden geduldet – und außerhalb der ausdrücklich dem Champagner vorbehaltenen Zonen (siehe unsere Karte) darf überhaupt kein Wein angebaut werden. In den zugelassenen Zonen sind nicht einfach nur die Gemeinden und Ortsflecken, sondern auch die Parzellen festgelegt, auf denen Champagner angebaut werden kann.

Neuanpflanzungen sind nur in den Parzellen dieses Katasters zugelassen. Im allgemeinen werden sie nur gestattet, wenn eine entsprechend große Fläche ausgerissen wird. Die Rebstöcke brauchen vier Jahre, um richtig zu tragen und sind etwa dreißig Jahre lang nützliche Produzenten, dann werden sie durch neue ersetzt. Die neuen müssen, wie gesagt, auf die Stöcke amerikanischer Herkunft gepfropft sein, die gegen die Reblaus unempfindlich sind. Fast versteht es sich von selbst, daß auch streng geregelt ist, wie die Rebstöcke zu behandeln sind; ihr

---

* obwohl es im Gebiet noch ein paar kleinere Einsprengsel anderer gibt, dem Dept. Aube war eine Übergangszeit eingeräumt worden

Die jungen Rebstöcke werden dann im Mai gepflanzt, durch Plastikfolien hindurch, die dem Boden seine Feuchtigkeit erhalten sollen

gen (von 1978) würden mehrere Seiten füllen.

Winzer, die diese Regeln nicht befolgen, können das Recht verlieren, ihre Ernte zu Champagner zu verarbeiten.

Weniger geregelt ist, wie es die Winzer mit der Chemie halten. Da es ihnen und den Weinbergbesitzern im allgemeinen überdurchschnittlich gut geht, sehen sie kaum einen Grund, an chemischem Dünger und chemischer Schädlingsbekämpfung zu sparen. Sie haben eher eine Neigung, vorsorglich stärker zu dosieren, um sicherzugehen... Anhänger des biologischen, möglichst chemiefreien Anbaus und entsprechend vorsichtiger Vinifizierung sind nur höchst selten zu treffen; ich habe kaum ein halbes Dutzend entdeckt (und einige davon im ABC verzeichnet).

Die Reben blühen gewöhnlich ein paar Tage im Juni. Etwa 100 Tage später beginnt die Lese. Das Datum wird amtlich festgesetzt. Im allgemeinen ist es Ende September, es kam aber schon vor, daß die Ernte im August stattfand (1955) oder auch erst im Oktober (1965).

Abstand in den Reihen ist ebenso reglementiert:

Höchstens 1,50 m zwischen den Reihen, 90 cm bis 1,50 m zwischen den Stöcken einer Reihe; aber die Summe der beiden darf keinen größeren Abstand als 2,49 m ergeben. Zweck: den einzelnen Rebstock nicht zu stark und ertragreich werden zu lassen. Insgesamt rechnet man 7000–10000 Stöcke pro Hektar. Festgelegt ist auch die Höhe, zu der sie heruntergeschnitten werden müssen, um die Knospen nahe genug am Boden zu halten (je nach Schnittmethode 50 oder 60 cm). Für die einzelnen Lagen ist genau vorgeschrieben, wie die Reben jedes Jahr (im Februar oder März, nach den Frösten) zurückgeschnitten werden müssen: möglichst kurz, um den Ertrag zu begrenzen, eine bessere Reifung zu sichern und möglichst hohe Qualität zu erreichen.

Da dies kein Lehrbuch für Weinbaulehrlinge ist, erspare ich Ihnen die genaue Beschreibung nebst graphischer Darstellung; Muster und Text der einschlägigen Bestimmun-

◁ Rebschnitt im Winter

Ernte ohne Maschinen

Dies ist so ziemlich die letzte Weingegend, die auf Erntemaschinen verzichtet. Hier erscheinen zur Lese noch immer Erntekolonnen, die von den Häusern untergebracht und verpflegt werden; sie bringen die Champagne zur Lesezeit in eine fröhliche Stimmung und beleben die Dörfer auf farbenfrohe und lustige Weise, wie es in nur noch wenigen Anbaugebieten anzutreffen ist. Die Maschine ist verpönt, weil sie manche Trauben beschädigt (platzen läßt oder einreißt) – diese

würden sofort die Gärung auslösen, und die Traubenhaut bliebe so lange im Kontakt mit dem Most, daß sie ihn färben würde; er soll aber, wie gesagt, möglichst farblos bleiben. Die Eigentümlichkeit des Champagners ist es ja, daß er auch, wenn er aus dunklen Trauben entsteht, ein Weißwein ist.

Wie lange die Maschine noch abgelehnt wird, hängt natürlich davon ab, wann man sie so vervollkommnen kann, daß sie die Trauben nicht mehr beschädigt. Sie ist ja auch anderswo zunächst abgelehnt worden (beispielsweise in der Charente bei den Cognac-Winzern), aber schon sehr verbessert. In der Champagne mag es noch ein Jahrzehnt dauern,

bis sie die Kolonnen der Erntehelfer ersetzt

Heute ist die Regel nach wie vor: mit der Hand bzw. der Schere; die Trauben werden abgeschnitten, da sie heil bleiben sollen. Früher wurden sie in Körben gesammelt, was schön aussah. Heute sind die Körbe so gut wie überall durch Plastikkästen ersetzt – wieder ein Stück optische Romantik weniger! Verzeihlich, daß manche Firmen auf ihren Prospekten noch so tun, als verwendeten sie Körbe; es ist frommer Trug.

Damit der gewonnene Wein Champagner heißen darf, muß eine Ertragsbeschränkung eingehalten werden. Die Obergrenze wird jedes

Jahr neu festgesetzt. Die legale Höchstmenge beträgt 13 000 Kilogramm pro Hektar, doch können die Behörden Erhöhungen zulassen. Sehr oft bleibt die Ernte weit unter der zugelassenen Menge. 1986 waren es etwas mehr als 11 500 Kilogramm, doch wurde alles, was über 11 000 hinausging, für die Reserve blockiert.

Kleine Abschweifung: Vom jeweiligen Ertrag kann man sich ein besseres Bild machen, wenn man die Faustregel bedenkt, daß etwa 1,2 bis 1,6 kg Trauben eine Flasche Champagner ergeben. Der Traubenpreis lag 1986 bei 22,19 Francs pro Kilo für die besten Lagen (einschließlich Zuschlägen); die Abstufungen des Preises erkläre ich auf Seite 41. Den Winzer kostet dieses Kilo Trauben zwischen sechs und zehn Francs. Falls er lieber selbst Champagner daraus machen möchte, steht er sich eher noch besser (vorausgesetzt natürlich, er verkauft ihn; der französische Markt wird allmählich für die Kleinen wieder schwieriger). Wer Trauben kaufen muß, betrachtet den Kilopreis mit anderen Augen. Lanson zahlte 1982 für die Trauben, die das Haus benötigte, 42 Millionen Francs, 1983 47 Millionen.

Zurück zur Traubenlese. Die nächste Beschränkung: Bei der Pressung[1] dürfen aus je 150 Kilogramm Trauben nur hundert Liter Most gewonnen werden. Das bedeutet in der praktischen Arbeit, daß bei der Kelterung von der Ladung einer Presse, nämlich von je viertausend Kilo[2], nur 26,66 Hektoliter Most gewonnen werden dürfen. Von der ersten Pressung, die die sogenannte cuvée ergibt[3], 20,5 Hektoliter, was zehn Fässern vom Standardmaß 205 Liter Fassungsvermögen

entspricht. Von der zweiten Pressung[4] zwei Fässer, also 4,1 Hektoliter. Dies heißt »première taille«. Dann kommt eine dritte[5], aus der noch ein Faß (205 Liter) gefüllt werden darf. Dieser Most ist »deuxième taille«.

Insgesamt ergibt das also 2666 Liter Most. Was dann noch herauspreßbar ist, etwa 0,65 hl, kann anderen Bestimmungen dienen – Hauswein des Winzers, Tresterschnaps u. a. Nur die eben beschriebenen Mengen dürfen zu Champagner verarbeitet werden.

Einige wenige Häuser verwenden nur die cuvée, wesentlich mehr Produzenten erklären, auf die zweite »taille« zu verzichten (sie verkaufen diese an andere).

Der Most muß einen Mindest-Öchslegrad haben, der jedes Jahr neu festgesetzt wird. Chaptalisieren (trockenes Aufzuckern, um den Alkoholgrad zu erhöhen) ist in geringem Umfang erlaubt. Standard-Champagner ohne Jahrgang muß mindestens zehn Prozent Alkohol enthalten, Jahrgangs-Champagner mindestens elf. In Wirklichkeit haben so gut wie alle zwölf Prozent, manche 12,5. Die Prozente sind meist auf dem Etikett angegeben.

Der ausgepreßte Saft, dem gegen die Gefahr des Oxydierens etwas SO_2 zugesetzt wird, ergießt sich in Holz- oder Zementbehälter (»barlons«). Dort bleibt er einige Stunden, bis die Unreinheiten, die das Keltern trotz aller Sorgfalt mit sich bringen kann, auf den Boden gesunken sind (»débourbage«). Der klare Most darüber wird dann umgefüllt, meist in Tanks, in wenigen Häusern nach alter Art in Holzfässer. Dabei werden nicht nur die aus den verschiedenen Erntelagen gewonnenen Moste getrennt gelagert,

sondern auch die Produkte der verschiedenen Pressungen. Was mit was gemischt werden soll, entscheidet das Haus erst später. Noch vor der Gärung wird der Most analysiert – dies wäre der Moment, ihn zu chaptalisieren.

Übrigens dürfen die Weine nur in Räumen bearbeitet, gelagert und fertiggestellt werden, in die kein Wein anderer Anbaugebiete zu welchem Zweck auch immer gebracht werden darf. Die Herstellung anderer Schaumweine ist in der Champagne verboten.

---

[1] Nicht jeder hat ein »Pressoir«. Große und Kleine, die Kelteranlagen besitzen (deren Beschaffenheit ist ebenfalls reglementiert) keltern auch für die »Konkurrenten«; diese werden gar nicht als solche empfunden.

[2] nennt man einen »marc«

[3] Da wird dreimal gepreßt, mit zweimaligem Umschichten (»retrousse«), damit die Trauben am Rande, die weniger ausgepreßt werden konnten, in die Mitte gelangten.

[4] ein Preßvorgang und eine »retrousse«

[5] abermals ein Preßvorgang und eine »retrousse«

Die Körbe vor der Presse sieht man heute kaum noch – sie sind durch Plastikbehälter ersetzt. ▷

Die Marne bei Cumières

Vorstufen zum Champagner

Zu Anfang der Gärung schäumt der Most manchmal über

Nun beginnt die Vergärung des Mostes zu Wein. Sie dauert, je nach Temperatur und Haus, etwa zehn bis zwanzig Tage; die beste Temperatur liegt zwischen 18 und 20 Grad. Zunächst verläuft die Gärung recht stürmisch, die zweite Hälfte der Zeit ruhiger. Ausgelöst wird sie im Prinzip von den Weinhefen, die schon von den Trauben mitgebracht werden, doch viele Häuser geben Reinzuchthefen dazu.

Bei dieser ersten Gärung verwandeln die Hefen den in der Flüssigkeit enthaltenen Zucker in Alkohol, mit Ausnahme eines sehr kleinen Restes (die Angaben schwanken zwischen einem und drei Gramm/l). Am Schluß ist der Most ein stiller, junger Wein. Der wird nun umgefüllt, die Hefe bleibt zurück (»Abstich«); die Umfüllprozedur wird in den folgenden Monaten mehrfach wiederholt, der Wein meist auch gefiltert, bis er ganz klar ist. Viele Häuser lassen der ersten Gärung schnell die Milchsäuregärung folgen. Sie setzt im allgemeinen von selbst ein, wenn der Raum nicht zu kühl ist. Aber wenn sie unkontrolliert verläuft, kann sie unerwünschte Nebenwirkungen haben (noch mehr, wenn sie erst später in der Flasche stattfinden sollte, da riskiert man Trübung und unangenehme flüchtige Säure) – so löst sie der Kellermeister zur gewünschten Zeit lieber selbst aus, durch Beigabe von Fermenten aus dem Labor.

Diese Gärung (französisch: malo-lactique, abgekürzt »malo«) wandelt die Apfelsäure des Weins in Milchsäure um, die weniger aggressiv wirkt, und verringert dadurch seinen Säuregehalt um etwa zwei bis drei Gramm pro Liter. Die Methode hat auch Gegner. Sie bringt »weicheren und ausgeglicheneren Wein« sagt zum Beispiel Moët & Chandon, und außerdem baut sie verbliebenen Restzucker ab. Aber andere Produzenten argumentieren, daß ein höherer Säuregehalt (natürlich kein extremer) dem Champagner mehr Frische verleihe und ihn besser stabilisiere, was sowohl für gutes Altern als auch für den Ferntransport von besonderer Bedeutung sei. So etwa Lanson; auch Piper Heidsieck lehnt die »malo« ab, außer in extrem säurehaltigen Jahrgängen.

Wieder andere kümmern sich nicht darum, ob sie nun kommt oder nicht – bei Krug sagt man, daß eventuelle lästige Nebenwirkungen durch die besonders lange Flaschenlagerzeit in diesem Haus wieder verschwänden. Aber man sucht sie nicht auszulösen.

»Malo« oder nicht – im Frühjahr nach der Ernte kommt erst einmal, was viele für das A & O der Champagnerkunst halten: die Zusammenstellung der Cuvées, also die Zusammenmischung von mehr oder weniger der separat gelagerten Grundweine zum endgültigen Pro-

Abstich: Der Wein wird aus dem Faß in ein anderes gepumpt und so von seinen Rückständen getrennt.

oben: Aus dem Faß in die Rinne, wo sich der Wein mit dem aus anderen Fässern mischt; Beginn der komplizierten »assemblage« bei Krug.

Reservewein lagert in Edelstahltanks bei Laurent Perrier…

in großen Fässern bei Roederer…

dukt. Das besteht freilich fast nie ausschließlich aus diesen neuen Weinen. Bei den Standardcuvées ohne Jahrgang, was die überwältigende Mehrheit allen Champagners bedeutet, werden auch Reserveweine hinzugemischt. Sie gehören zu den wichtigsten Schätzen jedes Hauses: Sie ermöglichen (oder sollen es wenigstens), jahraus, jahrein den gleichen typischen Hausgeschmack zustande zu bringen, wie immer die jeweilige Ernte ausgefallen sein mag.

(Spotten wir an dieser Stelle nicht darüber, wie außerordentlich ähnlich, weil recht neutral, sehr viele Champagner schmecken, deren »typischer« Geschmack nach dem Haus X oder Y uns keineswegs so deutlich beeindruckt, wie sich die Mischkünstler ausmalen mögen.)

Die Reserveweine lagern meist in großen Tanks, manchmal aber auch in großen Fässern, die kaum noch Tannin und andere Stoffe abgeben, oder in Magnumflaschen. Sie sind im Notfall für alle Häuser die Rettung: die Champagne hat oft genug katastrophale Ernten erlebt. Dann müssen die Reserveweine her.

Es ist umstritten, ob sie auch den Cuvées beigefügt werden dürfen, die mit Jahrgangsangabe auf den Markt kommen. Logischerweise müßte dies bedeuten, daß sie nur aus dem angegebenen Jahrgang bestehen. Doch hat sich durch ein Mißverständnis bei der Auslegung der Vorschriften da und dort die Auffassung durchgesetzt, daß auch ein Jahrgangs-Champagner Reserveweine aus früheren Jahren enthalten dürfe, was die zuständige Behörde entschieden bestreitet, aber zweifellos kommt es vor.

In diesem Stadium wird alles Wesentliche für die Produktion eines Unternehmens entschieden. Das Verfahren ist nicht einfach, und die es praktizieren, verdienen unein-

in Magnumflaschen bei Bollinger

geschränkte Bewunderung: Es kommt vor, daß ein halbes Hundert verschiedener, ganz unreifer, grüner Weine zusammengemischt wird (nicht auf einmal, sondern in Etappen und mit Zwischencuvées, die auch wieder eine Zeit lagern); der Verantwortliche kann sich da nur auf die Zukunftsbeurteilung seiner Nase und seiner Zunge verlassen. Alfred Simon, langjähriger Kellermeister von Heidsieck-Monopole, erzählt, daß er 1983 Dry Monopole aus 35 Grundweinen blauer und 19 weißer Trauben zusammengestellt habe; Paul Krug verwendete 1969 für den Brut Réserve 49 verschiede-

ne Lagen – nur zwei von vielen möglichen Beispielen. Freilich fragt man sich bei den größten Häusern mit ihren riesigen Behältern und Füllmöglichkeiten und den entsprechenden Mengenzwängen, ob es wirklich immer gelingen kann, sehr komplizierte Mischungen immer wieder genau zu wiederholen. Im Zweifelsfall kann die Dosage (s. weiter hinten) manches glätten.
Bei der Zusammenstellung der cuvées berücksichtigt man natürlich die Unterschiede nicht nur zwischen den Trauben und Lagen, sondern auch innerhalb der gleich hoch angesiedelten Crus. Unter den

Grand Crus gelten die der Montagne de Reims als besonders alkohol- und körperreich, manchmal etwas streng (aber nicht schwer), Ambonnay, Bouzy, Louvois und Tauxières als besonders weinig und ausgewogen, Ambonnay mit besonders feinem Bukett, Bouzy von samtener Weiche, Rilly-la-Montagne, Mailly und Verzy als leichter, Ludes und Chigny-les-Roses besonders körperreich, Sillery und Verzenay als weinig, frisch und mit besonders gutem Bukett, Ay als besonders fein, aber dennoch kräftig, körperreich und mit viel Bukett. Ay ist durchaus in der Lage, vortreffli-

59

che »monocrus«, also nicht aus verschiedenen Lagen gemischte Champagner hervorzubringen.

Unter den Chardonnays der Côte des Blancs rühmt man die von Cramant als besonders fein, duftig und körperreich; Le Mesnil-sur-Oger bringt besondere Frische, Grauves ist bekannt für einen gewissen Feuersteingeschmack, Avize als besonders delikat, leicht und fast blaß in der Farbe...

All das sagen die Spezialisten, die Kellermeister kennen es auswendig, und ihre Fähigkeit, es zu immer neuen »assemblages« zusammenzufügen, verdient Bewunderung. In diesem Stadium schlägt dann auch die Stunde der Weine aus dem Bezirk Aube. So gering sie eingestuft sind – sie werden unterschätzt, und die großen Häuser wissen das besser als jeder andere: Sie verwenden sie keineswegs nur, weil sie Mengen brauchen, sondern weil die dort angebauten Rebsorten (dieselben wie im Hauptgebiet) inzwischen dank verbesserter Anbau- und Kellertechnik längst bessere Ergebnisse liefern als zu der Zeit, in der die Verachtung des Nordens sie ganz ausschließen wollte.

Der Chef eines bekannten mittleren Hauses, der Aubeweine in manchen seiner Cuvées verwendet, erklärte, ein Anteil bis etwa 40, 45 Prozent bringe keineswegs einen minderwertigen Champagner. Unversöhnliche Gegner meinen, Champagner aus der Aube sei am besten für Apéritifs bei Großveranstaltungen, bei denen niemand sehr darauf achte, was er im Glase habe...

Der kleine Winzer hat es einfacher. So viel Verschiedenes steht ihm gar nicht zur Verfügung, und dem ganz Kleinen dann überhaupt nur eine einzige Lage, ein einziger Grundwein, dem er allenfalls eine auch nicht sehr vielfältige Reserve zusetzen kann. Das heißt keineswegs, daß Winzer-Champagner automatisch weniger gut sein muß. Aber seine Qualität hängt mehr als für die Großen, die ausgleichen können, von der Güte des neuen Jahrganges ab, und wenn die gering ist...

Die Cuvée der Kleinen, Größeren und Großen wächst nun, wie gesagt, in mehr oder weniger Etappen und bei den Großen durch das Zusammenmischen immer größerer schon zusammengemischter Vormischungen heran; in allen Stadien wird neu verkostet, manches auch wieder ausgeschieden. Erst wenn die Verantwortlichen zufrieden sind mit dem so entstandenen »neuen« Wein, wird dieser in Flaschen umgefüllt. Vorher wird er noch behandelt wie andere Weine auch – geschönt durch Klärmittel, fast immer stark abgekühlt (−3 bis −4 Grad), um Weinstein auszuscheiden und ihn zu stabilisieren, gefiltert (einige Produzenten verzichten auf die eine oder andere dieser Prozeduren, kaum einer auf alle).

Die »méthode«

Nun fängt erst an, was den Champagner so sehr von anderen Weinen und den meisten Schaumweinen unterscheidet, abgesehen von der Weißweingewinnung aus roten Trauben: die »méthode champenoise«.

Dieser Ausdruck hat bisher auch viele Etiketten von Schaumweinen geziert, die sonst nichts mit Champagner zu tun haben – die Crémants anderer französischer Gebiete zum Beispiel, auch manchen deutschen Sekt. Der europäische Gerichtshof hat entschieden, daß diese Bezeichnung in wenigen Jahren verschwinden muß, wie es die Champagne wollte*.

Nun ist also die zweite Gärung fällig, die in der Flasche. Von selbst kommt sie aber nicht (außer, wie weiter vorn im geschichtlichen Rückblick erzählt, wenn ein wegen ungünstiger Witterung nicht ganz vergorener Wein, der im Winter abgefüllt wurde, im Frühjahr mit wachsender Außentemperatur neu zu gären anfängt, weil die Hefen

Berühmter Champagner-Komponist bei der Arbeit: Henri Krug beim Zusammenmischen einer Cuvée. Bruder Remy wird sich um den Verkauf kümmern.

* siehe Crémant, S. 17.

Für die zweite Gärung lagert der Champagner auf Latten, die ermöglichen, hohe Flaschenmauern aufzustapeln. Manche Unternehmen verwenden riesige Metallkörbe, aber der Ausdruck »sur lattes« hält sich für dieses Stadium weiter. Von hier werden die Flaschen dann, wenn die Verkaufszeit näher rückt, auf Rüttelpulte gebracht.

aufgewacht sind und den restlichen Zucker vertilgen und zu Alkohol machen wollen. Diese Voraussetzung wünscht niemand mehr, und sie würde auch keinen richtigen Champagner hervorbringen). Also wird dem Wein Zucker zugesetzt (gelöst in Wein), sogenannte Fülldosage oder »liqueur de tirage«, begleitet von Reinzuchthefen.

Die dadurch ausgelöste zweite Gärung (die »malo« wird nicht mitgezählt) erzeugt dann durch die Kohlensäure bzw. das Kohlendioxid, die nicht entweichen können, jenen Überdruck, der zum Champagner gehört. Er soll etwa sechs atü (oder bar) betragen, was von 24 Gramm Zucker bewirkt wird (vier pro atü); da dieser Wein einen Rest unvergärbaren Zuckers enthält, kann die Dosis etwas geringer sein. Für Crémant, der nur etwa den halben Druck braucht, nimmt man etwa die Hälfte Zucker.

Der Druck geht im Lauf der Zeit wieder etwas herunter. Im allgemeinen sind es nach vier, fünf Jahren nur noch vier bis fünf bar, und dann geht beim »Degorgieren« noch einmal ein halbes Bar verloren. *Krug* gibt von vornherein etwas weniger Zucker zu, »Finesse ist uns wichtiger als Kohlensäure.«

Die Flaschen sind fast nirgends mehr mit richtigen Korken verschlossen, sondern mit Kronkapseln. Sie werden auf schmalen Latten hoch gestapelt, mit weiteren Latten als Zwischenpolster. Nur wenige Häuser verwenden für Cu-

vées, die besonders lange lagern sollen, Korken wie früher.

Die zweite Gärung dauert bei zwölf, dreizehn Grad Kellertemperatur sechs bis acht Wochen. Die meisten Keller der »Großen« sind kühler, etwa bei zehn Grad, und die Fachleute meinen auch, daß der Champagner besser wird, wenn er noch langsamer gärt. Bei MEDOT zum Beispiel kann es bis zu vier Monaten dauern. Die Umwandlung des Zuckers erhöht natürlich abermals den Alkoholgehalt, um etwa 1,5%. Man sieht ein, daß die Grundweine ziemlich alkoholschwach sein müssen. Manchmal sind sie es aber so sehr, daß chaptalisiert, also durch Zusatz von Zucker der Alkoholgrad schon vor allen Gärungen erhöht wird.

Am Ende dieser Phase ist der Champagner ein heller Wein, die ziemlich erheblichen Rückstände lagern unübersehbar auf der Innenwand der ruhenden Flasche. Die bleibt auch weiter liegen – ein Jahr, wenn es eine Standardcuvée ohne Jahrgang werden soll, drei für Jahrgangscuvées. Übrigens dürfen Produzenten, die keine Mischungen durchführen, ihren Wein auch nicht vor dem 1. Januar nach der Ernte in Flaschen füllen. Die Fristen sind gesetzliche Mindestgebote, nicht wenige Häuser überschreiten sie, manchmal erheblich. Bei Krug bleiben die Flaschen der »Grande Cuvée« sechs Jahre so liegen – so lange, sagt man dort, bringen die Hefestoffe des Depots dem Wein noch Geschmackszugewinn.

Nur sehr wenige Häuser führen die zweite Gärung in anderen als Normal- und Magnumflaschen durch, also auch in halben oder in Doppelmagnums. In diese Flaschen wird später umgefüllt (»transvasage«). Zu denen, die auch in halben Flaschen vergären, gehören Pommery, Pol Roger, Laurent Perrier, Joseph Perrier, de Castellane, Veuve Clicquot.

Umweg über Latten

Nicht überall ist dem Wein auf den Latten (die übrigens auch nicht überall Latten sind, sondern oft Holz- und Metallbehälter; der Gabelstapler hat auch in der Champagne seinen Einzug längst hinter sich) ein Erwachen als Champagner des Hauses vergönnt, in dem er seine Karriere begonnen hat. Ein Teil des Champagnergeschäfts von Kooperativen und anderen großen Produzenten besteht im Handel innerhalb der Champagne, also zwischen den Firmen. Unternehmen, deren eigene Vorräte nicht reichen, sei es wegen Mißernten oder wegen plötzlicher neuer Absatzchancen oder weil sie generell außer angekauften Trauben (was die Regel ist) auch anderswo vorbereitete Weine verarbeiten, beziehen Wein aus diesem »Latten«-Stadium. Sie machen sie dann bei sich nach ihrem jeweiligen Stil verkaufsfertig. Sie entscheiden über die endgültige Lagerdauer, sie setzen ihre eigene Dosage zu.

Solche Transaktionen sind ohne großes Risiko für den »Hausgeschmack« möglich, weil die ursprünglichen Hersteller entweder sehr neutrale Cuvées zusammenmi-

schen, denen die Bezieher dann leicht den von ihnen gewünschten Charakter aufprägen können, oder aber, möglicherweise noch häufiger, weil der Kunde von vornherein auf die Vinifizierung beim Lieferanten Einfluß nimmt, seinen Kellermeister auch dort bestimmen und überwachen läßt usw. Dem Verkäufer kann das nur recht sein, und nicht wenige solcher Arrangements sind in langfristigen Verträgen verankert.

Wenn man sich vor Augen hält, daß die »Großen« ihren Bedarf nur zu einem kleinen Teil von eigener Weinernte decken können, viele große und mittlere Häuser ohnehin alles kaufen müssen, kann man über diese Arrangements nicht staunen. Moët & Chandon hat sie, um nur das größte Haus zu nennen. »Die Weine sind wie aus unseren Kellern. Es sind Moët & Chandon-Cuvées, unter unserer Kontrolle«, sagt der Chef-Oenologe des Hauses, Philippe Coulon. »Wie sie zusammengesetzt werden, entscheiden wir.«

Diesen Aspekt der Champagnerwirtschaft haben englische Weinjournalisten, darunter der Buchautor Stevenson, zu einem Skandal hochstilisieren wollen: Die beteiligten Häuser betrieben Verrat an ihrer Kundschaft, die doch glaube, daß jeder Tropfen des Markenchampagners aus dem Haus kommen müsse, das ihm seinen Namen gebe. Das sei aber unter Umständen nicht der Fall. Der Direktor von Clicquot, Henriot, hat mit dem Beispiel des Lederwarenkonzerns Vuitton geantwortet, zu dem auch Clicquot gehört: »Bei einer Vuitton-Handtasche sind vielleicht achtzig Prozent aus einer Vuitton-Fabrik, der Rest kommt von an-

derswo. Aber Vuitton kontrolliert die gesamte Produktion. Sie können einen Jaguar kaufen; obwohl er den Motor von woanders bezieht und das Schaltgetriebe wieder von woanders, ist es schließlich doch ein Jaguar.«

Es wird geschätzt, daß dieser Teil etwa fünf Prozent des gesamten Champagnergeschäfts ausmacht. Zweifellos umfaßt wiederum ein kleiner Prozentsatz hiervon mäßige Qualitäten – meist Ankäufe von Firmen, die Billigst-Champagner für Supermärkte machen wollen. Aber solche sind oft auch ohne Zutat von »sur lattes« zweit- oder drittklassig. Von zahlreichen anderen dagegen, besonders (aber nicht nur) in Großbritannien, kann man wiederum sagen, daß sie mit berühmteren mithalten können.

Die Vermarkter von minderwertigem Champagner haben kaum einen Ruf zu verlieren. Das Geschäft der großen Marken hingegen scheint mir die englische Aufregung nicht zu verdienen. Sie geben ihren Namen her. Solange ihr Champagner seine Qualität hält, ist kein Grund zum Tadel zu sehen. Viel eher könnte man sich wundern, daß die große Menge von BOB*-Champagner in Großbritannien *nicht* unter dem Etikett der Hersteller verkauft, seine wahre Herkunft also der Kundschaft schlicht und einfach verheimlicht wird, ohne daß sich die gleichen Weinjournalisten darüber zu wundern scheinen.

---

* Handelsmarken

Der Weinberg zu Füßen der Abtei Hautvillers

Rüttel-Kur

Einige Monate vor dem vorgesehenen Ende ihrer Ruhe werden die Flaschen umquartiert: Ihre Zeit ist gekommen, gerüttelt zu werden. Das Depot innen am Flaschenrand, ein ziemlich mächtiges, ist keine Zierde und muß weg. Die Methode, es zu beseitigen, ist schon seit Anfang des vergangenen Jahrhunderts die gleiche: schräge Pulte mit Löchern, in die man Flaschen mit dem Hals voran stecken kann, in jeder gewünschten Neigung. Dort werden sie in regelmäßigen Abständen von einem »Remueur« »gerüttelt«. Ein paar energische Drehbewegungen lockern das Depot aus seiner Lage, und da der Rüttler die Flasche jedesmal etwas weiter neigt, sinkt es immer weiter dem unter ihm wartenden Korken entgegen. Einmaliges Schütteln täte es nicht, da das Depot aus verschieden schweren Teilchen besteht – die ganz leichteren würden oben weiter herumschwimmen.

Der »Remueur« markiert mit weißen Strichen am Flaschenboden die jeweils letzte Drehung, so daß er sich beim nächsten Mal nicht irren kann. Das nächste Mal ist gewöhnlich nach zwei oder drei Tagen; in manchen Häusern wird jedoch täglich gerüttelt. Die »Remueure« schaffen zwischen 30000 und 50000 Flaschen am Tag, besonders

Ein »Remueur« (Rüttler) bearbeitet jeden Tag △ Zehntausende von Flaschen (aufgenommen bei Krug).

Computergesteuerte Rütteltechnik: Giropaletten bei Piper Heidsieck ▷

◁ Auf dem Rüttelpult (bei Lanson/Massé)

geschickte 60 000. Insgesamt dauert es, je nach Übung des Hauses, sechs bis zwölf Wochen, bis jede Flasche senkrecht mit dem Kopf nach unten steht und das Depot auf dem Korken sitzt, bereit, entfernt zu werden.

Natürlich haben die Techniker schon lange versucht, eine maschinelle Lösung zu finden. Man stelle sich den Arbeitstag eines Remueurs vor, der die ganze Zeit im finsteren, in seinem Bereich nur mäßig erleuchteten, kalten Keller einsam von Pult zu Pult wandert, um Flaschen zu rütteln; der nächste Arbeitskollege arbeitet weit entfernt (wenn das Haus groß genug ist, mehrere zu benötigen); allenfalls bringt ihm ein Transistorradio etwas Unterhaltung.

Seit ein paar Jahren gibt es computergesteuerte »Giropaletten«, große Kästen, in denen je 504 Flaschen von Zeit zu Zeit ruckhaft verlagert werden, nach dem gleichen Prinzip allmählicher Neigung. Sie haben den Vorteil, nicht nachts, an Wochenenden und Feiertagen aufhören zu müssen; ihre Wirkung ist also regelmäßiger und schneller. Es gibt ähnliche Behälter, die mit der Hand bewegt werden können, und Vibrieranlagen, die den gewünschten Zweck ebenfalls erreichen.

Puristen meinen freilich, daß die Apparate nicht könnten, was ihnen der Remueur voraus hat: sich auf Sonderfälle einstellen. Manche Depots in manchen Flaschen haften mehr als andere – die Maschinen sind außerstande, nuanciert zu arbeiten.

Giro- und Rotopaletten*, Sicams und dergleichen sparen zwar Arbeitskräfte, sind aber selbst teuer. Daher warten viele Unternehmen ab, ob nicht ein ganz anderer Weg zum Erfolg führen wird, den die Experten der Moët & Chandon-Forschungsabteilung eingeschlagen haben. Das Rüttelgeschäft dauert so lange, weil die Hefen und ihre Ablagerungen so störrisch an der Flaschenwand haften. Wenn man das ändern könnte...

Zu diesem Zweck wurden die Hefen in kleine Kügelchen aus Alginat eingeschlossen. Davon kommen ein paar hundert in die Flasche. Sie verteilen sich gut, und auch die Hefen entfalten ihre Wirkung. Die Kügelchen setzen sich leichter auf dem Korken ab, und die Rüttelzeit kann erheblich verkürzt werden.

Parallel dazu wird anderswo an geeigneten Flaschen gearbeitet, an deren Glaswand die Hefen, also das Depot, nicht so gut haften können wie an den bisher üblichen. Das würde die Rüttelei ebenfalls verkürzen.

Gerade, weil Champagner ein verhältnismäßig teures Produkt ist, sind solche Bemühungen von erheblicher Bedeutung. Freilich verschwindet, wenn sie Erfolg haben, ein weiteres Stück Kellerromantik. Doch wenn man bedenkt, daß die Fertigstellung jeder Flasche Champagner insgesamt rund dreihundert Handbewegungen erfordert, davon allein fünfzig für die »remuage«, sieht man die Wichtigkeit neuer Entwicklungen ein.

---

* Rotopaletten fassen 297 Flaschen pro Behälter und werden handbewegt, ebenso wie »Champarex« (183 oder 381 Flaschen).

Abschied vom Depot

Die Remuage, ob mechanisch oder per Hand, ist abgeschlossen; das Depot sitzt auf der Kapsel oder dem Korken, man weiß, wann die Flasche dem Versand übergeben werden soll. Das kann noch sehr lange dauern, wenn es sich um eine Prestigecuvée handelt; dann können die Flaschen noch jahrelang so auf dem Kopf bleiben, auch wieder gestapelt, jeweils eine obere mit ihrem Verschluß in der Delle der unteren. Bei der Standardcuvée dürfte es nun an der Zeit sein, das Depot zu entfernen und die Flasche verkaufsfertig zu machen.

Auch dieses Verfahren existiert, wie im Kapitel über Dom Pérignon gesagt, seit Ende des vergangenen Jahrhunderts: Die Korkenpartie der Flasche wird in eine sehr kalte Lösung getaucht (maschinell). Das Depot friert am Korken fest; er wird entfernt, mit ihm das Depot. Dieses »Degorgieren«* besorgt eine Maschine, wenn es auch noch Firmen mit Mitarbeitern gibt, die, ebenso wie viele Winzer, noch mit der Hand degorgieren (können). Der in der Flasche herrschende hohe Druck hilft natürlich.

Mit dem Depot entschwindet auch eine kleine Menge Champagner, die Flasche muß wieder aufgefüllt werden. Dazu steht eine »Versanddosage« bereit, »liqueur d'expédition« genannt. Sie wird maschinell schnell eingefüllt; viel ist es ja nicht. Um so größer ist die Bedeutung dieses Gemisches aus Zucker und Wein.

---

* »Entschlämmen« oder »Abschlämmen« sind deutsche Ausdrücke dafür, mit denen ich mich nicht anfreunden kann, ebenso »Enthefen«.

oben: Versuche mit Hefen, die in kleinen Alginatkügelchen eingeschlossen sind und dann leichter entfernt werden können, haben bei Moët & Chandon zu ersten Erfolgen geführt.

◁ Wie sich das Depot entlang der Flaschenwand absetzt, kann man in den durchsichtigen Flaschen des »Cristal« von Roederer besonders gut sehen.

unten: Ein Eispfropf unter der Kapsel: Das Depot wurde gefroren, um mit der Kapsel entfernt werden zu können. Daneben: Flaschen im »Eisbad« bei Ericout.

Dosage

Historische Dosage-
Kännchen bei Krug

Was nun in der Flasche ist, könnte nicht trockener sein, nicht weniger süß. Hier wäre der Ausdruck »Brut« sehr berechtigt, der so viele Champagnerflaschen ziert, aber freilich in amtlicher Definition ziemlich viel Zucker erlaubt. Hier die in der EG zugelassenen Werte für den Restzuckergehalt von Schaumwein:

Extra Brut oder *Extra Herb:* 0 bis 6 g pro Liter

Brut oder *herb:* unter 15 g pro Liter

Extra dry oder *Extra trocken:* 12 bis 20 g pro Liter

Sec oder *trocken* oder *dry:* zwischen 17 und 35 g pro Liter

Demi-sec oder *halbtrocken* oder *medium dry:* zwischen 33 und 50 g pro Liter

Doux oder *mild* oder *sweet:* mehr als 50 g pro Liter (ist als Bezeichnung so gut wie verschwunden; mehr eine Erinnerung an das 19. Jahrhundert, aber natürlich noch auf alten Flaschen zu finden).

Es gibt einige Marken, die total trockenen Champagner anbieten, unter Bezeichnungen wie »Brut Intégral«, »Brut Zéro« oder so. Viele Menschen, nicht alle, finden das zu herb. Es hängt auch vom Jahrgang ab und, noch mehr, vom Alter der Flasche. Alterung rundet den Geschmack ab, der Champagner wird

weicher, auch ohne daß man ihm Zucker zusetzt, und in der Tat dosieren die Firmen ihre älteren Abfüllungen im allgemeinen weniger oder gar nicht.

Aber die meisten Menschen mögen's vorläufig weniger herb, und dafür ist die Dosage da. Außerdem kann der dazu verwendete Wein dem Champagner noch den letzten Stempel vom speziellen Stil des betreffenden Hauses mitgeben. Früher verwendete man dafür durchweg alten Reservewein, heute stammt er immer häufiger aus der gleichen Cuvée, die er abrunden helfen soll.

Früher setzten die meisten Häuser dem Dosage-Likör auch noch »Esprit de Cognac« zu, einen durch dreimalige Destillation auf 80 bis 85 Prozent gebrachten Cognac. Er wurde benötigt, die sehr süßen Champagner, die vor allem in Rußland und Lateinamerika in Mode waren, durch die starke Zuckerung jedoch an Alkoholstärke verloren, wieder stärker zu machen. So süßer Champagner wie damals wird heute nur noch wenig hergestellt. Kaum eine Firma gibt heute zu, daß sie noch Esprit de Cognac verwendet. Merkwürdigerweise schickt aber die Charente, wo er produziert wird, noch immer einigen in die Champagne. 1986 waren es 9600

Liter, genug, um ein ganz beachtliches Quantum Champagner anzureichern…

Die genaue Zusammensetzung ihrer Dosage halten die meisten Firmen geheim. Am liebsten geben sie nur Prozente (vom »Likör«) an (»dosiert zu 1%«, oder 0,5% usw.), was keine Klarheit bringt, sondern das Publikum eher irreführt. Der »Likör« entsteht, indem man einem Liter Wein zwischen 500 und 750 Gramm Rohrzucker hinzufügt – solange man das genaue Verhältnis nicht weiß, kann man auch mit der Prozentangabe nichts anfangen. Selten wird in Gramm gerechnet. Einige Unternehmen waren jedoch nicht so scheu und haben es für uns doch getan, gewöhnlich für ihre Standard-Brut-Qualitäten. Hier ihre Angaben: Bricout 10 Gramm pro Liter, Duval-Leroy 9, Charles Heidsieck 10 bis 12, Heidsieck Monopole 11,6, bei Jahrgangscuvées nur 7; Jacquart Sélection 11 bis 14, Brut mit Jahrgang 8 bis 10; Laurent Perrier 10, Moët & Chandon 9 bis 12, Pommery 9, Taittinger 14.

Allerdings habe ich an anderen Stellen Analysewerte gesehen, die höher lagen. So hat das Schweizer Testblatt SKS folgende Werte für einige Standard Bruts veröffentlicht: Heidsieck Monopole 14,3, Lanson 14,3, Moët & Chandon 13, Mumm 15,7 (was über der legalen Obergrenze wäre), Pommery 9,8, Veuve Clicquot 11,6. Dazu einige Jahrgangs-Champagner: Perrier-Jouët Belle Epoque 1979 8,8, Roederer Cristal 1979 14,3, Dom Ruinart 1979 14,2.

Das sieht so aus, als ob manche Häuser dicht am Rande der Obergrenze dosierten. Das französische Blatt »50 Millions de Consommateurs« veröffentlichte im Januar

1986 folgende Werte, die das mit einigen Ausnahmen zu bestätigen scheinen: Billecart Salmon 14,6, Bollinger 9,1, Canard-Duchêne 13,5, Veuve Clicquot 11, Deutz & Geldermann 13,4, Heidsieck Monopole 14,2, Charles Heidsieck 12,8, Krug 12, Lanson 13,4, Laurent Perrier 14,8, Mercier 12,2, Moët & Chandon 12,6, Mumm 14,8, Perrier-Jouët 11,4, Piper Heidsieck 14, Pol Roger 11,4, Roederer 14,5, Taittinger 13,8…

In der »Encyclopédie des vins de Champagne« hat Michel Dovaz die Analysen von zwölf Jahrgängen Krug zwischen dem 1928er und dem 1976er veröffentlicht – im allgemeinen ergeben sich etwa zehn Gramm pro Liter.

Aber… die Dosage ändert sich oft, je nach der Beschaffenheit der jeweils neuen Grundweine. Manchmal kann sie Unschönheiten maskieren. Manchmal wird ein hoch dosierter Champagner dennoch für trocken gehalten – es kommt ja auch auf das Verhältnis zwischen Restzucker und Säure an. Jene weiter vorn erwähnten Champagner ohne Milchsäuregärung, die also höhere Säuregrade haben, vertragen auch mehr Zucker, ohne daß ihr Gleichgewicht gestört würde.

Auch hier kommt es wieder einmal sehr darauf an, unter welchen Umständen Sie Champagner trinken. Als Apéritif oder Erfrischung, möglicherweise noch bei Hitze, werden die wenig dosierten eher triumphieren als beim Essen.

Lange Zeit war üblich, für verschiedene Auslandsmärkte verschieden zu dosieren. Aber die meisten Firmen haben das aufgegeben: Im Zeitalter des Schnellverkehrs sollen Reisende den ihnen vertrauten Geschmack auch am anderen Ende der Flugverbindung finden. Bei Moët & Chandon beispielsweise ist die Dosage seit Ende der siebziger Jahre überall gleich.

Korken

Nach der Dosierung wird der Champagner neu und endgültig verkorkt. So schöne volle Korken aus einem Stück, wie sie noch vor wenigen Jahrzehnten üblich waren, bescheren uns die hauptsächlichen Lieferländer Spanien und Portugal nicht mehr; der Bedarf ist vielleicht auch zu groß. Die Korken sind heute aus einer Pressmischung, unten zum Kontakt mit dem Wein wird diese durch eine Platte aus »richtigem« Kork abgeschlossen. Sie erfüllen, sagen die Champagnermacher, alle Ansprüche.

Wir sind in der streng reglementierten Champagne. Also haben die Behörden, bevor der Champagner nun verkaufsfertig gemacht wird, ein weiteres Kontrollrecht. Alle Cuvées müssen analysiert und verkostet werden (können). Erst dann ist ihr Recht auf die »appellation Champagne« nicht mehr bestritten.

Der maschinell aufgesetzte Korken wird (maschinell) mit dem Drahtgeflecht, dem »Körbchen« (»muselet«)*, zusätzlich gesichert und erhält eine Aluminiumkappe. Dann wird die »habillage« angebracht: das Etikett, die Umhüllung des Flaschenhalses und das »Halsband« (»collerette«). Auf der Unterseite des Korkens ist (wenn nicht der Name des Herstellers) oft ein kleiner fünf-zackiger Stern mit einem langen Schweif eingebrannt: ein Komet. Die Erklärungen gehen

auseinander. Einmal ist es Brauch seit 1811, als die Winzer nach einer reichlichen Ernte ihren Champagner nach dem in jenem Jahr gesichteten »Großen Kometen« »Kometenwein« nannten. Nach anderer Lesart soll es an Weihnachten erinnern, eine besonders champagnerfreundliche Saison…

* In den Anfangszeiten wurde der Korken mit Bindfaden unter dem Vorsprung am Flaschenhals festgeschnürt; der Korken war oben entsprechend eingekerbt.

Graffiti im Keller von Clicquot

Etikett, entschlüsselt

Das Etikett muß abermals strengen Vorschriften entsprechen. Daß das Wort Champagner deutlich lesbar sein soll, versteht sich von selbst. Der Inhalt muß angegeben werden (75 cl, 1,5 l etc.). Der Name des Herstellers bzw. der Marke, der Herkunftsort, die Geschmacksrichtung (Brut etc.); bei einem Jahrgangs-Champagner der Jahrgang. Die Sorte, falls sie vom Standard abweicht: etwa Crémant oder Blanc de Blancs (wenn es sich um Champagner ausschließlich aus der Chardonnay-Traube handelt) oder Rosé. Die Alkoholstärke kann, muß aber nicht vermerkt sein.

Schließlich findet sich ganz unten eine winzige Kontrollnummer, ausgegeben vom Selbstverwaltungsorgan der Champagner-Wirtschaft, dem »Comité Interprofessionel du Vin de Champagne«* in Epernay. Diese Nummer steht hinter zwei Buchstaben, an denen man erkennen kann, ob der Vermarkter auch der Hersteller ist, ob er als Händler tätig oder ein Winzer ist.

Hier die Bedeutung der vorkommenden Buchstaben:

NM = Handelsfirma, kann eigenen Weinbesitz haben, kauft meist dazu. Bedeutet »Négociant Manipulant«. Die Firma muß Champagner herstellen, wobei sie sich unter Umständen einer Genossenschaft bedienen darf; degorgieren, dosieren und verkaufsfertig machen muß sie jedenfalls selbst.

CM = Genossenschaft (»Coopérative de Manipulation«)

RM = Winzer, der nur seine eigene Ernte verarbeitet und nichts hinzukaufen darf. Bedeutet »Récoltant Manipulant«. Er braucht nicht unbedingt alle Stadien der Champagner-Zubereitung selbst zu erledigen, sondern kann das meiste einer Genossenschaft überlassen – jedoch muß er auf jeden Fall selbst degorgieren, dosieren und verkaufsfertig machen. Viele Winzer wählen aus steuerlichen Gründen den Status NM; dann dürfen sie auch zukaufen.

MA = »Marque d'Acheteur«. Handelsmarke (»Buyers Own Brand«, BOB, im internationalen Fachjargon); der Vermarkter ist also nicht der Hersteller. Früher bedeutete es auch »marque auxiliaire«, Zweitmarke (oder Drittmarke usw.) eines Hauses, aber das ist nun durch NM gedeckt und zeigt damit nicht mehr automatisch an, ob es sich wirklich um eine Firma handelt oder nur um eine Marke. Die Marke kann ein vom Hersteller oder Besteller registrierter Phantasiename sein (oft der Name einer nicht mehr existierenden Firma) oder aber auch der Name des bestellenden Hauses oder eines Weiterverkäufers.

Erst jetzt darf die Flasche das Unternehmen verlassen. Es ist verboten, Champagner außerhalb des Herkunftsgebietes fertigzustellen, also auch, unfertigen nach außerhalb zu schaffen.

* siehe Seite 78.

KRIEG UND VERSÖHNUNG

1.

Europas Schlachtfeld

Die Einigkeit von Briten, Deutschen und Franzosen in der förderlichen Sympathie* für den Champagner war, wie man weiß, nicht gerade typisch für die Gefühle, die sie untereinander hegten. Sie haben sich in kaum einer Gegend so oft und gründlich zerfleischt wie in der Champagne. Es ist in der Tat blutgetränkter Boden, und die drei waren nie miteinander einig, außer in sehr grauer Vorzeit, sondern Gegner, um nicht zu sagen Erbfeinde.

So ziemlich das letzte Mal, daß sie oder besser gesagt ihre Vorfahren einig fochten, war wohl im September des Jahres 451: die entscheidende Schlacht zwischen der römisch-gallisch-germanischen Koalition und den Truppen Attilas. Dieser befehligte keineswegs nur »Hunnen«, sondern anscheinend ebenso viele europäische Stämme wie der römische Feldherr Aetius. Der Osten verlor. Nicht weit von Châlons-sur-Marne, entlang der RD 394 von Cuperly, erinnert an einem Wäldchen kurz vor Cheppe ein Schild »Camp d'Attila« an diese Schlacht. Hinter den Bäumen, in einer großen Senke, soll Attilas Heer gelagert haben.

Fast ein Jahrtausend später war die Champagne ein Hauptschlachtfeld des Hundertjährigen Krieges zwischen Engländern und Franzosen. Das Denkmal der Jungfrau von Orléans bei der Kathedrale von Reims erinnert die Touristen wohl nicht mehr daran. Bald danach litt die Champagne unter den Religionskriegen des 16. Jahrhunderts, und der Dreißigjährige im 17. hinterließ, wenn auch in der Champagne nicht gekämpft wurde, ebenfalls traurige Spuren militärischer Besatzung, Plünderung und Drangsalierung. Spanier, Schweizer Landsknechte, Truppen des französi-

schen Königs und gleich danach die »Fronde« hielten die Champagne bis 1659 unter einem Schreckensregime.

Aber schlimmer wurde für diese geplagte Landschaft, die teuer dafür bezahlte, daß sie an wichtigen militärischen Marschrouten (in beiden Richtungen) zwischen Osten und Westen lag, das neunzehnte Jahrhundert. 1814 zogen Russen, Preußen und Österreicher in die Champagne ein. Reims und Epernay wechselten mehrfach den Besatzer. Aus der Zeit stammt eines der wenigen deutschen patriotischen Gedichte, denen mindestens nachträglich wohl auch ein Champagnerproduzent zustimmen könnte – August Kopischs »Bücher am Rhein«:

»Nun schlagt die Brücken übern Rhein!
Ich denke, der Champagnerwein
wird, wo er wächst, am besten sein!«

Für alle, die übersehen, daß in der Geschichte kaum ein Werturteil über Völker für immer Bestand hat, brachten die damaligen Wirren eine

* siehe Anfang dieses Buches

In der Champagne liegen zahlreiche Soldatenfriedhöfe der an den Weltkriegen beteiligten Nationen

interessante Begebenheit. Die russische Besatzung unter Prinz Wolkonski schützte Reims vor preußischen Requisitionen. Schließlich drohte der Prinz sogar, er werde den Preußen, sollten sie etwas mit Gewalt holen wollen, seine Kosaken entgegenstellen...

Überhaupt war da die Champagne Schauplatz einer Konstellation, die den Historikern noch heute zu denken geben muß, auch wenn sie nicht zu den Champagnerliebhabern zählen. Preußische und österreichische Forderungen auf französisches Gebiet während des Wiener Kongresses waren dem Zaren (und den Briten) extravagant vorgekommen; sie schienen ihm das europäische Gleichgewicht zu gefährden. Er wollte seine Abneigung überzeugend deutlich machen. So lud er die Monarchen der beiden Länder zu einer gewaltigen russischen Truppenparade in die Champagne. Sie fand bei Vertus* statt und führte rund dreihunderttausend russische Soldaten an den versammelten gekrönten Häuptern vorbei; Berlin und Wien verstanden den Wink und mäßigten sich.

Immerhin bezahlte die Champagne ihren Preis an alle Alliierten, hauptsächlich (wenn auch nicht nur) mit dem Getränk, für das sie nun berühmt war. Moët wurde allein rund sechshunderttausend Flaschen an die Sieger los. Er tröstete sich damit, daß dies auf lange Sicht wohl zusätzliche Kundschaft bedeuten werde. Es stimmte, für sein Haus und für andere.

Deutsche Soldaten aber erschienen von nun an nicht mehr in solcher Koalition, sondern allein.

* dem hoch angesehenen Weinort südlich Epernay an der südlichen Grenze der Côte des Blancs, dem führenden Weißweingebiet der Champagne.

2.
Die Deutschen (1)

Ein halbes Jahrhundert nach dem ersten Napoleon, der fast ganz Europa gegen sich vereint und der Champagne wenig gute Zeiten beschert hatte, kam der deutsch-französische Krieg 1870/71, ausgelöst und erklärt von Napoleon III. Er war viel schwerer, blutiger, als die Deutschen anhand ihrer Geschichtsbücher erinnern könnten. In der Champagne zeigten die preußischen Truppen abermals gewaltigen, ohne Bezahlung zu befriedigenden Champagnerdurst, um nur das friedlichste Wort zu nennen. Eine Anekdote von damals*: Ein preußischer General verlangt von einem französischen Dorfbürgermeister fünfhundert Flaschen Champagner. Der erklärt, hier sei alles ausverkauft, der neue Champagner noch nicht fertig. »Zu dumm«, meint der General. »Wo doch Ihr Champagner ausgezeichnet sein muß, bei seinem Preis…« Der Maire wollte nicht widersprechen. »Wieviel nehmt Ihr denn?« »Hm, fünf bis…« »…sechs Franken?« »Ja, aber er ist nur 1,50 wert.« »So?« machte der General. »Sehn wir mal. Ich wollte fünfhundert Flaschen haben. Zu 1,50 wären das 750 Franken. Die zahlen Sie mir! Das ist doch wirklich sehr mäßig als Requisition.« Das dachte der Bür-

germeister auch und zahlte. Der General stellte sogar eine Quittung aus. Dann sagte er: »A propos – ich habe da in einem Munitionswagen fünfhundert Flaschen, die ich im Gepäck von Marschall MacMahon gefunden haben. Sie sagen ja, Sie hätten keinen Champagner mehr. Ich trete Ihnen meine fünfhundert Flaschen ab – zu Ihrem Preis von fünf Franken macht das 2500!« Der Maire verzog das Gesicht, aber er fügte sich.

Noch näher an uns heran: der Erste Weltkrieg. Gleich zu Anfang besetzten deutsche Truppen Reims und Epernay. Sie wurden ein paar Tage später zurückgeschlagen, und dann verwüstete der Stellungskrieg dreieinhalb Jahre lang das Herz der Champagne. Die deutschen Stellungen verliefen anderthalb Kilometer nordöstlich Reims, die Stadt lag unter fast täglichem Artillerie-

beschuß (etwa 1050 solche Tage wurden gezählt), die Kathedrale wurde nicht verschont. Bei Kriegsende war Reims zu neunzig Prozent zerstört – eine Proportion, die deutsche Städter erst im Zweiten Weltkrieg kennengelernt haben. Die ausgedehnten unterirdischen Champagnerkeller erwiesen sich als rettende Bunker, zeitweise lebte fast die gesamte Bevölkerung unterirdisch, bis sie ganz evakuiert wurde.

Viele Weinberge lagen mitten im Hauptkampfgebiet. Hier konnte nicht mehr geerntet werden – versucht wurde es, unter Opfern der Unermüdlichen; weiter entfernt von Reims war es weniger katastrophal. Epernay und den anderen Zentren ging es etwas besser. Da die Männer eingezogen waren, trugen Frauen die Hauptlast, weder zum ersten Mal noch dauerhaft anerkannt. Material war knapp, die Gebäude dienten als Truppenquartiere und waren neben der Artillerie auch Luftangriffen ausgesetzt. Und wer immer am geeigneten Ort auftauchte, Deutsche oder Franzosen, requirierte – auch Champagner.

---

* aus l'Illustration Européenne vom 3. 12. 1870 fand sie ihren Weg in Georges Renoys Buch »Les Mémoires du Champagne«

Eine ganz andere Beschlagnahme traf die Familie Mumm, deren Unternehmen schon zu den großen Handelshäusern gehörte. Sie hatte ihre deutsche Staatsangehörigkeit behalten. Ihr Unternehmen wurde als Feindbesitz unter Sequester gestellt und nach dem Krieg an eine französische Aktionärsgruppe verkauft.

Der Zweite Weltkrieg war materiell wohl für die Champagne nicht ganz so schlimm wie der erste. Zu den Opfern gehörte das bekannte Champagnerstädtchen Ay, von dessen Häusern im August 1944 amerikanische Bomber etwa ein Drittel zerstörten. Immerhin gehörte die Champagne mit der Normandie zu den französischen Regionen, die am meisten unter Artillerie und Bomben zu leiden hatten.

Die deutsche Besatzungsmacht requirierte auch wieder Champagner. Der Ausdruck stimmt formell nicht ganz: Sie bezahlte, aber in Besatzungsgeld, mit dem sich nicht viel anfangen ließ. So war es doch eher Plünderung unter dem Anstrich geregelter, geradezu gesetzlicher Form. Regelrecht geplündert wurden etwa zwei Millionen, »bezahlt« etwa 63 Millionen Flaschen. Zur Abwicklung existierten zuständige Büros auf beiden Seiten, sie geschah wenigstens »dans l'ordre«, was die kleinen und großen Firmen der nackten Plünderung vorzogen.

»Dans l'ordre« deportierten die Besatzer Hunderttausende Franzosen zur Zwangsarbeit nach Deutschland und in die Ostgebiete; die Champagne wurde natürlich nicht ausgespart. Von Ende 1943 an noch weniger: Die französische Résistance machte sich auch hier bemerkbar, die deutschen Repressalien wurden schärfer. Champagnerhäuser, in denen die Besatzer Waffenlager entdeckten, wurden unter deutsche Zwangsverwaltung gestellt, führende Männer und Frauen in deutsche Lager verschleppt, wie etwa Paul Chandon-Moët, Robert-Jean de Vogüé (auch vom Hause Moët), Bertrand de Vogüé (Generaldirektor von Veuve Clicquot), Gaston Poittevin, Präsident des Winzerverbandes, und Claude Fourmon vom gerade gegründeten »Comité Interprofessionnel du Vin de Champagne« (späterer Direktor bei Moët & Chandon), Abel Lepitre (der im deutschen Lager umkam).

In Reims, wo der alliierte Oberbefehlshaber General Eisenhower zum Schluß sein Hauptquartier hatte, unterzeichneten die Deutschen am 7. Mai 1945 schließlich die Kapitulation. Und in der Kathedrale von Reims bekräftigten Charles de Gaulle und Konrad Adenauer am 8. Juli 1962 die Versöhnung zwischen Frankreich und Deutschland, nachdem sie auf dem Übungsgelände von Mourmelon eine französisch-deutsche Panzerparade abgenommen hatten – die erste gemeinsame, auf Gelände, wo während des Ersten Weltkrieges besonders erbittert gekämpft worden war.

In der Champagne sind viele Spuren aus jenen blutigen Abschnitten deutsch-französischer Geschichte zurückgeblieben. Nicht nur die Soldatengräber. Immer wieder stößt man auf Schilder, die an Untaten der Naziherrschaft und an die französischen Opfer erinnern; nicht selten sind es Straßennamen in Champagner-Gemeinden. Aber andererseits – könnten wir in Deutschland erleben, was ich während der Arbeit an diesem Buch erfuhr?

Da beging das Champagner-Örtchen Jonchery-sur-Vesle am 5. Oktober 1986 den Jahrestag des anscheinend ersten Luftkampfes der Militärgeschichte. Die Besatzung eines französischen Doppeldeckers vom Typ Voisin, Joseph Frantz und Louis Quenault, hatte am gleichen Tag des Jahres 1914 einen deutschen Doppeldecker vom Typ Aviatik abgeschossen, mit der Besatzung Unteroffizier Wilhelm Schlichting und Leutnant Fritz v. Zangen. Das Sonntagsblatt »Champagne-Dimanche« erzählte nun nicht nur diese Geschichte, sondern auch, daß einer der in Frankreich berühmten Piloten des Ersten Weltkrieges, André Géraud, an den Feierlichkeiten teilnehmen werde, um das Gedächtnis von Frantz zu ehren – »aber auch das der Deutschen Schlichting und von Zangen, der unglücklichen Helden des ersten Luftkampfes der Welt«.

Das Blatt zitierte den Konstrukteur der französischen Maschine, die der deutschen technisch überlegen gewesen war. Gabriel Voisin hat in einem Buch geschrieben, er habe oft »an diese beiden Kinder gedacht, die ich mit absolut unmenschlichem Vorbedacht getötet habe, denn schließlich habe ich dieses mörderische Flugzeug erfunden... Aber was war schon mein Risiko, als ich 1912, zwei Jahre vor dem Drama, bedächtig an meinem Zeichenbrett das Flugzeug entwarf, das so vielen Herzen Trauer bringen sollte.«

Auf solche ungewöhnlichen, versöhnlichen Stimmungen war ich immerhin schon etwas vorbereitet. Im Juli 1986 hatte die Gemeinde von Vraux ein anderes »Jubiläum« begangen: die Bombardierung ihres kleinen, damals militärischen Flugplatzes, auf dem englische Blenheim stationiert waren, durch deutsche Dorniers. Sie lud nicht nur ein Dutzend britische und amerikanische Flugzeugführer ein, die damals in Vraux gewesen waren, sondern dazu zwei Deutsche, die damals am Luftangriff teilgenommen hatten.

Auch so ist die Champagne.

In diesem Geist der Versöhnung sind eine ganze Reihe von Champagner-Orten Partnerschaften mit deutschen Gemeinden eingegangen und nehmen sie ernst (siehe Seite 246).

Rapsblüte zwischen den Weinbergen: Die Champagne erzeugt nicht nur das berühmte Getränk, sondern lebt auch von allgemeiner Landwirtschaft. ▷

3.
Die Deutschen (2)

Das Verhältnis zwischen den Deutschen und der Champagne hat aber gottlob, wie schon gesagt, auch eine friedliche und freundliche Vergangenheit. Unsere älteste Sektfirma (Kessler, Esslingen) ist von einem Champagnermacher gegründet worden: Kessler war Kellermeister und Bevollmächtigter der Witwe Clicquot gewesen, bevor er nach Deutschland zurückkehrte.* Die Deutschen haben sich zwar mehr als andere in der Champagne kriegerisch betätigt, aber viele haben sich auch in dieser Gegend und in der Champagnerbranche niedergelassen. In unserem ABC (ab Seite 119) werden Sie in den Firmenportraits genug Hinweise darauf finden. Aber auch Firmen und Familien, die heute nicht mehr existieren, allenfalls als Markennamen anderer, haben damals für das Heranwachsen der Champagnerindustrie ihre Rolle gespielt. Arnould & Heidelberger, Delbeck, Burchard, Ohaus, Kunkelmann, Wachter, Bräunlich, Giesler, Koch, Bruch, Geismann, Pfungst, Georg, Kremer, Boll – die Liste ließe sich verlängern.

Die Champagne verdankt den Deutschen auch, wenn auch auf unerwünschten und unangenehmen Anstoß hin, nämlich während der Besatzung im Zweiten Weltkrieg,

die Gründung jenes mächtigen Organismus, der heute so gut wie alles regelt, kontrolliert und koordiniert, was mit dem Champagner zu tun hat und die Interessen der gesamten Branche nach allgemeiner Ansicht vortrefflich vertritt: das CIVC**, genau: Comité Interprofessionnel du Vin de Champagne.

Der Einmarsch in die Champagne öffnete zunächst für die deutschen Truppen, die in die Nähe der Flaschenlager kamen, eine Art Selbstbedienungsladen, in dem sie freilich nicht zahlten. Aber nach der französischen Kapitulation wollten die deutschen Behörden die Champagnerproduktion dem »Reich« nutzbar machen, in nach deutschen Vorstellungen »ordentlicher« Form. Zu

diesem Zweck gründeten sie eine besondere Dienststelle; ihr Mann war Otto Klaebisch, den die Franzosen alsbald den »Führer des Champagners« tauften. Die französische Regierung in Vichy hatte ein »Kontaktbüro« einrichten lassen, um mit der Dienststelle Klaebischs zusammenzuarbeiten, nicht nur bei der Organisation der Lieferungen an die Deutschen, sondern auch zur Beschaffung und Zuteilung der für den Betrieb benötigten Materialien wie Treibstoff, aber auch Zucker und anderes. Da waren aber nur die Handelshäuser berücksichtigt, nicht die Unzahl der Winzer.

So entstand Ende 1940 ein »Bureau de Répartition des Vins de Champagne« mit auch deren Beteiligung, und dann, ein paar Monate später, das CIVC. In ihm waren nun nicht nur die beiden großen Gruppen Handel und Produzenten vertreten, sondern auch die sonst noch am Champagner beteiligten Gruppen. Die Vollmachten des CIVC waren sehr viel größer als die aller vorausgegangenen Einrichtungen. Sie blieben nach dem Krieg nicht nur erhalten – das CIVC wurde praktisch zu einer Mischung von oberster Entscheidungsinstanz, Exekutive und Vertretung nach außen für

* siehe ABC → Veuve Clicquot
** siehe Seite 234.

die gesamte Welt des Champagner. Keine französische Branche hat eine bessere Vertretung ihrer Interessen zu bieten.

Dies war also für die Champagne, für *den* Champagner, ein Stückchen Glück im Unglück – ähnlich, wie es in Cognac ein entsprechendes deutsches Büro bewirkte. Diesem stand übrigens ebenfalls ein Klaebisch vor, ein Bruder Ottos, freilich kein Cognacfachmann wie Otto, dessen Firma bis zum Kriege Martell-Vertreterin in Deutschland gewesen war, und der nun auf Champagner umsattelte. In Cognac entstand ein BNIC (Bureau National Interprofessionnel du Cognac), eine ähnliche, aber nicht so mächtige Organisation wie das CIVC.

Auch wenn nicht so viele Deutsche (deren Familien mit einer Ausnahme natürlich Franzosen geworden sind) bei der Entwicklung des Champagners geholfen hätten, wäre Deutschland dennoch für den Champagner stets interessant gewesen, jedenfalls zu normalen Zeiten: wenn es beliefert werden konnte. Die Nachbarschaft erleichterte den Transport. Und Ludwig Bohne, der Witwe Clicquot erster und gleich höchst erfolgreicher Auslandsvertreter, berichtete schon 1802:

»Berlin ist gleichzeitig der größte und der schlechteste Markt für unsere Weine. Der größte, weil alle Welt sie trinkt... der schlechteste, weil man auf der Straße kaum zu husten wagt aus Furcht, einem Champagnervertreter ins Gesicht zu spucken – von diesen ist die Stadt das ganze Jahr über voll.« Ein paar Jahrzehnte später schrieb Richard Wagner an den Grafen Chandon, dessen Champagner sei das einzige, was ihn über den Mißerfolg der

Tannhäuser-Aufführung in Paris getröstet habe. Und nur ein paar Jahre nach dem deutsch-französischen Krieg wählte Wilhelm Busch in der »Hochzeitsreise« der frommen Helene sicher nicht zufällig als Muster des verführerischen Getränkes den Reim: »Wie lieb und luftig perlt die Blase / der Witwe Klicko in dem Glase...«

Mit anderen Worten: Champagner war in Deutschland bestens eingeführt. Er ist es geblieben, wie seine Absatzerfolge bei uns beweisen.

CHAMPAGNEREXPORTE NACH DEUTSCHLAND

Deutschland bis 1944:

Jahr	Flaschen
1935:	45323 Flaschen
1936:	25541
1937:	134077
1938:	123349
1939:	56905*
1941:	150786*
1942:	8815*
1943:	401537*
1944:	55275*

* Statistik der Kriegsjahre zu lückenhaft, außerdem überschneiden sich die spärlichen Angaben des CIVC über den Export mit den Beschlagnahmen durch die bzw. Zwangslieferungen an die deutsche Besatzungsmacht. Im CIVC noch registriert:

Bundesrepublik Deutschland

(ohne NATO-Truppen)

Jahr	Flaschen
1949:	17429 Flaschen
1950:	152091
1951:	111969
1952:	74080
1953:	95155
1954:	92621
1955:	133288
1956:	163023
1957:	220670
1958:	216522
1959:	435597
1960:	671071
1961:	731456
1962:	903874
1963:	891976
1964:	964002
1965:	1201797
1966:	1108162 Flaschen
1967:	1047884
1968:	1205740
1969:	1352421
1970:	1676000
1971:	1889000
1972:	2124000
1973:	2109000
1974:	1608000
1975:	2288000
1976:	3067000
1977:	3966000
1978:	4692000
1979:	5225000
1980:	5504078
1981:	4521494
1982:	3659596
1983:	5335460
1984:	7411546
1985:	8485938
1986:	9394182

Deutsche Demokratische Republik

(erst seit 1975 registriert)

Jahr	Flaschen
1975:	5425
1976:	5147 Flaschen
1977:	6527
1978:	7451
1979:	8498
1980:	13191
1981:	6230
1982:	8760
1983:	27472
1984:	23632
1985:	17440
1986:	13117

SCHAUM-WEIN-GESELLSCHAFT

1.
Prost bei Hof

In den Champagnerhäusern trauert man der Monarchie sicherlich mehr nach als in anderen Branchen, vielleicht mit Ausnahme der Hersteller von Orden und Prachtuniformen. Das ist auch kein Wunder – die Karriere des Festgetränkes Nummer eins begann bei den Landes- und Standesherren. Es war äußerst nützlich, und die Handelshäuser wetteiferten, »Hoflieferant« zu werden. Es gelang vielen, oft gleich an mehreren Höfen; da es in der Entstehungszeit des Champagners noch so viele deutsche Kleinstaaten mit jeweiligem Serenissimus gab, wird Deutschland wohl die Champagne frühzeitig daran gewöhnt haben, östlich des Rheins einen Hauptkunden zu sehen.

Friedrich Wilhelm IV. von Preußen war jahrelang als »König Clicquot« bekannt; wir brauchen also seine Lieblingsmarke nicht zu raten. In

der Empfangshalle von Moët & Chandon entdeckt man inmitten zahlreicher Hofwappen auch das Zeichen »Fournisseur Pontifical« – warum sollte der Vatikan nicht auch Champagner genossen haben? Und genießen? In frühen Zeiten gewann der Champagner ja sogar die Herzen führender Muslime, etwa des Sultans Abd-ül-Medschid I. (er regierte von 1839 bis 1861), und der historisch berühmtere Abd el Kader[*] hat angeblich darauf verwiesen, der Prophet habe zwar Wein

verboten, Champagner jedoch gehöre in die Kategorie des mit Luft durchsetzten Wassers, und darüber habe er nichts gesagt. August der Starke von Sachsen und Polen scheint einer der frühesten Champagnerliebhaber gewesen zu sein; er hatte ihn noch als Prinz auf einer Frankreichreise kennengelernt. Aus einer Rechnung im königlich sächsischen Archiv in Dresden ging hervor, daß er schon 1694 »Champagner von der moussierenden Sorte« bezog, und das wurde auch sein Lieblingswein. 1699 bestand der Vorrat im Dresdner Hofkeller allerdings nur (noch?) aus 160 Flaschen, für die je ein Dukaten bezahlt worden war[**] – eine andere

---

[*] 1808–1883, Führer der Algerier im Kampf gegen die Eroberung durch Frankreich

[**] P. M. Blüher: Meisterwerk der Speisen und Getränke, Leipzig 1901

NAPOLEON Iᴱᴿ VISITANT LES CAVES DE MOËT & CHANDON, LE 26 JUILLET 307

Napoleon I. bei Moët & Chandon

Rechnung aus dem Jahr 1717 zeigte, daß der Hof weiterhin treuer Champagnerkunde war; er bezog ihn aus Paris. Von einem der uns heute bekannten Champagnerhäuser kann es nicht gewesen sein. Die wurden, wie gezeigt, erst später gegründet. Überhaupt paßt dieser frühe Beleg nicht ganz in die überlieferte Weinhistorie Frankreichs. Der Transport von Champagner in Flaschen wurde erst, sagen die meisten französischen Schriften, 1728 erlaubt. Der bekannte Schriftsteller Raymond Dumay machte sich schon vor längerer Zeit darüber lustig – zu zahlreich sind eben die Berichte, daß Champagner, durchaus moussierend und in Flaschen, schon etwa vierzig Jahre vorher bei offenbar privilegierten Beziehern auftauchte. Vielleicht hätten deutsche oder englische Schmuggler für den Transport gesorgt...

Einige Monarchen waren in der Champagne beliebter als andere. Heute läßt sich nicht mehr ausmachen, ob es wegen ihres eigenen Durstes oder wegen ihrer Großzügigkeit als Gastgeber war. Allen voran die englischen Könige: Großbritannien war eben der erste große Champagnermarkt, lange bevor sich in Frankreich auch nur die höchsten Spitzen der Gesellschaft Champagner leisten konnten. In seinem Heimatland wurde er viel weniger getrunken als von Begüterten im Ausland (dies änderte sich erst nach dem Ersten Weltkrieg).

In England gewann der Champagner viel schneller breitere Schichten. In seiner History of Champagne[*] vermerkt Henry Vizetelly: »In Frankreich fließt der Champagner nur bei Hochzeitsmählern mit annähernd der Freiheit, an die wir gewöhnt sind.« Mancher britische

Monarch trug höchstpersönlich zur Konsumsteigerung bei, ganz besonders Eduard VII. (der erste aus dem Hause Sachsen-Coburg-Gotha), Nachfolger Königin Victorias, der von 1901 bis 1910 regierte. Schon als Prince of Wales, was er wegen der langen Regierungszeit Victorias[**] ja sehr lange war, eroberte er sich die Herzen der Champagne. Wann und wo immer er auftauchte, ob bei der Jagd oder bei Pferderennen (typischen Prinzenbeschäftigungen) – ihm folgte stets ein Valet mit einem Korb von Champagnerflaschen und Gläsern. Immer wieder ertönte der Ruf »Boy!«, was bedeutete, daß der ihm neuen Champagner einschenken solle. Bald und für lange war »eine

[*] aus der die Verfasser von Büchern über Champagner immer gern alte Anekdoten abgeschrieben haben.
[**] 1837 bis 1901

81

Flasche vom Boy«, schließlich nur noch ein »Boy« in manchen englischen Kreisen der eingeführte Ausdruck für Champagner.

Eine Zeitlang sah es so aus, als werde Rußlands führende Schicht mit den champagnerdurstigen Engländern konkurrieren können. Am Zarenhofe waren teils nacheinander, teils gegeneinander Moët, Clicquot, Roederer, Ruinart, Taittinger, Heidsieck* und andere hervorragend im Geschäft. Ganze Güterzüge voll Champagner rollten nach Osten. Roederer verkaufte drei Viertel seiner Produktion nach Rußland. Der Zar ließ ihn eines Tages wissen, er verstehe nicht recht, warum andere (Russen?) den gleichen Champagner bekämen wie er, und schickte gleich seinen Kellermeister nach Reims. Resultat: Spezialflaschen aus durchsichtig-weißem Glas, Kristall, wie sie noch heute (wenn auch nicht mehr aus dem teuren Kristallglas) verwendet werden: So entstand Cristal Roederer, die Prestigemarke des Hauses.

Taittinger erinnert mit Wandgemälden an den Besuch eines Zaren bei Frère Oudard** – es wirkt geradezu wie ein Besuch bei der Firma, die Oudard für sich fast genauso reklamiert wie Moët & Chandon den berühmten Dom Pérignon.

Die russische Revolution beendete abrupt und für manche Handelshäuser mit dramatischen Folgen ein Bombengeschäft. Es gelang ihnen, den Absatzverlust anderswo wettzumachen, aber noch heute denken sie mit einer Rührung, die sonst allenfalls noch unter uralten weißrussischen Emigranten anzutreffen ist, an das Rußland der Zarenzeit.

Auch andere gekrönte Häupter spielen noch heute eine fast rührende Rolle als Referenz. Das größte

aller Champagnerhäuser pflegt – wenigstens in seinen Repräsentationsräumen – den Napoleonkult. Zwar ist überliefert, daß Bonaparte nicht viel Champagner trank, aber er war doch häufiger Besucher der Champagne, durch die ihn ja seine kriegerischen Expeditionen nach Osten oft genug führten, auch seine Rückzüge, und so entstand seine ziemlich enge Verbindung zum Hause Moët.

An und für sich denken die Großen der französischen Getränkeindustrie (der alkoholischen), wenn sie den Namen Napoleon hören, lieber an den III., da er sie durch den Handelsvertrag mit England von sehr hohen Zöllen befreite, was ihnen erst den richtigen Exportaufschwung brachte. Doch war auch der erste Napoleon schließlich, wenn auch sehr unfreiwillig, ein wichtiger Champagnerpropagandist. Solange seine Truppen in Europa vorrückten, folgten ihnen die Champagnervertreter auf dem Fuße; oft waren sie schon im Troß, um für Siegesfeiern das passende Getränk zu liefern, und natürlich versuchten sie gleich anschließend auch, unter den Besiegten neue Kunden zu gewinnen. Als Napoleons Hauptgegner schließlich ihrerseits als Sieger in der Champagne erschienen, Russen, Deutsche, Österreicher, Engländer, und sich dort an den Beständen gütlich taten, gewöhnten sie sich schließlich an ein prickelndes Getränk – bald danach waren sie zahlende Kundschaft. Das hatte man bei Moët und Clicquot durchaus so vorausgesehen.

In diesem Licht muß man in der Tat für sehr kleinlich halten, daß die Sieger dann Napoleon in seinem Exil auf der Insel St. Helena den

Champagner rationierten: eine Flasche pro Mahlzeit, offenbar ohne Rücksicht darauf, wie viele Personen an seinem Tisch saßen. Er selbst trank ja kaum.***

Während die monarchistischen Idole in der übrigen Luxusindustrie längst von modernen Stars verdrängt worden sind, von Schauspielern, Sängern, Spitzensportlern, geht das in den Champagnerhäusern langsamer. Dort gelten die gekrönten Häupter noch heute als Referenz – sogar die ungekrönten, wenn sie nur schöne Adelstitel haben. Wer außerhalb der Champagne würde für belangvoll halten, was bei Besserat de Bellefon in einer Vitrine der Empfangshalle fotografisch »dokumentiert« ist: ein Besuch »seiner königlichen Hoheit des Prinzen Alexander von Jugoslawien«, zwanzigstes Jahrhundert, Mitte der achtziger Jahre…

Die britische Monarchie bietet wenigstens den Vorzug, noch vorhanden zu sein. So werden ihr zu allen möglichen Anlässen von diversen Häusern Spezialcuvées gewidmet, zu Prinzenhochzeiten, zu Gedenktagen, besonders gern natürlich zu Krönungen. Da hat das Haus Pol Roger eine Art Pilotfunktion, denn Pol Roger war Winston Churchills Lieblings-Champagner; hier lebt sein Gedächtnis wirklich noch sehr munter weiter.

Die Vorliebe für Höfisches schließt immerhin nicht aus, daß auch »Leitbilder« von heute geschätzt und genutzt werden.**** Aber es

---

* alle beschrieben im ABC, ab Seite 119.
** S. Ein frommes Werk, ab Seite 28.
*** Sir Walter Scott protestierte damals, so berichtet Vizetelly (a.a.O., S. 76) öffentlich dagegen, daß Napoleon auf diese Weise »sogar der Trost des Rausches« vorenthalten werde.
**** mehr darüber im Kapitel »Werber und Mäzene«.

Erinnerung an Herrscher und »illustre Persönlichkeiten«, Gedenktafel bei Moët & Chandon

wird schwer sein, eine Branche zu finden, die vergleichbar treu und dankbar einer Schicht gedenkt, die zwar im größeren Teil Europas nicht mehr viel zu melden, aber doch vor zwei, drei Jahrhunderten dem Champagner als Hauptabnehmer zu seinem Siegeszug verholfen hat. Es gibt natürlich Häuser, die auch Präsidenten und Regierungschefs eine gewisse Bedeutung beimessen, wenn sie die richtige Champagnermarke trinken, aber das strahlt dann doch nicht so sehr.

Auch Friedrich »der Große« spielte an diesem Firmament eine Rolle, wenn auch auf etwas verblüffende Weise. Er lobte die tröstende Funktion von Champagner, was vielleicht wegen seines wechselhaften Kriegs- und mangelnden Privatglücks kein Wunder ist.

In der Champagne liebt man zwei Anekdoten, die Friedrich betreffen. Er legte der Berliner Akademie einst die Frage vor, wieso Champagner schäume. Die Akademiker verlangten vierzig Flaschen, um experimentieren zu können. Aber dafür war der König zu knauserig; für den preußischen Hof blieb die Frage offen. Ein halbes Jahrhundert später wurde ja dann die deutsche Sektindustrie geboren. Es gehört zur Stärke des Champagners, daß ihn diese Konkurrenz nicht störte, obwohl sie bewirkte, daß Deutschland vom führenden kontinentalen Kunden auf Platz drei absank, und auch heute nicht stört – von Versuchen, seinen Namen zu mißbrauchen, natürlich abgesehen.

Zweite Anekdote: Friedrich wollte von der Akademie wissen, wieso die Gläser, wenn man mit Champa-gner anstößt, nicht so schön klingen wie mit anderem Wein*. Die Akademiker antworteten, sie seien nicht reich genug, um sich Champagner leisten und solche Beobachtungen anstellen, geschweige denn erklären zu können. Der König habe ihnen darauf ein Dutzend Flaschen geschickt – und nie wieder von ihnen etwas darüber gehört.

Sogar Bismarck, sonst nicht gerade der beliebteste Preuße für die Franzosen, hat sich in der Champagne mit einer Episode beliebt gemacht: seiner Weigerung bei einem Diner Kaiser Wilhelms, anstatt Champagner Sekt zu trinken. »Mein Patriotismus reicht nicht bis zum Magen«, habe er dem Monarchen gesagt.

* Die Luftblasen brechen die Schallwellen.

2.
By Night

Wilhelm Buschs schon zitierter Spruch von der perlenden Blase der Witwe Klicko in jenem Glase lohnt, vollständig nachgelesen zu werden. Er läuft nämlich ganz und gar wider den roten Faden der Literatur, Champagner sei besonders etwas für die Zweisamkeit. Für Frauen mit Männern und umgekehrt.

Zum jahrhundertealten »image« des Champagner, seiner Werbung und seiner Widerspiegelung im Anekdotenschatz würde eher passen, von »Damen« und »Herren« zu sprechen. Doch zeigt die wahre Geschichte dieses flüssigen Stimmungsmachers, wenn wir von seiner Beliebtheit an Fürstenhöfen absehen, weniges, was wir »damenhaft« nennen würden, und »herrenhaft« schon gar nicht. Unzählige Geschichten und zeitgenössische Bilder zeigen an, daß die Frauen, wenn sie Champagner trinken, sowohl verführerischer als auch verführbarer werden; auf diese Wirkung sind die Männer, wenn sie selbst Champagner getrunken haben, besonders versessen. Dagegen ist wenig einzuwenden, wenn es auch für fast jedes andere alkoholische Getränk ebenso zutrifft. Bei Wilhelm Busch, dem berühmt scharfen Beobachter, findet sich freilich keine Bestätigung für solche Vorstellungen. Sein Zitat handelt

vom Abend einer Hochzeitsreise. Schmöck trinkt in der Tat reichlich Champagner, eine Flasche nach der anderen, Helene langweilt und ärgert sich. Auf ein Machtwort Helenes ist er schließlich zwar doch ins Zimmer zu bekommen, aber dort schläft er sofort volltrunken ein…

Das ist nicht gerade die Wirkung, die wir vom Champagner erwarten, dem einzigen Wein, der die Frauen, die ihn getrunken haben, weiter schön bleiben läßt (wie Madame Pompadour angeblich sagte). Und noch weniger paßt es zu den vielen animierten und animierenden Da-

men auf den Reklameplakaten früherer Zeiten, von denen es aber auch heute noch einige gibt (wohlgemerkt: auf Plakat oder Reklamefoto).

In der Tat war der Champagner anfangs, als nur die Leute an Fürstenhöfen und andere Reiche ihn sich leisten konnten, der hochwillkommene, weil schneller als alle anderen alkoholischen Getränke anregende Begleiter von Festlichkeiten aller Art, also warum nicht auch zu zweit. Und auch ein Anreger privilegierter Damen, die ihn sich leisten konnten oder für die jemand entsprechend sorgte und die nach den vorliegenden Berichten nichts dabei fanden, ihn auch allein zu trinken.

Die Oberschichten des 18. und 19. Jahrhunderts liebten Séparés – Champagner bot sich an. Kein Wunder, daß er auch schnell Einzug dort hielt, wo von jeher auf hohen Umsatz Wert gelegt wurde: in Nachtklubs der verschiedenen Güteklassen, in Music Halls, in mehr oder minder intimen Nachtbars und an all jenen Orten, an denen die Herren ohnehin für ihre jeweilige Gesellschafterin viel bezahlen mußten, also wohl auch konnten. Dort wurde unterstellt, daß dem Kunden sein Verlangen den Überblick über den angeblich gemeinsamen Konsum verschleierte, daß er also zwei-

fach zu verführen war: auch zum Überzahlen.

Das geht natürlich auch anderswo und auch mit Sekt. In Frankreich würde sich, wenn ein Etablissement die Lage derart ausnutzen wollte, ein einfacher »mousseux« angeboten haben, also ein billiger Schaumwein aus anderer Fabrikation als der Champagne. Nicht nur im Bordell natürlich, wo viele Männer so angetrunken erscheinen, daß sie keinen Unterschied mehr herausschmecken können, sondern auch schon in den offeneren, mit Tanz und Kabarett verbundenen Klubs und Music Halls. Deren Manager brauchten nicht unbedingt »Mousseux« anstelle von Champagner einschenken zu lassen. Es gab immer wieder kleine Produzenten in der Champagne, die ihr Auto mit Flaschen beluden, oft ohne Etikett, und direkt nach Pigalle, Montparnasse und ähnlichen Vergnügungszentren rollten, um dort den Amüsierbetrieben billigeren Champagner anzubieten und sich dadurch einen Absatz zu verschaffen, der ih-

nen nach Qualität, Ruf und Leistungsvermögen sonst nicht so sicher war; der Vergnügungsindustrie brachte das erhöhte Gewinnspannen.

Von dort hat, worauf François Bonal* zu Recht hinweist, eine besonders lächerliche Serviermethode ihren Ausgang genommen, die heute gelegentlich leider auch in feinen Restaurants zu beobachten ist: das Umwickeln der Flasche mit einer Serviette, angeblich, um niemanden mit dem Eiswasser aus dem Kübel zu bekleckern. Die Praxis entstand dort, wo man keinen Wert darauf legte, den Kunden ein Etikett zu zeigen. Für respektable Champagnermarken ist solcher Service eine Beleidigung – und auch für den Gast.

Das galt und gilt nicht nur für Paris, sondern für den Amüsierbetrieb in der ganzen Welt, obschon doch gerade dort genug zahlungswillige Kundschaft erscheint, die sich auch hochwertiges Getränk leisten würde und könnte. Das berühmteste Bordell in Reims, das »Palais

Oriental«, verbrauchte in der »Belle Epoque« monatlich mehr Champagner als alle Restaurants und Cafés der Stadt zusammen.** Jazzfreunden ist Jelly Roll Morton ein ehrwürdiger Begriff; er war so ziemlich der erste berühmte Jazzpianist aus New Orleans. Dort fanden die frühen Jazzmusiker ihre Engagements hauptsächlich in Bordellkneipen, welche Herkunft ihnen ihre Anhänger wegen der Musik verzeihen. Jelly Roll Morton spielte ebenfalls in einem und stand dort offensichtlich unter keinem Zwang, sich mit minderwertigem »Bubbly«*** zu begnügen. Er goß nach Lokalschluß halbausgetrunkene Champagnerflaschen zusammen und komponierte derart seine eigene Marke, um nicht zu sagen »assemblage«. Sie bestand anscheinend – jedenfalls erwähnte er später nur

* Champagne, Lausanne 1984
** Bonal a.a.O., S. 167
*** wie Champagner frühzeitig in der angelsächsischen Welt getauft wurde; noch heute ist dieser Ausdruck verbreitet.

diese beiden Marken – aus Clicquot und Mumm[*].

Das soziale Umfeld des früheren und des heutigen Champagner-»Genusses« zu verklären, besteht kein Grund – bei allem Respekt davor, wie viel Champagner zur Entwicklung des Jazz beigetragen haben mag. Denken wir lieber an die Kundschaft, der dann im Morgengrauen vielleicht klar wurde, daß man sie auch als Opfer bezeichnen könnte, außer die Reichsten von ihnen. Gerade weil Champagner so schnell beliebt wurde bei Zahlungskräftigen oder sich so Fühlenden, konnte sein ohnehin hoher Gestehungs- und noch wesentlich höherer Endpreis ihn zu einem Ausneh-

me-Werkzeug ersten Grades machen. Es kam die Kundschaft oft teurer zu stehen als jene handfeste Erleichterung, um derentwillen manche solcher Häuser in erster Linie aufgesucht wurden. Aber überhöhte Champagnerrechnungen wurden auch zu Markenzeichen weniger drastisch dienender Etablissements, ob in ihnen nun »Animierdamen« tätig waren (und noch sind) oder nicht; animieren sollen sie zum fleißigen Konsum nicht ihrer selbst, sondern von Champagner.

Es gibt nur schüchterne Literatur über die Umstände dieser Animation, über die Kunst, eine Flasche Champagner weit schneller leer zu

machen, als es der Durst des Gastes vermag, sobald er nicht mehr sehr nüchtern ist. In der schummrigen Beleuchtung solcher Orte entwickeln Animierpersonen eine beachtliche Kunst, den Inhalt ihrer Gläser, vom Gast unbemerkt, woanders hinzuschütten. Überliefert ist die Fähigkeit eines Nachtklubkellners, mit dem Gast am Tische plaudernd ganze Flaschen auszugießen – in den Weinkühler, in Blumenvasen oder auch auf den Boden. Ein Besatzungsmitglied eines solchen »Klubs« hat irgendwo zu Protokoll gegeben, die Teppiche hätten jeden Morgen wie vollgesogene Schwämme gewirkt.

Schattenseiten, wo eben auch Licht ist. Champagner weckt wie kein anderes Getränk heitere Stimmung; manche sagen ihm auch nach, daß er besser und mit weniger trüben Folgen zu Trost verhelfe als jede andere Form des Alkohols. Seine Wirkung auf den Körper ist harmloser, ein Rausch verfliegt schneller. Preis und Aufmachung haben das ihre dazu getan, das schäumende Getränk wegen dieser Vorzüge in der ganzen Welt zum Festtrank und Stimmungsförderer Nummer eins zu machen. Daß sich auch die Vergnügungsindustrie seiner bedient, versteht sich von selbst. In dem Sinn ist der Champagner einer ihrer wichtigen Bestandteile. Das hatte wohl auch die Firma unterstreichen wollen, von der ich 1987 in Reims und in L'Epine (bei Châlons sur Marne) im »Marché aux Vins« eine Champagnermarke »La Courtisane« zum Billigstpreis von umgerechnet fünfzehn Mark sah.

[*] Alan Lomax: Mister Jelly Roll, zitiert von Patrick Forbes in: Champagne, The wine, the land and the people, London 1967.

CHAMPAGNE
JOSEPH PERRIER

Unbestreitbar ist ja, daß es keine Institution gibt, die so wichtig für den Umsatz, also das finanzielle Wohlergehen der Nobelgetränk-Hersteller ist, wie die Welt der feinen Nachtlokale. So kann es auch nicht überraschen, daß die Unternehmen, wenn sie neue Marken lancieren oder einfach ihren Absatz ankurbeln wollen, in erster Linie an dieses Milieu denken. Als die höchst noble Firma Krug 1978 ihre »Grande Cuvée« auf den Markt brachte, veranstaltete sie in Paris einen Gala-Abend für Besitzer und Betreiber von Nachtklubs, Music-Halls und Diskotheken. »Man mußte wagen, an die Welt der Nacht heranzugehen, wo das hohe Niveau und die große Gaunerei benachbart sind, und sie zu Krug zu bekehren«, meinten die Krugs.[**]

Es ist logisch, daß sich Champagnerhäuser mit feinen Gratisveranstaltungen, zuweilen extravaganten Gepräges, mit Vorliebe an Barpersonal wenden, und natürlich an die

CHAMPAGNE

MUMM & Cᵒ

REIMS

Verlassen wir also diese düsteren Erwägungen und fassen wir das weitaus höhere Niveau der feineren Nachtlokale ins Auge, wobei nicht sicher ist, ob das weltbekannte Maxim's in den Jahrzehnten vor und nach der Jahrhundertwende wirklich »feiner« war. Die dort verkehrende Gesellschaft empfand sich so, und die Preise waren entsprechend »an den Tischen, wo die Damen der feinen Gesellschaft die leichten Mädchen dulden müssen, die ein paar Meter weit weg sitzen, und denen der Wein aus Reims und Epernay feurige Reize verleiht«, sagt ein französischer Autor[*], Nicolas de Rabaudy.

Taverne Olympia

Restaurant
OUVERT TOUTE LA NUIT

ORCHESTRE
DE DAMES

MONTAGNES RUSSES

28, Boulᵈ des Capucines & 6, Rue Caumartin

für sie vielleicht noch wichtigere Schar derjenigen, die in Lokalen für den Weinservice zuständig sind, die »sommeliers«. Damit sind wir endgültig von unserer Ausschweifung in die unseriöse, aber harte Welt der Ausnutzer und Ausgenutzten zurück. Doch wollen wir das Thema der Frauen mit und in Champagner noch nicht ganz aus den Augen verlieren. Vorher aber ist es nützlich, einige Preise anzuschauen.

[*] Le Champagne et la Belle Epoque, deutsch in der Reihe Nathan International, mit herausgegeben von Perrier Jouët.
[**] Henri et Rémi Krug: l'Art du Champagne

3.
Schon immer etwas teurer…

Champagner zu machen ist teuer – aber man glaubt gar nicht, wie billig er manchmal angeboten werden kann. Aktionspreis DM 17.99, im Frühjahr 1987 im deutschen Supermarkt, knapp unter (umgerechnet) dreizehn Mark im französischen…

Präsident Ducellier von der Union der Handelsfirmen, Besitzer der Champagner Ayala und Montebello: »So eine Verschleuderung fügt dem Image des Champagner schweren Schaden zu.« Er hatte 1985 nicht weniger als 35 Marken von Genossenschaften und Winzern gezählt, die so billig angeboten wurden.

Champagner ist in Lokalen oft zu teuer, sagte *Mumm*-Generaldirektor Jacques Descamps in einem Interview mit der Zeitschrift der Sommeliers, Ende 1986. »Wir würden ihn gern etwas erschwinglicher für die Kunden und Restaurantgäste sehen. Die Gewinnmargen sind manchmal übertrieben. Es wäre besser, die großen Marken zu erreichbareren Preisen zu verkaufen. Das gilt selbst für begüterte Kunden – die würden dann mehr Champagner trinken.«

Manche ebenso berühmte Häuser, aber mit kleinerer Produktion, se-

hen keinen Grund dafür. *Krug* wirbt in angloamerikanischen Gefilden gern mit einer schönen Farbanzeige, die, weit weg auf einem schönen ruhigen Ozean, eine Segeljacht zeigt. Text: »Für die meisten wird Krug unerreichbar bleiben.« Das stimmt, wenn auch schon wegen der geringen Menge. Krug liefert nur rund eine halbe Million Flaschen im Jahr. Aber auch wegen des Preises würde niemand widersprechen: DM 90,– bis mehr als zweihundert Mark pro Flasche für die Privatkundschaft des Importeurs

und von weit über hundert bis vier-, fünfhundert in feinen Lokalen.

In den Auktionen übertreffen alte Champagner oft die beliebten alten Bordeaux. Mehr als elfhundert Mark pro Flasche erbrachten 1985 in London einige Krug Magnums des Jahrganges 1958.

Verglichen damit wirken die Standardcuvées bekannter Häuser bei normalen Einkaufsverhältnissen geradezu billig: zwischen 63 und 133 Francs (je nach Lage des Geschäfts) Anfang 1987 in Paris, Jahrgangscuvées zwischen 85 und 150; Rosé bis 176. Im Laden gegenüber der Kathedrale in Reims, der eine Schaufensterfunktion für viele ausübt, hätten die meisten ebenfalls in diesen Rahmen gepaßt. Krug Grande Cuvée 265,50 (etwa DM 82,–), Krug Rosé 414 (127,–), Dom Pérignon 300 (92,–).

In der Bundesrepublik lagen die bekannten Marken mit ihren Standardcuvées meist zwischen DM 35,– und 40,–, bei »Aktionen« gelegentlich um dreißig; in den Lokalen fingen sie zwischen 60,– und 100,– an. Jahrgangschampagner unter 100,– war dort selten, Prestigecuvées überschritten leicht die 200-Mark-Grenze. Der höchste von mir beobachtete Flaschenpreis

Innenhof von Krug in Reims

für eine »normale«, die nicht schon Antiquitätspreis beanspruchen kann, war mehr als fünfhundert Mark für Krugs »Clos du Mesnil«. Im Restaurant Boyer zu Reims, einem der besten französischen überhaupt und unter den Spitzenlokalen wohl das mit der gleichzeitig riesigsten und moderatesten Champagnerkarte (152 Sorten) kosteten 1987 etwa sechzig, darunter auch »Millésimés« (mit Jahrgang) weniger als umgerechnet siebzig Mark. Der teuerste »normale«: etwa 330,– (1980 Bollinger Vieilles Vignes).

Aus der Privatkollektion großer Marken: 1981 Krug 800 Francs, also etwa 245 Mark.
In der folgenden Tabelle finden Sie Hinweise, wie sich der Champagnerpreis im Lauf der Zeit für die Kundschaft entwickelt hat. Die Literatur ist da ziemlich ergiebig. Freilich müssen Sie die Liste mit dem Vorbehalt lesen, daß die Angaben aus ferner Vergangenheit sich fast immer nur auf jeweils eine Quelle an einem Ort stützen. Die Beurteilung ist auch nicht so einfach, weil Steuern, Zölle und Infla-

tionen die Preise beeinflußten, ohne daß das in den historischen Quellen genügend zum Ausdruck kommt. Diese sind freilich noch weniger mitteilsam, wenn es darum geht, Preise in den Zusammenhang damaliger Lebensumstände zu stellen. Ich habe es versucht, in dem beruhigten Gefühl, daß es heute bei uns keine so horrenden Unterschiede im Lebensstandard der verschiedenen Schichten gibt wie damals – Champagner ist für viele erschwinglich, nicht mehr nur für einige wenige wie früher.

PREISE, LÖHNE, LEBENSSTANDARD

1559: Krönung François I.: 14–19 livres für 1 Queue (510 l)
1610: 175 livres für 1 Queue
Ende 17. Jhdt.: 1000 livres für 1 Queue aus Hautvillers (Dom Pérignons Wirkungsstätte); 500 livres für 1 pièce (205 l)
1700: 8–900 livres für 1 Queue in Hautvillers
1712: 750 livres pro Queue für die »1. cuvée«
1716: 35 sols die Flasche ab Epernay
1725: 30–50 sols ab Epernay
1735: 40–45 sols ab Epernay
1736: 45–40 sols ab Epernay
1742–1746: 25 bis 30 sols pro Flasche in Ay
1762: 8 Pfund die Flasche im Londoner »Vauxhall«

1794: 75 Shilling für ein Dutzend »white Sillery« bei Christie's-Auktion in London
1795: 25 Schweizer Franken pro Flasche. Basler Lebensmittelpreise damals: 1 kg Butter 1,50, 100 kg Kartoffeln 5,60, 1 kg Kaffee 4,70 Franken
Im ersten Empire (1804–1814/15): 3,50 Francs

16. Jahrhundert: Tageslohn für Textilarbeiter in Beauvais: 0,5 livres. Jahres-Lebensmittelbedarf pro Person: 200 livres
Ende 17. Jahrhundert: ein französischer Landarbeiter verdient etwa 90 livres im Jahr. Davon braucht er 60 für Brotgetreide

1710: französischer Tageslohn im Durchschnitt 13 sols. Ein Pfund Brot: 4 sols

1766: Jahreslohn eines Vorarbeiters in der russischen Metallindustrie am Ural: 36 Rubel, etwa 40 Francs
1770–1780: Textilarbeiter in Leeds verdienen zwischen 8 und 11 Shilling die Woche, Messerschmiede in Sheffield 13–6 d, Arbeiter in den Spinnereien von Manchester: 16, Metallarbeiter in Birmingham: 20
1780–1835: In England gelten 15 Shilling als guter Wochenlohn. Verbreiteter waren zwischen 7–6 d und 10 Shilling für den ungelernten Arbeiter. Der Brotpreis schwankt in dieser Zeit zwischen (pro 500 g) 1 und 4 Pence. Butter: 9 d bis 1 Shilling. Zucker: ein halber Shilling. Fleisch: 5 bis 8 Pence. Tee: 10–20 Shilling das Pfund. Standardbrot, 3,9 kg = 1 Shilling
Ende 18. Jahrhundert: Jahreseinkommen eines Arbeiters in Leeds: 23 Pfund. Seine Essenskosten: 23 Pfund. Verdienst von Textilarbeitern in Manchester: 41 Pfund. Metallarbeiter in Birmingham: 52 Pfund
Ende 18. Jahrhundert Frankreich: Textilarbeiter: 0,75 Francs am Tag. Mittlere Arbeiterschicht: 1,50 Francs. Elite (eher schon handwerklich ausgebildet): zwischen 3,40 und 4 Francs am Tag
1796: Fleischpreis in Frankfurt/Main: 30–33 Pfennig das Pfund

1809: 55 sols für 1803 Ay mousseux, 52 für Pierry, 50 für Cramant und 45 für Avize d. gl. Jahrgangs, in Châlons sur Marne
1812: 84 Shilling für 12 Dry Sillery bei Christie's
1814: 12 Rubel pro Flasche Clicquot in Petersburg aus der ersten für Rußland bestimmten Ladung
1829: 5 Pfund für 12 Fl. Moët bei Christie's

1840: 4,50 Francs
1845: 1,45 Francs Großhandelspreis für die erste Krug-Cuvée
1849: 3,50 Francs Moët, 2,45 Jacquesson (Großhandelspreise)
1851: 58 bis 84 Shilling für das Dutzend Flaschen in London
1854: 6 Francs
1860: 60 Shilling (3 Pfund) für das Dutzend 1845er Moët, Perrier Jouet und Mumm und Clicquot »à la Russe« in London
1861: 2,76 Francs pro Flasche Krug für den Handel
1862 International Exhibition: 5–10 Pfund/Flasche
1868: Krug Großhandelspreise 2,27 Francs pro Flasche
1879: 72 Shilling das Dutzend Perrier Jouet und Ruinart, 65 Shilling Bollinger, 68 Mumm und Piper, 63 und 65 Krug bei einem Londoner Importeur
1882: Billigpreisofferte von Roper Frères in London: 48 Shilling für 12 Flaschen
1887: 780 Shilling für 12 Magnums 1874 Perrier-Jouet bei Christie's; Rekordpreis für Champagner.
1891: 5 Francs (= 40 von 1980, sagt Bonnal)
Etwa 1890 in Londoner Luxusrestaurants: 13–18 Shilling pro Flasche
1894: 6–8 Francs
1905: 3,50 Francs Sillery Mousseux, 4,75 Francs Bouzy Extra

IM CHAMPAGNER-ZEITALTER

1804: Tagelohn in der Tuchindustrie von Elbœuf 1,50 Francs (Frauen 0,75)

1821: Maurerlohn in London: 5 Shilling 6 d am Tag. Zimmermann: 6 Shilling
1824: 1 Shilling gilt als guter Tagelohn im größten Teil der englischen Landwirtschaft. Die Tagelöhner haben aber nur Arbeit während 6–7 Monaten
1840–45: Durchschnitts-Tageslohn in den französischen Städten: 2,09 Francs (Frauen 1,03)
1848: Inseriert in Iserlohn: Wintermäntel ab 9 Mark, Kammgarnanzüge ab 15, Regenmäntel ab 5 Mark; Wollschal ab 80 Pfennig. Graubrot 45 Pfennig, ein Ei 7. Das Pfund Butter 1 Mark

1861–65: Tagelohn in Paris im Durchschnitt 4,50 Francs
1879: Wochenlohn der meisten Industriearbeiter in Roubaix: 14 Francs
1880: Jahresbudget eines Kohlebergmannes in Charleroi: 969,80 Francs. Unabdingbare Ausgaben für die Familie (Frau, 4 Kinder) = 1384,50 Francs. Er braucht Hilfe von anderen oder muß sich verschulden.

Etwa 1894: Tagelohn in der französischen Zuckerindustrie: 4 bis 4,50 Francs

1909: Krug Großhandelspreis 5,09 Francs pro Flasche
1913: 3–9 Francs
1914: Krug Großhandelspreis 5,48 Francs
1919: Krug Großhandelspreis 4,90 Francs
1920: 26–30 Francs, im Restaurant 40–50. Krug für Großhandel: 9,08 Francs
1929: Krug Großhandelspreis: 21,30
1931: Bis zu 5 Pfund zahlen die engl. Importeure für ein Dutzend. Da Großbritannien vom Goldstandard abgeht, sind das anstatt 620 Francs nur noch 420 Francs.
1932: Krug Großhandelspreis: 9,58 Francs
1933: Krug Großhandelspreis: 15,09 Francs
1938: Krug für Großhandel: 37,17 Francs
1939: Krug für Großhandel: 40,41 Francs
1980: 40 bis 75 Francs
1986: (umgerechnet) DM 13500 für 12 Krug Magnum aus verschiedenen Jahrgängen von 1947 bis 1973 bei Christie's
1987: zwischen 63 und 133 Francs, Jahrgangs-Champagner zwischen 84 und 150, Rosé bis 176. Im Geschäft gegenüber der Kathedrale in Reims Krug: Grande Cuvée 265,50 (etwa DM 80,–), Rosé 414 (127,–), Dom Pérignon: 300.

1986: Stundenlohn eines Anfängers im Champagner-Weinberg 28,92 Francs. Sehr qualifizierte Arbeiter: 35,16 Francs. Vorarbeiter: 37,24 Francs. »Remueur« (Flaschenrüttler) bei einem großen Markenhaus: 10–12000 Francs im Monat
1987: Stundenlohn eines sehr qualifizierten Arbeiters in der Kellerei: 45,25 Francs. Stundenlöhne im Weinberg zwischen 40,10 und 43,53 Francs

Kurse von damals:
1 livre = 20 sols wurde Anfang des 19. Jahrhunderts
1 franc = 100 centimes. Diese wurden aber gleich wieder in sols á 5 centimes gerechnet; sol war der Vorläufer des »sous«. Der damals neue Franc war eine Winzigkeit wertvoller als das livre: 1.0125. Man kann also die livre-Preise gleich als Franc-Preise betrachten. 1 Franc abermals = 20 sols.

1 Franc 1843: 0,55 Mark. Etwa 1845: 0,52 Mark. Ab 1872: 0,81 Mark

1 Pfund = 20 shilling à 12 pence (pennies, abgekürzt d.)
bis etwa 1844 = 24 Francs, dann 25 Francs bis 1931 (als England den Goldstandard aufgab).
1 Pfund = bis etwa 1844 13,33 Mark, dann bis 1871 13,11 Mark, dann bis 1930 etwas über 20,– Mark; langsames Absinken auf rund 11 Mark im Jahr 1939; 1949 bis 1961 DM 11,76, dann Absinken auf 2,76 DM im Jahr 1987.

In der Tabelle bedeuten Francs ohne weitere Angaben: französische Ladenpreise pro Flasche Standardcuvée ohne Jahrgang. Jahrgangs-Champagner waren im allgemeinen zwischen 15 und 25% teurer.

4.
Witwen

Daß Frauen in Champagner baden wie altrömische Kaiserinnen und Kokotten in Milch, gar Eselsmilch, hat mehrfach die Phantasie der Männer beschäftigt, vermutlich auch die anderer Frauen. Es ist zweifellos sehr umsatzfördernd... Freilich dürfte das Aufsehen, das sie damit erregten (wenn es sie gab), weit weniger mit weiblichem Lottertum zusammenhängen als mit dem verbürgten Umstand, daß sich die Männer damals überhaupt nicht gewaschen haben, weder mit Wasser noch mit Feinerem. Was so an Geschichten der Leichtlebigkeit auf uns gekommen ist, stammt durchweg aus sehr begrenztem Milieu: Fürstenhöfe und superreiche Schichten, zunächst hauptsächlich Englands und dann Frankreichs. Es handelte sich eben nicht, wie man nach mancher Literatur meinen könnte, um eine »ganze Gesellschaft«. Aber diesen Kreisen verdankte Champagner anfänglich allein seinen Ruf des Extravaganten, Verschwenderischen, Unseriösen, der dann auch anderem Schaumwein zuteil wurde, besonders unserem Sekt. H. Warner Allen* erzählt, wie um die Jahrhundertwende englische Bankiers in Londoner Klubs ein Auge darauf hatten, was ihre Kunden für Wein tranken – teure Flaschen lösten automatisch

Die »Grande Dame« der Champagne, Witwe Clicquot Ponsardin...

Argwohn aus, ob es sich nicht um unzuverlässige, ungefestigte, leichtsinnige, also kreditunwürdige Verschwender handele. Der Freund von Champagner, »das Symbol von Extravaganz oder auch Verzweiflung« wagte in dieser Atmosphäre keinen zu bestellen, und sei er auch Multimillionär gewesen – man weiß ja nie. Wer es doch tat, ließ sich den Champagner wenigstens nicht in den verräterischen Gläsern bringen, sondern im silbernen Krug, als sei es Bier...

So veraltet sind solche Gedanken nicht. Vielleicht bewegten sie auch die Werbemanager einer sehr berühmten Champagnerfirma, als sie für den deutschen Markt unlängst eine Anzeige entwarfen, in der man einen Mann einer sitzenden Frau (sie hält ein Champagnerglas in der Hand) ein Collier um den Hals hängen sieht. Text, in Form eines Briefes eines »Industriellen«:
»...wie erklären Sie sich bitte, daß mein nur knapp 40jähriger Sohn kürzlich nach dem Genuß von nur einer halben Flasche... widerstandslos seiner weiblichen Begleitung ein Collier aus Saphiren und Brillanten spendierte? Von meinem Geld, wohlgemerkt!«
Die Reklamewitzbolde formulierten weiter, wer ihre Champagnermarke tränke, »kriegt plötzlich Mut zu Dingen, die er sonst vermutlich in seinen kühnsten Träumen nicht zu denken wagt. So ist uns ein aufstrebender junger Manager aus der Modebranche bekannt, der – unter dem Einfluß von xxx – der Frau seines Chefs einen Heiratsantrag machte und von ihr – unter dem Einfluß von xxx – prompt beim Wort genommen wurde.«
Das ist wenig geeignet, dem Effekt entgegenzusteuern, den Klaus Bes-

* White Wines & Cognac, London 1952

ser* und andere beim Verhältnis deutschen Publikums zum Champagner beklagen, nämlich daß er bei uns eben immer noch als Inbegriff der Frivolität und des Unseriösen gelte. Nicht jeder Witz kommt bekanntlich an. Doch in Frankreich ist man diesem Aspekt keineswegs abgeneigt – Klischee hin oder her. »Un champagne sensuel«, wirbt das Haus Abelé für seinen, also wohl ein sinnlicher Champagner, der sinnlich macht. Willkommen, nur nicht in der Öffentlichkeit? Nicht überall ist Reklame prüde.

Hier wie da sehe ich Warner Allens Bankiers den Kopf schütteln. Was aber hätten sie erst gesagt, wenn sie nicht einen Mann, sondern eine Frau bei verschwenderischem Tun beobachtet hätten? Vermutlich hätte diese keinem jungen Mann einen goldenen Turban aufzusetzen brauchen – unmöglich hätte sie sich ja schon gemacht, wenn sie eine Flasche Champagner bestellt hätte, gar sinnlichen. Könnte sie das heute, in modernerem Umfeld? Nicht jede Frau ist wohl so unbekümmert offene Champagnerliebhaberin wie Marlene Dietrich, die sich ausreichende Versorgung bei den Filmarbeiten vertraglich zusichern ließ; Marylin Monroe hat offenbar während der sechziger Jahre kaum etwas anderes getrunken.

... hätte auf dem Parkplatz ihrer Nachfolger sicher nicht nur männliche Besucher erwartet (Parkschild im Hof, Reims, 1987).

Verlassen wir den Gedanken, daß Champagner eine Waffe zur Verführung von Frauen sei, also zu ihrer Ausbeutung, ebenso, wie er im Milieu, das ich im vorigen Abschnitt beschrieben habe, eher der Ausnutzung der Männer dient. Dieses der menschlichen Annäherung so förderliche Getränk hat lange, bevor sich unsere Gesellschaft an die Vorstellung gewöhnte, daß weibliche Chefs möglich seien, erfolgreiche und mächtige Unternehmerinnen hervorgebracht. Hof-

fentlich hat es keine weitere Bedeutung, daß sie es fast alle erst als Witwen wurden.

In den Firmengeschichten, die Sie weiter hinten im ABC finden können, spielen die Prominentesten unter diesen Frauen ihre gewichtige Rolle, von der Witwe Clicquot, nach der ihr Champagner noch heute heißt, am Anfang des 19. Jahrhunderts, über die Witwe Pommery, die einige Jahrzehnte später wirkte, zu manchen anderen bis in die erste Hälfte unseres Jahrhunderts. Sie errangen sich den Respekt nicht nur ihrer unmittelbaren Konkurrenten, sondern genossen Achtung weit über Frankreich hinaus. Es ist fraglich, ob Champagnermarken wie Clicquot, Pommery, Bollinger, Laurent Perrier, Henriot, Roederer heute überhaupt noch bekannt sein würden, wenn sie nicht von Frauen groß gemacht oder (wie Laurent Perrier) gerettet worden wären.

Allerdings muß man feststellen, daß es heute in der Champagne keine vergleichbaren Chefinnen gibt. Vielleicht kann man sich damit trösten, daß die erfolgreiche Unternehmerin wenigstens inzwischen in anderen Branchen eine normalere Erscheinung ist als früher.

* einer der führenden deutschen gastronomischen Kritiker

UMGANG MIT CHAMPAGNER
1.
Gläser und Temperaturen

Champagner ist »demokratisiert« worden, sagen seine Macher und meinen damit nicht unbedingt ihren eigenen, teuren. Doch haben viele preiswertere Flaschen wirklich dafür gesorgt, daß, besonders in Frankreich, ihn auch Schichten unterhalb der Politiker, des Hochadels, der Manager, der Sport- und Unterhaltungsstars und des Bordellmilieus sich gelegentlich leisten können. In anderen Industrieländern ist das wohl auch so, selbst wenn die Konkurrenz von Sekt und anderen Schaumweinen dort obsiegt.

Da kann es sicher nichts schaden, einige mahnende Worte über seine Behandlung in diesem letzten, für ihn allerletzten, alles entscheidenden Stadium zu sagen, denn nun soll er ja (hofft man) auslösen, wofür er überhaupt gemacht worden ist: den Genuß.

Im Herbst 1986 nahm ich in Paris an einer großen internationalen Weinprobe teil, zu der die Veranstalter drei oder vier Dutzend Fachleute aus ganz Europa versammelt hatten. Die technische Organisation lag beim Hilton in der Avenue de Suffren; die Veranstalter empfahlen den Teilnehmern, dort auch zu wohnen, nur ein paar Schritte

Der Busen war wichtiger als das Glas. Merciers Statue für die Weltausstellung.

vom Eiffelturm. Als ich mein Zimmer betrat, leuchtete mir aus einem glänzenden Kübel eine Flasche Champagner entgegen; der Manager des Hotels hatte eine Grußkarte beigelegt. Doch ich empfand anstatt der fälligen Dankbarkeit zunächst nur Verblüffung, ungläubiges Staunen. Nicht weil da zwei Gläser aufgebaut waren, obwohl ich ein Einzelzimmer bewohnte und es sich nur um eine halbe Flasche handelte, sondern was für Gläser waren das! Jene flachen runden Schalen auf ziemlich kurzem Fuß, die man vom Kompott her kennt, oder auch als Speiseeisbehälter. Unmöglich!

Was soll daran so furchtbar sein, werden jene denken, die ihren Champagner (oder Sekt) immer aus solchen Gefäßen trinken, vielleicht gar mit einem Sektquirl bewaffnet, von dem die Kitschindustrie ja auch feinste Ausführungen liefert. (Auf den komme ich noch.) Manche bedeutende Champagnerliteratur ist in der Tat mit Abbildungen solcher Gefäße illustriert; besonders beliebt sind jene voluminösen halbkugeligen Gläser, die angeblich nach der Brust Marie Antoinettes geformt wurden. Unbestreitbar haben tonangebende Kreise solche »coupes« benutzt. Als der Champagnerfürst Mercier zur Weltausstellung eine hübsche Mädchenstatue schickte, die für sein Getränk werben sollte, hatte auch sie in der ausgestreckten Hand eine »coupe«. Allerdings fiel damals mehr auf, daß ihr rechter Busen aus dem eng anliegenden Kleid herausragte; die Zeiten waren, auch in Frankreich, noch nicht ganz reif für so »gewagte« Darstellungen.

Alles Vergnügen an der runden Form (es gibt nach wie vor kaum eine französische Gläserserie ohne »coupe de champagne«) kann nicht darüber täuschen, daß sie für Champagner ungeeignet ist, sogar schädlich. Sie verschwendet ja, was der Genießerin und dem Genießer ungemindert zukommen soll: die Frische, das Prickeln der Kohlensäure, das »Moussieren«, den Schaum. Es leuchtet sicher ein, daß eine weite Oberfläche eines entsprechend flacheren Behälters die Kohlensäure viel schneller verpuffen läßt, als es in einem engeren, höheren Glas der Fall sein würde. Wer sein Glas nicht auf einen Zug leert, was nicht gerade als fein gilt und ohne Schaden auch nicht oft wiederholbar ist, sondern es absetzt und erst nach einer Weile wieder zum Mund führt, hat mittels der Kompottschale von dem, was ihm selbst zugedacht war, schon viel zu viel der Zimmerluft spendiert.

Solche Großzügigkeit ginge an, wenn die verschwindende Kohlensäure nicht eine so entscheidende Funktion hätte. Sie, und nur sie, verleiht dem Champagner, transportiert seinen besonderen Geschmack. Nur die Kombination des auf seiner Hefe gelagerten und durch sie angereicherten Grundweines mit der Kohlensäure ergibt das Getränk, das nicht von unge-

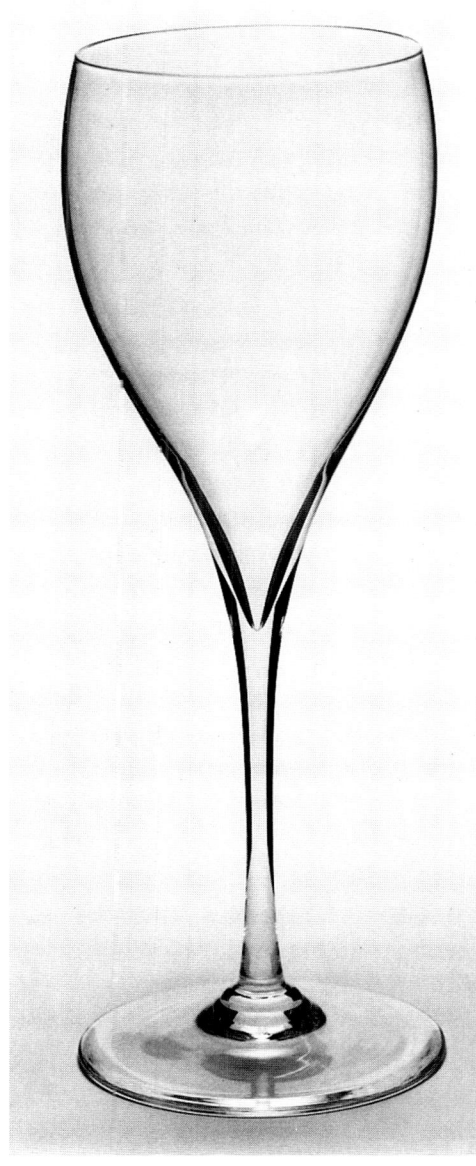

Perfektes Champagner-Glas

fähr zum Festgetränk par excellence geworden ist. Ließe man die Kohlensäure weg, bliebe ein Wein übrig, der mit keinem normalen Wein der besseren Klasse in Bukett und Geschmack konkurrieren könnte, so sehr auch die (anders ausgebauten) stillen Weine der Champagne, die Coteaux Champenois, hier und dort geschätzt sein mögen. Also gilt es, die Kohlensäure möglichst lange zu erhalten. Die Schale erfüllt die-

sen Zweck bei weitem nicht so gut wie die »Flöte« oder »Tulpe«, das engere, höhere Champagnerglas.

Da sind wir auch schon bei dem Quirl, einem Spielzeug, vergleichbar jenen lächerlichen, aber oft teuren Gestellen, auf denen Cognacgläser schräg liegend angewärmt werden sollen, was den Cognac ebenso sicher ruiniert wie es der Quirl mit dem Champagner tut. Das Herumrühren vertreibt die Kohlensäure noch schneller als die coupe. »Es zerstört in dreißig Sekunden die Arbeit mehrerer Jahre«, sagt das CIVC in einem Kommentar zu den Servierregeln der französischen Weinkellnerzunft. Die Qualität eines Champagners wird nicht nur an seinem Geschmack gemessen, sondern auch an seinem Schaum, daran, ob die »mousse« aus großen oder kleiner Perlen besteht (kleine gelten als besser), wie lange solche kleinen Perlen im Glas aufsteigen (angestrebt: bis die Flasche und das Glas leer sind).

Wie man die beste »mousse« erzeugt, hat die Wissenschaft bis heute noch nicht genau erforschen können – im Auftrag einer großen spanischen Schaumweinfirma läuft in einer Reihe europäischer Laboratorien ein Großversuch. Die Produzenten geben sich wie gesagt Mühe, sie möglichst fein, gleichmäßig und dauerhaft zu gestalten. Aber nicht wenige Kellermeister haben mir zugegeben, daß sie kein hieb- und stichfestes Rezept dafür hätten. Sie arbeiten nach der Erfahrungswerten ihrer Vorgänger. Manche »Grundregeln« scheinen zu stimmen, beispielsweise, daß die zweite Gärung in der Flasche bei tieferer Temperatur länger dauert, also langsamer verläuft, und dadurch einen feineren Schaum ergibt – doch sie alle haben so viele Ausnahmen, daß man eben noch immer nichts Genaues weiß. Manche Spezialisten meinen übrigens, es komme viel weniger auf die Feinheit der Perlen als auf ihr regelmäßiges und anhaltendes Aufsteigen an, wenn man die Qualität eines Champagners beurteilen wolle.

Jedenfalls geben sich die Hersteller Mühe, um zu erzeugen, was sie für ein wichtiges Qualitätsmerkmal halten, und dann nimmt jemand einen Quirl...

Das ideale Champagnerglas ist also eines, das die Kohlensäure und mit ihr das Bukett zur Nase des Genießers hin nach oben konzentriert. Eigentlich ausgeschlossen, daß das in höheren Gefilden des Hilton nicht bekannt sein soll. Wir bilden solche Gläser ab; ihre Form mag variieren, das Prinzip bleibt das gleiche. Besser sind etwas bauchige Gläser, damit auch eine ausreichende Menge hineingeht, aus der sich dann alles Gepriesene mühelos entfalten kann. Es gibt Gelegenheiten, da wäre das beste Glas ein fast normales, ziemlich großes, sich oben verjüngendes Weinglas. Wer in Sommerhitze im Freien ein solches Glas mit entsprechender Champagnermenge an die Nase geführt und die konzentrierte vergnügliche Wucht dieses Erfrischungsgetränks eingeatmet hat, weiß, was ich meine. Aber für den Normalfall bleibt das Glas vom Typ Flöte oder Tulpe das zweckmäßigste.

Es ist auch das älteste. Zu Beginn verwendete man besonders enge, die am Boden keinen Finger breit waren. Damals dachte man weniger an die Nase als an das Depot: Champagner wurde ursprünglich nicht als ein klares Getränk geliefert, wie wir ihn heute kennen, sondern noch mit seinem Depot. Im hohen, schmalen Glas sank es am besten nach unten.

Das schönste und praktischste Glas nützt leider nichts, wenn ihm übertriebene Pflege zuteil wird, hauptsächlich beim Abwaschen. Ein Spritzer eines Spülmittels ins Wasser, und schon ist ziemlich sicher, daß das hierin gesäuberte Glas den Champagner ruiniert. Die am inneren Glasrand (natürlich unsichtbar) haftenden Reste des Spülmittels, seien sie auch noch so winzig, sind für den Schaum tödlich*: das Moussieren hört ganz schnell auf. Meist verändern sie auch den Geschmack, nie zum besseren. Also wichtige Regel: *nur in klarem Wasser spülen!*

Freilich... meist muß es sehr heißes Wasser sein, und mit dem bloßen Spülen ist es wohl auch nicht immer getan: wie bekommt man jenen weiteren Geschmackstöter weg, der da heißt: Lippenstift? Auch Leute, die keinen benutzen, hinterlassen fast immer Lippenspuren am Glasrand. Aber der Lippenstift ist noch viel schlimmer. Die mit ihm bestrichenen Lippen verschmieren nicht nur den Glasrand, sondern dienen ja dem Champagner auch als Einlaßtor. Hersteller und Gastgeber mögen sich freuen, welche elegante, hübsche rotlippige Dame da ihr Getränk genießt – sie können ganz sicher sein, daß ihr Genuß alles andere als optimal, sondern stark gestört ist. Die meisten Lippenstifte sind ja nicht nur fetthaltig, sondern mehr oder minder parfümiert – meist so stark, daß man nicht nur vermuten darf, diese Lippen seien keinesfalls zum Küssen bestimmt, sondern auch annehmen muß, die Selbstbemaler verzichteten freiwillig auf den echten Geschmack von Speisen und Getränken, auch auf den ungetrübten Genuß von Champagner. Das Glas sollte, wenn es perfekt geschmacksneutral aus dem Waschwasser kommt, natürlich nicht durch Geschirrtücher mit Abwaschgeruch malträtiert werden. Die haben allenfalls den Vorteil, daß man ihre schädliche Wirkung, die sie aufs Glas übertragen, schneller riecht. Aber – wer riecht schon im Lokal oder bei anderen Leuten zu Hause ostentativ am leeren Glas, bevor eingeschenkt wird? Nun – die Gastgeber sollten es tun, denn wenn eingeschenkt wird, ist es auch schon zu spät. Allenfalls wundern sich die Gäste, warum das angeblich so edle Getränk so enttäuschend schmeckt, nach »torchon«, Lappen.

Eine weitere Störquelle: der Putzteufel in Gestalt jener Holzwachse und anderer riechender Stoffe, mit denen Leute so gern ihre Regale und Schrankflächen einreiben... in Verbindung mit dem reinlichen Gedanken, Gläser müßten umgekehrt weggestellt werden, also auf dem Kopf, damit ihr Inneres keinen Staub einfange. Aber dafür nimmt dann der Rand, von dem später getrunken wird, ganz schnell den Geruch des Wachses oder sonstiger Mittel an.

Alle diese Störungen sind natürlich leicht zu beseitigen oder zu vermeiden, wenn man rechtzeitig daran denkt. Hoffen wir also, alles sei in bester Ordnung bzw. im besten Glas. Auch jetzt kann leider noch vieles schief gehen, auch ohne Quirl. Wir kommen zur Trinktemperatur. So entscheidend sie ist, und zwar für moussierende Getränke

---

* siehe auch Seite 113 im Kapitel »Geschmacks-Sachen (2)«

Blick auf die Côtes de Blancs

mehr als für solche ohne Kohlensäure, so selten stimmt sie. Aber auch dafür ist das Getränk im wahren Sinne des Wortes zu wertvoll. Es wird immer Leute geben, die Getränke, die zur Entfaltung ihrer besten Eigenschaften eine bestimmte Temperatur brauchen, entweder viel kälter oder viel wärmer haben wollen. Das kann uns aber nicht beeindrucken. Die optimale Trinktemperatur für Champagner, das steht fest, hat sich durch die Jahrhunderte seit Erfindung dieses Getränkes so herausgebildet und wird von den Machern, die es wohl wissen müssen, ebenso bestätigt wie von sachkundigen Genießern – die optimale Trinktemperatur liegt innerhalb einer ziemlich engen Gren-

ze: zwischen sechs und elf Grad, wobei elf von den meisten Champagnerleuten, die ich befragte, schon als zu hoch angesehen wurde. »Servieren mit sieben bis acht, trinken mit zehn«, sagt man bei Laurent Perrier. »Trinken mit neun, wenn es draußen sehr heiß ist, etwas kühler – sieben!« so Henri Krug, mit dem Zusatz, der nach diesem Hinweis manche verblüffen wird: »Zu kalt liebe ich Champagner nicht.« Prinz de Polignac von Pommery: acht bis zehn, am besten neun; tiefere Temperaturen würden alle Feinheiten töten. »Aber lieber etwas kühler als zu warm – ein zu warmer Champagner ist untrinkbar.« Mumm, Clicquot: servieren mit sechs bis acht. Am höchsten lag

ein Direktor von Moët, Coulon: zehn bis elf. Sein Kollege Foulon plädierte sofort für deutlich weniger. Die Beispiele ließen sich fortsetzen, am Prinzip ändert sich nichts. Wohl wird bei technischen Verkostungen, besonders zum Zweck des Einkaufs oder zum Festlegen einer »assemblage«, lieber etwas wärmer verkostet, etwa dreizehn, vierzehn Grad. Aber das just aus dem Grund, aus dem all jenen, die Champagner nur zum Vergnügen trinken (einen anderen triftigen Grund gibt es eigentlich nicht), die höhere Temperatur erspart bleiben sollte: sie bringt etwaige Fehler heraus und verstärkt den bei größerer Wärme immer unangenehmeren

Eindruck gewisser Duftstoffe im Alkohol.

Zu warmer Champagner schießt meist zu verschwenderisch aus der Flasche, selbst wenn man sie vorsichtig aufmacht – schließlich beträgt der Innendruck bis zu sechs atü. Ideal ist der damit verbundene Knall nur bei lärmenden Festen in großen Hallen oder im Freien und in manchen Bühnenstücken – aber da entweicht aus der Flasche auf einmal viel zu viel von der Kohlensäure, deren Aufgabe ist, bis zum letzten Schluck für gleichmäßigen und ziemlich kräftigen Schaum zu sorgen. Im Normalfall ist ideal, nicht einen Tropfen durch Herausschäumen zu verschwenden und die Flasche leise zu öffnen. Der Korken sitzt zwar fest, läßt sich aber meist ohne große Mühe herausdrehen (Flasche im Gegensinn drehen!); wenn nicht, ein Handtuch über ihn stülpen. Löst er sich immer noch nicht, braucht man eine Korkenzange – eine Rohrzange tut's auch.

Beim Eingießen hält man das Glas am besten etwas schräg – am Stil anfassen, nicht etwa den Kelch in die Hand nehmen, die Wärme und wer weiß was noch anderes abgibt. Man gieße vorsichtig ein, Geübte schaffen das auch bei stehendem Glas. Wenn der Champagner zu stark schäumt, lieber mehrmals kleine

Mengen nachfüllen; der Schaum setzt sich schnell. Das Glas soll nicht vollgegossen werden, sondern nur zu zwei Dritteln gefüllt, damit seine obere Umwandung noch die Funktion erfüllen kann, das Bukett, die Frische des Champagners in Richtung Nase zu lenken.

Wie verschafft man dem Champagner die nötige Kühle? Seine ideale Lagertemperatur liegt zwischen zehn und zwölf Grad, also etwas zu hoch. Wer nicht einen auf diese Temperatur einstellbaren Keller oder Weinschrank hat, wird meist mit noch höherer Ausgangstemperatur zu rechnen haben – aber Achtung: die Hersteller warnen, zu warm gelagerter Champagner halte sich nicht sehr lange.

Um ihn schnell auf Trinktemperatur zu bringen, gibt es natürlich den Weinkühler, den Kübel, den man mit kaltem Wasser und Eis füllt, und aus dem man die Flasche, sollte der Inhalt zu kalt geworden sein, wieder herausnehmen sollte. Die Spezialisten in Epernay sagen, ein Champagner, der aus einer Kellertemperatur von zehn bis zwölf Grad komme, erhalte die richtige Trinktemperatur von sechs bis neun Grad nach etwa zwanzig Minuten im Weinkühler. Wenn der Keller wärmer sei, müsse die Flasche entsprechend länger im Eiswasser bleiben.

Wer schon weiß, daß und wann er Champagner zu öffnen gedenkt, kann ihn natürlich ohne Gefahr eine Zeitlang in den Eisschrank tun, »am besten in das am wenigsten gekühlte Fach« (Mumm), und möglichst nicht, wenn der Schrank auf höchste Kühlstärke eingestellt ist. Insgesamt kann man Champagner ohne Bedenken eine Woche bis zehn Tage im Kühlschrank liegen lassen.

Es gibt Leute und Lokale, die meinen, die korrekte Kühlung des Champagners über die Gläser erreichen zu können. Sie schwenken die Gläser mit Eiswürfeln aus; in manchen Lokalen taucht man sie in Eiswasser, ähnlich wie die ganze Flasche, und die fleißige Industrie hat auch schon entsprechend kleine, aber feine Kühlkübel hergestellt. Aber das ist falsch und nur vermeintlich ein Service. Ob nun viel oder wenig vom Eiswasser im Glas bleibt – es verdünnt den Champagner, und sei es auf noch so geringfügige Weise. Dafür hat der Produzent ihn ebenso wenig ausgebaut, wie der Gast für das nicht mehr originale Getränk den vollen Preis bezahlen sollte. Da könnte man gleich Eiswürfel in den Champagner werfen. Das ginge allenfalls bei Champagner-Cocktails.

2.
Flaschen-Hierarchie

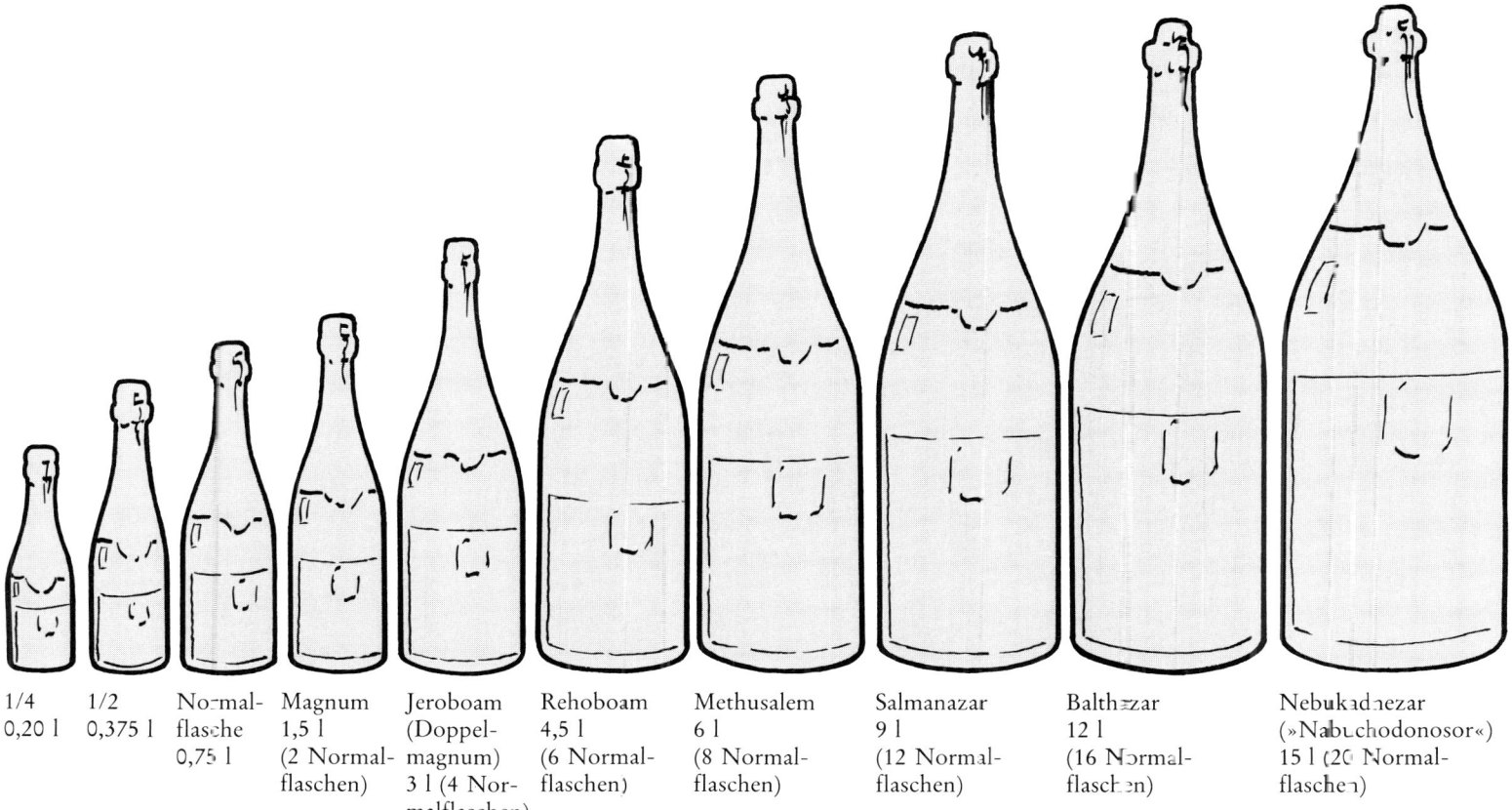

| 1/4
0,20 l | 1/2
0,375 l | Normal-
flasche
0,75 l | Magnum
1,5 l
(2 Normal-
flaschen) | Jeroboam
(Doppel-
magnum)
3 l (4 Nor-
malflaschen) | Rehoboam
4,5 l
(6 Normal-
flaschen) | Methusalem
6 l
(8 Normal-
flaschen) | Salmanazar
9 l
(12 Normal-
flaschen) | Balthazar
12 l
(16 Normal-
flaschen) | Nebukadnezar
(»Nabuchodonosor«)
15 l (20 Normal-
flaschen) |

Champagner wird in 10 verschieden großen Flaschen angeboten. Aus größeren schmeckt er im allgemeinen besser. Ob allerdings die ganz großen, die mehr wegen des Show-Effekts hergestellt werden, wirklich dem Inhalt besser bekommen, hat wegen der Kosten anscheinend noch niemand probiert.

Daß Viertelflaschen (piccolo) sich nicht lange halten, sagen alle Fachleute, es wird empfohlen, sie binnen drei Monaten nach Kauf auszutrinken, wie es Harrods in London in seinen Katalogen ausdrücklich nahelegt. Es gibt nur einen Ort, wo die Firmen gern Viertelliterflaschen hinliefern: Flugzeuge. Wenn dort (meist ja nur in der ersten Klasse) aus großen Flaschen eingeschenkt wird, sind die mit einer Serviette umwickelt, der Gast kann das Etikett nicht sehen. Das gibt keine Werbewirkung. Die Viertelflasche wird jedem hingestellt.

Halbe Flaschen gelten auch nicht als ideal. Jedoch habe ich schon hervorragende probiert. Ein Test verschiedener Formate in »essen & trinken«* ergab, daß im großen und ganzen die Magnum- und die Einzelflasche tatsächlich den kleineren überlegen waren.

Die Normalflaschen sind erst seit 1975 auf 0,75 l standardisiert. Bis 1964 wurde Champagner in 0,8 l Flaschen gefüllt. Dann gab es noch Zwischengrößen von 0,78 und 0,77 l

99

3.
Lagern:
Wie alt darf er sein?

Mit solchem Champagner-Keller kann man kaum mithalten… Clicquot in Reims ▷

Champagner muß kühl lagern. Das gilt auch, wenn er nicht bald getrunken werden soll. Die ideale Temperatur, in der er auch beim Hersteller liegt, beträgt, wie schon gesagt, zehn, elf Grad. Die aber können ihm sehr wenig Leute bei sich zu Hause garantieren, und auch nicht sehr viele Lokale sind dazu imstande. Daraus folgert, was nur auf den ersten Blick paradox erscheint: am besten lagert man ihn überhaupt nicht, oder jedenfalls nicht lange, sondern trinkt ihn.

Die zweitbeste Lösung wäre natürlich eine kühle Temperatur, die der idealen noch ziemlich nahe ist. Aber sehr lange dürfte man ihn dann auch nicht liegen lassen.

Dies ist ein heikles Kapitel, nämlich eines weitgehender Uneinigkeit im Lager der Macher und Liebhaber (nicht etwa zwischen den beiden, die ja oft identisch sind; die Spaltung verläuft unsystematisch). Umstritten ist eben just, wie lange man lagern darf oder soll, und der Streit entzündet sich an der oft gehörten

These, für die ich hier nur stellvertretend einen der Chefs von Pol Roger zitiere:

»Champagner ist nie so gut wie im Jahr seines Verkaufs!«

Also sollte er doch in diesem Jahr getrunken werden, bald danach beginnt sein geschmacklicher Abstieg. Wenn es nur so einfach und klar wäre…

Im Gegensatz zu den meisten Weinen hat der Champagner, wenn er in den Handel kommt, die notwendige Reifezeit im Prinzip schon hin-

ter sich. Wenn die Firma ihn zum Verkauf ausliefert, hält sie ihn für gut. Das sagt sie jedenfalls für die große Masse ihrer Produktion, die Standard-Abfüllungen; höherwertige Prestige-Cuvées sind schon eher auf eine weitere Lagerzeit auch beim Kunden angelegt. Aber der Standard-Champagner ohne weitere Jahrgangsangabe muß ja schon ein Kellerjahr beim Erzeuger hinter sich haben, ein Jahrgangs-Champagner mindestens drei Jahre. Viele Häuser überschreiten diese Fristen. Als Regel sagen sie wirklich, daß Champagner, wenn die Flasche einmal verkaufsfertig ist, langsam, aber sicher einem Qualitätsverlust entgegengehe – langsam, aber doch weit schneller, als es etwa bei einem guten roten Bordeaux der Fall wäre. Der gewinnt ja erst einmal noch Jahre nach der Auslieferung an Reife und Geschmacksfülle, oft viele Jahre lang.

Indes – viele Firmen liefern ihren Champagner aus, wenn er eigentlich noch zu »grün« ist. Da entdecken wir eine zweite Schwierigkeit für unsere Entscheidung. Unter diesen Firmen sind wieder viele, die nicht immer vom Besten produzieren: die Chance ist groß, daß ihre Cuvées Grundweine aus der zweiten oder gar dritten Pressung enthalten. Diese bringen jungem Champagner einen durchaus ordentlichen Geschmack, freundlich und mit Frucht – aber sie altern nicht gut. Ich bezweifle sehr, daß solche Champagner bei den zweifelhaften Kellerbedingungen, die die meisten von uns ihnen bieten können, wirklich noch besser werden würden. Sie sollten besser ziemlich schnell getrunken werden.

Diejenigen Flaschen hingegen, die nur erstklassige Grundweine ent-

halten, wie so gut wie alle berühmten und auch viele andere Marken, aber auch früh ausgeliefert wurden, etwa schon nach eineinhalb bis zwei Jahren, können hingegen mindestens ein paar weitere Monate im Keller vertragen – wenn der die richtigen Bedingungen bietet. Aber auch da raten die Firmen dringend ab, sich etwa eine Flasche für weit entfernte Jubiläen zurückzulegen.

Die Champagne und die Welt der Champagnerliebhaber wimmeln freilich nur so von Beobachtungen und Anekdoten, die das Gegenteil zu beweisen scheinen. Wie etwa, daß jemand (ein dort sehr Prominenter) die erste Flasche aus einer Kiste von einer großen Marke voller Enttäuschung über den harten, grünen, richtig unangenehmen Geschmack nicht einmal ausgetrunken und dann die Kiste auf Nimmerwiedersehen in den Keller befördert habe. Viel später jedoch fand er nichts Besseres, um unerwartete Gäste zu bewirten, und nun war dieser Champagner nicht nur die einzige Rettung, sondern ausgezeichnet... Ich selbst kann mein Erlebnis aus Vertus beisteuern, wo mir in einem Restaurant 1987 ein Winzerchampagner aus dem Jahr 1979* serviert wurde, dem die Großen als Monocru ohnehin nichts zutrauen würden, und in einer halben Flasche** war er auch noch: sehr gut! Allenfalls mit jenem Anflug von ganz leichtem, keinesfalls störenden Alterston, der die Welt der Champagnerliebhaber ebenfalls teilt in begeisterte Anhänger (nicht nur die Engländer) und jene, die ihn nicht mögen... Wir saßen in einem ziemlich neuen Restaurant; wer weiß, ob das Fläschchen überhaupt optimal gelagert war. Salon 1966, 1987 probiert, hatte eine deutliche

Firne, für meinen Geschmack diesseits des zu alten – jenseits sagten andere.

Im Hause de Nonancourt (Laurent Perrier) servierte man uns im Sommer 1986 einen Rosé Brut 1959! Er war noch sehr lebendig und gut. Und warum hätte Boyer, Spitzenrestaurant der Champagne (und eines der besten ganz Frankreichs) auf seiner Karte im Jahre 1987 noch verschiedene Jahrgangs-Champagner des Jahres 1959 und einen gar von 1947 geführt?***

Leser des berühmten englischen Weinauktionators und -verkosters Michael Broadbent würden da keineswegs staunen. Sie werden sich gleich erinnern, daß er dem 1971er Champagner von Krug bescheinigte, er werde zwischen 1982 und 1995 am besten trinkbar sein, und dem 1976er: von 1988 bis zum Jahr 2000... Ebenso bemerkenswert dürften die Vorlieben und Erlebnisse anderer Briten aus weiter zurückliegender Zeit sein. H. Warner Allen**** beschrieb 1952 voller Enthusiasmus, wie hervorragend ihm Pommery und Clicquot des Jahrganges 1892 nach 52 Kellerjahren geschmeckt hätten, und 55 Jahre alter Pommery sei fast so gut gewesen. »Champagner kann fünfzig werden und ein Wein sein, von dem man träumt. Es wäre nicht fair, ihn mit den größten natürlichen Weinen zu vergleichen, aber die Intensität von konzentriertem Geschmack und Homogenität, die das Alter in einem Champagner er-

---

* Es war eine Standardfüllung, kein »Millésime«; sein Alter entzifferte ein Kellermeister am Nachbartisch anhand der in den Flaschenboden eingeprägten Codeziffer.

** Allen Regeln zuwider, daß sich Champagner in winziger Abfüllung nicht gut halte!

*** Auch auf zahlreichen anderen Karten finden sich Champagner dieses Alters.

**** Im schon zitierten »White Wines and Cognac«.

zeugt, der sich gefunden hat, ist besonders attraktiv – so außerordentlich ungleich dem »glorifizierten Sodawasser«, das für den jungen Wein charakteristisch ist...«

Zu der Schnelltrinkregel steht natürlich auch in gewissem Widerspruch, daß manchen Champagnern entgegen den Firmenratschlägen mehr Alterung deutlich gut tun würde, weil sie arg grün und jung schmecken, so daß ihnen jedenfalls das erste Jahr nach dem Kauf (günstiger Keller vorausgesetzt) alles andere als Qualitätsminderung bringen würde, dürfte. Die großen Häuser sollten ihn länger lagern, sagte mir der Chef eines kleinen, aber dann sollte man ihn spätestens zwölf bis achtzehn Monate danach auch trinken. Was soll es bringen, einen sterilen Wein altern zu lassen?

Manche Häuser sind auf länger haltbaren Champagner spezialisiert, etwa Bollinger, Krug oder Salon, um nur einige zu nennen: aber die sagen es dann auch ausdrücklich, besonders für ihre Jahrgangs- und Prestige-Cuvées.

Jahrgangs- und Prestige-Cuvées stellen viele Häuser her, Champagner, die gut älter werden können – bei ihnen! Die werden unter perfekten Bedingungen aufgehoben, den Flaschenhals nach unten, das Depot noch auf dem Korken, und oft erst verkaufsfertig gemacht, wenn es durch längeres Warten wirklich kaum noch etwas zu verbessern gibt. Aber wir Normalverbraucher (so weit Champagnergenuß Normalverbrauch genannt werden kann) können kaum mit den schönen und praktischen unterirdischen Gewölben von Reims, Epernay, Ay und Bouzy und wie die Herkunftsorte alle heißen, konkurrieren.

Da nützte es mir auch wenig, bei Besserat de Bellefon zu hören, der Jahrgangs-Champagner könne bis zu zehn Jahren aufgehoben werden. Andere erklärten, nach fünf bis sechs beginne bei jedem Champagner das Risiko, einen fuchsigen, unangenehmen Oxydationsgeschmack zu bekommen. Alexis Lichine sagt in seiner Wein-Enzyklopädie: »...sollte ziemlich jung getrunken werden. Das heißt also spätestens zehn oder fünfzehn Jahre nach der Ernte.« Da spricht ein berühmter Mann des Bordeaux. Einem Champenois würden zehn bis fünfzehn Jahre beileibe nicht »ziemlich jung« vorkommen.

Das Entscheidungsproblem bleibt schwierig. Am besten wäre, man kennt den Hersteller und kann ihn jeweils fragen; die Flaschen haben oft einen Code eingepreßt, der ihm die Identifizierung ermöglicht. Aber das ist wohl nur selten möglich, und die beste Lösung wäre sicher eine Datumsangabe auf dem Etikett. Ich bin natürlich nicht der erste, der das befürwortet – aber eher wegen der Gefahr nicht des zu kurz gelagerten, sondern des zu alten Champagners.

Der Preis nämlich, den man für zu lange gelagerten zahlt (noch schneller für zu lange zu warm gelagerten), kann leicht noch einmal der Preis der betreffenden Flasche(n) sein. Wenn sich der Inhalt eines zu späten Tages wirklich als oxydiert erweist, mit müdem oder gar keinem Schaum und gar nicht mehr so schönem Geschmack, alles andere als lustig, erfrischend und inspirierend, dann ist es zu spät: die Investition hat sich dann leider durchs Warten erledigt.

Wie schade, wenn solches Schicksal gleich ganze Partien trifft, nämlich

solche, die schon beim Handel oder auch im Restaurantkeller ihren Abstieg begonnen haben! Jenes Jahr, von dem die Hersteller sagen, daß die Flasche getrost noch warten könne, bis Sie sie öffnen oder vorgesetzt bekommen, beinhaltet ja noch den gesamten Verteilungsweg – einschließlich aller Pausen. Was macht man, wenn der Champagner leider erst am Ende seiner Blütezeit bei Ihnen ankommt, so daß Ihr weiteres Aufleben ihn in unangenehme Entwicklungen hineinbefördert?

Man müßte wissen, wann er beim Händler eingetroffen ist, und wie er dort lagert, und wie lange er vorher (und wie) beim Importeur und/oder beim Großhändler gelegen hat. Champagner ist kein Bier, der Umschlag ist bei weitem nicht so schnell, die deutsche Kundschaft auf ihn keineswegs so durstig. Er gilt ja noch immer als ein Festgetränk, also wird er wohl hauptsächlich zu den traditionellen Feiertagen verkauft. Hoffentlich disponieren die Firmen entsprechend. Was können sie aber machen, wenn Geschäfte oder Restaurants oder Großhändler den Bedarf überschätzen und zu viel auf einmal bestellen, so daß unnötige Lagerung die Folge ist?

Den schlechtesten Champagner einer berühmten Marke haben wir in einem renommierten Hotelrestaurant bekommen. Vielleicht hat es nie genug Kunden für seinen Vorrat, vielleicht hatte es aber auch nur eine schon zu alte Lieferung erhalten... Es ist ein ziemlich bekannter, aber offenbar kaum abstellbarer Fehler beim Warenumschlag, daß bei manchen Zwischenhändlern nicht etwa die jeweils zuerst eingetroffene Ware auch als erste wieder hinausgeht, sondern daß sie – unter nachkommender begraben, die ihrerseits immer von oben weggenommen und weggeschickt wird – auf bessere Zeiten wartet, also auf ihren eigenen Versand, und dabei nicht besser wird, also ihren Abnehmer vielleicht zu spät erreicht. Manche Firmen bemühen sich durchaus, wenigstens die Bestände ihrer Importeure, besser gesagt, deren Umschlaggeschwindigkeit zu kontrollieren. Aber die für die Kundschaft bestmögliche Bedienung wäre eben eine Datumsangabe auf dem Etikett. Wegen der Besonderheit der Champagnerherstellung ist vielleicht sogar nützlich zu vermerken, wann der Champagner in die Flasche gefüllt wurde – er gelangt in sie bekanntlich als »stiller Wein« und verläßt sie erst sehr viel später als Schaumwein; die Zwischenzeit kann Jahre dauern. Für unser Lagerproblem hilfreichere Auskunft wäre, wann die Flasche degorgiert (also vom Depot befreit) und endgültig verkorkt wurde (siehe Seite 66). Dann soll sie zwar noch einmal eine Zeitlang ruhen, bevor sie ausgeliefert wird, was in guten Häusern für ihre besten Cuvées noch einmal einige Wochen oder Monate dauern kann, aber für die Beurteilung von außen fällt das kaum ins Gewicht.

Ideale Lagerung, wenn Champagner sehr alt werden soll: Auf dem Korken (sur pointe), noch nicht degorgiert, also noch auf der Hefe. Wird erst nach Bedarf versandfertig gemacht (fotografiert bei Pommery).

Korken verformen sich allmählich im Flaschenhals, in den sie mit Gewalt gezwängt werden. Durch sehr alte Korken verliert der Champagner schließlich seine typische »Mousse«.

Aufrecht ist falsch

Hauptquellen für Champagner sind mit großer Wahrscheinlichkeit Supermärkte und die Getränkeabteilungen von Warenhäusern. Die meisten Getränke, auch die teuren, werden ja nicht mehr im Fachgeschäft gekauft, sondern bei den Riesen. Achten Sie einmal darauf, ob die Weinflaschen, in unserem Fall die mit Champagner, dort liegen oder stehen. In der stehenden Flasche setzt sich die darin enthaltene Luft zwischen das Getränk und den Korken, so daß er trocknet. Das geht ziemlich schnell, und damit verliert er seine Dichte. Er kann nicht mehr lange verhindern, daß aus der Flasche Kohlendioxyd entweicht (vergessen wir nicht: sie hat einen Druck von bis zu sechs bar oder atü), was ihm bald seinen Geschmack und seinen Charakter nehmen wird. Champagner soll liegen (wie fast alle Weine), damit die Flüssigkeit am Korken bleibt.
Den Fehler, die Flasche stehen anstatt liegen zu lassen, können Sie in Ihrem Keller natürlich auch machen – vermeiden Sie ihn lieber.

Im Supermarkt verlangt ja wohl das Gesetz des schnellen Umsatzes, daß der Käufer auf die Ware aufmerksam wird und sie, wenn sie in größerer Menge massiert dasteht, für preiswert hält. Also werden die Flaschen dort auch noch extra angestrahlt. Aber das Licht schadet, wie alle Fachleute sagen. Wir haben freilich bei »essen & trinken« einen Test[*] gemacht, der das nicht so unbedingt bestätigte. Wir ließen Champagnerflaschen zunächst mehr als zwei Wochen so anstrahlen, dann aber einige Wochen im dunklen Keller sich erholen. Die erwartete Geschmacksminderung war kaum oder überhaupt nicht festzustellen. Dennoch rate ich, dem Rat der Fachleute zu folgen. Denn bei einem zweiten Test, bei dem wir den Flaschen nach der Bestrahlung keine Erholung im Keller gewährten, schmeckte ihr Inhalt so scheußlich, wie die Experten prophezeit hatten. (e & t 10/1987)
Die Anstrahl-Unsitte scheint mir übrigens ausgerechnet in den französischen Supermärkten noch schlimmer verbreitet zu sein als in deutschen; der Gefahr, daß ein

nicht billiges Getränk dadurch ruiniert wird, sollte sich wenigstens die Kundschaft bewußt sein. In der Champagne ist letzthin spezialbehandeltes Flaschenglas eingeführt worden, etwas dunkleres als das bisher verwendete, das gegen die ultravioletten Strahlen des Lichtes schützen soll. Aber da müssen noch einige Jahre vergehen, bis die alten Flaschen aufgebraucht und aus dem Handel verschwunden sind.

[*] veröffentlicht im Maiheft 1987

Datum fehlt

Bollinger bietet eine Qualität »RD« (mit Jahrgangsangabe) an, was »récemment dégorgée« bedeutet, also vor kurzem degorgiert, und da kann man das Degorgierdatum auf einem Rückenetikett lesen, ein gutes, leider seltenes Beispiel. Auch hier handelt es sich um Champagner, der schon bei Bollinger lange genug gelagert war, nun also wirklich nicht mehr Jahre, sondern eher in den Monaten nach dem Degorgieren getrunken werden sollte. Aber auch hier gleich die Gegenrede: eine Flasche des Jahrgangs 1975, degorgiert 1984 habe ich erst im Frühjahr 1987 getrunken; sie war hervorragend.

Champagner ist eben komplizierter, als man denkt...

Vermutlich würde gegen verbesserte Kundenhilfe durch Datumsangaben eingewendet, daß ähnlich wie bei Milch oder Joghurt nur noch die Flaschen mit dem jüngsten Datum Chancen hätten. Mindestens die Leserinnen und Leser dieses Buches würden diesem Irrtum nicht mehr erliegen, und, Spaß beiseite, die Zahl derjenigen, die Bescheid wissen, ist (wie üblich) größer, als man denkt.

DIE CHRONIK DER GUTEN JAHRE

1743: gut	1898: gut	1959: sehr gut
1753: gut	1899: gut	1960: ziemlich gut
1783: sehr gut	1900: sehr gut	1961: außerordentlich
1788: gut	1902: sehr gut	1962: gut
1802: sehr gut	1904: außerordentlich	1964: gut
1815: sehr gut	1906: sehr gut	1966: sehr gut
1822: ziemlich gut	1907: gut	1967: ganz gut
1825: sehr gut	1908: sehr gut	1969: sehr gut
1837: ziemlich gut	1911: außerordentlich	1970: gut
1839: sehr gut	1913: gut	1971: gut bis sehr gut
1842: gut	1914: sehr gut	1973: gut bis sehr gut
1846: außerordentlich	1915: gut	1975: sehr gut
1848: gut	1917: gut	1976: sehr gut
1852: sehr gut	1919: sehr gut	1978: sehr gut
1853: sehr gut	1920: sehr gut	1979: sehr gut
1854: sehr gut	1921: außerordentlich	1981: umstritten. Teils verachtet, teils gepriesen. Ohnehin nur geringe Menge
1856: gut	1922: sehr gut	
1857: außerordentlich	1923: sehr gut	
1858: sehr gut	1926: sehr gut	1982: gut, aber nicht sehr haltbar
1859: sehr gut	1927: sehr gut	
1861: gut	1928: außerordentlich	1983: mäßig (Pinots) bis gut (Chardonnay)
1864: gut	1929: außerordentlich	
1865: außerordentlich	1933: sehr gut	1984: mäßig bis gut
1868: sehr gut	1934: sehr gut	1985: sehr gut
1869: sehr gut	1936: sehr gut	1986: unterschiedlich: sehr gut für Chardonnay, mittel für Pinot Mennier, mäßig für Pinot noir. Häuser wie Roederer zögerten, Jahrgangschampagner zu machen; die meisten wollten erst die Ernte 1987 abwarten – falls deren Qualität besser würde, könnte der 1986 »sans année« Ausführung bleiben.
1870: sehr gut	1937: gut	
1871: sehr gut	1938: ziemlich gut	
1872: sehr gut	1940: gut	
1873: sehr gut	1941: gut	
1874: außerordentlich	1942: gut	
1876: sehr gut	1943: sehr gut	
1878: gut	1945: außerordentlich	
1880: sehr gut	1946: passabel	
1881: sehr gut	1947: außerordentlich	
1883: sehr gut	1948: ganz gut	
1884: gut	1949: sehr gut	
1885: sehr gut	1950: passabel	
1887: ziemlich gut	1952: sehr gut	
1888: sehr gut	1953: sehr gut	
1889: gut	1954: ziemlich gut	
1890: sehr gut	1955: sehr gut	
1891: sehr gut	1957: strittig zwischen passabel und sehr gut	
1892: außerordentlich		
1893: sehr gut		
1895: passabel		

Für diese Tabelle habe ich außer Mitteilungen von Fachleuten in der Champagne und den ausführlichen Tabellen des CIVC auch die veröffentlichten Beurteilungen (die sich gelegentlich widersprechen) folgender Autoren verwendet: Christian Bizot, Michael Broadbent, Philippe Daverat, Michel Dovaz, Claude Gosset, Michel Mage, Georges Renoy. Dazu Decanter Mágazine, The Vintage International Yearbook, Revue du Vin de France und Le Bottin Gourmand 1987.

Geschmacks-sachen (2)

Ein Kapitel für Schadenfrohe und solche, die gern Weintests lesen

»Es gab Überraschungen. Hoch oben auf allen Listen stand einer der billigsten, meistverkauften Champagner, der immer als ehrenwert, aber nie als ein Klassiker betrachtet worden war. Heute war er köstlich. Einen anderen, der stets als einer von wahrhaftigem Champagner-Adel viel höher geschätzt worden war, schoben wir beiseite – ›die müssen Brandy in die dosage getan haben‹, war das Urteil.« (Cyril Ray*)

Da sind wir beim kontroversen Thema Vergleichsprobe. Kontrovers hauptsächlich zwischen denen, deren Erzeugnisse schlecht abgeschnitten haben, und den Verkostern. Der Chef von Moët & Chandon sagte uns, die Degustatoren müßten klarer machen, daß es sich jeweils um ihren persönlichen Geschmack handele, nicht um allgemein gültige Feststellungen. Ich konnte nur beipflichten – aber mit dem Zusatz, das gelte natürlich auch für den Geschmack der Produzenten.

Als ich bei Roederer um eine Erläuterung bat, wie sie selbst ihren Champagner beschreiben würden, sagten sie: »Ein Wein mit enormer

Struktur, mit wirklich viel Körper und gutem Gehalt an Gerbsäure. Er hinterläßt einen guten Nachgeschmack, er hat einen langen, guten Abgang.« So sprechen Hunderte von Produzenten über ihren Wein. Die Frage ist, ob und wann die Kundschaft den gleichen Eindruck hat – und, wichtiger, ob ein so beschriebener Wein denn auch schmeckt. Über die Güte des Ge-

schmacks nämlich, stellt man immer wieder fest, sagen die schönen Ausdrücke der Weinfachsprache verblüffend wenig aus.

Wie gut, daß Geschmäcker verschieden sind, wie gut auch für die Champagnerproduzenten. Aber wie peinlich für die Wein-»Experten«, mich einbegriffen, feststellen zu müssen, wie wenig Wert unsere Wertungen und Beschreibungen für andere haben (können), gar für eine Allgemeinheit, besonders, weil sie so weit auseinandergehen. Unsere beste Hoffnung ist, daß sich wenigstens irgend jemand findet, der schon mehrmals festgestellt hat, daß unser Urteil dem seinen entsprach, und der uns deswegen nun auch für die Zukunft vertraut – ohne Gewähr... Wenn ich fremde »Tests« und Weinbeschreibungen lese, bin ich zunächst sehr mißtrauisch.

Dabei nehme ich an ziemlich vielen Verkostungen teil; sie sind interessant und man lernt. Ich würde lieber »Verkostung« sagen als »Test« und empfinde mich nicht als »Tester«, sondern bescheidener als

* Bericht über eine Blindprobe in »Bollinger – Tradition of a Champagne Family«.

Die Weinberge bei Epernay

»Verkoster«, der unverbindlicheren französichen Bezeichnung folgend: »dégustateur«. Dies ist keine gespielte Bescheidenheit. Lange Erfahrung mit eigenen und anderer Fachleute Verkostungen hat mir klar gemacht, wie unzuverlässig wir allesamt sind – unter »wir« verstehe ich auch die bekanntesten Degustatorinnen (in England zahlreich) und Degustatoren des In- und Auslandes.

Was wir an Beurteilungen veröffentlichen, muß wirklich als nur für »hier und heute« und nur für uns selbst gültig betrachtet werden. Zu viel hängt, Sie wissen es ja, vom jeweiligen Geschmack ab, der sich sehr nach der jeweiligen Laune und anderen äußeren Bedingungen rich

tet, die nichts mit dem beurteilten Wein zu tun haben. Das Ergebnis einer Probe ist nicht einmal für den einzelnen Degustator sehr verbindlich; der Aussagewert reicht unter Umständen nur bis zur nächsten Flasche. Für alle diese Feststellungen werde ich gleich die Beweise liefern, damit Sie nicht denken, es seien bloße Behauptungen.

Die Unterschiede sind ja sogar nach Ländern erheblich, um nicht zu sagen, nach Völkern. Den speziellen »englischen« Geschmack habe ich schon erwähnt. Ein krasses Beispiel erzählte Wolfram Siebeck* nach einer Verkostung Schweizer Weine in Zürich. Teilnehmer waren Schweizer, Österreicher und Deutsche. »Während bei den Schweizer Teil

nehmern die Augen immer heller wurden und sich die Züge verklärten, wurden die Gesichter der Ausländer immer länger... Was sie hier probierten, darin waren sich die Gäste einig, hatte zu viel Alkohol und zu wenig Säure. Gerade die von den Schweizer Experten am höchsten gelobten Weine fand die andere Expertengruppe fett, breit, plump und unelegant.«

Vermutlich würden die Schweizer sagen, sie kennten ihre Weine wohl am besten, der Geschmack der Ausländer sei unmaßgeblich. Sie könnten wohl so argumentieren, weil es nicht genug Schweizer Weine gibt, um Export wichtig zu machen.

* im ZEIT-Magazin

Champagner hingegen ist auf den Export angewiesen, und da gewinnen solche Geschmacksunterschiede über die Grenzen hinweg schon größere Bedeutung.

Eine große Vergleichsprobe australischer Weine ergab Anfang 1987 hauptsächlich, daß die amerikanischen Juroren völlig anders werteten als die australischen. Und Anfang 1987 konnten die Leser des »Wine Spectator«[1] eine in diesem Sinne ebenfalls lehrreiche Kontroverse verfolgen. Dort hatte Harvey Steimann in seiner Kolummne die 1983er Weine der Domaine Romanée Conti sehr kritisch beurteilt – alsbald trafen die protestierenden Leserbriefe ein, hauptsächlich von Londoner Weinpäpsten wie Michel Broadbent und Clive Coates. Sie würzten ihre Proteste mit dem wenig profunden Argument, die amerikanischen Verkoster hätten keine Ahnung von diesen Weinen oder seien gegen sie voreingenommen…

Das Thema behandle ich etwas ausführlicher, weil so viele Vergleichsproben und Einzelbeurteilungen veröffentlicht werden, in Zeitschriften und Büchern. Sie sind (und bleiben) für mich und vielleicht auch für Sie amüsanter Lesestoff, ich werde mich auch weiterhin an ihnen beteiligen. Aber ihr praktischer Wert für den Verbraucher ist gering, während der Schaden für den jeweilig schlecht beurteilten Produzenten erheblich sein kann.

»…Ausgeprägtes Aroma, das die ›fischige‹ Pinot Noir und die kreidige Chardonnay-Traube vereinte«, sagt der berühmte Michael Broadbent in seinem dickleibigen Buch der Verkostungsnotizen[2] über Perrier-Jouët 1976. Was dem einen sein

Fisch, ist dem anderen – »Epernay-Apfel in der Nase…«: Don Hewitson, vormals Präsident der »Champagner-Akademie«, dann Betreiber mehrerer Londoner Weinbars, im Champagner-»Test« von »Decanter«, Ausgabe Juli 1983. Wohlgemerkt: ebenfalls über den 1976er von Perrier-Jouët.

Oder: »Brandige Nase« sagt Michel Dovaz in seiner Wein-Enzyklopädie über den 1976er Brut von Canard Duchêne. Tom Stevensons[3] Nase ist wohl anders programmiert: »Der 76er hatte in der Nase einen Schweinepaté-Charakter.«

Da drängt sich wohl die Frage auf, ob denn ein Champagner, der so riecht, wirklich angenehm sein kann, und wenn er es wäre, ob dann die Sprache angemessen ist. Das gilt natürlich auch für viele andere Ausdrücke der Verkostersprache. Wie oft wird rühmend ein Erdbeerbukett oder Duft nach Himbeeren oder Trüffeln usw. usw. hervorgehoben. Aber es handelt sich ja eben nicht um Trüffelextrakt oder Himbeersaft, sondern um Wein, in unserem Fall um Champagner.

Zwar gibt es Fachleute mit besonders feinen Nasen, die dem Champagner Aromen wie diese zuordnen: Aprikose, Weißdorn, Kaffee, schwarze Johannisbeere, Zitrone, Erdbeere, Honig, Haselnuß, Birne, Apfel, Lindenblüte und Vanille.[4] Das eine oder andere davon wird jede und jeder, der Champagner trinkt, schon einmal bemerkt haben. Aber *wann* und in welchem Champagner sie auftauchen, darüber gehen die Meinungen der Fachleute fast immer auseinander, oft in geradezu grotesker Weise. Ebenso unzuverlässig, vor allem, wenn es sich um die Bewertung der Qualität handelt, sind Floskeln wie

»muskulös«, »geschmeidig«, »modern« und viele andere mehr, ganz zu schweigen von »distinguiert«. Besonders erheitert mich als nicht gerade dünnen Menschen die Beschreibung: »schlank, doch keineswegs mager«… Prost!

Mir scheint fraglich zu sein, ob die eminenten Experten, wenn sie so verschiedene Empfindungen haben, sich untereinander verstehen, ob sie einer Meinung sein können außer in dem einfachen, immerhin entscheidenden Punkt: ob ihnen der Wein schmeckt oder nicht. Den Perrier-Jouët loben beide, den anderen nicht so sehr. Wie wird es erst sein, wenn die Meinungen über die Güte auseinandergehen?

»Der Weinsnob ist fast ausnahmslos ein englisches oder amerikanisches Phänomen« – diesen Spruch eines Engländers[5] zitiere ich, weil hier und im folgenden so viel englische und amerikanische Zeugen bemüht werden. Aber der Verfasser wußte offensichtlich in Europa nicht Bescheid; Franzosen und Deutsche können im Weinsnobismus durchaus mithalten.

Die schon erwähnten Dovaz und Stevenson sind geradezu euphorisch, wenn sie den *Clos des Goisses* des Hauses *Philipponat* beschreiben. »Der 66er ist so voll, daß er am Ende der Mahlzeit einen Cognac ersetzen kann« (Dovaz). »Auf seinem Höhepunkt erreicht er große Tiefe und eine durchdringende Fülle, sich ständig weiter entfaltend,

[1]) erscheint in New York

[2]) The Great Vintage Wine Book, deutsch: Das große Buch der Weinjahrgänge.

[3]) Champagne, London 1986, alle Stevenson-Zitate aus der englischen Ausgabe.

[4]) Jean Lenoir: Le Nez du Vin

[5]) John Arlott: Krug – House of Champagne, London 1976

um Bukett- und Geschmacksnuancen zu enthüllen wie zerbröckelte Sahnebiskuits, Haselnuß, Toast, Yoghurt, Honig, Vanille und noch mehr dazu« (Stevenson). Wenn das nicht anregt... In der Zeitschrift »Vins et Gastronomie« vom Oktober 1986 wird daran erinnert, daß über diesen Champagner gesagt werde, er sei der »Romanée Conti der Champagner«. Wer aber nun den nicht minder berühmten Hubrecht Duijker* konsultieren würde, könnte nur erfahren, daß der Clos des Goisses »einen teuren, aber wenig interessanten Wein liefert«.

Es ist wirklich erstaunlich, wie verschieden die Marken oft beurteilt werden – oft sogar von denselben Leuten, wenn die Flaschen zu verschiedenen Zeiten probiert werden. Als wir für »essen & trinken« unsere erste Champagnervergleichsprobe durchführten, teilten wir sie auf zwei Tage auf, um unsere Zungen und Gaumen nicht durch so viele aggressive Kohlensäure auf einmal abzustumpfen; die fünfzehn, die wir probierten, wären für eine Sitzung zuviel gewesen. Zwei Marken aber nahmen wir in beide Proben auf. Und siehe da – vier von uns fünf änderten ihre Benotung, einer sogar sehr drastisch (natürlich handelte es sich um eine Blindprobe, niemand wußte, was er im Glase hatte). Der Teilnehmer mit der radikalsten Änderung setzte seine Wertung bei der einen Marke von 3 (was »schlecht« bedeutete) auf 8 herauf (»sehr gut«), für die andere ging er hingegen von 8,5 (zwischen »sehr gut« und »fast perfekt«) auf 6 herunter (»ziemlich gut«). Drei weitere Teilnehmer korrigierten sich weniger weitgehend**. Für den am besten bewerteten Champa-

gner in der Probe erstreckten sich die Wertungen von 5 (»befriedigend«) bis zur Note 8. Beim am schlechtesten beurteilten klafften unsere Benotungen nicht so weit auseinander.

Wenn schon die Personen im gleichen Raum zur gleichen Zeit so verschieden urteilen, sollte es da zwischen verschiedenen Gruppen an verschiedenen Orten zu verschiedener Zeit nicht noch unterschiedlicher sein? Da kann ich Ihnen ein paar handfeste Beispiele vorführen:

Lansons Standardcuvée, Black Label Brut: im belgischen »Test Achats Magazine« im Dezember 1985 unter den letzten drei von zwei Dutzend Standard-Bruts, Urteil: »mittel«. In »Top Hotel« 12/1986: »ziemlich gewöhnlicher Champagner«. Duijker: »Ein männlicher, tadellos gemachter Wein, angenehm zu trinken und durch die Jahre hin von stabilem Charakter.« Das Blatt der »Schweizer Stiftung für Konsumentenschutz« setzte den Lanson im Dezember 1986 in die erste Gruppe (zusammen mit *Mumm* Cordon Rouge und *Alfred Rothschild* aus dem Hause Marne et Champagne), Bewertung: »gut«. Wine Spectator, Januar 1987: »hervorragender Champagner«. Wine Spectator, 15.

April 1987: Lanson Black Label mit 92 von hundert möglichen Punkten der am besten bewertete Champagner aus den Verkostungen der vergangenen drei Monate.

Lanson Red Label mit Jahrgang: der 1975er in »Bessers Gourmet Journal« am 15. 7. 1980 von neunzehn Jahrgangs-Champagnern das Schlußlicht, mit null Punkten! Stevenson: »hat immer gute, feine, beständige Mousse und eine ausgeprägte blumige Nase, die oft von geradezu germanischem Stil zu sein scheint. Empfohlene Jahre: 1971, *1975, 1979...«* Duijker wiederum hadert eher mit sich selbst: »Die Millésimés, die ich probiert habe, enttäuschten hinsichtlich ihres Duftes etwas. Der Geschmack hat etwas mehr zu bieten: er war stets komplex, ausgereift und gleichzeitig von vitaler Frische.« Doch an anderer Stelle (aber auf der gleichen Seite): »Während im normalen Brut noch eine gewisse Eleganz, eine große Beschwingtheit vorhanden ist, scheint diese in den Jahrgangsweinen nicht mehr vorhanden zu sein.« 1980 *Lanson* Special Cuvée 225th Anniversary: Im Wine Spectator vom 15. April 1987 in der Kolumne »Anthony Dias Blue« als »brillanter Erfolg« unter den besten Importen des Jahres 1986 gefeiert.

Roederer Cristal 1979: beinahe Schlußlicht, nämlich vorletzter von dreißig, in »Alles über Wein« (4/1985). Stevenson: »Cristal Brut... ist ein eleganter und langer Wein mit viel Frucht.« Duijker: »Kraft, Klasse und Frische sind

---

* Die großen Weine – Elsaß, Loire, Champagne
** die Probe wurde veröffentlicht in e & t 12/1975

beim Cristal zu einer wohlschmekkenden Symphonie vereint.«

Gosset 1973: das wirkliche Schlußlicht des eben erwähnten Vergleiches, dreißigster von dreißig. Michel Dovaz in der Champagner-Enzyklopädie: »Goldene Robe. Perlen und Schaum tadellos. Im Mund schöne Struktur, in Harmonie mit der großen Finesse... Schöne Länge.« (Gosset 1979: hoch empfohlen, mit 96 von 100 möglichen Punkten, im WINE SPECTATOR vom 15. Juli 1987.)

Deutz: Brut 1964 vorletzter von neunzehn Jahrgangs-Champagnern im Gault-Millau-Test, veröffentlicht im Oktober 1971. Michel Broadbent*: »Der 64er war ein guter, reicher, feiner Wein, der sich auch gut hielt.«

Pommery Brut Royal: Duijker: »Es würde mich nicht wundern, wenn der relativ niedrige Preis der Grund dafür wäre, warum der normale Brut... von Pommery auf manchen Märkten solchen Erfolg hat. Die Qualität des Weines erklärt mir nämlich dieses Phänomen nicht unbedingt. Der Wein duftet und schmeckt nämlich ziemlich flach, und auf der Zunge entdeckt man manchmal etwas Schärfe... Die Jahrgangs-Champagner sind besser.« Ein Vergleichs-Test des »De-

canter« (Anfang 1977) stufte diesen Pommery hinter zwanzig anderen Bruts als »Durchschnitt« ein, welches Schicksal er mit acht weiteren teilte, darunter ähnlich berühmten und auch Lanson Black Label. Auch der Wine Spectator plazierte ihn als »Durchschnitt« (31. 1. 1987). Eine Sechzehner-Jury, darunter Vertreter bedeutender französischer Restaurants, am 15. 4. 1984: Platz eins, vor achtzehn weiteren. Resumé: »Ohne Zweifel ein sehr schöner Champagner**.« Und der (gar nicht geheime) »Underground Wineletter« (USA) setzte Pommery mit nur vier anderen in die Gruppe »hervorragend«. Stiftung Warentest 1978: »Entspricht den Anforderungen an einen guten Champagner.« Stevenson: »Pommery muß wohl der am meisten unterschätzte Champagner auf dem Markt sein.«

Heidsieck Monopole Brut: Duijker: »...besitzt keinen ausgeprägten Charakter... ein ziemlich voller Champagner, der in Duft und Geschmack weder positiv noch negativ auffällt. Im Duft zeigt sich manchmal eine kleine Unsauberkeit (vor allem, wenn der Wein wärmer wird), und der feinherbe Geschmack ist nicht sehr anziehend, wenn auch korrekt.« (Man sieht, nicht einmal auf den oft zu vernehmenden Ausdruck »feinherb« ist Verlaß. Ich hatte ihn immer für eine Empfehlung gehalten.) Für »La Bonne Cuisine« hingegen wurde Heidsieck Monopole bei einer Blindverkostung durch eine ziemlich hochkarätige Siebener-Jury unter achtundzwanzig Marken-Champagnern der erste (Dezember 1984). Wertung: »Feines Aroma, schöne Schaumbildung, ausdauernd am Gaumen, ausgeprägter Ge-

schmack.« Im schon erwähnten Überblick der Stiftung Warentest: »hervorragender Champagner«, einer von vier dieses Platzes unter insgesamt siebzehn verkosteten. Der Wine Spectator setzte ihn im Januar 1987 mit 93 von hundert möglichen Punkten in die Gruppe »outstanding«, also der »hervorragenden« Champagner.

Piper Heidsieck Brut Extra: Duijker: »...unkomplizierter Champagner, der mild schäumt und keinen überwältigenden Charakter besitzt.« Stevenson: »Starker Schaum, frische Nase, echter duftiger Brut-Geschmack, der mit längerem Flaschenlager länger und tiefer wird.« Stiftung Warentest (1978): »Hervorragender Champagner.«

Dom Ruinart Blanc de Blancs mit Jahrgang: Duijker: »Für eine Cuvée de Prestige finde ich ihr doch etwas

---

* The Great Vintage Wine Book
** Les Dégustations du Grand Jury, ed. Jacques Luxey

zu glatt und zu kurz.« Stevenson: »Ein sehr guter Champagner, voller als die meisten Blanc de Blancs, manchmal ein bißchen erdig, aber gewöhnlich sehr reich in der Frucht.« Wine Spectator (Januar 87): Jahrgang 79 in der Spitzengruppe (»outstanding«) von insgesamt 52 Champagnern.

gner« beschreibt – das ist also anscheinend auch nichts so besonders gutes? Doch da lesen wir dann bei Stevenson über den Perrier-Jouët mit Jahrgang: »Ein tadelloser Wein jahrein, jahraus; ultra-feiner Schaum, delikates Aroma, perfektes Gleichgewicht von Frucht und Säure.« Der Gault-Millau vom De-

ker jedoch: »…ist zwar alles andere als schlecht, aber für einen Cuvée de Prestige doch nicht von optimaler Qualität. In Duft und Geschmack fehlt einiges. Außerdem ist er ziemlich flach.« Stevenson hingegen: »Kritiker, die unterstellen, daß auf die Flasche mehr Anstrengung verwendet wird als auf die Cuvée, soll-

Perrier-Jouët muß nicht nur in der Ungewißheit leben, ob seine Jahrgangscuvée nun fischig oder nach Äpfeln riecht, wie oben erwähnt. Auch über die Qualität urteilen die Fachleute höchst verschieden. Duijker ist sogar wieder nicht mit sich selbst einig, wie man daraus schließen kann, daß er den Brut ohne Jahrgang »im allgemeinen… recht gut« findet, aber dann sagt: »Die Weine mit Jahrgang bieten etwas bessere Qualität, sind aber auch nicht mehr als ordentlich.« Das wird wohl niemand als Kompliment verstehen.
Vielleicht lernen wir dadurch gleich, was es bedeutet, wenn jemand wie Duijker den Stil des Hauses als »schlanker, vitaler Champa-

zember 1985 führt den 1979er unter der Spitzengruppe (mit zwei anderen) von insgesamt zehn Nobelchampagnern auf, beim Wine Spectator ist er auf Platz 9 unter 52 (unter 19 als »outstanding« bewerteten). Das französische Verbraucherblatt »50 Millions de Consommateurs« aber stufte ihn im Januar 1986 unter 27 Konkurrenten erst an 13. Stelle ein, also im Mittelfeld. Ebenso unterschiedlich erging es der berühmten Prestige-Cuvée dieses Hauses, der »Belle Epoque«, mit Jahrgang, in der Jugendstilflasche nach einem Entwurf von Gallé. In Klaus Bessers Gourmet Zeitung war sie am 15. 7. 1980 auf Platz drei von 19 Jahrgangs-Champagnern, sicher ein guter Platz. Duij-

te man vergessen. Dies ist stetig einer vom halben Dutzend der besten Luxus-Champagner, die man bekommen kann.« Dieser Ansicht ist auch der Wineletter, für ihn gehört der 79er Belle Epoque ebenfalls zu den »hervorragenden« Champagnern.

Salon gilt als ein berühmter Geheimtip. Fachmann Duijker: »…kenne ich nur den 1971er*, der 1980 immer noch angeboten wurde. Trotz seiner milden Reife besaß** der Wein eine gehörige Frische. Für mein Gefühl fehlte es ihm jedoch deutlich an Nuancen und Raffine-

---

* Habe ich noch 1986 in Hongkong angetroffen!
** Für die deutsche Übersetzung kann man Duijker sicher nicht verantwortlich machen.

ment.« Stevenson hingegen: »frische und elegante Nase, mit einem Charakter von zerkrümeltem Biskuit im Hintergrund, sehr reicher Geschmack, der elegant am Gaumen zu haften schien, bevor er sich in einem exquisiten Finish verlor… Komplexer Geschmack, akzentuiert, mit einem Anflug von Zitronenschale…«

Stevenson weiß auch, daß der Salon 1971 noch in einer zweiten Cuvée gemacht wurde, die »S« – »viel frischer und ›jünger‹ als die andere, aber immer noch reich, ein starker, intensiver Wein mit durchdringendem Geschmack und großer Länge.«

So oder so – man kann sich kaum vorstellen, daß beide vom gleichen Champagner sprechen. Hilfesuchend blättere ich in meinem Broadbent… »1971… bei seiner ersten Vorstellung gekostet und enthusiastisch notiert: hell, elegant und – ich muß das Wort wieder benutzen – ›refined‹.* Brauchte noch etwas Flaschenlager.« Broadbent gab diesem Champagner vier bis fünf Sterne – sein Höchstes!

Genug, wenn sich die Divergenzenliste auch fortsetzen ließe. Ich denke, ich habe genug bekannte Marken aufgezählt, um einen wichtigen Ratschlag zu untermauern: Lesen Sie – aber probieren Sie selbst, auch gegen den Rat der Autoritäten. Die könnten übrigens nicht nur Opfer von wechselnden Launen sein, sondern auch noch von Fehlern beim Lager oder Transport oder sogar beim Ausbau im Keller, und schon deswegen irren. Das kommt auch nicht etwa selten vor.

Wenn man in »Test«-Berichten liest, mehrere Champagner hätten nicht den Mindestanforderungen entsprochen, die man an die Gat-

tung stellen müsse (Warentest, 1978), und dies bezogen auf drei der berühmtesten Häuser, dann liegt näher als etwaige Bewunderung vor dem guten Gaumen der »Tester« der Verdacht, daß ihre Muster gar nicht in Ordnung gewesen sind. Und wenn man dann noch liest, »Fast allen Champagnern gemeinsam – besonders denen, die im Test durchfielen – ist ein leichter bis kräftiger oxydativer Geschmack« – dann muß man eher annehmen, daß die Beteiligten zu wenig Champagner kennen. So ist es gerade *nicht*, und solcher Geschmack müßte Fachleute automatisch dazu bewegen, andere Flaschen der betreffenden Sorten zu verlangen, möglichst aus anderer Lieferung, denn es bedeutet meist, daß die getesteten nicht in Ordnung sind.

Ist nichts Korrektes zu bekommen (so ist es uns bei »essen & trinken« auch schon ergangen), dann gehört die betreffende Marke aus dem »Test« heraus, anstatt ein ganzes Haus wegen eines Fehlers herabzusetzen, an dem es in 99,9 Prozent der Fälle nicht schuld ist. Die in jenem Test abgewerteten Häuser verkaufen zusammen jährlich rund 18 Millionen Flaschen – sicher nicht, weil ihre Champagner unangenehm schmecken.

Den gleichen Vorwurf kann man natürlich auch gegen das höchst renommierte »Decanter«-Magazin richten, das nach seinem Anfang 1977 veranstalteten Brut-»Test« mitteilte, die Proben einiger der bedeutendsten Häuser seien »unter Durchschnitt« gewesen. Wenigstens hat das Blatt selbst dazu geschrieben, daran könnten Lagerfehler schuld sein.

Ein Grund für solche Katastrophen, der selten beachtet wird, sind

weder Lager- noch Transportschäden, sondern, ausgerechnet, die Champagnergläser**. Häufiger, als man glaubt, haben sie von Spülmitteln oder überstrapazierten Geschirrtüchern einen unangenehmen Geruch angenommen. Erfahrene Verkoster riechen an jedem Glas, bevor eingeschenkt wird. Aber bei großen Vergleichsproben werden ihnen die Gläser oft schon gefüllt angebracht. Da hilft im Verdachtsfall nur eine aufmerksame Nachkontrolle nicht nur einer zweiten Flasche, sondern auch eines zweiten Glases. Wenn man Pech hat, kann es nach nichts riechen, aber dennoch schuld sein.

Welche Rolle das spielt, habe ich in einem berühmten süddeutschen Restaurant erlebt. Da wunderten wir uns eines Abends zu viert, warum uns keiner der bestellten Weine so richtig schmeckte, wie wir erwartet hatten, und das, obwohl wir – schließlich gerade aus diesem Grund – immer feinere und berühmtere bestellten. Schließlich sagten wir es dem Wirt – und er sprach sofort vom Spülmittel in seiner Maschine. Es war sogar eins, das den Effekt des Spülmittels gerade aufheben sollte. Welches von beiden das schuldige gewesen sein mag, der Fall war klar.

Bei Champagner bremsen Spülmittel auch noch den Schaum. Oft genug habe ich erlebt, daß Angehörige bekannter Häuser in Restaurants, wenn ihre Champagner wenig oder nicht lange moussierten, aufgeregt ein neues Glas verlangten. Sie alle einte der Haß gegen Spülmittel. Wenn man bedenkt, daß bei

---

* Wohl eher »kult viert« als raffiniert, beide Übersetzungen sind möglich.
** (siehe auch das Kapitel: Gläser und Temperaturen)

Vergleichsproben und anderen Beurteilungen die Mousse, also die Gleichmäßigkeit und Beständigkeit des Schaumes ebenso wie die Größe der Perlen (sie sollen klein sein) eine Rolle spielen, sieht man, welche Fehlerquelle da zu beachten ist.

Die Sache hat durchaus große Bedeutung für kleinere oder weniger bekannte Häuser. Bei Charbaut (siehe ABC) sagte mir Jean-Pierre Abiven: »In solchen Tests sind die Kleinen benachteiligt. Wenn eine Flasche der Großen nicht schmeckt, wie man denkt, daß sie sollte, wird eben eine zweite verlangt. Bei Champagnern hingegen, die die Tester nicht kennen, halten diese vielleicht auch den verdorbenen Geschmack für normal und schreiben das ganze Haus ab.«

Das stimmt nicht und doch. Nicht, weil in einer korrekten Weinprobe blind verkostet wird, der Verkoster also keinen Unterschied zwischen bekannten und unbekannten Marken machen kann, während er seine Beurteilung notiert. Ob ein vernichtend beurteiltes Muster aus berühmtem Hause stammt, kann die Verkostergruppe erst hinterher entdecken, wenn die Herkunft der Flaschen enthüllt wird. Dann aber käme eventuell das »doch« in Frage. XYZ soll so schlecht schmecken? Probieren wir eine zweite Flasche – das wird wohl bei berühmten Marken eher gesagt. Charbaut braucht

sich übrigens zumindest auf dem angloamerikanischen Markt keine solchen Sorgen zu machen: dort landet er bei Verkostungen oft genug in der Spitzengruppe.

Jedenfalls erkennt man die seriöse Probe, die auch Lesern nützen soll, daran, daß deutlich scheußliche oder auch nur fehlerhafte Flaschen gar nicht weiter beschrieben und veröffentlicht werden, es sei denn, weitere Nachprüfung (meist bei der gleichen Gelegenheit unmöglich) ergäbe, daß sie tatsächlich so gemeint ist. Bei den Weinproben von »essen & trinken« veröffentlichen wir grundsätzlich nicht, was wir schlecht fanden – gerade weil wir oft denken, so könne die betreffende Abfüllung nicht gemeint sein.

Was also beim Champagner jeweils fehlerhaft ist oder nicht, bedarf im allgemeinen einer genauen Überprüfung; man hat nicht immer den Eindruck, daß das beachtet worden wäre. Zu den sonstigen Beurteilungen gesunder, unbeeinträchtigter Champagner hat die höchste Instanz der Branche, nämlich die Union der Champagner-Häuser und das Syndikat der Winzer in gemeinsamer Sitzung im CIVC im März 1987 eine Erklärung abgegeben, die ich Ihnen nicht vorenthalten möchte.

Die beiden Verbände »erinnern daran, daß die Organisation einer Weinverkostung die Erfüllung genauer materieller Vorbedingungen

voraussetzt. Wenn dies der Fall ist, ist es möglich, einen Fehler eines Musters zu entdecken. Wenn das Urteil eines Verkosters durch seine Kollegen bestätigt wird, ist diese objektive Beurteilung nicht anfechtbar. Wenn freilich ein Degustateur meint, der und der Wein sei ›zu fruchtig‹ oder ein anderer ›zu lebhaft‹, äußert er nur eine subjektive persönliche Ansicht.«

Die Vertreter der Verbände »möchten präzisieren, daß eine hierarchische Klassifizierung subjektiver Beurteilungen darauf hinausläuft, den Geschmack aller Verbraucher auf einer durchaus ungewissen Basis standardisieren zu wollen. Das bringt sogar das Risiko mit sich, überzeugten Liebhabern einer Marke mit sehr charakteristischem Geschmack Schuldgefühle einzuflößen, allein mit der Begründung, daß dieser ungewöhnlich sei und nicht in den als ›bester‹ empfundenen Standard passe...«

Fast zehn Jahre vorher hatte der Repräsentant des CIVC in der Bundesrepublik, Alain Fion, in einer Stellungnahme* zu der erwähnten Vergleichsprobe der Stiftung Warentest erklärt, eine geschmackliche Prüfung (vorausgesetzt, der Champagner sei in Ordnung) gebe »vor allem Aufschlüsse über den persönlichen Geschmack des Prüfers«. Er hatte recht.

* 5. 12. 1978

Winter in Frankreichs nördlichster Weinbauregion; aber nicht jedes Jahr liegen die Weinberge unter Schnee

CHAMPAGNER FÜR PRAKTIKER

Die Größten

1. Gruppe LV.MH – Moët-Hennessy Louis Vuitton: Moët & Chandon, Mercier, Ruinart, Veuve Clicquot, Canard-Duchêne, Henriot
2. Gruppe Mumm (Seagram): Mumm, Heidsieck Monopole, Perrier-Jouët
3. Centre Vinicole de Champagne (Genossenschaften, Hauptmarke Nicolas Feuillatte) als zentrale Verarbeitungsstätte für Dutzende von Kooperativen
4. Marne et Champagne (Hauptmarke Alfred Rothschild und viele Handelsmarken)
5. (BSN:) Pommery, Lanson
6. Laurent Perrier mit de Castellane
7. Piper Heidsieck
8. Taittinger
9. (Rémy Martin:) Charles Heidsieck, Krug
10. Duval-Leroy
11. Louis Roederer
Einige Kooperativen erzielen größere Umfänge als die Firmen am Ende dieser Liste, aber mit lauter verschiedenen Marken.

Die größten Exportmarken:

1. Moët & Chandon
2. Mumm
3. Veuve Clicquot
4. Laurent Perrier
5. Pommery
6. Lanson
7. Piper Heidsieck
8. Taittinger
9. Charles Heidsieck
10. Louis Roederer

Die größten Exporteure in die Bundesrepublik (1986)

1. Moët & Chandon
2. Pommery
3. Veuve Clicquot
4. Charles Heidsieck
5. Marie Stuart
6. Lanson
7. Laurent Perrier
8. Piper Heidsieck
9. Heidsieck Monopole
10. Mumm
11. Roederer.

Märkte*

Die frühe Statistik ist naturgemäß lückenhaft. Bis 1910 sind Champagner und andere in der Champagne hergestellte Schaumweine nicht gesondert registriert, der Anteil des Champagner also schwer zu schätzen, besonders für Frankreich; im Export spielten die anderen »mousseux« nur eine geringe Rolle.

1832:
Deutschland 479 000 Flaschen
England einschließlich Indien 467 000
USA 400 000
Rußland 280 000

1880:
England 4 Millionen
USA 2 Millionen
Frankreich 1,8 Millionen

* nach Bonal

1898:
England 10,7 Millionen Flaschen
Frankreich 6 Millionen
Belgien 2,78 Millionen
Deutschland 1,86 Millionen
Nordamerika (USA + Kanada): 1,42 Millionen
Rußland 498 500
Holland 468 000
Schweden 259 200
Dänemark 188 700
Österreich-Ungarn 153 300
Schweiz 141 400
Italien 129 700
Australien 125 600
Norwegen 108 200
Argentinien 100 300
Britisch-Indien 100 000

1913:
Frankreich 8 134 196 Flaschen
Belgien 7 595 250
England 7 281 250
USA 1 728 875
Argentinien 1 088 375
Rußland 1 088 125
Deutschland 1 080 750

*Hauptmärkte 1986**:*

Frankreich: 129 529 928 Flaschen
Großbritannien: 16 105 758
USA: 14 854 468
Bundesrepublik: 9 394 182
Schweiz: 6 385 606
Italien: 6 282 742
Belgien: 4 870 781
Australien: 1 683 530
Holland: 1 423 661
Kanada: 1 349 935

** Quelle: CIVC

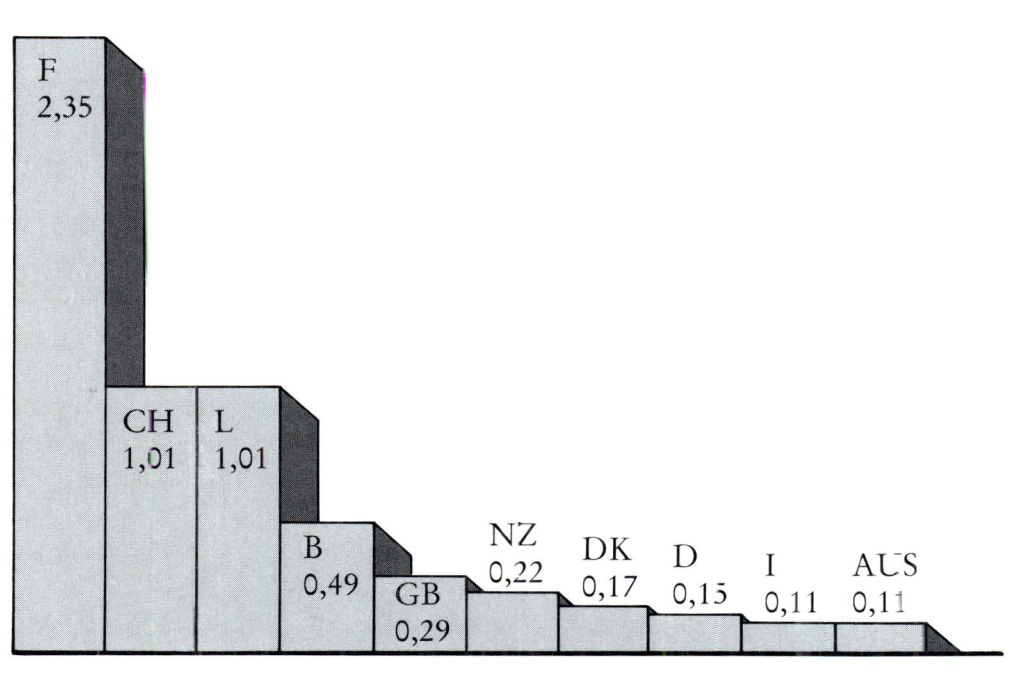

Champagner-pro-Kopf-Verbrauch 1986 in den wichtigsten Absatzländern, in 1/1 Flaschen

(Basis = jeweils Gesamtbevölkerung) Quelle: Champagne-Informationsbüro Alain Fion

Die Kirche von Vertus, einem besonders geschätzten Ort im Süden der Côte des Blancs

Das ABC der Marken Häuser und Adressen

Was in und hinter unserem ABC steckt

Ob Sie in der Champagner-Branche oder »nur« Liebhaber dieses berühmten Getränkes sind – hier finden Sie ein nützliches Instrument, einen komplizierten und oft geheimnisvollen Markt zu durchleuchten und für sich nutzbar zu machen. Ganz abgesehen davon, daß die Geschichte der großen Champagner-Häuser höchst interessant ist.

Wir erläutern in diesem ABC etwas mehr als tausend Champagner-Marken. Darunter sind viele, deren Name und Etikett nicht sagt, wer sie herstellt – hier können Sie es nachschlagen. Viele solche »Handelsmarken« brauchen sich, was ihre Qualität anbelangt, hinter niemandem zu verstecken: Ihre Benennung bedeutet nicht, daß sich die Herstellerfirma tarnen möchte, sondern geht auf Wunsch der Kunden (meist ja Handelsketten und Geschäfte) zurück, die mit einem Original glänzen wollen. Oft gehört die Marke dem Kunden, der seinen Lieferanten natürlich wechseln kann. Meist bleiben diejenigen, die nicht gerade auf Ramschware aus sind, ihrem Hersteller lange treu.

Eine Handelsmarke erkennen Sie daran, daß vor der winzigen Nummer auf dem Etikett ein »MA« steht, was »marque d'acheteur« bedeutet. Nach neuester Regelung wird das MA nun nicht mehr auch für Zweitmarken des produzierenden Hauses verwendet, sondern ausschließlich für Handelsmarken, die für andere hergestellt werden. Die Handelsmarken, Winzer und Firmen in unserem ABC sind notgedrungen immer noch eine Auswahl, wenn auch eine größere, als Sie irgendwo anders finden könnten; außer natürlich im Telephonbuch der Champagne, das aber nicht mit unseren Einzelheiten aufwartet. Wir haben im wesentlichen solche Winzer aufgenommen, die sich durch freiwillige Unterwerfung unter strengere Qualitätskriterien ausgezeichnet haben, wie die Mitglieder des »Club de Viticulteurs« (als Club gekennzeichnet), dazu Winzer und Firmen, die in der französischen oder auch in der englischen und amerikanischen Champagnerliteratur hervorgehoben sind. Dazu kommen eigene Erfahrungen, Hinweise von Fachleuten an Ort und Stelle und von Importeuren; auch Exporterfolge, besonders von kleineren Produzenten, sind ein akzeptables Auswahlkriterium.

Bei der Auswahl der Winzer haben wir solche in höher eingestuften Lagen bevorzugt. Jedoch sollten Sie auch im Departement Aube, das touristisch sehr reizvoll ist und ziemlich abseits vom großen Reiserummel liegt, über genügend Champagner-Adressen verfügen können. Auch dort ist der Champagner sehr trinkbar – und nicht so teuer.

Einige der von uns angeführten Winzer lassen ihren Champagner weitgehend in Genossenschaften vinifizieren – daß Kooperativen keinen guten machen können, ist ein überholtes Vorurteil.

Als Hinweis auf die Größenordnung geben wir häufig den Flaschenumsatz an. Aber da die Ernte von Jahr zu Jahr verschieden ausfällt und die Häuser darauf achten müssen, sehr große Reserven zu halten (meist etwa das Volumen von drei Verkaufsjahren), verändern sich diese Zahlen von Jahr zu Jahr, wenn auch kaum die Größenverhältnisse. Die Aufnahme in dieses ABC war ohnehin nicht von der Größe abhängig.

Alle machen eine Standardcuvée Brut, die meisten auch Brut mit Jahrgang, viele auch Prestigecuvées, ziemlich viele Rosé, noch eine ganze Menge demi-sec und sec, sehr viel weniger völlig undosierten Brut, also ohne Zuckerzusatz. Wir halten für unnütz, jedesmal das fast immer gleiche Angebot aufzuzählen – dieses Buch ist, bei aller Nützlichkeit auch für den Fachhandel, kein Ersatz für Firmenprospekte. Nur bei den großen Markenfirmen machen wir eine Ausnahme.

Wir haben uns bemüht, Winzer zu finden, die Champagner nach den Prinzipien des biologischen Anbaus möglichst chemiefrei herstellen. Es gibt kaum ein halbes Dut-

zend – mit ganzen 40 Hektar unter rund 26 000 insgesamt für Champagner bepflanzten Hektar. Diese wenigen haben wir natürlich gekennzeichnet.

Es ist vielleicht modisch, wäre aber ebenso unsinnig wie irreführend, das Angebot der einzelnen Hersteller zu werten oder auch nur den Geschmack zu beschreiben. Unsere Auswahl beruht ja schon auf Empfehlungen, mit Ausnahme vieler nur mit Namen registrierter Handelsmarken, die ich zur Branchen-Information aufgenommen habe. Sodann sind die Unterschiede zwischen Tausenden von Champagnern nicht groß genug, und bei den Winzern ändert sich der Geschmack fast jedes Jahr, da sie meist nur die Ernte ihres Weinberges oder allenfalls ihres Ortes verarbeiten, ohne wie die Größeren durch Mischungen ganz verschiedener Lagen die unvermeidlichen geschmacklichen Schwankungen der Ernte ausgleichen zu können. Bei den großen Häusern geben wir zwar das Mischungsverhältnis an, es kann aber nur als grobe Faustregel gelten – bei ihnen ändert es sich häufig, gerade um den gleichen Geschmack der Standardcuvées beibehalten zu können. Wie wenig seriös pseudogenaue Geschmacksbeschreibungen sind, ist im Kapitel »Geschmacks-Sachen (2)« dargelegt.

Der Dosage und den Mischungen, also den »assemblages«, sind aus ähnlichen Erwägungen allgemeinere Kapitel gewidmet (siehe Abschnitt II: »Das Rezept«).

Die Familiennamen der Winzer sind fast immer auch die Champagnernamen, oft auch mit Vornamen, aber die ändern sich mit den Generationen. Wenn der Vorname

des tatsächlichen Besitzers anders ist, haben wir ihn in Klammern gesetzt. Der häufig vorkommende zweite Name auf dem Etikett ist fast immer der Name der Ehefrau – ein lobenswertes Verfahren, das über die Champagne hinaus Schule machen könnte.

Die Postleitzahlen des jeweils zuständigen Leitortes können auch direkt vor die kleinere Gemeinde in diesem Gebiet gesetzt werden; meist haben wir dann den Hauptpostort in Klammern dahintergesetzt. Telephonnummern anzugeben ist zwar ein Risiko – wer weiß, wann sie sich wieder ändern. Aber dann meldet sich gewöhnlich eine Hinweisautomatik. Jedenfalls ist es unmöglich, mit unseren Angaben einen Produzenten nicht zu erreichen.

Obwohl Champagner außerhalb Frankreichs so gut wie keine Absatzprobleme kennt und in den Jahren schwacher Ernte regelrecht rationiert wird, haben die Unternehmen der Champagne kaum weniger unter der Wirtschaftskrise gelitten als andere auch. Das gilt besonders für die kleineren und mittleren ohne Rebenbesitz, den die Finanzierung ihrer Beschaffungen und Reserven immer schwerer fiel. Eine ganze Reihe bekannter Marken hat in den letzten Jahren den Besitzer gewechselt. Die Konzentrationsbewegung ist nicht beendet. Die in diesem Buch gezeigten Besitzverhältnisse sind die der Mitte des Jahres 1987.

Besichtigungen: Bei den großen Häusern habe ich angegeben, wo und wann. Aber auch viele Kleine zeigen ihre Anlagen gern (siehe Seite 240 f.).

Abkürzungen im ABC

SGM: »Syndicat de Grandes Marques de Champagne«: 26 Unternehmen, die sich als Creme des Champagners fühlen. Zu ihnen zählen die größten, aber keineswegs alle großen und auch nicht etwa alle, die guten Champagner machen – da gibt es viel mehr. Immerhin haben sie eine lange Tradition und am meisten Anlaß, ihr Prestige zu verteidigen.

NM: »Négociant Manipulant« = Status eines Handelsunternehmens, groß oder klein, das selbst Champagner her- oder mindestens fertigstellt.

RM: »Récoltant Manipulant« = Winzer, der nur seinen eigenen Wein zu Champager verarbeitet oder in einer Genossenschaft verarbeiten läßt, aber auch dann selbst »endfertigt«.

NMR: Kann Zugekauftes verarbeiten, besitzt aber eigene Weinberge.

Club: »Club de Viticulteurs Champenois«. Rund 50 Winzer, die sich zur Beachtung eines Mindest-Qualitäts-Standards verpflichtet haben und jeweils eine Cuvée »Club« herstellen, in einer Spezialflasche; sie wird erst nach einer Verkostung durch eine Mitgliederkommission zugelassen.

HA 87: Empfehlung im »Guide Hachette des Vins de France« 1987.

GM 87: im »Guide du Vin Gault Millau«.

VF 87: »Guide des Vins de France« von Patrick Dussert-Gerber.

V: Revue du Vin de France.

D: Decanter Magazine, London. Meist vom Dezember 1986 (guide »the great champagne houses«).

Dovaz: Michel Dovaz, »Encyclopédie des Vins de Champagne«.

Garcia: André Garcia, Autor mehrerer Bücher über Champagner.

Robert: Jean-Marc Robert: »Les Routes du Champagne« (Ende 1986) und Herausgeber eines Informationsdienstes in Reims.

Montalba: »Le Vin de Champagne«, Buch mehrerer Autoren in diesem Verlag.

ST: Tom Stevenson: Champagne, London 1986.

AüW: Alles über Wein. Herausgeber H.-G. Woschek, Mainz.

DIVO: Le Courrier de Constant Bourquin f. d. Mitglieder des »Club international du vrai Vin«, Lausanne, vierteljährlich.

ha: Rebfläche in Hektar

hl: Hektoliter

🍇🍇: Grands Crus (100%)

🍇: Premiers Crus (90 bis 99%)

▩: Biologischer Anbau

Die Importeur-Angaben datieren vom Frühjahr 1987

ABELÉ (Henri)
50 rue de Sillery,
51051 Reims
26 85 23 86
Eines der uralten Champagnerhäuser, gehört heute zum spanischen Getränkekonzern Freixenet. Etwa 900 000 Flaschen im Jahr. Kein eigener Weinbesitz. Raymond Abelé erfand 1884 die bald von fast allen Häusern übernommene Methode, die Champagnerflaschen zum Degorgieren umgekehrt in eine Eislösung zu tauchen, die das Depot am Kork festfrieren läßt.
Das Haus gründete 1757 Théodore Vander Veken, nach dem es auch lange hieß. Anfang des 19. Jahrhunderts hatte es großen Erfolg an deutschen Fürstenhöfen. Um diese Zeit trat Antoine de Muller in die Firma ein, der als Kellermeister der Witwe Clicquot bei der Entwicklung der wichtigen Flaschen-Rütteltechnik geholfen hatte; Muller war ein Schwager des Vander Veken-Neffen und Erben Ruinart de Brimont und erbte seinerseits die Firma. Sein Schwiegersohn und Neffe François Abelé de Muller brachte dann den Namen ein, unter dem das Unternehmen nach mehreren Umbenennungen und Besitzwechseln heute bekannt ist. HA 87, GM 87, VF 87. D. V.
Freixenet Nord Europa, Lohweg 3, 6501 Portenheim, 04967/32 30 77.

ADAM-DANIEL (& Fils)
19 rue de Chigny
51500 Rilly la Montagne ❀
26 03 40 77
RM. Robert

ADAM GARNOTEL
15 rue de Chigny
51500 Rilly la Montagne ❀
26 03 40 22
Gegründet 1899. RM 9 ha 100 000 Flaschen im Jahr. Robert

AGRAPART & FILS (Pierre)
26 Avenue Jean Jaurès
51190 Avize ❀ ❀
26 57 51 38
RM 8,5 ha
Weinimport Rutishauser GmbH, Erlenmayerstr. 4, 8750 Aschaffenburg, 06021/4 20 97.

D'ALBE (Léonze) Union Auboise

ALBERT (Pol): Marne et Champagne

D'ALBRY (Richard): s. Union des Propriétaires, Le Mesnil

ALEXANDRE (Jean Baptiste): Josselin Jean & Fils

ALEXANDRE (Yves)
3 rue Saint Vincent
51390 Courmas (Gueux)
26 49 20 78
RM. Robert.

ALTHORP: Marne et Champagne

LES AMIS DU VIN DE CHAMPAGNE
Bruno Paillard. D

AMYOT (Robert)
32 rue Quinton
10110 Loches sur Ource (Bar sur Seine)
25 29 63 19
RM. Robert.

ANDRÉ (H. & Cie): S.A.M.E.

D'ARCY (Pol) S.A.M.E.

D'ARHANPÉ (Maurice): Charbaut

ARISTON FILS
51170 Brouillet (Fismes)
26 97 43 46
NMR

ARLIT & CIE: Le Brun (Albert). D

D'ARLYS (Georges): S.A.M.E.

ARNOULD (Michel)
28 rue de Mailly
51360 Verzenay ❀ ❀
26 49 40 06 RM 12 ha Robert.

ARNOULD (Pierre)
1 rue Gambetta
51360 Verzenay ❀ ❀
26 49 40 12 RM 9 ha ST.

ARNOULT (Jean): Côte & Sandrin
86 Grande Rue
10110 Celles Sur Ource (Bar sur Seine)
25 38 50 06
NM. Arnoult war das erste der im Departement Aube gegründeten Champagnerhäuser, ist heute Marke der Firma Côte & Sandrin. Garcia.

ARVOIS (Jean-Paul)
51200 Chavot-Courcourt (Epernay)
26 54 31 97
RM 8–10 000 Flaschen. ST.

ASSAILLY-LECLAIRE (Christian)
6 rue de Lombardie
51190 Avize ❀ ❀
26 57 51 20
RM. Robert.

D'ASTRÉE (Vincent): Coopérative Vinicole
rue Léon Bourgeois
51200 Pierry (Epernay) ❀
26 54 03 23
114 Mitglieder mit zusammen 60 ha, Produktion etwa 200 000 Flaschen im Jahr, beliefert den Handel und vermarktet etwa 50 000 Flaschen unter der Marke der Genossenschaft. Ausweitung des Volumens in Arbeit. Versucht, fruchtigeren Champagner als allgemein üblich durchzusetzen.

ATTRAIT (E.): Charbaut

AUBRIOT (Jean) u. *AUBRIOT* Laurent
10200 Voigny (Bar sur Aube)
25 27 00 72
RM 7 ha Gemeinsamer Besitz, getrennte Marken.

DE L'AUCHE (Ch.)
Marke der Coopérative vinicole de Germigny – Janvry – Rosnay
51390 Janvry (Gueux)
26 03 63 40
Die Genossenschaft hat rund 130 Mitglieder mit 130 ha. Sie liefert ihren Win-

zern (unter deren Marken) etwa 430 000 Flaschen im Jahr und an den Handel, je nach Ernte, den Most von 900 bis 1000 Tonnen Trauben. Eine zweite Eigenmarke ist Nectar de St. Rémi; beide Marken zusammen erzielen einen jährlichen Verkauf von etwa 2–300 000 Flaschen. HA 87.

AUTRÉAU (Gérard)
15 rue René Baudet
51160 Champillon 🍇
26 51 54 13
RM 21 ha. Etwa 150 000 Flaschen im Jahr. HA 87, Robert.

AYALA & CO
(Société Générale de Champagne)
2 Boulevard du Nord
51160 Ay 🍇🍇
26 55 15 44
SGM

Der Name dieses Hauses ist keine Abwandlung des Ortsnamens, sondern der des Firmengründers, eines Kolumbiers. Die Firma gehört, gemessen an den großen, zu den kleineren Häusern der Champagne, bleibt aber im Prestige keineswegs hinter diesen zurück. Der jährliche Verkauf lag bisher etwas unter einer Million Flaschen, exportiert werden etwa 20 % Hauptexportkunden: Großbritannien, Bundesrepublik, Dänemark.

Der Besitzer, Jean-Michel Ducellier, ist Präsident der Union der beiden Syndikate, in denen sich die Champagner-Handelshäuser zusammengeschlossen haben. Die Vorräte belaufen sich auf etwa 2,7 Millionen Flaschen. Eigene Weinberge hat Ayala nicht mehr, wohl aber der zum Haus gehörende Champagner Montebello (s. d.) (25 ha); außerdem ist auch die Firma Duminy Bestandteil der Gruppe, und im Bordelais das Château La Lagune.

Der Gründer, Edmond de Ayala, Sohn eines Diplomaten, hatte 1860 beim Vicomte de Mareuil, einem Freund seines Vaters, auf dem Schloß von Ay dessen Nichte kennengelernt, Berthe Gabrielle d'Albrecht, und bald danach geheiratet. Zur Mitgift gehörten Weinberge, Ayala gründete ein Champagner-Unternehmen. Es wurde groß mit Exporten nach Großbritannien, dem Hauptmarkt für Champagner, geriet aber während der

Jean-Michel Ducellier

Weltwirtschaftskrise der dreißiger Jahre in Schwierigkeiten; die Söhne des Gründers verkauften es an die britische Guinness-Bank, von der es 1937 René Chayoux erwarb, Sohn eines bekannten Weinhändlers in Epernay. Chayoux hatte ein Jahr zuvor die Champagnerhäuser Duminy und Montebello übernommen. Er machte 1948 Ducellier zum Generaldirektor und hinterließ ihm, da er keine Erben hatte, die ganze Gruppe.

Im Jahr 1865 hatte Ayala zu den ersten Häusern gehört, die (entgegen der süßen Geschmacksrichtung, die bis dahin vorherrschte), trockenen Champagner nach

England ausführten. Der Prince of Wales war unter den guten Kunden und trug viel zum Renommée der Firma bei. 1911 wurde das Château d'Ay mit den übrigen Anlagen der Firma während der Unruhen in der Champagne verwüstet.

Ayala läßt seinen Champagner auch in halben Flaschen vergären (die meisten Firmen füllen aus größeren in die halben um). Das Angebot: Carte Blanche Demi Sec – Brut (50 % Pinot Noir, je 25 % Chardonnay und Meunier) – Brut mit Jahrgang (75 % Pinot Noir, 25 % Chardonnay) – Brut Rosé (nur Pinot Noir, Rotwein hinzugemischt) – Blanc de Blancs (also nur Chardonnay) mit Jahr-

gang – Grande Cuvée Ayala mit Jahrgang (der erste: 1982) seit Sommer 1987 (zwei Drittel Chardonnay, Rest Pinot Noir). HA 87 GM 87 VF 87. Robert. D, V.
Roland Marken-Import KG, Auf der Muggenburg 7, 2800 Bremen 1, 04 21/3 99 41

DE AYALA (Richard): s. Union des Propriétaires Récoltants
51190 Le Mesnil sur Oger ✤✤
Marke wird seit 1986 nicht mehr hergestellt.

D'AYLAUNY: Vranken, Marne & Champagne

BAILLY (Alain)
3 rue Tambour
51170 Serzy et Prin (Fismes)
26 97 41 58
RM. Robert.

BAILLY-PERRAUD: S.A.M.E.

BALAHU DE NOIRON
17 rue des Créneaux
51100 Reims
26 82 45 10
NM 10 ha. Etwa 100 000 Flaschen im Jahr.

BARA (Paul)
4 rue Yvonnet
51150 Bouzy ✤✤
26 57 00 50
RM 11 ha. Etwa 150 000 Flaschen im Jahr. Club. GM 87, HA 87, VF 87, Robert.
Imp. Jacques Biehl Weincabinett, Hauptstraße 40a, 5010 Bergheim, 0 22 71/4 31 09
Weinhaus Schulmeister, Lange Straße 9, 7570 Baden-Baden, 0 72 21/2 41 70
Bernhard Steinmetz GmbH, Gottesweg 165, 5000 Köln 41, 02 21/41 15 97

BARANCOURT
(Brice, Martin, Tritant)
Place André Tritant
51150 Bouzy ✤✤
26 57 00 67

Eine ebenso ungewöhnliche wie imponierende Gründung: Drei junge Leute haben 1966 mit dem Kauf brachliegender Weinfelder in einer nicht besonders geschätzten Gegend angefangen und in weniger als zwei Jahrzehnten ihre Marke zu einem ebenso angesehenen wie erfolgreichen Unternehmen gemacht. Barancourt verkauft etwa 400 000 Flaschen im Jahr und verfügt heute über rund 73 ha Weinberge, die den Eigenbedarf decken; etwa ein Drittel davon liegt in den Spitzenlagen Bouzy und Cramant. Erweiterung auf 90 ha ist im Gang, Produktion kann ab etwa 1990 entsprechend vergrößert werden. Etwa 30 % der Produktion gehen in den Export. Die Gründer – Jean-Paul Brice, Pierre Martin und Raynald Tritant – haben als Marke den Namen einer Familie von angesehenen Weinbauern in Bouzy genommen, die 1941 ausgestorben ist. Als die drei begannen, waren sie noch »minderjährig« (Brice 20, Martin und Tritant 19); ihre Eltern unterstützten sie und brachten ihre Weinfelder in die Gesellschaft ein. Zunächst war der stille Bouzy Rouge das Hauptgeschäft. Seit 1975 gehört der Savour Club zu ihren regelmäßigen Abnehmern.
Barancourt-Qualitäten: Brut Réserve (2 Drittel Pinot Noir, Rest Chardonnay), die am meisten verkaufte Sorte – Brut mit Jahrgang – Bouzy Brut (80 % Pinot Noir, Rest Chardonnay, Dosage 0,5 %) – Bouzy Brut mit Jahrgang – Brut Blanc de Blancs (Dosage 1 %) – Cramant Brut Blanc de Blancs(also nur Chardonnay, aus der 100-%-Lage Cramant, Dosage 0,5 %) – Rosé Brut (Dosage 0,5 %) – Cuvée de la Comète, 1986 (Haley-Passage), ähnlich dem Brut Réserve, etwas älter – Cuvée des Fondateurs (²/₃ Pinot Noir von Bouzy, ¹/₃ Chardonnay von Cra-

Chai und Fertigungsgebäude von Barancourt, südlich Bouzy

mant). HA 87, GM 87, Robert, D, V.
Erhältlich über Savour Club, Nierstei-
ner Str. 16, 6000 Frankfurt, 069/636475
Imp. K. H. Fuchs, Bürgerstr. 23, 6070
Langen, 06103/74488;
Bayerl, Milchberg 15, 8900 Augsburg,
0821/36613;
Champa Vins Français, Am Glasofen 9,
5190 Stolberg, 02402/5511;
Golfier France Import, Salkenhegener
Str. 64 A, 1000 Berlin 20, 030/3368601.

BARBIER-GOSSET (Robert Barbier)
6 place Marceau
51500 Mailly (Rilly la Montagne) 🍇🍇
26494134
RM 3 ha Robert.

BARDOUX (Père & Fils)
6, rue de Reims
51140 Villedommange 🍇
26492510
RM. Club. Robert.
Imp. Jean-Pierre Joly, Postfach 1125,
6222 Geisenheim, 06722/5279

BARNAUT (Edmond): Robert & Philippe
Secondé
13 rue Pasteur
51150 Bouzy (Tours sur Marne) 🍇🍇
26570154
RM 20–25000 Flaschen im Jahr.

BARON (Albert)
Porteron
02310 Charly sur Marne
23820265
RM, 25 ha Robert.

BARON DE BAUDRICOURT:
S.A.M.E.

BARON DE BERNOVILLE: S.A.M.E.

BARON DE GUIGNICOURT:
S.A.M.E.

BARON DU HANCY: S.A.M.E.

*BARON PHILIPPE: DE ROTH-
SCHILD* Pauillac

BARTHLEY: s. Roux (Maurice)

BARTNICKI (Père & Fils)
10360 Saint-Usage (Essoyes)
25296259 RM. Robert.

BARTNICKI-ROBIN (Nicole)
22 Grande Rue
10250 Gye sur Seine (Mussy sur Seine)
25382453
RM. Robert.

BATILLIER (Père & Fils): Charbaut

BAUCHET FRÈRES
rue de la Crayère
51150 Bisseuil 🍇
26589212
RM. Machen auch Champagner St. Nicaise und Clos Babot. Etwa 150000 Flaschen im Jahr. HA 87, Robert.

BAUGET-JOUETTE (Gaston)
60 rue Chaude Ruelle
51200 Epernay,
26544405
RM. 9,5 ha. Etwa 150000 Flaschen im
Jahr, teilweise faßvergoren.
Büro BRD: Neuendorfer Allee 125,
5000 Köln, 0221/438592 u. 438532.
Robert.

BAUSER (René)
3 rue du Vieux Château
10340 Ricey Haut (Les Riceys)
25293292
RM. Robert.

BEAUFORT (André & Jacques) ▨
1 rue de Vaudemanges
51150 Ambonnay (Tours sur
Marne) 🍇🍇
2657C150
RM Biolog. Anbau. 9,5 ha (davon 5 ha
bei Bar sur Seine), etwa 20000 Flaschen
im Jahr. Erste Gärung in Tank und Faß.
Imp. Hermes-Handel Peter Schaupp,
Engelbergstraße 12, 7900 Ulm,
0731/37447

BEAUFORT & FILS (Claude)
5 rue des Neigettes
51380 Trépail (Verzy) 🍇
2657C563
RM 4,5 ha 25000 Flaschen im Jahr. ST.

BEAUFORT (Claude)
16 Boulevard des Bermonts
51150 Ambonnay 🍇🍇
26570132
RM 8 ha.

BEAUFORT (Herbert & Fils)
32 rue de Tours
51150 Bouzy (Tours sur Marne) 🍇🍇
2657C34
RM 16,5 ha. Etwa 120000 Flaschen im
Jahr. Cub. GM 87, Robert.
Vertreten für BRD durch Mme. F. Vadé-Felon, 13 rue de l'Arcade, Paris 8,
47422833
Imp.: Berts Weinhandelsges., Im Hau-
feld 2a, 5200 Siegburg,
02241/61790, siehe auch Maezelle

BEAUFORT (Jean-Marie)
2 rue de Trépail
51150 Ambonnay (Tours sur Marne) 🍇 🍇
26 57 02 59 RM

DE BEAULIEU (M.): S.A.M.E.

BEAUMET (auch Beaumet-Chaurey)
(Jacques Trouillard)
3 rue Malakoff
51200 Epernay
26 54 53 54
Gegründet 1878 (Chaurey 1840), hat selbst mehrfach den Besitzer gewechselt. NM. Gemeinsamer Weinbesitz mit Oudinot (s. d.)-Jeanmaire des Bruders Michel Trouillard, (zusammen 62 ha). Etwa 270 000 Flaschen im Jahr, Marken Beaumet, Chaurey, Freminet. HA 87. Imp. (Lucien Beaumet): Friedr. Dammann Nachf. Hans Eigelsbach Weinimport, Mozartstr. 2, 6501 Bodenheim, 06135/2876

BEAUMONT DES CRAYÈRES: Coopérative Vinicole de Mardeuil
64 rue de la Liberté
51200 Mardeuil (Epernay)
26 55 29 40
Der Genossenschaft gehören 200 Winzer mit zusammen 70 ha an; rund 150 000 Flaschen jährlich verkaufen die Mitglieder, der Rest wird unter der Marke der Genossenschaft vermarktet.

BEAUREGARD (Guy): Charbaut

BEAUTRAIT (Yves)
4 rue Cavaliers
51160 Louvois (Ay) 🍇 🍇
26 57 03 38
RM. 16,5 ha Club. HA 87 Robert.

BEAUZAY (René): S.A.M.E.

BECKER: Piper-Heidsieck (über Fournier & Co)

BEGUIN & CIE: Marne et Champagne

BELCOUR (Ch. & Co): Marne et Champagne

BELOUIS FILS
Chassins
02850 Trélou sur Marne (Jaulgonne)
23 70 26 48
RM. 6 ha, 40–50 000 Flaschen im Jahr. ST.

DE BELVAL (Raymond): Duval-Leroy

BÉNARD (Roland)
21 rue Corbier
51160 Mareuil sur Ay (Ay) 🍇
26 50 60 36
6,5 ha. Robert, D.

DE BENNEVILLE (Georges): S.A.M.E.

BENOIT (Charles & Fils): Marne et Champagne

BERAT (Jacqueline, Jacques)
8 rue St. Roch
51200 Boursault (Epernay)
26 58 41 57/26 58 42 45
10 ha 80–100 000 Flaschen im Jahr. RM Robert.

BERGÈRE (Albert)
rue Principale
51270 Fèrebrianges (Montmort)
26 59 30 23
RM. 21,5 ha, 100 000 Flaschen im Jahr. HA 87, Dovaz.

BERGERONNEAU (François)
10 rue des Vignes
51390 Villedommange (Gueux) 🍇
26 49 24 18
RM. 6,5 ha Robert.

BERNARD (Alain)
116 rue Danièle Casanova
51200 Dizy (Epernay) 🍇
26 55 24 78
RM. 4 ha.

BERNARD (J. L.)
1065 Ave. du Général Leclerc
51200 Dizy (Epernay) 🍇
26 55 23 15
»La Grange des Coteaux«. ST.

BERNARD (L.): Sté Viticole Fleurysienne

BERNARD (Paul): Charbaut

BERNARD (Pol): Charbaut

BERT (Pol): S.A.M.E.

BERTHELEMY: Charbaut

BERTHELOT (Paul)
889 Avenue du Général Leclerc
51200 Dizy (Epernay) 🍇
26 55 23 83
NMR 20 ha, 150–200 000 Flaschen.

BERTIN (André): S.A.M.E.

BERTIN (Francis)
64 rue St. Gibrien
51200 Cramant (Epernay) 🍇 🍇
26 57 93 60
RM

BERTRAND (Gilbert)
ruelle des Godats
51500 Chamery (Rilly la Montagne) 🍇
26 97 64 57
RM. 3 ha. ST.

Montagne de Reims in Richtung auf Ambonay

BERTRAND (Guy)
10200 Voigny (Bar sur Aube)
25 27 11 54
RM. Robert.

BERTRAND (Robert)
rue du Point du Jour
51140 Trigny (Jonchery sur Vesle)
26 03 11 47
RM. ST.

BESSERAT DE BELLEFON
Allée du Vignoble,
51061 Reims-Murigny
26 36 09 18
Das 1843 in Ay gegründete Haus, das
1959 an Cinzano verkauft worden war,
gehört seit 1976 zum Konzern Pernod
Ricard. Es zählt zu den größeren: Der

Verkauf liegt um die zwei Millionen Flaschen (1986: 2,1 Millionen). 1986 wurden 15 % exportiert. Hauptexportkunden sind Großbritannien, Schweden,
Italien, die Bundesrepublik. Die Vorräte
belaufen sich auf fast 8 Millionen Flaschen. Rund 10 ha Weinbesitz.
Besserat de Bellefon war lange Zeit der
führende Anbieter von Crémant de
Champagne; zeitweise waren es drei
Viertel der gesamten Verkäufe. Heute

macht der Crémant weniger als die Hälfte aus. Das Unternehmen ist seit 1970
am Rande von Reims angesiedelt, in
Murigny, wo es auf einem Gelände von
14 ha ultramoderne Einrichtungen ge-
baut hat; die unterirdischen Kellereien
erstrecken sich auf rund zwei Hektar.
Besichtigungen ohne Anmeldung an Ar-
beitstagen, Führungen auch auf deutsch
09.00 bis 12.00, 14.00 bis 17.00 Uhr.
Zu Besserat gehört auch der Champagne
Salon (s. d.), und fast ein Fünftel des
Verkaufsvolumens wird mit der Handelsmarke »Morlant de la Marne« erreicht.
Die Qualitäten des Hauses: Demi Sec –
Brut Réserve (50 % Pinot Noir, 33 %
Chardonnay, Rest Meunier), mehr als
vierzig Prozent der Produktion – Brut

127

Crémant Blanc, zu je einem Drittel aus den drei Rebsorten, etwa 30% des Verkaufes – Brut Rosé Crémant des Moines, etwa 10% der Verkäufe, 50% Pinot Noir, 40% Chardonnay, 10% Meunier, Färbung durch hinzugefügten Rotwein – Brut mit Jahrgang – Rosé Brut mit Jahrgang – Brut Intégral mit Jahrgang, ohne Dosage (hinten auf der Flasche findet sich ein Etikett mit der Warnung, daß dieser Champagner auf keinen Fall zum Dessert oder zu gesüßten Speisen getrunken werden sollte) – B de B, die Prestigecuvée, 60% Pinot Noir, 40% Chardonnay aus älteren Reserveweinen, (etwa sechs Jahre). HA 87, GM 87, Robert, D, V.
Importeur: J. J. Jacobson, Husumer Str. 200, 2390 Flensburg, 0461/93001

BESSON: Sorevi

BEYOT & CIE: Marne et Champagne

BIGAULT (Ch. de)
26 rue Pasteur
51190 Avize 🍇🍇
Moët & Chandon

BILLAUD (Fils): S.A.M.E.

BILLAUD (Vve): S.A.M.E.

BILLECART-SALMON
40 rue Carnot
51160 Mareuil sur Ay 🍇
26506022
SGM
Gegründet 1818 von Nicolas François Billecart, Ehemann der Elisabeth Salmon. Mußte sich in der Wirtschaftskrise nach dem 1. Weltkrieg von seinem Weinbesitz trennen, um Geld für Investitionen zu bekommen. Verkauft heute etwa 430000 Flaschen im Jahr, davon mehr als ein Drittel im Export. Hauptexportmärkte: USA, Belgien, Großbri-

Jean und Vater Antoine Roland-Billecart

tannien. Einer der frühesten Produzenten von Rosé-Champagner (1830). HA 87, GM 87, VF 87, Robert, D.
Imp.: Champa Vins Français, Am Glasofen 9, 5190 Stolberg, 02402/5511 und 29463
Wein- und Champagner-Import Stuttgart, Traubenstraße 33A, 7000 Stuttgart 1, 0711/291428 und 290105

BILLIARD (Gaetan)
14–16 rue des Moissons
51100 Reims
26470154
NM 80000 Flaschen im Jahr. Dovaz HA 87.

BILLION François
4 rue des Lombards
51190 Le Mesnil sur Oger (Avize) 🍇🍇
26575134
RM Produziert Blanc de Blancs ausschließlich aus der Ortslage, kann ihn also »Le Mesnil« nennen (s. d.)

BILLION (Robert): Union des Producteurs de la Côte des Blancs
12 rue de l'Orme
51190 Le Mesnil sur Oger (Avize) 🍇🍇
26575031
Die Genossenschaft hat 25 Mitglieder und 20 ha. Produktion des Champagner Billion etwa 20–25000 Flaschen im Jahr, Mostlieferungen an Handelshäuser.

Evelyne und Christophe Roques-Boizel

BILLIOT (Henri)
1 place de la Fontaine
51150 Ambonnay (Tours sur
Marne) ✵ ✵
26 57 00 14
RM. 5 ha, 35–40 000 Flaschen im Jahr.
ST.

BINET: Germain

DE LA BIOLÉE (Christian): Beaumet
Chaurey

BISINGER: Charbaut

BLANC DES CRAYÈRES: Veuve Clicquot

BLANCHE-MOUSSE: S.A.M.E.

DE BLÉMOND: Coopérative Vinicole de
Cuis
Route de Chouilly
51200 Cuis ✵
26 55 12 12

Die Genossenschaft hat 90 Mitglieder
und 40 ha; die Winzer erhalten etwa
90 000 Flaschen unter Eigenmarken,
weitere 60 000 werden mit dem Etikett
de Blémond verkauft.

BLIARD (Jean) ▣
41 rue des Buttes
51160 Hautvillers (Ay) ✵
26 59 40 38
RM Biolog. Anbau, etwa 15 000 Flaschen.
Imp.: Weinkeller M. Muder, Gneisenaustr. 15, 1000 Berlin 61, 030/6 94 57 61

BLIN (Henri)
5 rue de Verdun
51700 Vincelles (Dormans)
26 58 20 04
»Groupement de Producteurs« – 60
Winzer mit rund 60 ha, Produktion etwa
350 000 Flaschen im Jahr, zu 80 % unter
der Marke H. Blin, Rest unter Handelsmarken an französische Supermärkte.
Export annähernd ein Fünftel.

Imp.: Salco GmbH, Bischmisheimer
Str. 13, 6601 Saarbrücken-Schafbrücke,
06 81/39 40 06
Gefaco, Bahnhofstr. 29, 7316 Köngen
(Wendlingen), 070 24/89 49

BOCUSE (Paul): Sondercuvée von Ivernel
(s. d.).
Imp.: »Schwarzer Adler« 7801 Vogtsburg-Oberbergen, 076 62/715

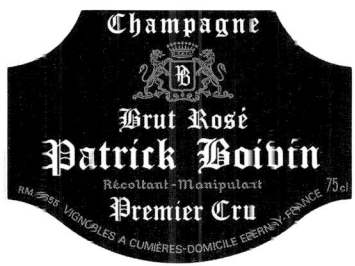

BOIVIN (Patrick)
64 bis rue des Jancelins
51200 Epernay
26 54 50 02
RM mit Weinberg in Cumières;
15–20 000 Flaschen im Jahr. Auch Rosé.

BOIZEL
16 rue de Bernon
51200 Epernay
26 55 21 51
Gegründet 1834. Rund 1 Million Flaschen im Jahr, mehr als die Hälfte Export (hauptsächlich nach Großbritannien und der Schweiz). Kein eigener
Weinbesitz. Handelsmarken, z. B. Kremer und Camuset. HA 87, VF 87. D, V.
Vertretung Victor Hafner, Schulstraße
49, 6630 Saarlouis 2, 06831/8 12 18
Verkaufsbüros: Heinz Becker, Saarlouiser Str. 5, 6638 Dillingen/Saar,
06831/71818
Rudi Holzer, 6648 Wadern–Buttnich,
06871/30 94

BOLLAERT: Marne et Champagne

BOLLINGER (Champagne J.)
4 Boulevard du Maréchal de Lattre de Tassigny
51160 Ay
T. 26 55 21 31

SGM

Von einem Deutschen gegründet, hat dieses Haus, wie mehrere andere bedeutende der Champagne, viel einer Frau zu verdanken, einer jener in der Champagne so auffällig erfolgreichen Witwen, die nach dem Tod ihres Mannes zeigten, daß Unternehmerinnen ihren Kollegen durchaus ebenbürtig oder überlegen sein können.

Von der Größe, aber keineswegs vom Renommé her, zählt Bollinger zur Mittelklasse – eher der unteren. Die Firma gehört jedoch nach Auffassung der Champagnergemeinde in die gleiche Kategorie wie das ebenso berühmte, von Absatz und Volumen her noch viel kleinere Haus Krug (s. d.). Beide halten an traditionellen, also teureren Methoden fest, um den Geschmack ihres Champagners sowohl anders als auch unverwechselbar zu machen. Sie verwenden noch immer Holzfässer, die bei den anderen längst durch Tanks aus Edelstahl abgelöst sind.

Bollinger verkauft etwa 1,5 Millionen Flaschen im Jahr, mehr als achtzig Prozent im Export. Die Vorräte belaufen sich auf etwa 7 Millionen Flaschen, also fast fünf Verkaufsjahre. Dem Unternehmen gehören 141 ha Weinberge, von denen 125 ha produzieren. Die Haupt- Exportkunden sind Großbritannien und die USA, Australien und Italien. Das Haus ist auch im nordamerikanischen und im australischen Schaumweingeschäft tätig, an der Loire gehört ihm Château Langelois.

Die Champagner dieses Hauses sind deutlich teurer als die der Konkurrenten, was durch die Herstellungsmethoden verständlich wird. Bollinger läßt, außer in ganz schlechten Jahren, einen Teil der Ernte in kleinen Holzfässern

Faßvergärung der Grundweine erleben nur noch wenige Champagner; hochgestapelte Faßreihen wie im Hof von Bollinger (Bild nebenstehend) und aus Spundlöchern herausschäumenden Gärmost sieht man hier, bei Krug und ganz wenigen anderen.

vergären, je besser der Jahrgang, desto mehr, große Jahrgänge ganz. Der Rest (in schlechten Jahrgängen: alles) wird in Edelstahltanks vergoren; die Weine im Tank werden auch der Milchsäuregärung ausgesetzt, die anderen nicht. Die Champagner ohne Jahrgang bestehen im allgemeinen zu 60 Prozent aus faßvergorenem, zu 40 Prozent aus tankvergorenem Wein. Jahrgangschampagner stammen ganz oder überwiegend aus der Faßgärung. Die Flaschen altern überdurchschnittlich lange – drei bis vier Kellerjahre für den Brut ohne Jahrgang, drei bis sieben für den mit, noch mehr Jahre für weitere.

Bollingers Champagner schmeckt weiniger als die meisten anderen, deren Hersteller eher eine gewisse Neutralität anstreben; Bollinger sichert es eine feste Gemeinde. Die Reserveweine werden in Magnumflaschen aufgehoben, zur Zeit etwa 250 000, die unter leichtem Druck stehen (etwa zwei atü). Sie und die lagernden Vorräte der jeweiligen cuvées sind, anders als inzwischen üblich, nicht mit Kapseln verschlossen, sondern mit richtigen Korken; Bollinger sagt, daß Kapseln bei der langen, hier üblichen Lagerzeit schließlich doch anrosten würden.

Dieses der alten Tradition verhaftete Haus gründete am 6. Februar 1829 der Admiral Graf Villermont, dessen Familie schon seit langem Weinbau und -handel trieb. Der Graf wollte jedoch keinesfalls seinen Namen geschäftlich verwendet sehen, und daher nahm er in die Firma, in die er Kapital und Weinberge einbrachte, zwei verantwortliche Partner auf: Josef (später Jacques) Bollinger und Paul Renaudin; Renaudin schied wenig später wieder aus. Josef Bollinger, der aus Württemberg stammte, hatte das Champagnergeschäft schon einige Jahre bei seinem Landsmann Antoine Muller gelernt, der sich wiederum seine Sporen, bevor er sich selbständig machte, als Kellermeister bei der Witwe Clicquot (s. d.) verdient und dann eine Tochter aus der bekannten Champagnerfamilie Ruinart geheiratet hatte; sein Unternehmen hieß Muller-Ruinart.

Josef Bollinger heiratete acht Jahre nach der Gründung die Tochter des Grafen Villermont und erwarb 1854 die französische Staatsbürgerschaft. Die von Vil-

Küfer bei Bollinger – einem der wenigen Häuser, das noch Fässer instand zu halten hat

lermont übernommenen Flächen, etwa zwölf Hektar, vergrößerten er und seine Erben durch beharrliches Zukaufen guter Lagen bis zum heutigen Stand. Das Unternehmen hatte seine besten Erfolge schon früh in Großbritannien, wohin Bollinger als einer der ersten trockenen Champagner exportierte (Very Dry, 1865). Auch in Frankreich begann das Haus um diese Zeit mit ›Brut‹, zunächst sehr gegen die vorherrschende ziemlich süße Geschmacksrichtung; Champagner war da noch vorwiegend ein Dessertgetränk.

Bollinger hat noch eine sehr direkte Bindung an die Vergangenheit: zwei winzige Weinflächen (2500 Quadratmeter in Ay und 1600 in Bouzy), wo Pinot Noir auf seinen, nicht auf amerikanischen gepfropften Rebstöcken wächst, wie es vor der Reblauskrise (s. d.) die Regel war, und auch nicht in den geordneten Reihen von heute, sondern ›en foule‹, eng

durcheinander mit der erstaunlichen Dichte von 20–30 000 Pflanzen pro Hektar (heute normal: 8000 bis 8500). Aus Gründen, die niemand kennt, bleiben diesen Reben von der Reblaus unangetastet; die Stöcke sind zum letzten Mal in den fünfziger Jahren neu gepflanzt worden, die alten Stöcke waren da etwa siebzig, achtzig Jahre alt. Der Ertrag ist winzig, aber ausreichend für eine Prestige-Cuvée hohen Renommées (s. weiter unten).

Der Enkel des Gründers, Jacques Bollinger, heiratete 1923 Elisabeth Law de Lauriston-Boubers. Nach seinem Tode, 1941, führte sie das Haus unter den schweren Bedingungen des Krieges und der deutschen Besetzung weiter. Auch hier waren wie in vielen anderen Familien Angehörige in der Résistance, ein Neffe starb in einem deutschen Lager. Elisabeth Bollinger sicherte die Grundlagen für den Wiederaufschwung nach dem Krieg. Mit ihrem Tod erlosch im Jahr 1977 die direkte Linie des Gründers. Die Firma führt heute ihr Neffe Christian Bizot.

Das Haus Bollinger hat es stets abgelehnt, besondere Flaschenformen für Spezialcuvées zu machen, und ändert auch nicht die Zusammensetzung der einzelnen Cuvées, um Prestigecuvées herzustellen. Der Unterschied liegt fast immer nur im Alter. Die dominierende Rebsorte ist Pinot Noir, die ›assemblage‹ vereinigt so gut wie immer 65 % Pinot Noir, 30 % Chardonnay und 5 % Pinot Meunier.

Die Sorten: Carte Blanche, süß, für den lateinamerikanischen Markt, winzige Menge – Special Cuvée brut ohne Jahrgang, am meisten verkauft (etwa 60 Prozent), enthält etwa zehn Prozent Reserveweine – Grande Année Brut mit Jahrgang, neun Monate Faßlager nach der ersten Gärung – Grande Année Rosé mit Jahrgang, gleiche Cuvée wie Grande Année, ergänzt mit Rotwein aus Ay – R. D. mit Jahrgang (R. D. heißt récemment dégorgé); dieser Champagner aus Pinot und Chardonnay ohne Meunier wird außerordentlich lange auf der Hefe belassen (der von 1975 rund neun Jahre) und erst kurz vor der Auslieferung trink- und versandfertig gemacht. Das Datum der Degorgierens ist auf der Rückseite der Flasche angegeben – Année rare, noch längeres Lager auf der Hefe, etwa 12 Jahre, zur Zeit Jahrgang 1973, für Freunde des ausgeprägten Reifetones; diese Sorte ließ die Königin von England am Abendempfang vor der Hochzeit von Prince Charles servieren; der Hof hatte 130 Kisten geordert. – Bollinger Vieilles Vignes Françaises, aus den weiter oben beschriebenen alten Feldern in Ay und Bouzy, etwa 1800 bis 2000 Flaschen pro Jahrgang, ausschließlich aus Pinot Noir, auch Blanc de Noirs genannt. Gleich nach der ersten Produktion (Jahrgang 1969) warnte das Haus seine Kunden: »Für den Durchschnittskonsumenten von heute ist diese cuvée weit von dem entfernt, was er von einem Champagner erwartet, nämlich Leichtigkeit, Gefälligkeit, Freundlichkeit. Hingegen soll die cuvée für den Geschmack des erfahrenen Connaisseurs die Quintessenz der Qualität sein«. HA 87, GM 87, VF 87, D, V.

Importeur: CW Champagner- und Wein- Importgesellschaft mbH Doormannsweg 43, 2000 Hamburg 20, 040/43 17 02 58 (Gehört Haweeko und D. V. Schlumberger KG zu je 45 %, Bollinger 10 %)

BONNAIRE (Charles): Trouillard

BONNAIRE (–Bouquemont)
105 rue de Carrouge
51200 Cramant (Epernay) 🍇 🍇
26 57 50 85
23 ha Etwa 200000 Flaschen im Jahr.
Club. HA 87, GM 87, VF 87, V, Robert.
Bronzemedaille Paris 1987

BONNET (Alexandre)
138 rue Général de Gaulle
10340 Les Riceys 25 29 30 93
Einer der größeren RMs, V, HA 87, Robert.

BONNET (F. & Fils)
route du Mesnil
51190 Oger (Avize) 🍇 🍇
26 57 52 43
22 ha, etwa 140000 Flaschen im Jahr. D, HA 87, VF 87.
Imp. G. Osthoff, Wuppermannstr. 157, 5828 Ennepetal, 0 23 33/8 07 21 u. 7 31 95

BONNINGRE-DURAND
67 rue St. Gibrien
51200 Cramant (Epernay) 🍇 🍇
26 57 59 99
NMR 3 ha, etwa 15000 Flaschen über Genossenschaft

BONVILLE (Edmond)
3 rue de Gué
51190 Oger (Avize) 🍇 🍇
26 57 53 19
RM. Club. Robert.
Imp.: Champagner-Service Ursula Ehmann, Hauptstr. 29, 7155 Oppenweiler, 0 71 91/6 93 39

BONVILLE (F. & Fils)
9 rue Pasteur
51190 Avize 🍇 🍇
26 57 52 30 RM 13 ha. Etwa 120000 Flaschen im Jahr. HA 87.
Imp.: Piemonte & Co, Mövenweg 31, 6680 Neunkirchen/Saar, 0 68 21/2 55 52

BORDINEAU: S.A.M.E.

BOUCHARD (Jean-Pierre)
14 rue Trot
10110 Celles sur Ource (Bar sur Seine)
25 38 55 72
RM. Robert.

BOUCHÉ (F.): Marne et Champagne

BOUCHÉ (Fils & Co): Marne et Champagne

BOUCHÉ (Père & Fils)
10 rue du Général de Gaulle
51200 Pierry (Epernay) 🍇
26 54 12 44
NM etwa 350000 Flaschen.

BOUCHÉ (René)
44 Avenue Bammental
51130 Vertus 🍇
26 52 23 95
RM. 9 ha. ST.

BOULACHIN (Claude)
10200 Colombé le Sec (Bar sur Seine)
25 27 22 10
RM. Robert.

BOULARD (Raymond)
51200 La Neuville aux Larris (Epernay)
26 58 12 08
NMR 8 ha, etwa 68000 Flaschen im Jahr.
Imp.: Champa Vins Français, Am Glasofen 9, 5190 Stolberg, 0 24 02/55 11, und Sektkellerei Schloß Wachenheim, Kommerzienrat Wagner-Straße, 6706 Wachenheim/Weinstraße, 0 63 22/7 90 40

BOULONNAIS (Jean-Paul)
7 Bd. Paul Goerg
51130 Vertus 🍇
26 52 23 41
NMR 4,5 ha. GM 87, Robert.

BOURGOIN FILS (Guy)
3 Grande Rue
51200 Mancy (Epernay)
26 59 71 64
RM 3 ha ST.

BOURGEOIS
43 Grande Rue
02310 Crouttes sur Marne (Charly)
23 82 15 71
NMR 10 ha

Fontaine sur Aix

BOURGEOIS (Père & Fils, J.): Marne et Champagne

BOUTILLEZ (Gérard)
26 rue Pasteur
51150 Villers Marmery (Verzy) 🍇
26 97 95 87
RM. Robert.

BOVIÈRE (Jean)
24 rue André Charpentier
51360 Verzenay 🍇🍇
26 49 41 76
RM, etwa 10000 Flaschen im Jahr. ST.

DE BRACIEUX: Marne et Champagne

BRASSART (Adelbert)
11 rue Pasteur
51380 Villers Marmery (Verzy) 🍇
26 97 90 23
RM. 3,5 ha ST.

DE LA BRÈCHE: s. Premiers Crus de la Marne

BREMONT (Bernard)
1 rue de Reims
51150 Ambonnay (Tours sur Marne)
26 57 01 65 🍇🍇
RM. 12 ha ST.

BRENNER: Pannier

BRETON (Fils)
12 rue Courte-Pilate
51270 Congy (Montmort)
26 59 31 03
RM. 10 ha, etwa 100000 Flaschen im Jahr. Robert.

BRETON (Jackie)
rue Michelot
10200 Arrentieres (Bar sur Aube)
25 27 17 30
RM. Robert.

DU BREUIL (Pol): Pannier

BREUZON (Bernard)
10200 Colombé le Sec (Bar sur Aube)
25 27 02 06
RM. Robert.

BRIAND (G. & Co): S.A.M.E.

BRICOUT & KOCH
7 route de Cramant
51190 Avize 🍇🍇
26 57 53 93
Gehört zur Gruppe Racke.
Eines der Champagnerhäuser mit deutschen Wurzeln, seit 1966 in deutscher Hand, und eines der bedeutenderen. Es verkauft jährlich etwa 2,5 Millionen Flaschen, davon rund eine Million unter Handelsmarken (Paul Varenne, Paul Moussigny) in französischen Handelsketten. Es exportiert etwa 15 % der Produktion. Ihm gehören nur 4 ha Weinberge, südlich von Sézanne, es muß also seinen Bedarf fast ganz durch Zukäufe decken. Die Vorräte betrugen 1986 rund 7 Millionen Flaschen, einschließlich der Reserveweine, verteilt auf Kelleranlagen in Avize, Avenay und Châlons.
Der Stamm Koch geht auf Charles Koch zurück, der aus Heidelberg kam und 1820 in Avize ein Champagnerunternehmen eröffnete. Es verschaffte sich schnell einen guten Ruf, auch auf Auslandsmärkten. Arthur Bricout war längere Zeit technischer Direktor der Champagnerfirma de Venoge (s. d.). Er heiratete 1869 Constanze Kupferberg, älteste Tochter des Gründers dieses berühmten Sekthauses. Seine eigene Firma gründete er in Epernay einige Jahre nach dem Deutsch-französischen Krieg (1870/71), der die Verbindung zur Familie des Schwiegervaters vorübergehend störte. Constanze Bricout fühlte sich inzwischen als Französin, während ihr Vater für Bismarck schwärmte, der einige Tage im Hause Kupferberg einquartiert war, und zwei ihrer Brüder kämpften auf preußischer Seite.
Die Champagnerhäuser Koch und Bricout verloren nach ihren anfänglichen Erfolgen an Bedeutung. Kupferberg etablierte sie 1966 neu und erwarb auch das alte Schloß von Avize, das Verwaltungssitz wurde. Das Haus Kupferberg wurde später von Racke übernommen. Die Firma hat für ihre Werbung in Frankreich den Filmstar Alain Delon gewinnen können; sie bemüht sich, ihre Hauptmarke zu stärken und die Handelsmarken zu bremsen.
Die Produktion folgt teils modernen, für die Prestigecuvée aber noch traditionellen Methoden, von der ersten Vergärung in Fässern bis zum Hand-Rütteln der Flaschen (was für die anderen Sorten in ›Giropaletten‹ stattfindet). Die einzelnen Champager des Hauses sind unter der Marke Bricout:
Carte Noire Demi Sec, etwa 5–8 % des Verkaufs – Carte Noire Brut (je 40 % Pinot Noir und Chardonnay, Rest Meunier) etwa drei Viertel aller Verkäufe, etwa zweieinhalb Jahre Lagerzeit – Carte Or (60 % Pinot Noir, 40 % Chardonnay) 3 Jahre bis dreieinhalb – Brut mit Jahrgang, assemblage wie Carte Or – Blanc de Blancs Brut – Rosé Brut (85 % Chardonnay, 15 % Pinot Noir), Hinzumischung von Rotwein aus Bouzy oder Cumières) 3 Jahre Lager – Prestigecuvée: Charles Koch (60 % Chardonnay aus den Lagen Avize und Cramant, 40 % Pinot Noir aus Ay und Verzenay) 5 % bis 6 % der Verkäufe. Dosage im allgemeinen (außer Demi Sec) 10 Gramm pro Liter. HA 87, GM 87, VF 87, D, V.
Importeur: Racke, Stefan George-Str. 20, 6530 Bingen/Rhein, 06721/1881

DE BRIENNE: Pannier

BRIMONT & FILS (Joel)
6 rue du Préau
51500 Ludes (Rilly la Montagne) 🍇
26 61 11 64
RM.

DE BRIMONT (Ruinart): Ruinart

BRINCARD (F.): S.A.M.E.

BRISSET (René): S.A.M.E.

BRIXON-COQUILLARD (Alain)
5 rue de Mailly
51500 Ludes (Rilly la Montagne) 🍇
26 61 11 37
RM. 3 ha ST.

BROCHET-HERVIEUX
rue Villers-aux-Noeuds
51500 Ecueil (Rilly la Montagne) 🍇
26 49 74 10
11 ha. Etwa 60 000 Flaschen im Jahr.
Club. HA 87, GM 87, Robert, V.

BROCHOT-HUAT (Claude)
3 rue des Fontaines
Le Mesnil le Huttier
51200 Festigny (Epernay)
26 58 32 57
RM. Robert.

BROGGINI (J. & D.)
Chemin Pisottes
51500 Chigny les Roses (Rilly la Montagne) 🍇
26 03 44 77
NMR. Etwa 40 000 Flaschen.

BROSSARD (Pierre): S.A.M.E.

BRUGNON (Marc)
51500 Ecueil (Rilly la Montagne) 🍇
26 49 77 89
RM. 7 ha. (Präsident des Syndikats der Champagnerwinzer)

BRUN (Edouard)
14 rue Marcel Mailly
51160 Ay 🍇🍇
26 55 20 11
NM. Kein Weinbesitz. Etwa 250 000 Flaschen im Jahr. Das Haus hat durch die Weltwirtschaftskrise nach dem Er-

sten Weltkrieg und durch die Requisitionen der deutschen Truppen besonders gelitten (bei Kriegsende fand der aus deutscher Gefangenschaft zurückgekehrte Besitzer nur noch 48 000 von den ursprünglich gelagerten 200 000 Flaschen vor).

BRUN (René)
4 pl. de la Libération
51160 Ay 🍇🍇
26 55 43 40
Kein Weinbesitz. Etwa 200 000 Flaschen im Jahr.

BRUN (Roger)
1 impasse St. Vincent
51160 Ay 🍇🍇
26 55 45 50
RM. Robert.

LE BRUN (Albert): Société Champenoise d'Exploitation Vinicole
93 Avenue de Paris
51009 Châlons sur Marne
26 68 18 68
NM. Gegründet 1860 in Avize, dort 5 ha. Verkauf etwa 300 000 Flaschen im Jahr. Zweitmarke: Arlit & Cie.
Weitere Marken der Besitzerfamilie: Chenevaux Premier, Richard Manet, Louis Masseran, Morgan Père & fils, Pol Nivelle. HA 87.
Imp.: Distruba, Gaustr. 21–35, 6530 Bingen, 0 67 21/1 51 25

LE BRUN (Pierre)
19 route d'Epernay
51200 Cuis (Epernay) 🍇
26 55 12 35
RM. Robert.

LE BRUN (René)
12 rue Gaston Poittevin
51200 Monthelon (Epernay)
26 59 70 30
RM

LE BRUN DE NEUVILLE:
Marke der Coopérative La Crayère route Chantemerle
51260 Bethon (Anglure)
26 80 48 43
Zur Genossenschaft gehören 114 Winzer aus fünf Gemeinden mit zusammen 140 ha (85 % Chardonnay, 15 % Pinot Noir); sie verkauften 1986 rund 450 000 Flaschen, zur Hälfte an den Handel, die andere unter ihrer Marke und weiteren wie Saint Simon und Jean de Mazet. Für USA: Clovis. Die Champagner dieser Gegend haben einen etwas anderen Geschmack als den ›normalen‹, eher steinig, den man auch ›goût Bethon‹ nennt, meist angenehm frisch und trocken.
Robert

BRUSSON (Père & Fils): Marne et Champagne
Imp.: R. H. Prietze, Georgstr. 40, 5300 Bonn 1, 02 28/65 69 77

BSN
7 rue de Téhéran
75008 Paris
Aus dem Zusammenschluß zweier Glasfirmen hervorgegangener Konzern – größter Produzent frischer Milchprodukte in der Welt, größter europäischer Flaschenproduzent, zweitgrößte Biergruppe Europas, zweitgrößter europäischer Hersteller von Teigwaren – und eines der größten Champager-Unternehmen: ihm gehörten seit 1984 die Champagner Lanson und Pommery & Greno (s. d.), beide in Reims. Dazu kommt der Champagner Massé (der zu Lanson gehört und ca. eine halbe Million Flaschen jährlich verkauft).

BUNEL (Eric)
32 Grande Rue
51160 Louvois (Ay) 🍇🍇
26 57 03 06
RM

BUR: Berger
Das bekannte Apéritif- und Spirituosenhaus hat die 1861 gegründete Marke 1977 übernommen, sie gehört nun zur SOREVI (Sté rémoise des vins). Hergestellt wird sie vom Centre Vinicole de la Champagne (s. d.).

Alte Kelterei

BUSIN (Jacques)
17 rue Thiers
51360 Verzenay 🍇 🍇
26 49 40 36
RM. 9 ha. GM 87, VF 87, Robert.
Importeur: La Petite France, Florentiusgraben 29, 5300 Bonn 1,
02 28/69 13 88

BUZET (René): S.A.M.E.

CALBUR: Union Champagne

CALLOT (Pierre)
31 Avenue Jean Jaurès
51190 Avize 🍇 🍇
26 57 51 57
RM. Robert.

CANARD-DUCHÊNE
1 rue Edmond Canard
51500 Ludes (Rilly la Montagne) 🍇
26 61 10 96
Gehört zur Gruppe LV. MH (Moët-Hennessy Louis Vuitton).
1868 gegründet, von jeher auf den französischen Markt eingestellt, wo das Haus die Preise der Luxushäuser unterbieten wollte, heute dort eine der stärksten Marken: jährlicher Verkauf 2,5 bis 3 Millionen Flaschen, davon nur wenig Export. Die Vorräte: etwa 8 Millionen Flaschen. Nur schwacher Weinbesitz (16 ha). Rund 40 % der benötigten Trauben stammen aus dem Gebiet der Aube. Am meisten verkaufte Qualität: Brut, heute etwa 85 % des Absatzes. Mit 10 % ziemlich hoher Anteil an Demi-Sec. Prestigecuvée: Cuvée Charles VII (67 % Chardonnay, 33 % Pinot Noir), keine Weine aus der Aubegegend.

Veuve Cliquot, seit 1987 in der Gruppe LV. MH, übernahm die Aktienmehrheit der Firma 1978, vorher hatte Piper-Heidsieck ein paar Jahre eine Drittelbeteiligung gehalten. Handelsmarke: Chanoine Frères. HA 87, GM 87, Robert, D.
Importeur: Veuve Cliquot GmbH, Taunusstr 21, 6200 Wiesbaden
0612./52 10 11

CANARD (Victor): Société civile du Château de Ludes
8 rue Victor Hugo
51500 Ludes (Rilly la Montagne) 🍇
26 61 12 73

CANTENEUR (Père & Fils)
38 rue Léon Bourgeois
51200 Pierry (Epernay) 🍇
26 54 03 20
NMR

CANTONI-GUERLET
16 rue du Président Kennedy
51220 Cormicy (Hermonville)
26 61 31 58
RM. Robert.

CAPRON & FILS: Comptoir Vinicole de Champagne, s. u. Marie Stuart, auch Bruno Paillard

CARPENTIER (Jules): Union Auboise

CARRÉ (Claude)
42 rue Vaudemanges
51380 Trépail (Verzy) 🍇
26 57 06 04
RM. Robert.

CARRÉ (E.)
74 Grande Rue
10250 Neuville sur Seine (Mussy sur Seine)
25 38 21 40
RM. Robert.

CARRÉ-GUEBELS (Michel)
3 rue de l'Egalité
51380 Trépail (Verzy) 🍇
26 57 05 02
RM. Etwa 40000 Flaschen im Jahr. ST.

CARREAU (Maurice)
rue de Clamart
10110 Celles sur Ource
25 38 52 58
RM.

CASTELIN (Vve & Fils): S.A.M.E.

DE CASTELLANE
A. Mérand & Cie
57 rue de Verdun,
51204 Epernay,
26 55 15 33
Gegründet 1895 von Vicomte Florens de Castellane, aber bald danach übernommen von Fernand Mérand, dessen Urenkel Hervé Augustin das Unternehmen seit Ende 1983 leitet. Augustin ist ein Neffe des Laurent-Perrier-Chefs Bernard de Nonancourt (dessen Ehefrau eine geborene Mérand); die Mehrheit an de Castellane liegt bei Laurent-Perrier und den Nonancourts.
Mérand verdankt die Stadt Epernay ein Wahrzeichen: den Turm de Castellane auf dem Firmengelände. Dort findet sich nicht nur ein Weinmuseum, sondern im Turm auch eine eindrucksvolle Sammlung hunderter alter Etiketten, überwiegend Handelsmarken, aber auch Sonderanfertigungen wie zum 30. Jubiläum der Partnerschaft Ettlingen–Epernay. Kellerbesichtigungen zwischen dem 15. Mai und 15. September täglich 9.30–12.00 Uhr, 14.00–17.30.
Das Unternehmen besitzt keine eigenen Weinberge. Es verkauft durchschnittlich 1,5 Millionen Flaschen im Jahr, davon etwa ein Drittel Export. Hauptmärkte: BRD, Schweiz, Holland, Belgien, Großbritannien. Es gehört zu den wenigen, die noch die traditionelle Methode der Vergärung des Weines in Holzfässern anwenden; fast 2500 Fässer von 600 Litern (»demi-muids«) müssen dazu instand gehalten werden. Doch werden allmählich auch Stahltanks benutzt. Die Vorräte belaufen sich auf etwa 4,6 Millionen Flaschen.
Neben seiner eigenen Marke mit den üblichen Qualitäten stellt de Castellane auch den Champagner »Maxim's« her, 3–400 000 Flaschen pro Jahr. De Castellanes Prestigecuvée: Commodore (mit Jahrgang). HA 87, GM 87, VF 87, Robert, D, V.

Im Turm von de Castellane, im Saal der Etikettenschränke (oben rechts), findet sich eine riesige Sammlung von Etiketten, überwiegend von Handelsmarken.

Importeur: Roland Marken-Import KG, Auf der Muggenburg 7, 2800 Bremen 1, 04 21/3 99 41

Maxims: Schneider Hamburg GmbH, Palmaille 104–106, 2000 Hamburg 50, 0 40/38 18 01 06

DE CASTELNAU: Sté Sparnacienne

CASTILLE: Sélection de Grandes Marques de Champagne, S.G.M.C.
14 rue Moissons
51100 Reims
26 47 41 25
Etwa eine halbe Million Flaschen im Jahr, auch andere Handelsmarken.
AÜW
Imp. U. Chevalier, Kobenhüttenweg 64, 6600 Saarbrücken, 0631/62159
CASTERS
26 rue Pasteur
51200 Damery (Epernay)
26 58 43 02
RM. 6 ha

CASTERS-LIEBART (Vincent)
3 rue du Pignon Vert
51200 Damery (Epernay)
26 58 41 50
RM. Robert.

CATTIER
11 rue Dom Pérignon
51500 Chigny les Roses (Rilly la Montagne) ❀
26 03 42 11
Gegründet 1763. 20 ha. Etwa 200 000 Flaschen im Jahr. HA 87, VF 87, Robert, V.
Importeur: A. Weidemann, Wexstr. 36, 2000 Hamburg 36, 040/35 28 36

Auch bei de Castellane wird noch im Faß vergoren. Die Kerze dient als Warnsignal: sollte die Gärung zu viel Kohlendioxid freisetzen, das für die Menschen gefährlich wäre, würde die Kerze erlöschen.

CAZALS (Claude)
28 rue Grand Mont
51190 Le Mesnil sur Oger (Avize) ⚜ ⚜
26 57 52 26
RM. 8 ha. Zusammen mit Ducoin (Mareuil) (s. d.) Patent-Inhaber für die mechanischen Rüttelpulte (giropalettes), die in zahlreichen Firmen das Handrütteln ersetzt haben.

DE CAZANOVE (Charles) (gegründet 1811 in Avize): S.A.M.E.
GM 87, VF 87, D.

CENTRE VINICOLE
DE LA CHAMPAGNE
C. D. (Chemin Départemental) 40 A
51206 Chouilly (Epernay) ⚜ ⚜
26 54 50 60
Eines der größten Champager-Unternehmen, Zusammenschluß von rund 80 Genossenschaften mit insgesamt mehr als 4000 Winzern, 1972 zunächst nur zur Lagerung ihrer überschüssigen Weine gegründet, mittlerweile auch als Hersteller von Marken aktiv: Nicolas Feuillatte (Robert, D), Desroches, Deprayères, Heitz und St. Maurice, dazu mehrere andere Handelsmarken, darunter Champagner Bur für die Berger-Gruppe, die ihn auch vermarktet, oder Henri Macquart.
Die Mitglieder verfügen zusammen über etwa 1200 Hektar, teilweise in erstklassigen Lagen. Die jährliche Produktion beträgt je nach Ernteausfall 9–12 Millionen Flaschen. Davon werden 1 bis 2 Millionen mit den eigenen Etiketten verkauft, 4–5 Millionen den Mitgliedern zurückgeliefert (die sie unter ihren Namen vermarkten) und der große Rest, entweder als Champagner oder als Wein der zweiten Gärung, noch nicht degorgiert, an den Handel weitergegeben. Zu den Abnehmern gehören auch große

Marken-Häuser, besonders nach schwachen Ernten; die Assemblage der zur Verfügung gestellten Weine ergibt keine allzu ausgeprägten Charaktere, so daß die Abnehmer den Champagner durch ihre eigene Dosage dem Stil ihrer Häuser anpassen können. Die Vorräte belaufen sich auf etwa 22 Millionen Flaschen. Hauptexportkunden: Großbritannien, Bundesrepublik, USA.
Von den eigenen Marken ist Nicolas Feuillatte dem Volumen nach die wichtigste mit etwa 600 000 Flaschen im Jahr (D). Importeur: Nicolas Feuillatte: A. Viehauser, Martinistr. 11, 2000 Hamburg 20, 040/4 80 78 89
Desroches: Calvet & Co, Alzeyer Str. 31, 6520 Worms, 0 62 41/50 02 50

CERCLE D'OR: Coopérative Vinicole de Colombé le Sec et des Environs
10 200 Colombé le Sec
25 27 02 08
150 ha, 85 Winzer. Weitere Marke: Lacroix-Demiel.

CEZ-DANJOU (Jean)
3 place du Général de Gaulle
51200 Saint Martin d'Ablois (Epernay)
26 54 35 18
RM. 35 000 Flaschen.

CHABERT (Pol): S.A.M.E.

DE CHADELLES (R.): S.A.M.E.

CHAILLON (Maurice): Charbaut

CHAILLOT (Jacques)
rue des Zalieux
51190 Le Mesnil sur Oger (Avize) ⚜ ⚜
26 57 51 02
RM. Robert.

CHAMCOMEX: s. Trouillard (Bertrand)

CHAMPION (Roland)
19 Grande Rue
51200 Chouilly (Epernay) ⚜ ⚜
26 55 40 30
RM. Club. Robert.

CHANDON (Leon): Moët & Chandon

CHANOINE FRÈRES: Canard Duchêne/LV. MH

CHANTAL (R. & Co): S.A.M.E.

CHANTREL & CO: S.A.M.E.

CHARBAUT (A. & Fils)
17 Avenue de Champagne
51205 Epernay
26 54 37 55
Eines der jüngsten unter den großen Champagnerhäusern, gegründet 1948, jährlicher Verkauf etwa 1,5 Millionen Flaschen, viele davon unter anderen Handelsmarken. Exportanteil etwa 40%. Vorräte etwa 5 Millionen Flaschen. 56 ha Weinbesitz, meist in sehr guten Lagen, der aber kaum ein Fünftel des Bedarfs deckt. Prestigecuvée: Blanc de Blancs Brut »Certificate« mit Jahrgang (und Zertifikat), nur etwa 12 000 Flaschen des jeweiligen Jahres. HA 87 GM 87 VF 87 D.
Importeur: Gebr. Anraths GmbH, Bilker Allee 57, 4000 Düsseldorf, 02 11/30 70 27

CHARBAUX FRÈRES
(Montmort Lucy)
26 59 31 01
RM. Robert.

CHARLEMAGNE (Guy)
4 rue de la Brèche d'Oger
51190 Le Mesnil sur Oger ⚜ ⚜
26 57 52 98
Club 15 ha HA 87 GM 87 Robert.

CHARLEMAGNE (Robert)
4 rue Zalieux
51190 Le Mesnil sur Oger ⚜ ⚜
26 57 51 02
Club.

CHARLIER & FILS
4 rue des Pervenches
51700 Montigny sous Châtillon (Dormans)
26 58 35 18
NMR. 8 ha, rund 90 000 Flaschen im Jahr. Lagerung in Holzfässern. Club HA 87, Robert, V.

CHARLIER (Jacques)
6 rue de la Prévorté
51390 Villedommange (Gueux) 🍇
26 49 25 19
NMR.

CHARLIN (R., & Co): S.A.M.E.

CHARLOT (Père & Fils)
12 rue Jean d'Igny
51700 Châtillon sur Marne (Dormans)
26 58 34 72
RM, 4 ha.

CHARLES HEIDSIECK: s. Heidsieck

CHARPENTIER (Jacky)
rue de Reuil
51700 Villers sous Châtillon (Dormans)
26 58 05 78
RM. HA 87, Robert.

CHASSENAY D'ARCE: Coopérative Vinicole des Coteaux de l Arce
10110 Ville sur Arce (Bar sur Seine)
25 38 74 07
130 Winzer, 220 ha. Hauptsächlich Mostlieferung an den Handel, außerdem je nach Ernte 500–800 000 Flaschen unter Handelsnamen oder dem Etikett der Genossenschaft, deren Zweitmarke Decôtarne heißt. HA 87, Robert.

DE CHASSEY (Guy)
1 vieille Rue
51160 Louvois (Ay) 🍇🍇
26 57 03 32
RM.

CHÂTEAU DE BLIGNY
  10200 Bligny (Bar sur Aube)
  25 26 40 11
  17 ha, etwa 100 000 Flaschen im Jahr.
  HA 86

CHÂTEAU DE BOURSAULT
  51200 Boursault (Epernay)
  26 58 42 21
  15,5 ha, etwa 20 000 Flaschen im Jahr.
  HA 87.

CHÂTEAU CHANDON: Moët & Chandon

CHÂTEAU DE LUDES (Sté Vinicole du)
  8 rue Victor Hugo
  51500 Ludes (Rilly la Montagne) ✿
  26 61 12 73
  NM. Marke: Victor Canard.

CHÂTEAU DE PIERRY: Gobillard

CHATELLIER
  Les Grands Vins Chatellier
  2/4 Avenue de Général Giraud
  51055 Reims
  26 85 05 77
  (Vormals: Les Grands Champagnes de
  Reims). Champagnermarken: Gustave
  Gilbert & Gravet, Girard & Co, George
  Goulet (s. d.), Henri Goulet, Abel Lepitre (s. d.), de St. Marceaux (s. d.). Jährlich rund 1 Million Flaschen. Dem Besitzer, Félix Chatellier, gehört auch das
  Château Dauzac (Margaux).

CHAUDRON (Lionel)
  route de Billy le Grand
  51380 Vaudemanges (Verzy) ✿
  26 69 11 55
  Champagner auch unter Chaudron-
  Guérin und Chaudron & Fils. Export-
  marke: Louis Laurent. NMR.

CHAUREY: s. BEAUMET

CHAUVET (A.) (J. Paillard-Chauvet)
  11 Avenue de Champagne
  51150 Tours sur Marne ✿ ✿
  26 58 92 37
  Seit 1848. 9 ha 50 000 Flaschen im Jahr.
  HA 87, D, Dovaz, Garcia.

CHAUVET (Marc)
  3 rue de la Liberté
  51500 Rilly la Montagne ✿
  26 03 42 71
  Club. Robert.

CHAUVORT (Antoine): Charbaut

CHENEVAUX PREMIER: Albert Le
Brun

CHÉPÉNIER (Emile): Charbaut

CHEURLIN & FILS
  13 rue de la Gare
  10250 Gye sur Seine (Mussy sur Seine)
  25 38 20 27
  NMR. 25 ha. 200 000 Flaschen. Robert,
  D.

CHEURLIN-DANGIN (Christiane)
  17 Grande Rue
  10110 Celles sur Ource (Bar sur Seine)
  25 38 50 26
  RM, 20 ha. Robert.

CHEURLIN (Daniel)
  72 Grande Rue
  10110 Celles sur Ource
  25 38 51 34
  RM. Robert.

CHEURLIN (Raymond)
  22 Grande Rue
  10110 Celles sur Ource
  25 38 55 04
  RM. Robert.

CHEURLIN (Richard)
  16 rue des Huguenots
  10110 Celles sur Ource
  25 38 55 04
  RM. Robert.

CHEURLIN (Arnaud)
  58 Grande Rue
  10110 Celles sur Ource
  25 38 53 90
  RM. Robert. Auch: Eisenträger-Cheur-
  lin

CHEVAL-GATINOIS (Pierre)
  rue St. Vincent
  51160 Ay ✿ ✿
  26 55 14 26
  RM. Robert.

CHEVALLIER (Michel)
  9 rue Aristide Briand
  51500 Mailly – Champagne ✿ ✿
  26 49 41 27
  RM ST.

CHIQUET (Gaston)
  890–912 Avenue Général Leclerc
  51200 Dizy (Epernay) ✿
  26 55 22 02
  16 ha. Etwa 120 000 Flaschen im Jahr.
  Zweitmarke: Claude de Lagrange. Club.
  Robert.
  Imp.: Weincontor Importges., Händelstraße 38, 6940 Weinheim,
  06201/1 30 24

CHIQUET (Père & Fils)
  99 rue du Colonel Fabien
  51200 Dizy (Epernay) ✿
  26 53 00 66
  RM. Auch: Sté Léon de Tassigny, 68 rue
  du Colonel Fabien, dieselbe Tel.-Nr.
  NM, Besitzer von Jacquesson (s. d.) und
  Rolland d'Orfeuil, etwa 300 000 Flaschen im Jahr.

CHOISEL (P. & Fils): Marne et Champagne

CHRISTEL (Marguerite): S.A.M.E.

CLAUDION FILS: Trouillard. D

CLEMENT (Charles): Union Auboise

CLÉRAMBAULT (Emile):
  Genossenschaft
  10250 Neuville sur Seine (Mussy sur
  Seine)
  25 38 20 10
  128 ha. Etwa 400 000 Flaschen im Jahr.
  GM 87, VF 87, Robert.

CLET (Henri): S.A.M.E.

CLIQUOT (Eugène): Marne et Champagne

CLICQUOT: s. Veuve Clicquot

CLOS BABOT: Bauchet Frères. Robert.

Das Château von Boursault im Marnetal, eines der
wenigen Schlösser der Champagne. ▷

CLOS DE LA CHAPELLE: Coopérative
Vinicole de Villedommange
2 rue de l'Eglise
51390 Villedommange (Gueux) ❦
26 49 25 33
15 Mitglieder und 17 ha. 120 000 Flaschen jährlich.

CLOSQUINET (Roger)
4 rue de la Liberté
51200 Vinay (Epernay)
26 54 33 24
RM. Robert.

CLOUET (André)
8 rue Gambetta
51150 Bouzy (Tours sur Marne) ❦ ❦
26 57 00 82
HA 87.

CLOVIS: s. Baron de Neuville

*CLUB DE VITICULTEURS
CHAMPENOIS*
(siehe Abkürzung »Club«), BP 1004
51318 Epernay
26 51 33 88

COCTEAUX (Michel)
51260 Montgenost (Anglure)
26 80 49 09
RM. Robert.

COGEVI: Coop. Gén. des Vignerons de
la Champagne délimitée, Ay. s. Raoul
Collet. Andere, weniger benutzte Marken z. B.: Alphonse Perrin, Gaston Delière, Duc de Breuzy, de Moncel, Ch.
des Vignerons.

COLIN (Georges)
51200 Monthelon (Epernay)
26 59 70 03
RM. Robert.

COLLARD (François)
4 rue Werlé
51150 Bouzy (Tours sur Marne) ❦ ❦
26 57 01 66
RM. Robert.

COLLARD (Pol-Jacques)
312 rue du 8 Mai 1945
51200 Cramant (Epernay) ❦ ❦
26 57 93 55
RM.

COLLERY (Alain)
4 rue Anatole France
51160 Ay ❦ ❦
26 54 01 20
Club. Seit 1893, 9 ha 100 000 Flaschen.
D, GM 87, VF 87, Dovaz.

COLLET (Raoul): COGEVI (= Coopérative Générale des Vignerons, Genossenschaft)
34 rue Jeanson
51160 Ay ❦ ❦
26 55 15 88
Gegründet 1921, älteste Cooperative der
Champagne. Der Champagner heißt
nach einem ihrer früheren Präsidenten.
Zahlreiche Handelsmarken. Mitglieder
der Genossenschaft sind mehr als 400
Winzer mit zusammen mehr als 600 ha
Weinbesitz. Der Absatz liegt bei etwa
1,7 bis 2 Millionen Flaschen im Jahr; die
Vorräte belaufen sich auf rund 6 Millionen Flaschen. GM 87, HA 87, Dovaz,
Robert.
Importeur: Raoul Collet: Jacques Biehl
Weincabinet, Hauptstr. 40a, 5010 Berg-
heim, 0 22 71/4 31 09
Bernhard Steinmetz GmbH, Gottesweg
165, 5000 Köln 41, 02 21/41 15 97

COLLET (René)
Grande Rue
51120 Fontaine Denis Nuisy (Sézanne)
26 80 22 48
RM. 15 000 Flaschen im Jahr. St.

COLLIGNY (Père & Fils): Marne et
Champagne

COLLIN (René)
rue Vignerons
51270 Congy
26 59 31 20
NMR. Club. Robert.

COMTE D'ARCY: S.A.M.E.

COMTE D'AULONE: Vranken

COMTE DE BAILLY: S.A.M.E.

COMTE DE BLANZAC: Boizel. D

COMTE DE CERNAY: Marne et Champagne

COMTE DE GERBOR: S.A.M.E.

COMTE DE KERNY: S.A.M.E.

COMTE DE NEUFCHÂTEL: S.A.M.E.

COMTE DE ROBART: Boizel

COMTE D'HARMONT: Michel Gonet

COMTE FERNAND D'ERNÉE: Rapenau

*COMTOIR VINICOLE DE CHAMPA-
GNE:* s. Marie Stuart

COPINET (Jacques)
51260 Montgenost (Anglure)
26 80 49 14
RM. 5 ha. ST.

CORDOIN (Claude & Fils)
36 rue Paul Doumer
51700 Port à Binson (Dormans)
26 58 08 15
NMR. 60 000 Flaschen im Jahr.

CÔTE & SANDRIN: s. Arnoult (Jean)

COULON (Jean)
4 rue des Vignes
51390 Villedommange (Gueux) ❦
26 49 25 15
RM. Robert.

DE COURCELLES: S.A.M.E.

DE COURCY: Charbaut. D

COURONNE D'OR: Les Champagnes
de Sélection, Epernay.

COUVREUR (Alain)
51140 Prouilly (Jonchery sur Vesle)
26 48 58 95
RM. Robert.

CRAYÈRE Coop. (Bethon): s. Baron de
Neuville

CRÉMANT ROYAL: S.A.M.E.

CUPERLY (Andrée)
 2 rue de l'ancienne Eglise
 51380 Verzy 🍇🍇
 26 97 92 42
 9 ha, D.

CUVÉE COLBERT: Besserat de Bellefon

CUVÉE FIRST: Besserat de Bellefon

DANGIN (Paul & Fils)
 11 rue du Pont
 10110 Celles sur Ource (Bar sur Seine)
 25 38 50 27
 RM, unter den 20 größten.
 Robert.

DANTENAY-MANGIN (André)
 rue de Châlons
 51160 Mareuil sur Ay (Ay) 🍇
 26 50 60 30
 RM.

DARFEUIL (Luc): S.A.M.E.

DARREYE (Jean)
 2 rue d'Ambonnay
 51150 Trépail (Tours sur Marne) 🍇
 26 57 05 18
 RM. ST.

DAUBIGNY: Marne & Champagne, D.

Bei Cramant in der besten Chardonnay-Gegend; im Hintergrund Château Saran
(Moët & Chandon)

145

DAUMONT (Louis): hergestellt vom Comptoir Vinicole de Champagne und mehreren Genossenschaften in Bethon.

DAUTEL & JACQUENET
10 rue St. Vincent
10110 Loches sur Ource (Bar sur Seine)
25296112
RM. Robert.

DAYER (Gaston)
rue Pasteur
51380 Villers Marmery (Verzy) ❦
26979672
RM. 16–17000 Flaschen im Jahr.

DEBARGUE (Gilbert)
5 rue de la Gravelle
51700 Cerseuil (Dormans)
26507165
RM. Etwa 50000 Flaschen im Jahr.

DECHANNES (Père & Fils)
place des Héros de la Résistance
10340 Les Riceys
25383402
(Vater, Hubert)
und 25383263
(Sohn, Roland). RM.

DECÔTANNE: s. Chassenay d'Arce

DEFRANCE (Roger)
24 rue Plante
10340 Ricey-Bas (Les Riceys)
25293220
RM. Robert.

DEFRANCE (G. & Fils)
10340 Les Riceys (obere Straße, parallel zur rue Général de Gaulle, oberhalb Parkplatz vor Crédit Agricole.)
RM.

DEHOURS
2 rue de la Chapelle
51700 Cerseuil (Mareuil le Port)
26507175
Winzerfamilie seit 1610 nachgewiesen.
NMR. 28 ha. Robert.
Imp.: Baur + Willig, Auf der Platte 8, 6701 Altrip, 06236/30622
S. Kukurudz, Pöseldorfer Weg 7, 2000 Hamburg 20. 040/442101

DELABARRE-BROCHET (Christiane)
26 rue de Châtillon
51700 Vandières (Dormans)
26580265
RM. Robert.

DELACOSTE (& Fils): Marne et Champagne

DELACOURT (R.): Duval-Leroy

DELAFON: Rémy Paillard

DELAMOTTE (Père & Fils)
5/7 rue de la Brèche d'Oger
51190 Le Mesnil sur Oger (Avize) ❦ ❦
26575165
Etwa 160000 Flaschen im Jahr. Gegründet 1760; eigentlich das Stammhaus der wesentlich größeren Firma Lanson – Jean-Baptiste Lanson wurde 1828 Teilhaber; nachdem der letzte Delamotte und seine Witwe gestorben waren, änderten die Lansons den Firmennamen in Lanson Père et Fils, Delamotte wurde eine ihrer Handelsmarken. Nach dem Ersten Weltkrieg erwarb eine Lanson-Tochter, inzwischen verheiratete de Nonancourt, die Marke, und 1927 entstand in Le Mesnil wieder ein Haus Delamotte unter der Leitung eines de Nonancourt. (Ein Jahrzehnt später, 1938, übernahm die inzwischen verwitwete Marie-Louise de Nonancourt das Unternehmen Laurent Perrier.) Delamotte gehört heute dem jüngeren Bruder Bernard de Nonancourts (von Laurent Perrier), Charles.

DELAPORTE (Yves)
12 rue de la Haie du Bois
51150 Tours sur Marne ❦ ❦
26589126
RM. 5 ha. ST.

DELAROY (Veuve): Boizel

DELAUNOIS (Pierre)
16 rue de Valmy
51500 Rilly la Montagne ❦
26034053
RM. Robert

DELAVENNE-CRÉPAUX (Jean Louis)
6 rue de Tours
51150 Bouzy (Tours sur Marne) ❦ ❦
26570204
HA 87.

DELBECK: Piper Heidsieck

DELDER (Louis): Le Brun

DELIÈRE (Gaston): COGEVI

DELONG (Guy)
24 rue de Tilleuls
51390 Sainte Euphraise et Clairizet (Gueux)
26492086
NMR. 20–25000 Flaschen.

DELORME (Jacques): Marne et Champagne

DELOT (Maurice)
3 place de l'Eglise
10110 Celles sur Ource (Bar sur Seine)
25385012
RM.

DELOZANNE (Yves)
67 rue Savigny
51170 Serzy et Prin (Fismes)
26974018
RM. Robert.

DEMAREST (René)
92 rue Ponsardin
51100 Reims
26851594
NM.

DEMIÈRE (Raymond)
10 rue de Reims
51150 Ambonnay (Tours sur Marne) ❦ ❦
26570193
RM.

LA DEMOISELLE DE CHAMPAGNE: Vranken

DENAUER: Beaumet

DENIS (Père & Fils): Marne et Champagne

DENNERY (Charles): Charbaut

DENOIS (Père & Fils)
103 rue Louis Dupont
51200 Cumières (Epernay) 🍇
26 55 42 45
RM. 10 ha GM 87, Robert.

DEPRAYÈRES: Centre Vinicole de la Champagne

DEREGARD MASSING, (Louis Massing)
La Haie Maria, etwas außerhalb
51190 Avize 🍇 🍇
26 57 52 92
NMR. 15 ha + Zukauf, 300–350 000 Flaschen im Jahr.
Importeur: Baus & Provot, Dudweiler Str. 57, 6603 Sulzbach-Neuweiler, 0 68 97/42 66.

DEROY (Charles Père & Fils): S.A.M.E.

DESAUTELS-ROINARD
1 chemin de Châlons
51190 Oger (Avize) 🍇 🍇
26 57 53 75
NMR. 3 ha.

DESBORDES (Roger)
51200 Chavot-Courcourt (Epernay)
26 54 31 94
RM. Robert.

DESBROSSE (Robert)
51270 Congy (Montmort Lucy)
26 59 31 08
RM. Robert.

DESCOMBES: Marne & Champagne

DESMAREST (André)
rue de l'Eglise
51200 Chavot Courcourt (Epernay)
26 54 32 15
RM. Etwa 4 ha.

DESMAZIÈRES (Laurent)
11 rue Dom Pérignon
51500 Chigny les Roses (Rilly la Montagne) 🍇
26 03 44 46
HA 86.

DESMOULINS & CIE (R. L. Bouloré)
44 Avenue Foch
51200 Epernay
26 54 24 24
NM. Etwa 180 000 Flaschen jährlich.
HA 87.

DESMOULINS (C. J.)
22 rue des Lambourgs
51200 Saint Martin D'Ablois (Epernay)
26 54 43 54
RM. ST.

DESROCHES: Centre Vinicole de la Champagne

DESRUETS (Joseph)
85 rue Bacchus
51160 Hautvillers (Ay) 🍇
26 59 40 13
RM. ST.

DESSAINT-DUBOIS (André)
23 place Victor Hugo
51200 Damery (Epernay)
26 58 41 70
RM. Etwa 10 000 Flaschen. ST.

DETHUNE (Paul)
rue de l'Espérance
51150 Ambonnay 🍇 🍇
26 57 01 88
HA 87.

DEUTZ & GELDERMANN
(Deutz-Delas)
16 rue Jeanson
51160 Ay 🍇 🍇
26 55 15 11
SGM

Das wohl eindrucksvollste Beispiel für deutsch-französische Zusammenarbeit und Wechselwirkungen in der Erfolgsgeschichte des Champagner: 1838 von Deutschen gegründet, deren direkte Nachkommen heute nicht nur hoch angesehenen Champagner, sondern auch im badischen Breisach deutschen Sekt herstellen. Das Champagnerhaus verkauft etwa 800 000 Flaschen im Jahr, von denen fast die Hälfte exportiert werden. Es besitzt rund 40 ha Weinfläche, die etwa 40 % des Bedarfs decken, das übrige wird hinzugekauft. Hauptexportkunden sind die Schweiz, die USA, die Bundesrepublik (etwa 60 000).

Deutz und Geldermann waren zwei junge Leute aus Aachen; Deutz hatte einige Jahre bei seinem Landsmann Bollinger im berühmten Champagnerstädtchen Ay gearbeitet und brachte die Praxis in die Firma ein, Geldermann die Finanzen. Beide heirateten Frauen aus der Champagne, und dann heiratete Peter (später Pierre) Geldermanns Sohn Alfred die Tochter von Wilhelm (später William) Deutz. Die männliche Geldermann-Linie ist ausgestorben. Die Enkelin Geldermanns heiratete René Lallier – den Lalliers gehört die Firma noch heute, dazu die Sektfirma Deutz & Geldermann in Breisach, das Rhône-Weinunternehmen Delas, ein Weingut an der Loire und eine Schaumweinproduktion in Kalifornien. Außerdem ist Deutz im Schaumweingeschäft in Argentinien, Australien und Südkorea tätig (in Südkorea half es beim Aufbau einer Schaumweinproduktion für die olympischen Spiele 1988).

Das Haus stellt die üblichen Champagnerqualitäten her (einschließlich Crémant und Rosé); die Weine werden weder geschönt noch gefiltert und nach der Verkorkung sechs Monate lang weiter gelagert, was weit überdurchschnittlich ist. Etwa 40 % der Produktion sind Jahrgangs-Champagner, was ebenfalls weit über dem Durchschnitt liegt. Prestigecuvée: William Deutz mit Jahrgang (30 % Chardonnay, 60 % Pinot Noir, Rest Meunier). HA 87, GM 87, VF 87, D, V.

Empfangssalon im Stil der alten Zeit (Deutz in Ay)

Importeur: Deutz & Geldermann Sekt-kellerei Breisach GmbH, 7814 Breisach/Rhein, 07667/595.

DEVARENNE (Gilbert)
4 rue Jules Ferry
51500 Mailly-Champagne 🍇🍇
26 49 44 23
RM. ST.

DEVAUX (Veuve A.)
Union Auboise

DEVAVRY (Bertrand)
35 rue Pasteur
51160 Champillon (Ay) 🍇
26 51 54 04
RM. Robert.

DEVILLE (Jean-Paul)
13 rue Carnot
51380 Verzy 🍇🍇
26 97 93 50
RM. Club. Robert.

DEVILLIERS (Raymond)
8 route de St. Lié
51390 Villedommange (Gueux) 🍇
26 49 25 13
RM, 15–20 000 Flaschen pro Jahr.

DIDIER-NICERON
48 route de Vinay
51200 Saint Martin d'Ablois (Epernay)
26 54 34 91
RM. Etwa 25 000 Flaschen. ST.

DILIGENT (François)
10110 Buxeuil: s. Moutard.

DIOGÈNE-TISSIER
51200 Chavot Courcourt (Epernay)
26 54 32 47
RM. Robert.

DOMI-MARCEAU (Bertrand)
11 rue de Bas
51200 Mancy (Epernay)
26 59 71 67
RM. 15 000. ST.

DOMI (Pierre)
8 Grande Rue
51190 Grauves (Avize) 🍇
26 59 71 03
RM. Robert.

DOM QUENTIN: S.A.M.E.

DOMINIQUE: S.A.M.E.

DOQUET-JEANMAIRE
Avenue Bammental
51130 Vertus 🍇
26 52 16 50
Rund 100 000 Flaschen im Jahr. HA 87
D.

DORMAY (André)
rue du 119e Régiment d'Infanterie
51220 Cauroy les Hermonville (Hermonville)
26 61 51 81
RM. Robert.

DOUBLET (Bernard)
15 rue des Lys, les Falloises
51130 Vertus 🍇
26 52 12 14
RM. 5000 Flaschen. ST.

DOYARD: Vranken

DOYARD (Robert & Fils)
61 Avenue de Bammental
51130 Vertus 🍇
26 52 14 74
RM. 5 ha. Robert.

DOYEN
1 Ave du Général Giraud
51100 Reims
26 61 14 14
Gehört über Henriot zur Gruppe LV.
MH.

D. R.: Laroche (Gilbert)

DRAPPIER (André) (Sohn: Michel)
10200 Urville (Bar sur Aube)
25 26 40 15
NMR. Etwa 215 000 Flaschen jährlich.
HA 87, Robert, D.
Imp.: Rutishauser GmbH, Erlenmeyerstr. 4, 8750 Aschaffenburg,
06021/42097

DREYER (& Fils): Marne et Champagne

DRIANT (Robert)
10 rue Marie Coquebert
51160 Ay 🍇🍇
26 55 49 60
Etwa 45–50 000 Flaschen jährlich. HA
87, Garcia, Dovaz.
Imp.: Vins Burgondes Combier-Niebuhr, Schleiermacherstr. 16, 6000
Frankfurt 1, 069/43 31 79

DROUET (Paul & Cie): Marne et Champagne

DUBOIS (Claude)
route d'Arty les Almanachs
51200 Venteuil (Epernay)
26 58 48 37
Robert.

DUBOIS-CARRON: Rémy Paillard

DUC DE BRÉNY: COGEVI.
Imp.: Weingut-Sektkellerei
Domherrenhof, 5483 Walporzheim,
02641/34031

DUC DE BREUZY: COGEVI

DUC DE CHARLANNE: s. Moutard

DUC DE TERTRE: S.A.M.E.

DUC DE VALMY: S.A.M.E.

DUC DE VOINEMONT: S.A.M.E.

DUCHATEL & CIE: Charbaut, Marne &
Champagne

DUCHÊNE: Canard Duchêne

DUCLOS (Vve): COGEVI

DUCOIN (Charles): Charbaut

DUCOIN (Jacques)
11 rue Carnot
51160 Mareuil sur Ay 🍇
26 50 60 14
NM. Etwa 100 000 Flaschen, auch unter
Handelsmarken. Erfinder der mechanischen »zircpalettes«, mit denen die Flaschen in größeren Mengen gleichzeitig
gerüttelt werden*, Patent gemeinsam
mit Claude Cazals (s. d.).

DUCOIN-PETIT
Grande Rue
51270 Fèrebrianges (Montmort)
26 59 32 18
in Epernay 20 rue Jean Thévenin
26 59 30 21 NM.

---

* Zur Lockerung und Konzentrierung des Depots
am Korken

DUFOUR (Robert)
4 rue de la Croix-Malo
10110 Landreville (Bar sur Seine)
25 38 52 25
RM. 9 ha HA 87.
Imp.: Wein- und Champagner-Import
Stuttgart, Traubenstr. 33 a 7000 Stuttgart 1. 07 11/29 14 28

DU MONTEIL (Christian): Rapenau

DUPONT (J. P.) Stadtwallgürtel 1, 5000
Köln 41, 0221/40 81 27 Eigenmarke,
Champagner eines größeren Produzenten in Pierry bei Epernay.

DUPONT (Jean-Claude) 7 rue d'Ambonnay 51380 Trépail (Marne) 🍇
26 57 05 59 RM.
Imp.: TOSCANA Weinimport GmbH,
Rohrer Straße 172, 7022 Leinfelden-Echterdingen, 0711/7 80 00 70 u.
75 45 42

DURIEUX (Paul): Marne et Champagne

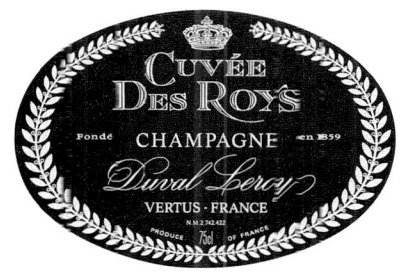

DUVAL-LEROY
rue du Mont Chenil
51130 Vertus 🍇
26 52 10 75
Gegründet 1859 aus dem Zusammenschluß von Familienfirmen der beiden
Namen, heute sowohl stark mit eigener
Marke als auch mit etwa 50 Handelsmarken, die 70 % des Verkaufsvolumens
ausmachen und meist von überdurchschnittlicher Qualität sind. Jahresproduktion 3–4 Millionen Flaschen (1986
3,5 Millionen), davon mehr als ein Viertel Export. Hauptkunde außerhalb
Frankreichs ist Großbritannien (Sainsbury nimmt unter seiner Eigenmarke allein etwa 600 000 Flaschen und ist damit
hinter Moët & Chandon und Lanson die
drittgrößte britische Champagnermarke).

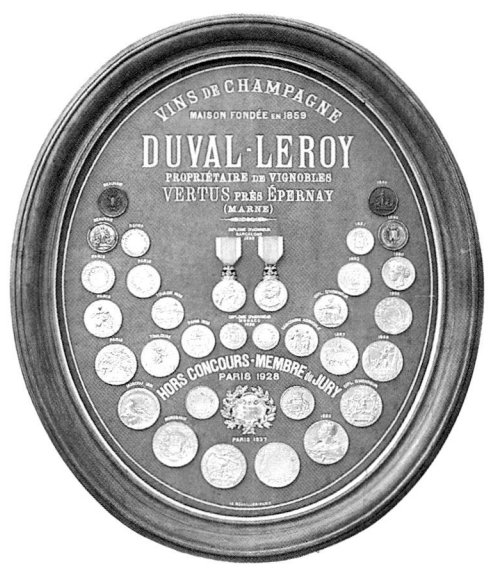

Firmenchef Duval mit seinem (holländischen) Exportleiter Jan Coenen

Das Unternehmen besitzt 80 ha Weinberge, davon 30 in der begehrten Côte des Blancs (Chardonnay). Es arbeitet mit modernen Methoden, versucht aber, das Schwergewicht seines Geschäfts von den Supermärkten mehr in die Fachgeschäfte und die Gastronomie zu verlagern. Es kann sich rühmen, daß seine Handelsmarke Sainsbury bei Londoner Blindverkostungen, an denen bekannte Fachleute beteiligt waren, schon mehrfach vor berühmteren Marken abschnitt.

Die Handelsmarken (B.O.B.) werden natürlich nach Preis und Geschmack dem Wunsch der Abnehmer entsprechend gestaltet. Zu diesen gehören außer Sainsbury: Delacourt, de Muret, d'Enjoie, Jestin, Nilens, Reisder, Vertay, Veuve Morlant.

Unter eigenem Namen folgende Sorten: Carte Blanche Demi Sec – Carte Blanche Brut, drei Jahre Lager – Crémant Blanc de Blancs Brut – Fleur de Champagne Demi Sec – Fleur de Champagne Brut (70 % Chardonnay, 30 % Pinot Noir) fast drei Viertel der Produktion – Fleur de Champagne Brut mit Jahrgang (60 % Chardonnay, 40 % Pinot Noir) – Rosé Brut, 2 Jahre Lager, geringe Produktion

– Cuvée des Roys, Prestigecuvée (70 % Chardonnay) 6 bis 7 Jahre Lager. HA 87, VF 87, D.

Importeur: Weinstraße Adolph, Ubierring 13, 5000 Köln 1 02 21/31 24 13

DUVERGER (Jean)
15 rue de Champagne
51200 Moussy (Epernay)
26 54 03 54
RM. Robert.

EDWARD VII: Marne et Champagne

EISENTRÄGER: s. Cheurlin

EGLY (Michel)
15 route de Trépail
51150 Ambonnay
26 57 00 70
HA 87. Robert, V.

ELLNER (& Fils)
1 rue Côte Legris
51200 Epernay
26 53 20 25
NMR. Mehr als 60 000 Flaschen.

D'ENJOIE (Edouard): Duval-Leroy

ESTERLIN: Coopérative Vinicole
2 rue du Château
51200 Mancy (Epernay)
26 59 71 52
Robert.

ETIENNE: Zweitmarke von Lanson

EVEQUE (Paul): Gérard Dubois
Justus-Liebig-Str. 2
6500 Mainz-Hechtsheim (Industriegebiet)
06131/50 45 18. Hergestellt von Union
Champagne (s. d.)

FAGOT (François)
25 rue Gambetta
51500 Rilly la Montagne
26 03 42 56
RM. 7 ha, etwa 60 000 Flaschen.

FAGOT (Joseph)
8 rue de Valmy
51500 Rilly la Montagne
26 03 40 60
NMR. 50–100 000 Flaschen.

FAGOT (Michel)
6 rue de Chigny
51500 Rilly la Montagne
26 03 47 77
RM. 22 ha, 160–180 000 Flaschen. Robert.

FANIEL (André)
rue Grande
51160 Cormoyeux (Ay)
26 58 64 23
RM. Etwa 50 000 Flaschen. ST.

FAUST (Serge)
18 rue Bailly
51700 Vandières (Dormans)
26 58 02 12
RM 45–50 000 Flaschen. Biolog. Anbau

FAUVET (Claude)
4 rue d'Epernay
51150 Ambonnay (Tours sur Marne)
26 57 00 39
NMR.

FAUVET (Pierre)
6 rue Dom Pérignon
51150 Ambonnay (Tours sur Marne)
26 57 01 05
RM. Robert.

FEUILLATTE (Nicolas): Centre Vinicole
de la Champagne
51206 Chouilly (Epernay)
s. d. Robert, D.
Importeur: A. Viehauser, Martinistraße
11, 2000 Hamburg 20, 040/4 80 78 89

FIGUET (Robert)
144 rue Nationale
02310 Saulchery (Charly)
23 70 16 06
RM. Robert.

FINE FARE: Lanson

FLAURENT (Philippe): Coopérative de
Grauves, s. Royal Coteau

FLEUR DE BRUT: Sélection des Grandes
Marques de Champagne,
5 rue du Helder
75009 Paris

FLEURVILLE (Jean): Charbaut

FLINIAUX (Roland)
1 rue Léon Bourgeois
51160 Ay
26 55 17 17
4 ha. Zukauf. Zwischen 30 000 und
100 000 Flaschen im Jahr. HA 87,
Robert, D.
Importeur: Erich Gandlgruber, An der
Vogtei 2, 8836 Ellingen, 091 41/71770

FLO: Marne et Champagne

FLOQUET (Jean-Pierre)
1 rue Gambetta
51500 Mailly Champagne (Rilly la Montagne)
26 49 48 13
RM 5 ha. Etwa 20 000 Flaschen im Jahr.
GM 87, Robert.

FLOQUET-GÉLOT (Jean-Louis)
6 rue Corbet
51360 Verzenay
26 49 42 92
RM. Robert.

FLORANCY (René): Union Champagne

FLUTEAU (G.): Hérard et Fluteau

FOREST (André)
Petite rue de l'Eglise
51140 Trigny (Jonchery sur Vesle)
26 03 11 61
RM. 10 ha, 60–70 000 Flaschen. ST.

FOREST (Marcel)
rue des Lombards
51140 Trigny
26 03 12 57
RM. 50–60 000 Flaschen. ST.

FORGET-BRIMONT (Michel)
7 route du Réservoir
51500 Ludes (Rilly la Montagne) ❀
26 61 10 45
NMR.

FORGET-CHEMIN (Edmond)
15 rue Victor Hugo
51500 Ludes ❀
26 61 12 17
RM. Club. Robert.

FORGET-MENU (Henri)
4 rue Gambetta
51500 Ludes ❀
26 61 10 30
RM. Siehe Gaidoz-Forget, der beide verwaltet. Etwa 80 000 Fl.

FOSSE-PARISIS: s. Sparnacienne (Sté)

FOUREUR (Père & Fils)
9 rue Buirette-Petit
51360 Verzenay ❀ ❀
26 49 81 50
RM. ST.

FOUREUR (Robert)
4 Impasse des Pinots
51150 Ambonnay (Tours sur Marne) ❀ ❀
26 57 02 68
RM. ST.

FOURNEAUX-FOREST: Taittinger

FOURNIER & CO: Piper Heidsieck

FOURNY (Veuve & Fils)
5 route de Mesnil
51130 Vertus ❀
26 52 16 30
RM. ST.

Feuchtes Zwischenspiel vor der Kelterei; eigentlich ist das Wasser für die Plastikbehälter bestimmt.

FOX (R. H.): Lanson

FRANÇOIS (Lucien):
10110 Polisy (Bar sur Seine)
25 38 52 30
RM. Robert.

FRANÇOIS-DELAGE (Jean-Claude)
2 place de la République
51500 Ludes (Rilly la Montagne) ❀
26 61 12 97
NMR. Club. Robert.

FRANSORET (Roger) ▣
Alencourt (1 km von)
51200 Mancy (Epernay)
26 59 70 68
RM. 7000 Flaschen, Ausweitung auf 20 000 möglich. Biolog. Anbau.

FREMINET: Beaumet-Chaury

FRESCOBALDI: Marne et Champagne

FRESNE (René)
place de l'Eglise
51500 Sermiers (Rilly la Montagne)
26 97 62 31
RM. ST.

FRESNE-DUCRET (Laurent)
10 rue St.-Vincent
51390 Villedommange (Gueux) ❀
26 49 24 60 und 26 49 25 30
RM. ST.

FRESNET-DÉCOTTE (Gérard)
12 rue de Beaumont
51380 Verzy ❀ ❀
26 97 93 40
RM. Robert.

FRESNET-JUILLET (Roger)
rue Thomois
51380 Verzy ❀ ❀
26 97 93 05
RM.

FREVILLE & CIE: Marne et Champagne

FRÉZIER (Denis & Alfred)
50 rue Gaston Poittevin
51200 Monthelon (Epernay)
26 59 70 16
RM. Robert.

FROMENT-GRIFFON (Jean-Pierre)
5 rue du Franc Mousset
51500 Sermiers (Rilly la Montagne)
26 97 61 62
RM. 3 ha etwa 15 000 Flaschen.

GABRIEL (Pierre)
2 rue du Calvaire
51380 Trépail (Verzy) 🍇
26 57 05 46
RM. Vater und Sohn zusammen 5 ha,
20–22000 Flaschen. ST.

GABRIEL-PAGIN (R.)
22 rue Charles de Gaulle
51160 Avenay Val d'Or (Ay) 🍇
26 52 31 26
Etwa 35000 Flaschen im Jahr. Club.
Robert.

GALLIMARD
18 rue du Magny
10340 Les Riceys
25 29 32 44
RM. HA 87.

GAIDOZ-FORGET (Daniel)
1 rue Carnot
51500 Ludes (Rilly la Montagne) 🍇
26 61 10 30
RM. Robert. Verwaltet auch Forget-
Menu (s. d.)

GANDON (Jean-Marie)
route de Branscourt
51140 Branscourt (Jonchery sur Vesle)
26 48 52 67
RM. Robert.

GARDET & CIE
13 rue Georges Legros
51500 Chigny les Roses (Rilly la Montagne) 🍇
26 03 42 03
Gegründet 1895. NM. 10 ha, Zukauf.
Etwa 600000 Flaschen jährlich. Garcia,
D.

GARITAN (Michel)
4 rue Gambetta
51500 Mailly-Champagne 🍇 🍇
26 49 43 61
RM. ST.

GARTNER (L.): S.A.M.E.

GASPARD-PARMANTIER (Michel)
58–60 rue Gaston Poittevin
51200 Monthelon (Epernay)
26 59 70 37
RM. 40000 Flaschen. ST.

GAUDICHAU (Jean)
route de la Fontaine Denis
51260 La Celle sous Chantemerle (Anglure)
26 80 21 58
RM. Etwa 10000 Flaschen. ST.

GAUTHEROT (André)
29 Grande Rue
10110 Celles sur Ource (Bar sur Seine)
25 38 50 03
RM. Robert.

GAUTHIER (Bernard)
10200 Arrentières (Bar sur Aube)
25 27 16 11
RM. Robert.

GAUTHIER: Marne et Champagne

GAUTHIER (Roger)
15 Boulevard des Bermonts
51150 Ambonnay (Tours sur
Marne) 🍇 🍇
26 57 01 94
RM. St.

GEISMANN: Marne et Champagne

GENET (Michel)
rue des Partelaines
51200 Chouilly (Epernay) 🍇 🍇
26 55 40 51
RM. Robert.

GENTILS (René)
356 rue du Colonel Fabien
51200 Dizy (Epernay) 🍇
26 55 24 37
NMR. 5 ha.

GEOFFROY (René)
105 rue du Bois des Jots
51200 Cumières (Epernay) 🍇
26 55 32 31
NMR. 11 ha. GM 87, VF 87, Robert.

GÉRARD: s. Premiers Crus de la Marne

GERARD & CO (Gaston): S.A.M.E.

GERBERT (Alain): S.A.M.E.

GERBOIS (Alain): S.A.M.E.

GERMAIN (H. & Fils)
36 rue de Reims
51500 Rilly la Montagne 🍇
26 03 40 19
Gegründet 1898, jetzt im Besitz des Mö-
belunternehmens Frey, Reims (70%,
weitere 20% Bank Worms). 24,5 ha Zukauf. 800–900 000 Flaschen im Jahr, einschließlich der Zweitmarke BINET (etwa 200 000), fast 25% Export, hauptsächlich USA. Mehrere Handelsmarken. D.
Imp.: Marcantor, St. Johanner Str. 94,
6600 Saarbrücken 2, 06 81/4 77 55

GESSNER (Pol): Marne et Champagne

GESSON (Louis): S.A.M.E.

GHYS (Michel)
2 rue des Gris
51190 Avize 🍇 🍇
26 57 51 05
RM. 3 ha, ST.

GIESLER: Marne et Champagne

GILBERT (Gustave) & Gravet: Les
Grands Vins Chatellier

GIMONNET (Père & Fils)
1 rue de la République
51200 Cuis 🍇
26 55 12 54
Seit 1700. RM. 25 ha. Etwa 180 000 Fla-
schen im Jahr. Club. D, HA 87, Robert,
V. Besitzt auch Lamandier Père & Fils,
Cramant (s. d.).
S. auch Maezelle. Vertretung für die
BRD: Mme. F. Vadé Felon, 18 rue de
l'Arcade, 75008 Paris, 47 42 28 33.
Imp.: Die französische Weinbotschaft,
Kanzlerweg 7, 6501 Saulheim 1,
06732/53 95

GIRARD & CO: Les Grands Vins Chatellier

GOBERT-PINGRET (Jean Claude)
15 rue des Grappes d'Or
51160 Romery (Ay)
26 58 64 54
RM.

GOBILLARD (Jean-Marie)
126 rue de Bacchus
51160 Hautvillers (Ay) 🍇
26 59 40 18
NMR. Robert.

GOBILLARD (Paul)
43 rue Léon Bourgeois
(Château de Pierry)
51200 Pierry (Epernay) 🍇
26 54 05 11
NM. 145 000 Flaschen. HA 87.
Imp.: Frenger, Frankonnenweg 5, 7410
Reutlingen, 071 21/33 02 20

GODARD & FILS (Vve)
Avenue du Mont Félix
51200 Moussy (Epernay)
26 54 04 36
RM. 8 ha. ST.

GODMÉ (Bertrand)
11 rue Werlé
51360 Verzenay 🍇 🍇
26 49 41 88
RM. ST.

GOERG (Paul): s. La Goutte d'Or

GOLD RING: S.A.M.E.

DE GOLDSCHMIDT-ROTHSCHILD
(Cyril), Cuvée du Bouclier: von Philipponat gemacht.

GONET (François)
rue du Stade
51190 Le Mesnil sur Oger (Avize) 🍇 🍇
26 57 53 71
Rund 70 000 Flaschen im Jahr. Club.
Robert.

GONET (Michel)
196 Avenue Jean Jaurès
51190 Avize 🍇 🍇
26 57 50 56
RM. 40 ha. Etwa 300 000 Flaschen im
Jahr. Club, HA 87, Robert, V.

GONET (Philippe)
6 route de Vertus
51190 Le Mesnil sur Oger (Avize) 🍇 🍇
26 57 51 07
RM. 18 ha. Club. GM 87, Robert.

GONET (Vincent)
13 rue Henri Martin
51200 Epernay
26 54 37 63
Club.

GONET (Vincent)
chalet du Cerf, RN 60
10300 Torvilliers (Ste Savine)
(7 km westlich Troyes)
25 79 17 04
RM. Robert.

GORISSE-DEBAS (Jean)
Grande Rue
51130 Loisy en Brie (Vertus)
26 59 33 62
NMR.

GOSSET (E. & L.)
69 rue Jules Blondeau
51160 Ay 🍇 🍇
26 55 14 18
Das älteste Weinhandelshaus der Champagne – urkundlich nachgewiesen ab
1584, noch heute im Besitz der Familie
Gosset. 10 ha. Rund 300 000 Flaschen.
Erste Gärung in Holzfässern, Reserveweine teils in Magnums, teils in Stahltanks. Lange Lagerzeiten. Zur Jahrhun-
dertfeier der Freiheitsstatue in New
York brachte Gosset eine Champagnerflasche in Rekordgröße auf den Markt:
den »Salomon«, Inhalt entspricht 24
Normalflaschen. HA 87, GM 87, VF 87,
D, V.
Importeur: Carl Tesdorpf, Mengstr.
66/70, 2400 Lübeck 1, 0451/7 60 74

GOSSET-BRABANT (Jean)
23 Boulevard du Maréchal de Lattre de
Tassigny
51160 Ay 🍇 🍇
26 55 17 42
RM. 25 000 Flaschen.

GOSSY (Pol): S.A.M.E.

GOULET (Georges): Les Grands Vins Chatellier
51100 Reims
NM., GM 87, D.
Importeur: Hein & von Hake, Frankfurter Str. 13, 3550 Marburg/Lahn, 06421/23644

GOULET (Henry): Les Grands Vins Chatellier.

GOUTORBE (Henri)
11 rue Léon Bourgeois
51160 Ay ❦ ❦
26552170
RM. 15 ha, etwa 120000 Flaschen im Jahr. Club. D, Robert. Silbermed. Concours agricole Paris 1987. Goutorbe betreibt auch Rebveredelung durch Pfropfen auf amerikanische Rebstöcke[1], und zu seiner Kundschaft gehören die größten Champagner-Häuser.
Imp.: Wolfgang Nagel, Neureuter Hauptstraße 210, 7500 Karlsruhe 31, 0721/705742

GOUTORBE (René)
11 rue Jeanson
51160 Ay ❦ ❦
26551947
RM. Robert.

GOUTTE D'OR (la Coopérative Viticole)
4 pl. du Mont Chenil
51130 Vertus ❦
26521531
Genossenschaft von 80 Winzern mit zusammen 115 ha, zu drei Vierteln Chardonnay. Sie verkauft mehr als ein Drittel ihrer Trauben an große Champagnerhäuser. 62% verarbeitet sie zu eigenem Champagner; 350000 Flaschen pro Jahr verkaufen die Mitglieder direkt unter ihrem Namen, 250000 werden unter der Marke Paul Goerg geliefert. Export etwa 200000 Flaschen im Jahr. Die Champagner sind im allgemeinen nur schwach dosiert, etwa 8 Gramm pro Liter. Bronze beim Concours Agricole Paris 1987.
Für die »Ente vom Lehel« und ihren Weinversand in Wiesbaden stellt La Goutte d'Or unter dem Namen »die Nasen« nicht dosierten Blanc de Blancs und Rosé-Champagner her (Kaiser-Friedrich-Platz 3, 6200 Wiesbaden, 06121/301516).

Importeur Goerg: Diemert, Kriemhildstr. 6, 7640 Kehl, 07851/77163

GOYARD (J.)
52 rue Jules Blondeau
51160 Ay ❦ ❦
26551911
Hauptsächlich Distillerie, vertreibt jedoch auch Champagner, Marke Louis Morot.

GRAND-PIERRE (Robert)
rue Fontaine
10110 Viviers sur Artaut (Bar sur Seine)
25385332
RM. Robert.

GRAND PRIX: S.A.M.E.

GRANGE DES COTEAUX (la): s. Bernard (J. L.), Dizy

GRANIER: britisches Unternehmen (Hayfield, Stockport), das seine Champagner-Eigenmarke von Nollevalle bezieht (s. d.).

GRANT (D): S.A.M.E.

GRATIEN (Alfred)
Ets. Gratien, Meyer, Seydoux & Cie, 30 rue Maurice Cerveaux
51200 Epernay
26543820
Die Marke heißt nach dem Gründer, der 1864 sowohl das Champagnerhaus als auch ein Schaumweinunternehmen in Saumur (Loire) gründete; später trat Jean Meyer hinzu, der 1870 wegen des deutschen Einmarsches das Elsaß verlassen hatte. Die heutigen Besitzer, Seydoux und de Bousquet, sind Nachkommen der Gründerfamilien. Jährlich 150–200000 Flaschen, etwa die Hälfte Export. Erste Gärung und Reservelagerung in Holz. Flaschengärung nicht mit Kronenkappen, sondern Korkenverschluß, was heutzutage ziemlich selten ist. Auch Handelsmarken. HA 87, D.
Imp.: Werner Kappert, Jasminweg 16, 5602 Velbert 1, 02051/62324

GRATIOT (Gérard)
25 Avenue Fernand Drouet
02310 Charly
23820689
RM. Robert.

GRONGNET & FILS
51270 Etoges (Montmort)
26593050
NMR Club. Robert.

GRUET & FILS: Coopérative des Vignerons des Coteaux de Bethon
rue du Chemin Neuf
51260 Bethon (Anglure)
26804819
75 Winzer mit zusammen 86 ha produzieren für den Handel, aber auch etwa 380000 Flaschen unter Gruet & Fils und verschiedenen Handelsmarken, überwiegend für den Export.

GRUMBERT (Pierre): Marne et Champagne

GUÉRARD (Michel): Der berühmte französische Gastronom läßt sich eine Eigenmarke anfertigen, die in der Bundesrepublik durch A. Segnitz & Co vertrieben wird: Löwenhof 2, 2800 Bremen 1, 0421/388007

GUERIN (Vve & Fils): Marne et Champagne

GUERRE (Pierre)
rue de Champagne
51200 Venteuil (Epernay)
26584848
RM. Robert.

GUIBORAT FILS
99 rue de la Garenne
51200 Cramant (Epernay) ❦ ❦
26575403
RM. HA 87.

GUICHON (Michel)
12 rue Henri Martin
51200 Monthelon (Epernay)
26597055
RM. 4 ha.
Imp.: Champa Vins Français, Am Glasofen, 5190 Stolberg, 02402/20064

GUYOT (B.)
46 Grande Rue
10250 Neuville sur Seine (Mussy sur Seine)
25382069
RM. Robert.

---

1 siehe Reblauskrise, Seite 24

Die Mühle von Verzenay (gehört Heidsieck-Monopole).

HAMM & FILS
  16 rue Nicolas Philipponat
  51160 Ay 🍇🍇
  26 50 12 87
  NM 3,5 ha. Etwa 200 000 Flaschen im Jahr.
  Dovaz, Garcia, HA 87.

HANIEZ & CO: S.A.M.E.

HANOTIN Jean
  9 rue de Villers
  51380 Verzy 🍇🍇
  26 97 93 63
  RM

HARLIN (C.): A. Chauvet (Tours sur Marne).

HARRISON & WELLS: Marne & Champagne.

HATON (Jean-Noël)
  5 rue Jean Mermoz
  51200 Damery (Epernay)
  26 58 40 45
  NMR. 150–160 000 Flaschen.

HATTÉ (Bernard)
  1 rue Petite Fontaine
  51360 Verzenay 🍇🍇
  26 49 40 90
  RM. Club. Robert.

HATTÉ (Rémi)
  8 rue Thiers
  51360 Verzenay 🍇🍇
  26 49 40 81
  RM. Hört 1991 auf.

HEBRARD (Marc)
  20 rue du Pont
  51160 Mareuil sur Ay (Ay) 🍇
  26 50 60 75
  RM, Robert.

HÉDIARD: Marne et Champagne.

CHARLES HEIDSIECK
3 place des Droits de l'homme
51055 Reims
26 85 03 27

SGM

Gehört – ebenso wie Champagne Krug – zu Rémy Martin.

Annähernd 3,5 Millionen verkaufte Flaschen pro Jahr – eine der größeren Champagnermarken. Etwa zwei Drittel im Export. Die Vorräte belaufen sich auf etwa 15 Millionen Flaschen. Die unterirdischen Lager in Reims, eine Fläche von acht Hektar, teilweise in Kreidehöhlen aus gallisch-römischer Zeit, gehören zu den besonders eindrucksvollen. Eigene Weinberge hat das Haus nicht, die benötigte Trauben- bzw. Weinmenge muß gekauft werden. Größter Exportkunde ist die Bundesrepublik (1986: 460 000 Flaschen), gefolgt von Großbritannien. Auch dieses Haus geht auf eine deutsche Gründerfamilie zurück (siehe Extra-Übersicht). Es war persönlich und wirtschaftlich zweimal mit dem Champagnerhaus Henriot verbunden (s. d.).

Wie die meisten führenden Exportmarken verdankt das Unternehmen seinen Auslandsabsatz den ausgedehnten Reisen seiner Besitzer und Verantwortlichen. Der Vater des Gründers, Charles-Henri Heidsieck, ritt bis Moskau, um dort Champagner zu propagieren, nur begleitet von einem Mitarbeiter und einem Lastpferd, das mit den Probeflaschen beladen war. Der Gründer (1851), Charles-Camille Heidsieck, der nach der Schulzeit zwei Lehrjahre in Lübeck und Hamburg verbracht hatte, unternahm mehrere Amerikareisen, um diesen Markt zu erobern. Er war ein höchst erfolgreicher Verkäufer – als »Champagne-Charlie« bekannt, aber auch lan-

ge Zeit der größte Pechvogel der Champagne.

Zunächst konnten Großabnehmer Charles Heidsieck in den USA wegen der dort ausgebrochenen Wirtschaftskrise nicht bezahlen. Dann brachte der Krieg zwischen den Nord- und den Südstaaten ihn abermals um die ihm geschuldeten Summen. Von den Kunden im Süden war das Geld nicht mehr einzutreiben, und sein Vertreter im Norden unterschlug fast alle ihm zustehenden Beträge. Dann wurde Charles Heidsieck von den Truppen des Nordens als angeblicher Agent für den Süden in verwahrlosten Forts eingesperrt, wo er fast umgekommen wäre. Erst nach Monaten erreichte Frankreich seine Freilassung. Heidsieck kehrte krank, enttäuscht und

ruiniert nach Reims zurück. Er baute sein Unternehmen mit Hilfe von Krediten weniger verbliebener Freunde langsam und bescheidener wieder auf, von Schulden schwer belastet – bis eine Pointe wie im Märchen kam. Er hatte dem Bruder des untreuen Agenten in New York, der sich von diesem losgesagt hatte, trotz eigener Notlage 5000 Dollar geborgt. Dieser erwarb große Gelände auf dem Gebiet der (späteren) Stadt Denver. Bei seinem Tod vermachte er die stark im Wert gestiegenen Immobilien Charles Heidsieck, der damit auf einen Schlag zum Dollarmillionär wurde und die Schulden der Firma tilgen konnte. Es begann eine neue Blütezeit für das Haus; es »rächte« sich später an den nordamerikanischen Behörden, indem es sich während der Prohibition aktiv und gewinnreich am Schmuggel nach den USA beteiligte (nicht als einziges Champagnerhaus!).

Charles-Camille Heidsieck hatte ebenso wie sein Vater eine Tochter aus der Familie Henriot geheiratet. Er gründete seine Firma »Charles Heidsieck« 1851 zusammen mit seinem Schwager Ernest Henriot durch Umorganisation der Firma »Henriot Frère, Sœur & Cie«. Henriot stieg aber 1875 aus, um sich um das Mutterhaus Henriot zu kümmern. 1976 wurde Charles Heidsieck von Henriot übernommen, neun Jahre später verkaufte Henriot das Unternehmen an Rémy Martin.

Charles Heidsieck arbeitet mit modernen Methoden. Die Firma möchte einen Mittelkurs zwischen dem »schweren« Champagnertyp (als Beispiel gab sie Bollinger an, s. d.) und dem leichten (»wie Lanson oder Laurent-Perrier«) steuern. In die Mischungen gehen bis zu

Jean-Marc Heidsieck, Nachfahre des Gründers und Direktor der Firma Charles Heidsieck

hundert verschiedene Grundweine ein. Früher hat das Haus für verschiedene Länder verschiedene Dosagen praktiziert (für Deutsche und Amerikaner süßer als für die anderen). Heute ist die Dosage gleich, »da im Schnellreisezeitalter die Kunden überall die gleiche Qualität und den gleichen Geschmack ihrer Marke vorfinden sollten«.

Die Champagner: Demi-Sec (dosiert mit 60 Gramm Zucker pro Liter – Sec (30 g) – Brut, die meistverkaufte Sorte (je 40% Pinot Noir und Meunier, Rest Chardonnay), Dosage 10 bis 12 g pro Liter – Extra Dry, für die USA, etwas höher dosiert als der Brut – Brut mit Jahrgang (Chardonnay 25%), wie die anderen Jahrgangsqualitäten weniger dosiert als der Brut ohne Jahrgang – Brut Rosé mit Jahrgang (18% Chardonnay, mit ziemlich hohem Anteil Bouzy Rouge, etwa ein Viertel) – Blanc de Blancs Brut mit Jahrgang – Cuvée »Champagne Charlie« mit Jahrgang, der Prestigechampagner des Hauses. HA 87, GM 87, Robert, D, V.

Importeur: Eckes Import, Bahnstraße 6, 6501 Nieder-Olm. 06136/3 53 83

HEIDSIECK

Florenz-Ludwig Heidsieck gründet die Firma 1785. Stirbt 1828. Da er kinderlos geblieben war, hatte er zahlreiche Verwandte aus Deutschland zu sich geholt, insgesamt 14 Neffen und Nichten. Zwei Neffen, Heinrich Ludwig Walbaum und Christian Heidsieck, führen Heidsieck & Co. weiter, trennen sich aber 1834.

1834: H. L. Walbaum gründet mit Schwager Auguste Heidsieck: »Walbaum Heidsieck & Co.«	1834: Christian Heidsieck gründet »Heidsieck«, stirbt 1835; Witwe führt Unternehmen fort. Heiratet 1837 ihren Schwager Henri Piper. »Piper-Heidsieck« wird nach Pipers Tod 1870 von J. C. Kunkelmann übernommen, der seit 1850 Teilhaber war.	1851: Charles C. Heidsieck gründet mit Schwager Ernest Henriot »Charles Heidsieck«
1846: Heidsieck & Co		1976: »Charles Heidsieck-Henriot« (Mehrheit bei Henriot)
1889: »Walbaum Luling Goulden & Cie Successeur de Heidsieck & Co«		1985: Übernahme durch Rémy Martin, Henriot zu Vve. Clicquot
1923: »Heidsieck & Co Monopole«	1870: Kunkelmann & Co. Nach dem Tod von Kunkelmanns Sohn erbte Marquise de Suarez d'Aulan die Firma.	
1972: Übernahme der Firma durch Mumm (Seagram)	1968: Rückkehr zum Firmennamen Piper-Heidsieck.	

Alfred Simon, jahrzehntelang Kellermeister von Heidsieck-Monopole, jetzt im Ruhestand

HEIDSIECK & CO. MONOPOLE
83 rue Coquebert
51100 Reims
26 07 39 34

SGM

Gehört zur Gruppe Mumm (s. d.) im kanadischen Getränkekonzern Seagram. Die Marke geht auf den Deutschen Florenz-Ludwig Heidsieck zurück, der das erste Champagnerhaus dieses Namens 1785 in Reims gründete (siehe getrennte Übersicht Heidsieck).

Mit etwa 1,6 Millionen Flaschen Jahresverkauf zählt das Haus zu den größeren der Champagne. Es exportiert etwa die Hälfte; Hauptabnehmer sind die Bundesrepublik (1986: 248 000), die Schweiz und Großbritannien. Aus eigenem Weinbesitz – 110 ha, großenteils in erstklassigen Lagen – deckt es etwa ein Drittel seines Bedarfs. Die unterirdischen Anlagen in Reims, bis zu 22 m unter der Erde, erstrecken sich über fünf Hektar bei einer Gesamtlänge der Galerien von zwölf Kilometer. Dort lagern Vorräte von 7 bis 8 Millionen Flaschen.

Zum Besitz gehört die berühmte Mühle von Verzenay im besten Champagner-gebiet, die heute für Empfänge dient. Der Verkäufer hatte sich seinerzeit ausbedungen, der Preis betrage jeweils tausend Goldfranken für jedes seiner bei der Übergabe lebenden Kinder; die Mühle kostete zehntausend.

Diese Linie der Heidsieck-Firmen hat 1834 Florenz-Ludwig Heidsiecks Neffe Heinrich Ludwig Walbaum gegründet. Der ihn beerbende Schwager war wieder ein Heidsieck. Im vergangenen Jahrhundert hatte das Haus besondere Verkaufserfolge in Rußland und Deutschland, es war seit 1818 Hoflieferant erst der preußischen Könige, dann des deutschen Kaisers. »Monopole« war seit 1860 eine erfolgreiche Marke des Hauses. Dem mehrmals geänderten Familiennamen (entsprechend den jeweils dominierenden Teilhabern) wurde das »Monopole« erst 1923 zugefügt. Im gleichen Jahr wurde das Haus in eine AG umgewandelt, Mumm erwarb die Aktienmehrheit 1972.

Die Koexistenz zweier berühmter Marken in einem Konzern hat seither eine gewisse Marktabgrenzung bewirkt; Heidsieck ist etwas unter Mumm ange-siedelt. Das betrifft aber eher die Preisgestaltung als die Qualität, die anderen Marken durchaus ebenbürtig geblieben ist.

Angeboten werden: Green Top, der Dessertchampagner, Dosage 35 Gramm Zucker pro Flasche – Red Top, 21 Gramm – Dry Monopole Brut (29% Chardonnay), Dosage 8,75 Gramm pro Flasche, der meistverkaufte des Hauses (etwa 76%) – Dry Monopole mit Jahrgang, 42% Chardonnay, Dosage je nach Jahr 5 bis 7 Gramm – Dry Monopole Rosé mit Jahrgang (42% Chardonnay), Dosage 7 Gramm pro Flasche – Diamant Bleu mit Jahrgang, Prestigecuvée, 50% Chardonnay, nur Wein aus den besten

Lagen), Dosage 7 Gramm. HA 87, GM 87, D.
Importeur: Monopole Marken-Getränke Import, Gustav-Heinemann-Straße, 4044 Kaarst 1, 02101/64076

HEITZ: Centre Vinicole de la Champagne.

HÉNIN (Charles)
24 rue Jules Lobet
51160 Ay 🍇🍇
26 55 21 63
NMR. Montalba.

HENIQUE (Charles): COGEVI.

HENRIET (Marc): 33 rue de Mailly
51360 Verzenay 🍇🍇
26 49 41 79
RM. 4 ha, etwa 25 000 Flaschen. ST. Tel. Anmeldung erbeten.

HENRIOT
3 place des Droits de l'homme
51055 Reims
26 85 03 27.
Gehört zur Gruppe LV. MH.
Gegründet 1808 von der Witwe Appoline Godinot einige Jahre nach dem Tode ihres Mannes Nicolas-Simon Henriot. Jährlicher Umsatz rund eine Million Flaschen, Export etwa 40 %; Weinbesitz 125 ha in besten Lagen des Chardonnay und Pinot Noir.
Die Firmengeschichte ist mit der anderer Champagnerfirmen eng verbunden. Das Erbe der Witwe übernahm 1875 ihr Enkel, der bis dahin gemeinsam mit Charles C. Heidsieck dessen Firma geleitet hatte (s. d.), er taufte es in Henriot & Cie um. Ein Jahrhundert später (1976) erwarb Joseph Henriot das Haus Charles Heidsieck, ein paar Jahre danach die Champagnerfirmen Trouillard und de Venoge (s. d.) – aber 1985 verkaufte er Charles Heidsieck an das Cognac-Unternehmen Rémy Martin und brachte Henriot in die Gruppe Vve. Clicquot ein (gegen 11 % der Clicquot-Aktien), die ihrerseits heute zu LV. MH (Louis Vuitton/Moët-Hennessy) gehört.

Oben: Alte Schätze bei Heidsieck-Monopole

Henriot stellt Sondercuvées für Häuser der großen Gastronomie her, auch für Baron Rothschild (Mouton). Das normale Angebot: Brut Souverain mit und ohne Jahrgang – Crémant Blanc de Blancs Brut, etwa 20% der Produktion – Rosé Brut mit Jahrgang – Le Premier Brut mit Jahrgang (je 50% Chardonnay und Pinot Noir) – Réserve du Baron Philippe de Rothschild mit Jahrgang, etwas höherer Pinot-Noir-Anteil als Le Premier. HA 87, GM 87, V.
Importeur: Frankhof-Kellerei, Burgeffstraße 14, 6203 Hochheim/Mainz 06146/40/58.

HENRY (René)
1 rue d'Avize
51190 Oger
26 57 50 89
RM. Macht »Henry de Vaugency«. Robert.

HÉRARD (Paul)
31 Grande Rue
10250 Neuville sur Seine (Mussy sur Seine)
25 38 20 14
Rund 90000 Flaschen im Jahr. Robert. D

HÉRARD & FLUTEAU
Route Nationale
10250 Gye sur Seine (Moussy)
25 38 20 02
Etwa 100000 Flaschen im Jahr.

HERBER: Beaumet Chaurey.

HERBERT (Fernand)
32 rue de Reims
51500 Rilly la Montagne
26 03 41 53
RM. Robert.

HERNOUX (Michel)
rue Haute des Carrières
51500 Mailly-Champagne
26 49 48 05
RM. ST.

HERTZ: Charbaut. Imp.: Interpartner HWG, Essener Straße 95, 2000 Hamburg 62, 040/52 74 595

HERVIEUX-DUMEZ
12 rue de Villedommange
51500 Sacy (Rilly la Montagne)
26 49 22 02
RM. Robert.

HOCHE (Norbert)
51390 Coulommes la Montagne (Gueux)
26 49 20 47
RM. ST.

HORIOT (Pierre)
11 rue de la Cure
10340 Ricey-Bas (Les Riceys)
25 29 32 21
RM. Robert.

HOSTOMME (Jacques)
5 rue de l'Allée
51200 Chouilly (Epernay)
26 55 40 79
RM. 100000 Flaschen. Robert.

HULIN (Daniel)
2 rue de Reims
51150 Ambonnay (Tours sur Marne)
26 57 01 97
RM

HUNGERFORD (britische Kette): Duval Leroy.

HURY-MANCEAUX (Gaétan)
51500 Sermiers (Rilly la Montagne)
26 97 60 88
RM. Robert.

HUSSON (Jean Pierre)
2 rue Jules Lobet
51160 Ay
26 55 43 05
NMR. VF 87, Robert.

HUSSON-JOLIET (Pierre)
La Croix St. Jean, Villesaint
51200 Boursault (Epernay)
26 58 44 31
NMR

IMPERIAL CROWN: Moët & Chandon.

IRROY: Gegründet 1820, im vergangenen Jahrhundert von großem Renommé, heute Teil von Taittinger (s. d.). **SGM**.

IVERNEL (Bernard)
4 rue Jules Lobet
51160 Ay
26 55 21 10
NM 2 ha. Zukauf. Etwa 190000 Flaschen/Jahr. HA 87, D. Stellt auch den Champagner Paul Bocuse her (s. d.).

JACOB (Robert)
14 rue Mores
10110 Merrey sur Arce (Bar sur Seine)
25 29 63 74
RM. Robert.

JACOPIN (Guy)
43 Avenue Bammental
51130 Vertus
26 52 30 30
NMR. 130000 Flaschen im Jahr.

JACQUART (André)
6 Avenue de la République
51190 Le Mesnil sur Oger
26 57 52 29
Etwa 90000 Flaschen im Jahr. Club. Robert.

JACQUART
Coopérative Régionale des Vins de Champagne
5 rue Gosset
51100 Reims
26 07 20 20
680 Winzer und 14 örtliche Genossenschaften mit zusammen fast 1000 ha. Jahresproduktion rund 3 Millionen Flaschen, Vorrat 20 Millionen. Die Hälfte der Produktion wird (as Most oder Wein) an andere Champagnerfirmen verkauft, 1,5 Millionen Flaschen werden

Der Fanfarenstoß aus so attraktiver Szene wirbt für den Champagner Jacquart; die Kooperative hat sich mit Energie und Können eine Marktnische erobert.

Jean Hervé Chiquet, Juniorchef von Jacquesson

den Mitgliedern unter ihren eigenen Marken zur Verfügung gestellt, 1 Million unter verschiedenen Handelsmarken vertrieben und etwa 1,5 Millionen unter dem Etikett Jacquart vermarktet. Export: etwa 500 000 Flaschen. HA 87, GM 87, VF 87, Robert, D.
Importeur: Eggers + Franke, Töferbohm 8, 2800 Bremen, 04 21/31 01 81

JACQUES (Yves)
   1 rue de Montpertuis
   51270 Baye (Montmort)
   26 59 12 10
   NMR. 80–90 000 Flaschen.

JACQUES-FLEURY (René)
   21 rue de Bas
   51200 Mancy (Epernay)
   26 59 71 56
   RM. ST.

JACQUESSON & FILS
   68 rue du Colonel Fabien
   51200 Dizy (Epernay) ⌾
   26 53 00 66.
Gegründet 1798, eines der zehn Handelshäuser, die im 18. Jahrhundert entstanden sind. War vor dem deutsch-französischen Krieg 1870/71 eines der bedeutendsten, mit jährlichem Verkauf von mehr als einer Million Flaschen. Hier arbeitete Joseph Krug, bevor er sein eigenes Haus gründete (s. d.). Nach mehrmaligem Besitzerwechsel und Umzügen von Châlons sur Marne nach Reims und schließlich Dizy gehört es heute der Familie Chiquet (s. d.): Jahresproduktion etwa 250 000 Flaschen, 22 ha, NM.
Die Prestige-Cuvée des Hauses, »Signature«, macht die erste Gärung nach (selten gewordener) traditioneller Methode in Holzfässern durch und wird in einer Flasche geliefert, die einer im 19. Jahrhundert verwendeten, und gleich zweimal in San Francisco aus Wrackresten ausgegrabenen, gleicht. Der Segler »Niantic« war 1851 dort verankert und als Depot verwendet worden – er brannte eines Tages aus. Über den Resten wurde ein Hotel aus Holz errichtet; als es 1870 demoliert wurde, kamen einige Kisten Jacquesson zum Vorschein, teilweise (angeblich) noch trinkbar. Auf dem Platz entstand nunmehr ein Haus aus Ziegeln. Als dieses 1906 dem großen Erdbeben bzw. dem folgenden Feuer zum Opfer fiel, tauchten in den Trümmern abermals einige Flaschen Jacquesson auf, nunmehr untrinkbar, aber für die Firma doch von gutem Reklamewert. HA 87, D.

Importeur: Weingut-Sektkellerei zum Domherrenhof, Walporzheimer Str. 125, 5483 Walporzheim. 0 26 41/3 40 31

JACQUESSON (René)
12 rue du Maréchal Juin
51200 Chavot Courcourt (Epernay)
26 54 32 13
RM. ST.

JACQUINET-DUMEZ (Jean-Guy)
26 rue de Reims
51500 Les Mesneux (Rilly la Montagne)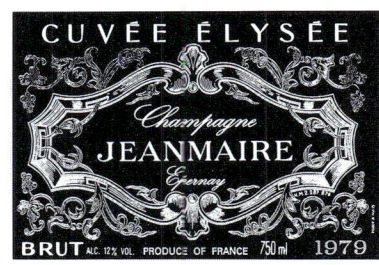
26 36 25 25
RM. Robert.

JACQUOT: Sejafa

JAMART (E. & Cie)
13 rue Marcel Soyeux
51200 Saint Martin d'Ablois (Epernay)
26 54 34 20
NM, etwa 30 000 Flaschen/Jahr. Garcia.

JARDIN (René)
rue Charpentier Laurain
51190 Le Mesnil sur Oger (Avize)
26 57 50 26
VF 86.

JEANMAIRE: Oudinot. Produziert auch
den Champagner von Gaston Lenôtre.
Ha 87
Imp.: Alpina/Bovensiepen, Alpenstraße
35–37, 8938 Buchloe, 0 82 41/30 71

JEANNIN (Abel): Union Auboise.

JEEPER:
8 rue Georges Clémenceau
51200 Damery (Epernay)
26 58 41 23
NMR 37 ha. Etwa 300 000 Flaschen im
Jahr. Robert.

Weinlese – ausnahmsweise mit Weidenkörben

JESTIN & CO
15 Avenue de Champagne
51205 Epernay
26 54 92 11
Handelshaus, (Champagner, Cognac,
Wein). Einer der Gebrüder Jestin ist
Kellermeister bei Duval-Leroy (s. d.),
wo er auch die Marke Jestin herstellt.

JOLLY (Emile & Fils): s. Sparnacienne.

JOLLY (Jean)
4 rue Viviers
10110 Landreville (Bar sur Seine)
25 38 52 02
NMR. Robert.

JOSSELIN (Jean & Fils)
14 rue Vannes
10250 Gye sur Seine (Mussy sur Seine)
25 38 21 48
RM. Robert.

JOSSELIN (Michel)
Grande Rue
10110 Balnot sur Laignes (Bar sur Seine)
25 29 31 86
RM. Robert.

JOUBERT (Charles): Marne et Champagne.

JOURNY (L.): S.A.M.E.

JUILLET-LALLEMENT
30 rue Carnot
51380 Verzy
26 97 91 09
RM 4 ha. Etwa 25 000 Flaschen im Jahr.
Club. Robert.

JUMEL (René)
339 rue du 8e Mai
26 57 50 13
51200 Cramant (Epernay)
26 57 50 13
RM. ST.

Pause bei Krug

KREMER (Louis): Boizel. D.

KIMMEL & CO (V.): S.A.M.E.

KOHLER: gehört Albert Bichot, Beaune.

KRIER-BUSSON (Henri)
3 rue de la Libération
51200 Cramant (Epernay) 🍇🍇
26 57 52 24
RM. ST.

GRANDE CUVÉE
CHAMPAGNE
KRUG
REIMS
BRUT   PRODUCT OF FRANCE   75cl. e
N.M. 3.042-212

KRUG & CO
Vins fins de Champagne
5 rue Coquebert
51100 Reims
26 88 24 24
SGM
Gehört dem Cognac-Unternehmen Ré-my Martin, die Geschäftsleitung liegt bei den Nachfahren des Gründers. Dies ist wohl das originellste Champagnerhaus, eines von jenen, die deutschen Ursprungs sind und (in den Worten des Weinexperten Michel Dovaz) die Marke, »die mit der kleinsten Flaschenzahl

den größten internationalen Bekanntheitsgrad erreicht hat«. Es war der Lieblingschampagner Konrad Adenauers. Im Zweiten Weltkrieg wurde die Frau des damaligen Firmenchefs, Jeanne Krug, von den Nazibehörden verhaftet, weil sie in der Fluchtorganisation für abgeschossene alliierte Piloten mitarbeitete. Sie erkrankte in der Gefangenschaft schwer und starb 1954 an den Folgen. Krug verkauft jahraus, jahrein 450–500 000 Flaschen. Der Exportanteil ist höher als bei den meisten anderen und liegt bei etwa vier Fünfteln. Beliefert wird nur gehobene Kundschaft; das Haus bietet ausschließlich Brut-Qualitäten, deren Preis im oberen Bereich der Prestige-Champagner liegt. Haupt-Exportkunden sind Italien und Großbritannien.

Krug verfügt über 15 ha eigenen Weinbesitz (Pinot Noir und Chardonnay) und hat die Ernte von weiteren 16 ha unter festem Vertrag, womit dreißig Prozent seines Bedarfs gedeckt sind, alles andere einschließlich Pinot Meunier wird frei hinzugekauft. Krug hält Vorräte, die etwa dem Verkauf von sechs Jahren entsprechen, zwischen 2,8 und 3 Millionen Flaschen.

Die Krug-Champagner lagern in der Regel fünf bis sechs Jahre in den Kellern der Firma, vertragen jedoch wegen der Eigentümlichkeit ihres Ausbaus oft weit längere Lagerzeit, weswegen die (oft) richtige Mahnung, daß man Champager möglichst innerhalb eines Jahres nach dem Kauf trinken sollte, hier besonders wenig gilt. Zu viele Fachleute bei Verkostungen und andere Liebhaber sind von weit zurückliegenden Jahrgängen Krug besonders entzückt, und manche frisch ausgelieferten »Krugs« ohne Jahrgang wirken noch grün und spröde. Der Vater der jetzt verantwortlichen Brüder Henri und Rémi, Paul Krug, hielt sieben bis acht Jahre für das günstigste Alter bei Normalflaschen, zehn bis fünfzehn Jahre für Magnums (gute Lagerbedingungen natürlich vorausgesetzt).

Krug ist das letzte bedeutende Champagnerhaus, das die erste Gärung (also die Vergärung des Mostes zu Wein) durchweg noch in kleinen Holzfässern durchführt; diese fassen je 205 Liter, mehr als dreitausend werden benötigt. (Bollinger, s. d., vergärt nur die besten Jahrgän-

Auch bei Krug müssen noch Fässer instand gehalten und ausgeschwefelt werden.

ge ganz in Holz, sonst teilweise oder auch ganz in Tanks; de Castellane, (s. d.), verwendet ebenfalls Holzfässer, aber größere. Gosset (s. d.) und Gratien (s. d.) gehören zu den kleineren; Jacquesson vergärt nur die Prestigecuvée im Faß) Krugs Reserveweine lagern in Edelstahltanks; von jeder Ernte wird ein Fünftel für die Reserve zurückbehalten.

Krug-Champagner wird nicht gefiltert und keiner Kälteprozedur (zur Klärung und Stabilisierung) ausgesetzt wie fast alle anderen. Wegen der Dauer der Flaschenlagerung spielt es keine Rolle, ob eine Milchsäuregärung stattfindet. Sie ist nicht erwünscht, aber falls sie doch in der Flasche stattfindet, würden unerwünschte Begleiterscheinungen, vor allem die Trübung des Weines, bis zum Ende der Lagerung überwunden sein, alle biochemischen Prozesse abgeschlossen.

Dem Wein wird für die zweite Gärung in der Flasche, die für den Schaum und den Druck sorgt, etwas weniger Zucker als sonst üblich zugegeben, 22 Gramm

statt 24 (je vier Gramm erzeugen einen Druck von einem bar bzw. atü). Die Dosage beträgt im allgemeinen etwa neun bis elf Gramm Zucker pro Liter.

Das Haus wurde 1843 von Johann-Joseph Krug aus Mainz gegründet, der vorher lange in der Champager-Firma Jacquesson tätig gewesen war und sich zu einem besonders geschickten Komponisten von »assemblages« entwickelt hatte. Diese Kunst haben die Krugs von Generation zu Generation weitergegeben. Ihre heutige Hauptqualität, die Grande Cuvée, besteht aus mehr als vierzig Grundweinen aus sieben Jahrgängen; die Zusammenstellung ändert sich von Jahr zu Jahr, entsprechend den Eigenschaften der jeweiligen Ernte, um den gleichen Geschmack zu halten.

Die Krugs stellten im vergangenen Jahrhundert sogar die Cuvées anderer Häuser zusammen. Schon früh erreichte das Unternehmen, besonders in England, eine Sonderstellung; die erfolgreiche Verbindung wurde nur durch Kriege unterbrochen. Die Abfüllungen des Hauses aus früheren Jahrgängen erzie-

len auf internationalen Auktionen gewöhnlich Rekordpreise.

Zur Zeit bietet Krug folgende Champagner an: Grande Cuvée, 80 % der Verkäufe (35 % Chardonnay, 50 % Pinot Noir, 15 % Meunier, mit einem Anteil von etwa 30 % Reserveweinen) – Krug Vintage, zur Zeit Jahrgang 1979 (aus 29 verschiedenen Lagen, 36 % Chardonnay, ebensoviel Pinot Noir, 28 % Meunier) – Rosé Brut, etwa 4 % des Verkaufs (52 % Pinot Noir, 24 % Meunier, 24 % Chardonnay, Färbung durch Hinzufügen von Pinot Noir der Lage Ay) – Vintage Krug Collection, aus (begrenzten) Beständen früherer Jahre, Auflagen höchstens etwa tausend (nur in) Magnumflaschen, zur Zeit Jahrgang 1969 – Clos du Mesnil Brut Blanc de Blancs mit Jahrgang, aus einem kleinen von Mauern umgebenen Besitz (1,83 ha) in Mesnil sur Oger (Spitzenlage Chardonnay), Jahrgang 1979 rund 13 000 Flaschen, 1980 nur 8000, einer der seltenen erfolgreichen Champagner »monocru«, also nur aus dem Wein einer einzigen Lage. HA 87, GM 87, VF 87, Robert, D, V. Krug vermarktet auch unter dem Namen Lucien Tarin, dem Vorbesitzer des »Clos du Mesnil«, dessen Weinberge das Haus 1972 zusammen mit dem »Clos« erworben hatte, etwa 20 000 Flaschen im Jahr. (s. Tarin).

Importeur: Bremer Weinkolleg A. & H. Segnitz & Co., Löwenhof 2, 2800 Bremen 1, 04 21/38 80 07 (bis Ende 1987), ab 1988 eigenes BRD-Büro (in Reims nachfragen).

Keller und Faßlager bei Krug. Rechts: Talblick bei Ambonnay.

LABBÉ (Michel)
rue de la Cimetière
51500 Chamery (Rilly la Montagne) 🍇
26 97 65 89
RM. 50 000 Flaschen. ST.

LACROIX (Jean)
14 rue Genets
51700 Montigny sous Châtillon (Binson et Orquigny)
26 58 35 17
NMR. Etwa 60 000 Flaschen.

LACROIX-DEMIEL: Union des Récoltants, s. Cercle d'Or.

LAFITTE (Charles): siehe Vranken.

LAGACHE (Gilbert)
12 rue de la Marquetterie
51200 Pierry 🍇
26 54 03 12
RM. Club. Robert.

LAGACHE-DIOT (Lionel)
1 rue des Vignes
51200 Reuil (Epernay)
26 58 04 38
NMR. Klein, im Anfang.

LAGRANGE (Claude de): Gaston Chiquet.

LALLEMANT (Claude)
65 rue Jard
51500 Chamery (Rilly la Montagne) 🍇
26 97 64 04
RM. Robert.

LALLEMENT-DEVILLE (Charles)
28 rue Irénée Gass
51380 Verzy 🍇🍇
26 97 95 90
RM. 6 ha. HA 87.

LAMBERT (& Co): Marne et Champagne.

LAMBRY (Louis): Deutz & Geldermann.

LAMIABLE (J. P.)
8 rue de Condé
51150 Tours sur Marne 🍇🍇
26 58 92 69
RM. 6 ha. Etwa 60 000 Flaschen im Jahr.
HA 87, Robert, D.

LAMORLAYE (de): Comptoir Vinicole de Champagne/S.A.M.E.

LAMOTTE: Montaudon.

LAMOUREUX-PLIVART
13 rue Charles de Gaulle
10340 Les Riceys
25 29 30 75
RM

LANCELOT: Coopérative Vinicole de Mancy
51200 Mancy (Epernay)
26 59 71 52.
Die Genossenschaft hat 120 Mitglieder mit zusammen 105 ha. Jährlich bis zu 800 000 Flaschen, teilweise unter Handelsmarken.

LANCELOT-ROYER (Pierre)
540 rue Général de Gaulle
51200 Cramant (Epernay) 🍇🍇
26 57 51 41
RM. Robert.

DE LANEZAC (Philippe): Marne et Champagne.

LANG-BIEMONT
Les Ormissets
51200 Oiry (Epernay) 🍇🍇
26 55 43 43
NM. Gegründet 1875. 60 ha.
500–600 000 Flaschen im Jahr. D Ha 87.

LANGLOIS (Paul & Fils): Marne et Champagne.

LANSON PÈRE & FILS
12 Boulevard Lundy
51056 Reims
26 40 36 26
SGM
Das Haus gehört zum BSN-Konzern (s. d.), der es 1983 gleichzeitig mit Pommery & Greno übernahm. Es ist eine der stärksten Champagnermarken und verkaufte 1986 rund fünf Millionen Flaschen, die Vorräte belaufen sich auf rund 22 Millionen. Lanson besitzt zweihundert ha Weinberge, die etwa 35 % des Bedarfs decken; zugekauft werden Trauben, nicht Most oder stille Weine. Das Exportvolumen beträgt etwa zwei Drittel. Dem Haus gehört auch der

Aujourd'hui Champag

Champagner Massé, der rund eine halbe Million Flaschen jährlich umsetzt.
Lanson geht auf das Haus Delamotte* zurück, das 1760 entstand; Jean-Baptiste Lanson trat 1828 in die Firma ein und übernahm sie 1837 nach dem Tode Delamottes unter seinem Namen. Durch den Gründer bestand eine erste

* s. d.

Pierre Lanson im Probenraum.

Verbindung nach Deutschland. Er hatte während der Revolutionszeit flüchten müssen und verbrachte die Jahre von 1794 bis 1802 in Münster (Westfalen), wo er den Weinhandel erlernte. Die Familie, die ihn aufgenommen hatte, weigerte sich dann, den Krieg gegen Frankreich mitzumachen, und flüchtete ihrerseits zu ihm nach Reims. Einer seiner Söhne heiratete später eine ihrer Töch-

ter. Seither haben weitere Lansons in Deutschland gelernt, bei Sektfirmen oder spezialisierten Lehr- und Versuchsanstalten, wie etwa Geisenheim.

Die Firma hat nie Kellermeister suchen müssen – es gab stets genügend Lansons, die alle wichtigen Funktionen im Betrieb übernahmen; Jean-Baptiste hatte acht Söhne gehabt. Die ersten wichtigen Kunden fanden die Lansons in Frankreich, England, Deutschland und Belgien. Im Ersten Weltkrieg wurde das Haus mit allen Anlagen völlig zerstört; die Champagne war Hauptkampfgebiet.

Ursprünglich konnte das Unternehmen mangels eigenen Weinbesitzes nur verarbeiten, was es von den Winzern ankaufte. Aber in der Zeit nach dem Ersten Weltkrieg erwarben die Lansons systematisch gute Weinberge, wo immer welche zu haben waren, bis der heutige Besitz erreicht war, einer der bedeutendsten in der Champagne. Die unterirdischen Kellereien in Reims haben zehn Kilometer Ganglänge bzw. eine Gesamtfläche von 715 ha.

Nach dem Zweiten Weltkrieg kümmerte sich Victor Lanson besonders intensiv um den Export. Er baute in zahlreichen Weltreisen eine stattliche Auslandskundschaft auf; Hauptmarkt ist nun Großbritannien, gefolgt von Belgien und der Bundesrepublik (1986: 300000). 15 % der Exporte werden über duty free shops verkauft.

Victor Lanson war einer der großen Männer der Champagne, allseits hoch angesehen. Nicht nur, weil er regelmäßig, und offenbar sein ganzes erwachsenes Leben hindurch, täglich zwei Flaschen Champagner trank. Er starb 1979 im Alter von 86 Jahren.

Der Erfolg der Lansons interessierte auch andere. 1970 erwarb das Pastis-Unternehmen Ricard eine 48-Prozent-Beteiligung. Diese übernahmen zehn Jahre später für 65 Millionen Francs die Gebrüder Gardinier (Kunstdünger), die schon Anteile besaßen, also nun Mehrheitsaktionäre (zur gleichen Zeit auch von Pommery & Greno) wurden; 1983 verkauften sie Lanson (und Pommery) an BSN.

Lanson gehört zu den Champagnerfirmen, die keinen Wert auf Milchsäuregärung legen, sie vermeiden diese nach Möglichkeit, weil sie glauben, daß sie dadurch einen frischeren Champagner herstellen können. Die Firmenleitung bezeichnet als ihre Zielgruppe besonders jüngere Menschen, etwa zwischen zwanzig und vierzig, und meint, ihr Champagner passe auch gut zu einer Welt der Träume... Handelsmarken u. a.: Etienne, R. H. Fox & Cie.

Die verschiedenen Lanson-Qualitäten sind: Demi Sec, ziemlich süß, zur Begleitung von Süßigkeiten und Desserts – Extra Dry, für diejenigen, denen Brut ein wenig zu lieblich ist – Black Label (Brut), 85 % des Gesamtverkaufs (aus Chardonnay und Pinot Noir) – Cuvée Spéciale (ähnlich dem Brut) – Rosé Brut – Brut mit Jahrgang (46 % Chardonnay, 54 % Pinot Noir) nur aus eigenem höchstklassifizierten Weinbesitz – Noble Cuvée, die Prestigequalität des Hauses (80 % Chardonnay, 20 % Pinot Noir aus besten eigenen Lagen), in Flasche und Aufmachung ähnlich der vor etwa 225 Jahren von Lanson benutzten – (in kleinerer Auflage) Special Cuvée 1980 zur 225-Jahr-Feier des Unternehmens, etwas mehr als 50 % Chardonnay von den eigenen Spitzenlagen Avize und Cramant, Pinot Noir von den ebenso hoch eingestuften Orten Ambonnay, Bouzy und Verzenay.
HA 87, GM 87, Robert, D, V.

Importeur: JUMAC Markenimport, Drachenburgstraße 36 A, 5300 Bonn 2, 02 28/34 50 61

LANVIN (H. Fils): S.A.M.E.

DE LAPPARENT: Charbaut.

LARMANDIER (Guy)
30 rue du Général Koenig
51130 Vertus 🍇
26 52 12 41
RM. 5,2 ha. GM 87, VF 87.

LARMANDIER (Père & Fils)
46 rue Mont Félix
51200 Cramant (Epernay) 🍇🍇
26 57 52 19
NMR 8 ha, 60 000 Flaschen im Jahr. Gehört Gimonnet (s. d.) Club. Robert.

LARMANDIER-BERNIER (Philippe)
(Madame Vve)
43 rue du 28 Août
51130 Vertus 🍇
26 52 13 24
RM. 9,5 ha. Rund 60 000 Flaschen im Jahr. Club. Robert.

LAROCHE (Gilbert), Champagne D. R.
40 Avenue de Paris, La Chaussee
51200 Damery (Epernay)
26 58 41 32
NMR. Hat die Marke des eigenen Namens eingestellt, macht nur noch Champagner »D. R.«.

LAROCHE-FOUQUEAU: Marne et Champagne.

LASSALLE (Jules) (Madame)
21 rue Châtaignier
51500 Chigny les Roses (Rilly la Montagne) 🍇
26 03 42 19
RM. Club. Montalba, Robert.

DE LATOUR (Marie-France):
Pépinières Gérard Menu (Ehemann)
51390 Vrigny (Gueux)
26 03 60 41
RM. ST.

LAUNOIS (Père & Fils)
3 Avenue de la République
51190 Le Mesnil sur Oger 🍇🍇
26 75 50 15
Gegründet 1872. RM. 21 ha. Etwa 200 000 Flaschen im Jahr. Club. HA 87, GM 87, Robert.

LAUNOIS (Jean-Claude)
32 Avenue Bammental
51130 Vertus 🍇
26 52 16 25
RM. 5 ha. Etwa 9 000 Flaschen im Jahr. ST.

LAUNOIS (Léon)
3 ruelle Arquebuse
51190 Le Mesnil sur Oger
(Avenize) 🍇🍇
26 57 50 28
NMR 120 000 Flaschen.

LAURENT (Louis): Chaudron.

LAURENT PERRIER
(Vve Laurent-Perrier & Co.)
51150 Tours sur Marne 🍇🍇
(vor dem Ortsausgang Richtung Condé, D 1)
26 58 91 22
SGM

Dieses Haus bietet eine Erfolgsgeschichte aus der Wirtschaftswunderzeit nach dem Zweiten Weltkrieg. Aus einem kleinen Betrieb, Nr. 98 in seiner Branche, hat Bernard de Nonancourt in vier Jahrzehnten eine der stärksten

Im Schatzkeller von Laurent Perrier; die Flaschen altern mit auf Hefe. ▷

Im Hause Bernard de Nonancourts wird erstklassige Küche gepflegt (links Laurent-Perrier-Kellerchef Alain Terrier)

Champagnermarken gemacht. Als er das Haus übernahm, verkaufte es 80 000 Flaschen im Jahr. 1986: 7,3 Millionen, bei einem Lagerbestand von 21 Millionen. De Nonancourt verfügt über die Mehrheit an Laurent Perrier; unter kleineren Teilhabern findet sich auch Henkell-Söhnlein mit zehn Prozent. Laurent Perrier und die Familie de Nonancourt wiederum haben die Mehrheit am Champagnerhaus de Castellane (s. d.), und außerdem gehört ihnen die kleine Champagnerfirma Lemoine.

Rund die Hälfte der Verkäufe gehen ins Ausland. Hauptexportkunden sind Belgien, Großbritannien, USA, Bundesrepublik (1986: 263 000). Laurent Perrier ist einer der größten Champagnerlieferanten für duty free shops, sein Volumen dort beträgt etwa eine halbe Million Flaschen.

Zu dem Besonderheiten des Hauses gehört, daß es in Frankreich eine gewaltige Privatkundschaft hat, die direkt bestellt (oder gar abholt): mehr als ein Drittel des Frankreichverkaufs. Ferner, daß es seinen Aufschwung teilweise »stillen«

Weinen der Champagne, also den »coteaux champenois« verdankt, von denen es mehr verkauft als jeder Konkurrent; zeitweise bestritt es allein 45 Prozent dieses Marktes.

Der eigene Weinbesitz von etwa 80 ha, hauptsächlich die Domaine Laurent Perrier in Tours-sur-Marne, deckt nur etwa zehn Prozent des Bedarfs. Die benötigten Ankaufsmengen hat sich das Haus durch langfristige Verträge mit zahlreichen Winzern gesichert.

Die Geschichte der Marke geht ins vergangene Jahrhundert zurück. Gegründet hat sie 1812 der Faßmacher Laurent. Nach dem Tode seines Sohnes Eugène Laurent 1887 führte dessen Frau, Mathilde Emilie geb. Perrier, das Geschäft unter dem Namen Laurent-Perrier weiter – eine jener in der Champagne so oft erfolgreichen und für die Entwicklung der Branche so wichtigen Witwen. Die Gesellschaft heißt noch heute nach ihr. Mit dem Bindestrich im Namen geht die Firma ziemlich willkürlich um: Mal gibt es ihn, oft nicht, besonders auf den Etiketten.

Bei Ausbruch des Ersten Weltkrieges verkaufte Laurent Perrier etwa 600 000 Flaschen pro Jahr. Aber der Krieg schwächte auch dieses Unternehmen, und als Mathilde Laurent-Perrier 1925 starb, ohne Erben, begann es mit der Marke bergab zu gehen. Kurz vor dem Zweiten Weltkrieg hatte sie praktisch zu bestehen aufgehört, 1938 wurde nichts mehr verkauft, und die 12 000 Flaschen im Lager waren verpfändet. Da trat wieder eine Witwe als Retterin auf die Szene. Marie-Louise de Nonancourt, Schwester der erfolgreichen Champagnerproduzenten Victor und Henri Lanson, kaufte Laurent Perrier. Der Generaldirektor von Lanson, Henry Gondry, half ihr, das Unternehmen wieder flottzumachen.

1942 wollten die deutschen Besatzer den ältesten Sohn, Maurice de Nonancourt, zum Arbeitsdienst nach Deutschland verschleppen. Er versuchte, über Spanien nach England zu gelangen, wurde aber an der spanischen Grenze von einem Gastwirt an die Deutschen verraten und starb im Lager Oranienburg. Ein paar Monate später wollten die Deutschen seinen jüngeren Bruder Bernard zum Zwangsarbeitsdienst abholen, aber er schlug sich zum französischen Maquis durch und kämpfte später in einem Panzerregiment der Freien Franzosen gegen die Besatzer.

Von 1945 an lernte Bernard de Nonancourt vier Jahre lang von der Pike auf, bei Lanson und einer kleineren Champagnerfirma in Mesnil-sur-Oger, mitten in der besten Chardonnaygegend. 1949 übernahm er dann Laurent Perrier, wo er dank Gondry einen Bestand von 300 000 Flaschen vorfand. Der Verkauf dieses Jahres belief sich auf 80 000. Zunächst machte de Nonancourt vieles allein, dann fand er geeignete Mitarbeiter. 1967 überschritt der Verkauf die erste Flaschenmillion, 1980 die sechste... Zum 175. Firmenjubiläum organisierte de Nonancourt für sämtliche Mitarbeiter eine Mittelmeerkreuzfahrt. Ähnliche gemeinsame Ausflüge hatte er in den früheren Jahren nach den kanarischen Inseln, Tunesien, in die Schweiz und in die Bundesrepublik veranstaltet.

Die Einrichtungen der Firma in dem Dörfchen Tours gehören zu den eindrucksvollsten und modernsten der

Champagne. Laurent Perrier war 1970 mit Moët & Chandon unter den ersten, die sich mit Edelstahltanks ausrüsteten. Das Unternehmen sagt, es werde keine technischen Verbesserungen auf Kosten des Personals einführen, und im Unternehmen müsse Platz für jungen Nachwuchs sein.

Ebenfalls als eines der ersten großen Häuser knüpfte es 1981 an die Tradition des ungezuckerten Champagners an, die es selbst im 19. Jahrhundert mitbegründet hatte. Aber Laurent Perrier produziert auch »mildere« Qualitäten. Die Milchsäuregärung, die etwas Säure nimmt, wird hier gewünscht und gefördert: Die Kundschaft bevorzuge heute einen geringeren Säuregehalt im Champagner als vor einigen Jahrzehnten.

An Qualitäten bietet Laurent Perrier: Crémant Brut, nur in Frankreich, aus

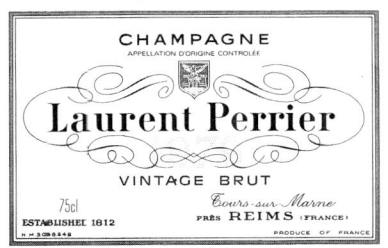

wenig bedeutenden Lagen – Demi Sec, 2% der Produktion – Brut L. P. – Brut Millésimé, also mit Jahrgang – Ultra Brut, ohne Dosage – Rosé Brut (ausschließlich aus Pinot Noir) – Grand Siècle (je zur Hälfte aus Chardonnay und Pinot Noir) zusammengesetzt aus drei früheren Jahrgangschampagnern, etwa 10% der Gesamtproduktion – Grand Siècle mit Jahrgang, für USA – Millésimé Rare (also seltener Jahrgangschampagner); die Flaschen werden erst nach der Bestellung vom Depot befreit und verkaufsfertig gemacht. Sie sollten dann ziemlich bald getrunken werden, wenn der Inhalt nicht durch Oxydation leiden soll.

HA 87, GM 87, VF 87, Robert, D, V. Importeur: Euromarken-Import GmbH, Henkellsfeld, 6202 Wiesbaden-Bietrich 06121/633344.

Glühendes Glas: Bei Saint Gobain entstehen die Spezialflaschen für Laurent-Perrier »Grand Siècle«.

LE BARON: S.A.M.E.

LEBEAU (Robert)
13 rue du Général Leclerc
51200 Chavot Courcourt (Epernay)
26 54 32 52
RM. 35 000 Flaschen, in Genossenschaft
vinifiziert. ST.

LEBEL (X. O.): Moët & Chandon.

LEBLOND (Lucien)
26 rue du Général Leclerc
51200 Chavot Courcourt (Epernay)
26 54 32 56
RM. 25 000 Flaschen. ST.

LEBLOND-LENOIR (Pascal)
10110 Buxeuil (Bar sur Seine)
25 38 54 04
RM. Robert.

LE BRUN: s. Brun.

LEBRUN (Paul)
176 rue du Carrouge
51200 Cramant (Epernay)
26 57 54 88
RM. 15 ha, 120 000 Flaschen.
Imp.: Weinkontor Importgesellschaft,
Händelstraße 38, 6940 Weinheim,
06201/13024

LEBRUN-VIGNIER: siehe Vignier-Le-brun, Cramant.

LECARET-CABARET
122 Avenue Paul Doumer
51700 Port à Binson (Dormans)
26 58 30 08
RM. ST.

LECART-BOUSSELET (Daniel)
rue Rosières
51700 Mareuil le Port (Dormans)
26 58 30 11
RM. Robert.

LECHÈRE
10 rue de Constantinople
75008 Paris
42 22 64 22
Rund 100 000 Flaschen im Jahr, vinifiziert von Union Champagne (s. d.). Sonderabfüllung »Venice-Simplon-Orient-Express«. NM. GM 86, HA 87, Dovaz. Wine Spectator.
Imp.: Vinotheka GmbH, Industriestraße 8, 6094 Bischofsheim, 06144/7091.

LECLERC-BRIANT
67 rue Chaude-Ruelle
51200 Epernay
25 54 45 33
und rue Gaston Poittevin
51200 Cumières 🍇
26 55 30 62 (Weinbesitz)
Gegründet 1872. RM. 30 ha. Etwa 250 000 Flaschen im Jahr. Club. Das Haus macht gern Cuvées zu historischen Anlässen, so zum 100. »Geburtstag« der Freiheitsstatue in New York oder zum 1000. Jahrestag der Thronbesteigung (987) von Hugues (Hugo) Capet, dem ersten König aus dem Geschlecht der Kapetinger. HA 87, GM 87, VF 87, Robert, D, V.

LECLÈRE (Emile)
15 rue Victor Hugo
51200 Mardeuil (Epernay)
26 55 24 45
RM.

LEDRU (Michel)
   5 place de la Croix
   51150 Ambonnay 🍇🍇
   26 57 00 71
   RM. ST.

LEFEBVRE (Jean)
   51140 Hourges (Jonchery sur Vesle)
   25 03 53 33
   NMR. Robert.

LEGRAS (R. & L.)
   10 rue des Partelaines
   51200 Chouilly (Epernay) 🍇🍇
   26 54 50 97.
   Winzer seit 1789, seit 1973 NM. 22 ha,
   etwa 250 000 Flaschen im Jahr. Liefert
   die Eigenmarke des berühmten Restaurants Tour d'Argent in Paris. HA 87
   Imp.: Schwarzer Adler Frankreich-Import, 7818 Vogtsburg-Oberbergen,
   07662/715

LEMAIRE (Fernand)
   88 rue des Buttes
   51160 Hautvillers (Ay) 🍇
   26 59 40 44
   RM. 25–30 000 Flaschen. ST.

LE MESNIL: s. Mesnil und Union des
   Propriétaires.

LEMOINE (Charles)
   Grande Rue
   51160 Cormoyeux (Ay)
   26 58 64 11
   RM 20–25 000 Flaschen. ST.

LEMOINE (J.)
   rue de Chigny
   51500 Rilly la Montagne 🍇
   26 03 40 25
   NM. Gehört Laurent Perrier.

LEMONIER (G.): COGEVI.

LENOBLE A. R. (= Armand Raphael,
   Vornamen des Gründers Graser)
   34 rue Paul Douce
   51316 Damery (Epernay)
   26 58 42 60
   NM. Etwa 180–200 000 Flaschen im
   Jahr. Garcia.

LENOIR (René)
   10110 Buxeuil (Bar sur Seine)
   25 38 50 72
   RM. Robert.

Älter als Champagner, aber täglich mehrmals frisch und immer zu ihm passend: die »baguette«.

LÉONZE D'ALBE: Union Auboise.
   HA 87.

LEPITRE (Abel): Les Grands Vins Chatellier (s. d.)
   2/4 Avenue du Général Giraud
   51055 Reims
   26 85 05 77
   400–500 000 Flaschen im Jahr. Die Prestigecuvée heißt nach dem Besitzer: La
   Cuvée Signée, Champagne Chatellier.
   Die Firma stellt seit 1961 einen Champagner unter dem Namen eines ihrer pro-
   minenten Kunden her: Prince André de
   Bourbon-Parme. HA 87, GM 87, D, V.
   Imp.: Klaus Fetzner Importe, Lilienweg
   33, 7251 Weissach 2, 07044/32566

LEPITRE (Gérard)
   3 rue de l'Eglise
   51390 Coulommes la Montagne
   (Gueux)
   26 49 20 21
   RM. 20 000 Flaschen. ST.

LEPITRE (Jean Claude)
   4 rue de l'Eglise
   51390 Coulommes la Montagne
   (Gueux)
   26 49 20 78
   RM. 10 000 Flaschen im Jahr.

LEPRINCE-ROYER: Marne et Champagne.

LEROY (Maurice): Union Auboise.

LEROUX (Fred): Ed. Brun & Co, Ay.

LEROUX (Hilaire & Fils)
12 rue Georges Legros
51500 Chigny les Roses (Rilly la Montagne) 🍇
26 03 42 01
60 000 Flaschen im Jahr. D.

LEROY (Edouard): Duval-Leroy.

LESAGE (Pierre)
338 rue du Moutier
51200 Cramant (Epernay) 🍇🍇
26 57 95 58
RM. 6 ha. ST.

LÉVÊQUE (Lionel)
rue Principale
02130 Barzy sur Marne (13 km östlich Château-Thierry)
23 70 34 73
RM. Robert.

L'HUILLIER (René)
10360 Fontette (Essoyes)
25 29 61 80
RM. Robert.

LILBERT (Fils)
223 rue du Moutier
51200 Cramant (Epernay) 🍇🍇
26 57 50 16
RM. 4 ha. Robert, D.

LIERY (A.): Charbaut.

LIMON (Jules): Marne et Champagne.

LOCRET-LACHAUD
40 rue St. Vincent
51160 Hautvillers 🍇
26 59 40 20
RM. 12 ha. Etwa 80 000 Flaschen. GM 87, Robert, D.

LOGEARD (Georges)
rue St.-Michel
51120 Barbonne-Fayel (Sézanne)
26 80 20 30
RM. ST.

LONGUEVILLE: s. u. Quenardel & Fils, Cramant.

LOPEZ-MARTIN
63 les Côtes de l'Héry
51160 Hautvillers (Ay) 🍇
26 59 42 17
RM. Robert.

LORIOT (André)
rue de la Republique, 51200 Festigny (Epernay), 26 58 32 61
RM. 7 ha. Goldmed. Concours Agrico Paris 1987.

LORIOT (Henri)
13 rue de Bel Air
51200 Festigny (Epernay)
26 58 33 44
RM. 6 ha. Goldmed. Concours Agric. Paris 1985. Robert.

LOUIS (Henri): SOREVI.

LOUIS (Laurent): Chaudron.

LOUIS-PHILIPPE: Marne et Champagne.

LOUVET (Yves)
51160 Tauxières (Ay) 🍇
26 57 03 27
RM. Robert.

LUTUN (Fernand)
51160 Courtagnon (Ay)
26 59 41 33
RM. Etwa 20 000 Flaschen. ST.

LV. MH
Moët-Hennessy Louis Vuitton
Diese Holding entstand 1987 als eine der größten Luxuswaren-Gruppen Europas, zu der sechs bekannte Champagnermarken gehören. Die Holding kontrolliert rund ein Fünftel des gesamten Champagner- und Cognac-Umsatzes. Die Beteiligten:
Gruppe Moët-Hennessy mit (u. a.) den Champagnern Mercier, Moët & Chandon und Ruinart, dem Cognac Hennessy, weiteren Schaumweinen, Weinen und Spiritousen, der Faßfabrik Taransaud, den Parfums Christian Dior, Kosmetika- und Blumenzuchtbetrieben in Europa und Übersee –
und der erst wenige Monate vorher gebildete Konzern des Lederwarenherstellers Louis Vuitton, in dem das Champagner-Unternehmen Veuve Clicquot aufgegangen war; dieses brachte (u. a.) die Champagnermarken Canard-Duchêne und Henriot mit, dazu die Parfums Givenchy und Spirituosen.
Die Champagner sind im ABC unter ihren Namen behandelt.
Die Gruppe Moët-Hennessy war gleichzeitig mit der Fusion eine Vertriebsgemeinschaft mit dem britischen Getränkekonzern Guinness eingegangen, einem der vier größten Spirituosen- und Brauereikonzerne der Welt; MH und Guinness verschmelzen ihre Verkaufsorganisationen in den USA und im Fernen Osten. Die Gruppe Clicquot war daran nicht beteiligt. Doch wird die Zusammenführung in einen gemeinsamen Konzern im Lauf der Zeit Auswirkungen für die Geschäftspolitik aller Beteiligten haben.

MACHET-GRIFFON (Marcel)
1 rue de Vaudemanges
51380 Trépail (Verzy) 🍇
26 57 05 25
RM. 15 000 Flaschen. ST.

MACQUART (Gilbert)
rue des Vignes
51400 Beaumont sur Vesle (Mourmelon le Grand)
26 61 62 01
RM. Robert.

Bei Mailly-Champagne, Montagne de Reims.

MAEZELLE (Henry), Courtier u. a. für
Champagner
116 Bd. Hausmann (La Maison Auger)
75008 Paris
42 27 75 85.
Nach ihm benannte Cuvées: Cuis Maxi
Brut und Cuis Fleuron mit Jahrgang von
Gimmonet (s. d.) für Club des Vins »Le
Connaisseur Paris«, Hohenzollernstr.
89, 8000 München 40, 089/27 29 05-10
und Waldhotel Krautkrämer, Am Hil-
truper See 173, 4400 Münster-Hiltrup,
025 01/80 50. Außerdem Brut Rosé und
andere Cuvées von Herbert Beaufort
(s. d.).

MAHU: Les Champagnes de Sélection,
Epernay.

MAILLY-CHAMPAGNE
Société de Producteurs
Mailly Champagne
51500 Rilly la Montagne 🍇 🍇
26 49 41 10
Zweitälteste Kooperative der Champagne, produziert aus höchsteingestuften
Weinbergen von insgesamt 70 ha (52,5
Pinot Noir, Rest Chardonnay) Champagner, der entgegen der verbreiteten
Gewohnheit nicht aus vielen Lagen zusammengestellt werden kann, da er ausschließlich aus Mailly, von dort wein-
bauenden 70 Mitgliedern, stammt. Jährlicher Verkauf 400–500 000 Flaschen,
Vorrat etwa 1,5 Millionen, Export 42 %,
besonders nach Großbritannien, Belgien und in die Schweiz.

Die Gründung geht auf den Entschluß
einiger Winzer in der Krisenzeit Anfang
der zwanziger Jahre zurück, ihre Trauben gemeinsam zu keltern. Für den
Most fanden sie auch Abnehmer, so daß
sich 1929 24 Winzer zusammentaten, eine Weinpresse kauften und einen Tank
bauten, um ihren Wein der ersten Gärung lagern zu können. Aber nun fand
sich kein Käufer mehr. Die Champagnerhäuser boykottierten dieses angeblich gefährliche Beispiel von Initiative,
die Bank verweigerte Kredite. Die Winzer ließen sich nicht einschüchtern, sondern fingen (mühsam) an, selbst Champagner zu produzieren, und als die er-

Mit diesem Standbild in ihrem Lagerkeller erinnern die Genossenschaftler von Mailly daran, daß sie ihre unterirdischen Schächte selbst gegraben und ausgebaut haben.

sten bescheidenen Mengen verkauft waren, gruben sie in Eigenarbeit die unterirdischen Kelleranlagen, ohne die es in der Champagne nicht geht. Zu Beginn des Zweiten Weltkrieges hatten sie sich gerade durchgebissen und einen Vorrat von 400 000 Flaschen; bei Kriegsende waren die Anlagen verwüstet, sie hatten den deutschen Truppen 6000 Flaschen pro Woche liefern müssen und begannen den Wiederaufbau mit einem Vorrat von 85 000 Flaschen. Heute verfügen sie über größere, modernere Anlagen und können es sich leisten, auf Qualität zu achten.

Mailly-Champagne liefert Demi Sec-Brut Réserve (80 % Pinot Noir, Rest Chardonnay), 60 Prozent des Verkaufs, dreieinhalb Jahre Lagerzeit – Brut Intégral, gleiche Assemblage, aber keinerlei Dosage – Brut mit Jahrgang – Brut Rosé – Cuvée des Echansons, Prestigecuvée in Spezialflasche. Für den Export verwendet die Kooperative auch die (auf Gründungsmitglieder zurückgehenden) Markennamen Jehan de Mailly, Charles Petit und Gabriel Simon. HA 87, GM 87, VF 87, Robert, D.
Importeur: DFW Kiefer Import, Blumenstraße 3, 6600 Saarbrücken, 06 81/3 60 33 und 3 77 99

DE MAILLY (Jehan): Mailly-Champagne.

MAISON GERARD: Marne et Champagne.

MAÎTRE-GEOFFROY
116 rue Gaston Poittevin
51200 Cumières (Epernay) 🍇
25 55 29 87
RM. Robert.

MAIZIÈRES (Georges)
chemin rural de Fervins
51380 Trépail (Verzy) 🍇
26 57 05 04
RM. Robert.

MALLET (Fernand): S.A.M.E.

MALOT (Jean-Claude)
rue de la Chapelle
51140 Trigny (Jonchery sur Vesle)
26 03 11 81
RM. ST.

MANCEAUX (Roger)
5 rue de la Liberté
51500 Rilly la Montagne 🍇
26 03 42 57
RM. Robert.

MANCIER-LASNIER (Chantal)
route Nationale
51270 Etoges (Montmort Lucy)
26 59 32 81
RM. ST.

MANDOIS (Henri Père & Fils)
66 rue du Général de Gaulle
51200 Pierry 🍇
26 54 03 18
Keller unter der Kirche, in der Frère Oudard begraben liegt (s. S. 29). Gegründet 1900. Etwa 300 000 Flaschen im Jahr. RM. Club. Robert.
Imp.: Jacques Biehl Weincabinet Hauptstraße 40 a, 5010 Bergheim, 0 22 71/4 31 09

MANET (Richard): Albert Le Brun.

MANICHON (André): Beaumet Chaurey.

MANSARD BAILLET
14 rue Chaude Ruelle
51206 Epernay
26 54 18 55 (Cave)
und 4, rue Trivet, Cerseuil
51700 Dormans
26 50 71 95 (Weinbesitz) NM.

MACQUART (Henri): Centre Vinicole, Chouilly.

DE MALHERBE: S.A.M.E.

MARCHAND (Roland)
4 rue Buat
51190 Grauves (Avize) 🍇
26 59 71 26
RM. Etwa 13 000 Flaschen im Jahr. ST.

MARGAINE (Bernard)
3 Avenue de Champagne
51150 Villers Marmery (Verzy) 🍇
26 97 92 13
RM. Club. HA 87, Robert.

MARGUERITE CHRISTEL: S.A.M.E.

MARGUET-BONNERAVE (Christian)
10/14 rue de Bouzy
51150 Ambonnay 🍇 🍇
26 57 01 08
RM.

MARIE-ANTOINETTE: Taittinger.

MARIE STUART (Comptoir Vinicole de Champagne)
8 place de la République
51069 Reims
26 47 92 26
Gehört zur S.A.M.E. (s. d.). Etwa 1,5 Millionen Flaschen im Jahr. Haupt-Exportkunde: Bundesrepublik. HA 87, D. Importeur: Weinwelt Mack & Schühle, Neuestr. 45, 7311 Owen (Teck), 07021/5 70 10

MARLÉ (Guy)
1 rue du Pressoir
51200 Cuchery (Epernay)
26 58 12 56
NMR. 15 000 Flaschen im Jahr.

MARNE ET CHAMPAGNE
(Gaston Burtin)
22 rue Maurice Cerveaux
51205 Epernay
26 54 21 66
Das größte Spezialhaus für Handelsmarken je nach Wunsch der Kunden, für »B.O.B.«(Buyer's Own Brand)-Champagner, die natürlich qualitativ und preislich genau auf die Wünsche der Bezieher abgestimmt werden. Die Kundschaft besteht überwiegend aus Handelsketten, aber auch Restaurants, Hotels und Geschäfte hoher Qualitätsstufe gehören dazu. Die meistverbreitete Marke ist Alfred Rothschild mit rund 2 Millionen Flaschen im Jahr. Das Gesamtgeschäft von Marne et Champagne lag 1986 bei 7,5 Millionen Flaschen (1985 10 Millionen). Damit ist das Unternehmen eines der größten der Champagne überhaupt.

Von der Produktion geht etwa ein Drittel in den Export (1986 125 000 in die Bundesrepublik). Die Vorräte belaufen sich auf rund 30 Millionen Flaschen.
Gründer des Unternehmens war 1933 Gaston Burtin, der sich zum Prinzip machte, in Jahren überreicher Ernte aufzukaufen, was die Handelshäuser nicht mehr absorbieren wollten oder konnten, um dann in Jahren schlechter Ernte (die in der Champagne oft genug vorkommen) seine Vorräte mit entsprechend höherem Gewinn zu verkaufen. Im Lauf der Zeit übernahm er einige kleinere Champagnerfirmen, deren Namen als Handelsmarken weiterbestehen. Inzwischen hat Burtin unterirdische Lagerka-

pazitäten (12 km Galerien) und moderne Verarbeitungsanlagen geschaffen, die mit den (wenigen) größeren Konkurrenten mithalten können.
Burtins enorme Vorräte an Reserveweinen werden durchaus auch von großen bekannten Häusern genutzt[1], über eigene Weinberge verfügt Marne et Champagne nicht. Der jährliche Kauf von etwa 10 Millionen Kilo Trauben macht das Haus zu einem wichtigen Faktor in der Wirtschaft der Champagne. Während zu den größten Abnehmern natürlich Supermärkte in Frankreich und anderen Ländern gehören, kann er auch Nobelkundschaft mit den Qualitäten ihrer Wahl beliefern. Auch das Ritz, Hédiard, Mövenpick und Maxim's zählten schon zu seinen Abnehmern.
Die Zahl der B.O.B.-Marken geht in die Hunderte; hier eine Auswahl:
Pol Albert, Althorp, Beguin, Belcour, Benoit, Beyot, Bollaert, Bouché, Bourgeois, Choisel, Eugène Cliquot, Colligny, Comte de Cernay, de Bracieux, Delacoste, de Lanezac, Delorme, Denis, Dreyer, Drouet, Durieux, Edward VII, Flo, Frescobaldi, Fréville, Gauthier, Geismann, Pol Gessner, Giesler, Grumbert, Guérin, Joubert, Lambert, Langlois, Laroche-Fouqueau, Leprince-Royer, Limon, Louis-Philippe, Maison Gérard, Georges Martel, Mignon, Montarlot, Morin, Pasquier, Pelletier, Perreau, Pétrot-Bonnet, Popinot, Rivière, Rivierre, Robin, Rocheret, Roemer, Simon, Silvain, Spirmann, Tellier, Veuve Emille.
Vom Champagner Alfred Rothschild gibt es Brut Réserve (80 % Pinot Noir, 20 % Chardonnay) – Brut Réserve mit Jahrgang (60 % Pinot Noir, 40 % Chardonnay) – Brut Réserve Rosé mit Jahrgang (60 % Pinot Noir, 40 % Chardonnay) – Grand Trianon Brut mit Jahrgang, Prestigecuvée (60 % Pinot Noir, 40 % Chardonnay). HA 87.
Importeur: Wilmouth Weine, Postillonstraße 29, 4130 Moers 3, 02841/7 91 02

DE MARNIÉRES (Bertrand): Boulard (Raymond)

---

1 (s. »Umweg über Latten«, S. 62).

MARNIQUET (Jean-Pierre)
19 rue de Champagne
51200 Venteuil (Epernay)
26 58 48 99
NMR. Etwa 25 000 Flaschen.

MARNIQUET-COUTELAS (Thérèse)
23 rue de Champagne
51200 Venteuil (Epernay)
26 58 48 02
RM. 20 000 Flaschen.

MARNY (S. & Co): S.A.M.E.

MARQUIS DE COUCY: S.A.M.E.

MARTEL (Georges): Marne et Champagne.

MARTEL (G. H.)
23 rue Jean Moulin
51200 Magenta (Epernay)
Gehört zu Rapenau & Cie (s. d.)
Imp.: A. Weigand, Mainzer Str. 54–56, 6530 Bingen, 06721/1 33 11

MARTIAL (Christian): Union Champagne.

MARTIN (Paul-Louis)
3 rue Ambonnay
51150 Bouzy (Tours sur Marne) ❀ ❀
26 57 01 27
RM. Robert.

MASSÉ. `SGM` , gehört zu Lanson, (s. d.)
Etwa 5–700 000 Flaschen im Jahr. HA 87.

MASSERAN (Louis): Albert Le Brun

MASSIN (Rémy)
10110 Ville sur Arce (Bar sur Seine)
25 38 74 09
RM. Robert.

MASSONAT: Charbaut

MASSONOT (Jean-Marie): Sohn von:

MASSONOT (Michel)
23 rue Haute
51390 Coulommes la Montagne (Gueux)
26 49 20 19
RM. 30 000 Flaschen, gemeinsam mit Sohn Jean-Marie, aber getrenntes Etikett.

Marnebrücke vor Epernay

MATHELIN
28 rue de Chapelle
51700 Cerseuil/Mareuil le Port (Dormans)
26 50 71 55
Gruppierung mehrerer Winzer.

MATHELIN (R.): Gérard Autréau.

MATHIEU (Serge)
10340 Avirey-Lingey (Les Riceys)
25 29 32 58
Etwa 80 000 Flaschen im Jahr. RM. D.
Imp.: F. Reimers, Clemens-Schultz-Str.
86/87, 2000 Hamburg 4. 040/31 12 66-69

MAUNAY (L. & Fils): Ed. Brun & Cie,
Ay.

MAURER (F. & Co): S.A.M.E.

MAXIM'S: wird von de Castellane hergestellt, davor von Besserat de Bellefon.
Etwa 300–400 000 Flaschen im Jahr.
Imp.: Schneider Hamburg GmbH, Palmaille 104–106, 2000 Hamburg 50,
040/38 18 01 06

MAXIMY (Alain)
12 rue Gobards
51190 Oger (Avize) 🍇🍇
26 57 56 71
RM. Robert.

DE MAZET (Jean): Coop. de la Crayère

CHAMPAGNE

Médot & Cⁱᵉ

REIMS (FRANCE)
BRUT RÉSERVE DIRECTION

MÉDOT & Cie
route de Dormans
51390 Pargny les Reims (Gueux) 🍇
26 49 20 09
NM. Gegründet 1899. 4 ha, Zukauf.
80–100 000 Flaschen im Jahr, etwa die
Hälfte Export, etwa 1500 französische
Privatkunden. Sonderlage »Clos des
Chaulins« und Jahrgangschampagner

mit überdurchschnittlichen Lagerzeiten, etwa 5 Jahre.

Imp.: Hanseatische Weinhandelsgesellschaft, Neustadtbahnhof 3, 2800 Bremen 1, 0421/506338

»Blanc de Blancs«, Berrenrather Str. 162 A, 5000 Köln 41, 0221/419937

MEITER: Vranken-Lafitte.

MENU (Gilbert)
1 rue Jobert
51500 Chigny les Roses 🍇
260343 35
RM. 7 ha. ST.

MÉRAND & CO: s. de Castellane

Unplanmäßige Ballonfahrt ins Elsaß und sorgsam organisierte Faßreise nach Paris.

MERCIER
75 Avenue de Champagne
51200 Epernay
2654 75 26/26 54 71 11
SGM

Gehört zur Gruppe LV. MH Moët-Hennessy Louis Vuitton.

1858 von Eugène Mercier gegründet, ursprünglich ein Verband kleiner Champagnerhäuser, zunächst mit Sitz in Paris, von Mercier zu einer der erfolgreichsten Champagnermarken in Frankreich gemacht. Der jährliche Verkauf liegt bei etwa 4 Millionen Flaschen, von denen etwa 14 Prozent exportiert werden. Hauptexportkunde ist Großbritannien. Das Unternehmen besitzt 197 ha Weinberge und verfügt über Vorräte von 11,5 Millionen Flaschen. Seine unterirdischen Lager in Epernay sind – nach Moët-Chandon – die größten, mit einer Kellerlänge von 18 Kilometern; 1985 wurden rund 150000 Besucher gezählt (Führung im elektrischen Zug, täglich 9.30–12.00 Uhr, 14.00–17.30 Uhr, Sonntags 16.30 Uhr, auch auf deutsch). Mercier war berühmt für seine Reklameeinfälle; zur Pariser Ausstellung von 1889 ließ er ein Riesenfaß bauen mit einem Leergewicht von mehr als zwanzig Tonnen und einem Fassungsvermögen von 200000 Flaschen, 24 Ochsen zogen es auf einem Gestell nach Paris, bei schwierigen Steigungen verstärkt durch achtzehn Pferde. Um es hinbringen zu können, mußten drei Brücken verstärkt und in einigen engen Kurven die Häuser abgerissen werden; Mercier hatte sie rechtzeitig gekauft. Das Faß ist noch heute in Epernay zu sehen. Zur Weltausstellung des Jahres 1900 installierte er einen Fesselballon auf dem Champ de Mars, in dessen Kanzel Champagner ausgeschenkt wurde. Eines Tages rissen bei zu stürmischem Wind die Halteseile, der Ballon wurde mit seinen Passagieren ins damals deutsche Elsaß abgetrieben. Mercier mußte an den deutschen Zoll zwanzig Mark für »illegale Einfuhr von sechs Flaschen Champagner« zahlen. »Die billigste Reklame meines Lebens«, sagte er – die Zeitungen der ganzen Welt hatten darüber geschrieben. Mercier konzentrierte sich auf den französischen Markt und strebte durch ein preiswertes Angebot von Anfang an ein breites Publikum an. Der hohe Anteil

von ziemlich süßem Demi-Sec am Gesamtverkauf, 20%, spiegelt wider, daß viele Franzosen noch heute Champagner als Dessertbegleitung wählen. Die Mercier-Sorten: Demi-Sec Réserve (nur aus roten Trauben) – Brut Réserve (etwas über 10% Chardonnay), mit 75% des Gesamtverkaufs der erfolgreichste Champagner des Hauses – Crémant Brut, winzige Produktion – Brut Réserve mit Jahrgang (je 20% Chardonnay und Meunier),Dosage etwa 9 Gramm Zucker pro Flasche – Rosé Brut mit Jahrgang – Réserve de l'Empereur, Prestigecuvée (nur aus Pinot Noir guter Lagen).
HA 87, GM 87, VF 87, Robert, D.
Importeur: Chandon Handelsgesellschaft, St.-Anna-Platz 2, 8000 München 22, 089/227331

DE MÉRIC: Christian Besserat
17 rue Gambetta
51160 Ay ❦❦
26552072.
NM. 15 ha, Zukauf, etwa 150000 Flaschen im Jahr. Der Besitzer entstammt der Familie, der Cinzano in den fünfziger Jahren den Champagner Besserat de Bellefon abkaufte; 1976 ging B. de B. an Pernod Ricard. Christian Besserat machte sich 1960 selbständig und hat für seinen Champagner den Namen seiner Mutter gewählt (de Méric de Bellefon).
Imp.: Neue Wittenkamper, Gutenbergstraße 13–15, 2057 Reinbek, 040/7276040
W. Richter, Melcherstr. 3, 4400 Münster, 02512/79291
Wein- und Champagner-Agentur G. Hansmann-Stocko, In den Weinbergen 8, 7000 Stuttgart 40, 0711/808822
H. Beutler, Leerbachstr. 71, 6000 Frankfurt 1, 069/552035
De Pastre/M. Fritzmaier, Natorpstr. 26, 4300 Essen 1, 0201/320090
La Maison de France, Leutstettener Str. 12, 08115/6380

MESNIL (Le): Blanc de Blancs, also Champagner nur aus Chardonnay-Trauben, ausschließlich aus der Ortslage Le Mesnil sur Oger. Nur diese haben das Recht auf diesen Namen. Dazu gehören François Billion (s. d.), Robert Moncuit (s. d.), Michel Turgy (s. d.) und die Genossenschaft Union des Propriétaires Récoltants (s. d.). Ferner das Haus Salon, das seinen Champagner aber »Salon« nennt, und der Clos du Mesnil von Krug (s. d.), den Krug 1972 kaufte (vormals Clos Tarin, von dem es in manchen Kellern noch Flaschen mit Seltenheitswert gibt).

MÉTAYER: Rémy Paillard.

MEUNIER & Co: von COGEVI
Importhaus K. H. Wilms GmbH, Platter Str. 98–100, 6204 Taunusstein (Wehen), 06128/84071

MICHEL (Alexandre)
1 place de la Mairie
51150 Ambonnay ❦❦
26570145
RM. ST.

MICHEL (Emile)
51360 Verzenay ❦❦
26494040
NM. Etwa 60000 Flaschen im Jahr. Garcia.

MICHEL (Guy)
52 rue Léon Bourgeois
51200 Pierry (Epernay) ❦
26551240
RM.

MICHEL (Jean)
15 rue Jean Jaurès
51200 Moussy
26540333
RM. 9 ha

MICHEL (José et Fils)
14 rue Prélot
51200 Moussy
26540469
RM. 15 ha. 125000 Flaschen im Jahr. Club. Robert, V.

MICHEL (Raymond): (Claude)
15 rue Jean Jaurès
51200 Moussy
26540283
RM. 9 ha.

MICHELBERGER (A): S.A.M.E.

MIGNON (Bernard)
3 + 5 rue du Banc-de-Pierre
51200 Venteuil (Epernay)
26584890
RM. Robert.

MIGNON (Jules & Cie): Marne et Champagne.

MIGNON (Pierre)
5 rue de Champagne
51200 Vinay (Epernay)
26543307
RM. 5 ha. Etwa 35000 Flaschen im Jahr und Lieferung an den Handel.

MIGNON (Pierre)
5 rue des Grappes d'Or
51210 Le Breuil
26592203
NMR. HA 87

MIGNON (Yves)
166 rue Dizy
51200 Cumières (Epernay) ❦
26552913
RM.

MILAN (Jean)
4 rue d'Avize
51190 Oger (Avize) ❦❦
26575009
RM. Robert.

MILLIAT (Serge)
24 rue de la Gare
51130 Bergères les Vertus (Vertus) ❦
26522042
RM. Robert.

MILTAT (L. & Fils)
72–74 Avenue du Maréchal Foch
51200 Epernay
26540974
RM. 20000 Flaschen im Jahr.

MOËT & CHANDON
Tochter der Holding LV. MH
Moët-Hennessy Louis Vuitton
20 Avenue de Champagne
51200 Epernay
26 54 71 11
SGM

In jeder Minute werden irgendwo in der Welt 45 Flaschen Moët & Chandon (oder Dom Pérignon, Prestigemarke des Hauses) entkorkt – jedenfalls statistisch. Zu dieser Zahl kommt man, wenn man die 1986 verkauften 24,048 Millionen Flaschen Champagner dieses Hauses zugrunde legt.

Der Gigant unter den Champagnerhäusern ist nach Volumen und Umsatz den nächsten Konkurrenten noch um ein Mehrfaches überlegen und daher in einer einzigartigen Sonderstellung. Außerhalb Frankreichs stammt jede vierte Flasche Champagner aus diesem Haus. Moët & Chandon allein lieferte 1986 24,3 % des gesamten Champagner-Exports: 18,338 Millionen Flaschen.

Die Hauptkunden Moët & Chandons waren 1986:
1) USA, 5,719 Millionen Flaschen
2) Frankreich, 5,660 Millionen Flaschen
3) Großbritannien, 3,596 Millionen Flaschen
4) Italien, 2,2 Millionen Flaschen
5) Bundesrepublik, 1,8 Millionen Flaschen.

In diesen Ländern, dazu Belgien, Holland und Japan, ist Moët & Chandon die führende Champagnermarke.

Die Gruppe Moët & Chandon, zu der auch Mercier und Ruinart gehören, besitzt 876 ha Weinberge. Sie kann damit etwa ein Fünftel ihres Traubenbedarfs decken, vier Fünftel werden dazugekauft. Ein Viertel aller Trauben, die in der Champagne überhaupt angeboten

Epernay: die Orangerie von Moët & Chandon

werden, gehen an die Gruppe. Der Lagerbestand an Champagner belief sich 1986 auf 93 Millionen Flaschen: 77 Millionen Moët & Chandon, 11,5 Millionen Mercier, 4,5 Millionen Ruinart.

Das Haus hat seine führende Rolle schon sehr lange inne. Die Gründung wird (weil aus diesem Jahr das erste Kontobuch erhalten ist) auf 1743 datiert. Jedoch dürfte der Gründer, Claude Moët aus Cumières bei Epernay, schon vorher tätig gewesen sein. 1750 begann das Exportgeschäft mit einer Lieferung nach London, 1755 wurde zum ersten

Mal deutsche Kundschaft bedient, über einer Weinhändler in Frankfurt an der Oder. Der polnische Markt scheint (erstmals 1790) zunächst über einen deutschen Händler beliefert worden zu sein: Gottlieb Braunig (oder Bräunig) in Warschau. Ein paar Jahrzehnte später gehörten Europas Fürstenhöfe und herrschende Schichten zum festen Kundenstamm.

Seit 1832 führt das Unternehmen den Namen Moët & Chandon: Jean-Remy Moët hatte das Geschäft seinem Sohn Victor und dem Mann seiner Tochter

Adelaide, Pierre Gabriel Chandon de Briailles, übergeben. Vierzig Jahre später verkaufte das Haus rund zwei Millionen Flaschen jährlich. Ein paar Jahre später war es größter Weinbergbesitzer der Champagne. Berühmtester deutscher Kunde jener Epoche war sicherlich Richard Wagner, der mit Paul Chandon de Briailles befreundet war. Dessen Champagner tröstete ihn, wie er selbst schrieb, über den totalen Mißerfolg des »Tannhäuser« in Paris hinweg.

Victor Moët hinterließ keine männlichen Erben: Anfang dieses Jahrhunderts drohte der Name auszusterben. Darauf erlangte ein Zweig der Chandon de Briailles die Genehmigung des französischen Staatsrates, sich nunmehr Chandon-Moët zu nennen.

Als größtes Haus mit den größten Anlagen hat Moët & Chandon in mehreren Kriegen stark gelitten. Die Plünderung der Keller durch russische und preußische Truppen nach der Niederlage Napoleons hat es freilich, ebenso wie andere Champagnerproduzenten, auch als (ungeplantes) Mittel betrachtet, spätere Kunden heranzuziehen. »Die Plünderung läßt mich lächeln«, wurde Jean-Remy Moët zitiert. »Alle, die meinen Wein trinken, mache ich damit zu Handelsreisenden, die nach Rückkehr in ihre fernen Länder für mein Haus Reklame machen werden.« Diese Rechnung ist auch aufgegangen.

Während des Zweiten Weltkrieges wurde die Plünderung der Champagnerbestände durch die deutschen Truppen weniger gleichmütig hingenommen. Die Deutschen deportierten zwei Chefs des Hauses Moët & Chandon, Robert-Jean de Vogüé (Nachkomme von Victor Moët) und Paul Chandon-Moët. De Vogüé verurteilten die Nazis zum Tode, er wurde jedoch nicht hingerichtet und hat nach seiner Rückkehr die Firma noch bis 1976 geleitet. Paul Chandon-

Die Weinberge haben Marksteine, die berühmter sind als Ortsnamen. Dieser Weinberg von Moët & Chandon, einer von vielen, liegt am Nordhang der Marne an einer ihrer schönsten Stellen – mit viel Sonne aus dem Süden.

Philippe Coulon, Chefönologe bei Moët & Chandon

Guy Gimonnet, verantwortlich für die Weinberge von Moët & Chandon

Moët hingegen kam aus den deutschen Lagern mit sehr geschwächter Gesundheit zurück und erholte sich nicht mehr. Er starb 1967 im Alter von 65 Jahren. Außer an Mercier und Ruinart erwarb Moët & Chandon auch die Kapitalmehrheit an den »Parfums Christian Dior«. 1971 gründete Moët & Chandon zusammen mit dem bekannten Cognac-Haus die Holding Moët-Hennessy. Diese Gruppe hat sich seither u. a. im Weinbau Amerikas engagiert: Domaine Chandon in Napa Valley/USA, Provifin in Brasilien, Proviar in Argentinien, aber auch in Australien. Außerdem besitzt sie in Frankreich und Nordamerika Unternehmen der Gartenbautechnik. In Cognac gehört zur Gruppe außer Hennessy (mit Pelisson) die Faßfabrik Taransaud. 1986 erwarb sie 8,2 % der Anteile der C.L.T. (Dachgesellschaft von Radio Luxemburg), stieß sie aber 1987 wieder ab.

In der Bundesrepublik ist Moët & Chandon mit 50 % an H. Sichel Söhne (Alzey) beteiligt, das jährlich rund 15 Millionen Flaschen Wein (»Blue Nun«) exportiert, etwa ein Viertel des gesamten deutschen Weinexports in die USA. In Portugal gehört der Gruppe der Porto Rozès. Weitere Aktivitäten entfaltet sie in der Biotechnik und in der pharmazeutischen Kosmetik (ROC).

Die große Wirtschaftskraft des Unternehmens hat ihm ganz automatisch in der Champagne eine führende Rolle in der oenologischen Forschung und Entwicklung zukommen lassen. In seinem Labor werden Untersuchungen durchgeführt und Methoden entwickelt (in Abstimmung mit dem CIVC, s. S. 234), von denen die gesamte Branche profitiert.

Moët & Chandon hat auch nach Meinung der Konkurrenten von Anfang an viel für das Renommee und die Verbreitung des Champagners getan. Das Haus führte auch als erstes Spezialflaschen ein, die von den normalen, für die Standardcuvées verwendeten in Form und Gestaltung abwichen. Dazu wurde es besonders angeregt durch seinen England-Agenten André Simon, der auch als Gastronom und gastronomischer Schriftsteller hervorgetreten ist. Er bestellte 1936 zur Hundertjahrfeier der Agentur für tausend Kunden Moët & Chandon in einer Flasche, die den ursprünglich von Dom Pérignon verwendeten gleichen sollte. Es kam Jahrgang 1921, fast 15 Jahre Flaschenlager… Der Erfolg dieser Aktion führte dazu, daß Moët & Chandon bald danach die Marke Dom Pérignon kaufte – von Mercier.

Der Anteil der Gründerfamilien an der Firma war von mehr als fünfzig Prozent beim Zusammenschluß mit Hennessy auf weniger als dreißig Prozent gesunken, als sich das Unternehmen 1987 mit der kurz vorher gebildeten Gruppe Vuitton-Veuve Cliquot zusammenschloß.

Moët & Chandon produziert (abgesehen von Mercier und Ruinart) auch einige Champagner unter anderen Namen, meist in sehr kleinen Mengen und hauptsächlich, um früher erworbene Marken mit ihrem Stammpublikum zu halten. Dazu gehört »Henri Moët«, ein Anfang unseres Jahrhunderts aufgetauchter, nicht verwandter Produzent in Reims. Auch der Champagne de Cazanove gehörte vorübergehend zum Konzern, der ihn dann an S.A.M.E. (s. d.) weiterverkaufte. Von S.A.M.E. erworben hingegen hat der Konzern die Marke Paul Ruinart (die ohne Zusammenhang mit Ruinart Père & Fils auf den Markt gekommen war).

Zu den Besitztümern der Firma gehört seit langem auch die Abtei Hautvillers in einem der besonders pittoresken Hügeldörfer der Champagne, nahe Epernay, wo um die Wende des 17. zum 18. Jahrhundert Dom Pérignon lebte und wirkte.

In Epernay hat Moët & Chandon riesige unterirdische Lager, durch die täglich Führungen stattfinden (auch auf deutsch. Von April bis Oktober täglich

Hautvillers, die Abtei; Dom Pérignons Name bezeichnet heute auch die Prestige-Cuvée von Moët & Chandon

9.30–12.00 Uhr, 14.00–17.30 Uhr, Wochenende nur nachmittags. In den anderen Monaten nur werktags). Die Keller sind insgesamt 28 Kilometer lang (die von Mercier weitere achtzehn, die von Ruinart in Reims acht).

Der Größe der Gruppe entsprechen die Zahlen der Kellertechnik: 32 000 Rüttelpulte, 252 Giropaletten zum automatischen computergesteuerten Rütteln der Flaschen.

Moët & Chandon bietet zur Zeit an: Dom Pérignon, die Prestigecuvée des Hauses, immer mit Jahrgang (fast ganz

aus Reben, die mit 100 % eingestuft sind, dazu etwas Reben von alten, aus der Zeit vor der Reblauskrise stammenden Stöcken in Hautvillers (Klassifizierung 93 %), der etwa 9 % des Verkaufs ausmacht – Dom Pérignon Rosé mit Jahrgang – Brut Impérial (Hauptprodukt), in Großbritannien »Première Cuvée« – Brut Impérial mit Jahrgang, in Großbritannien »Dry Imperial« – Brut Impérial Rosé mit Jahrgang (2,5 % des Verkaufs) – Crémant demi-sec – White Star Extra dry (für Export). Außerdem wird ein stiller Wein angeboten, ein »co-

teaux champenois« aus der Gemeinde Cramant: Saran blanc, etwa 200 000 Flaschen im Jahr. Die Lagerzeit beträgt im allgemeinen: Brut Impérial knapp 2–3 Jahre, je nach Nachfrage, Brut Impérial mit Jahrgang 4–5 Jahre, Dom Pérignon 6–7 Jahre.
HA 87, GM 87, VF 87, Robert, D, V. Importeur für die Bundesrepublik: Chandon Handelsgesellschaft GmbH, Sankt-Anna-Platz 1, 8000 München 22, 0 89/22 73 31

DE MONCEL: COGEVI

MONCUIT (Pierre)
11 rue Persault Maheu
51190 Le Mesnil sur Oger 🍇🍇
26 57 52 65
NMR.

MONCUIT (Robert)
2 place de la Gare
51190 Le Mesnil sur Oger 🍇🍇
26 57 52 71
RM, Club. Stellt Blanc de Blancs »Le Mesnil« her, nur aus dieser Ortslage.

MONEL (J.): S.A.M.E.

MONET (Henri): Gimonnet (für Jacques Weindepot)

MONDET (Daniel)
51160 Cormoyeux (Ay)
26 58 64 15
NMR. Etwa 80 000 Flaschen.

MONGAMIN: Boizel

MONTARLOT: Marne et Champagne

MONTAUDON
6 rue Ponsardin
51100 Reims
26 47 53 30
NM. 15 ha. Etwa 500 000 Flaschen, Export 1985: 85 000. Weitere Marken: Lamotte, Vander Gucht. D.

MONTEBELLO
Verwaltung: bei Ayala, 2 Bd. du Nord, 51160 Ay
Installation: Château de Mareuil sur Ay 51160 Mareuil sur Ay 🍇
26 55 03 22
SGM
Gehört zu Ayala (s. d.).
Erst kaufte der Herzog von Montebello 1830 das Schloß, dann bewogen ihn die dazugehörigen Weinberge, gemeinsam mit seinen Brüdern 1834 eine Champagnerfirma zu gründen, die bald großes Ansehen genoß. Heutige Produktion etwa 250 000 Flaschen im Jahr. Etwa 25 ha Weinberge. 1936 wurde das Unternehmen verkauft an René Chayoux, der es dann an Jean-Michel Ducellier vererbte. Cordon Noir Demi Sec – Cordon Blanc Sec – Brut – Brut mit Jahrgang. HA 87, Robert.

DU MONTEIL (Christian): Rapenau.

DU MONT HAUBAN: Coopérative Vinicole de Monthelon
3 route de Mancy
51200 Monthelon (Epernay)
26 59 70 27
150 Mitglieder, 120 ha. Verkauft etwa die Hälfte der Ernte als Trauben an andere Produzenten, rund 250 000 Flaschen unter der Genossenschaftsmarke, etwa 50 000 gehen unter den Eigennamen an die Mitglieder.

MONTMARTHE (& Fils) (Guy)
38 rue Victor Hugo
51500 Ludes 🍇
26 61 10 99
RM. Robert.

MONTMARTRE: S.A.M.E.

DE MONTSABLE (Raoul): S.A.M.E.

MONTVILLERS
17 rue de la Charte
51160 Ay 🍇🍇: Bollinger.

MOREAU (Daniel)
5 rue du Petit Moulin
51700 Vandières (Dormans)
26 58 01 64
RM. 4,5 ha, Robert.

MOREL (Père & Fils)
92 rue du Général de Gaulle
10340 Les Riceys
25 29 32 05
RM. Robert.

MORGAN (Père & Fils): Albert le Brun.

MORIN (Guy): Marne et Champagne.

MORIZET FILS (Gilbert)
255 rue du Moutier
51200 Cramant (Epernay) 🍇🍇
RM. 10 ha, ST.

MORLANT: Besserat de Bellefon.

MORLET (Pierre)
7 rue Paulin Paris
51160 Avenay (Ay) 🍇
26 52 32 32
NMR.

MOROT (Louis): Goyard.

MORTAS: Rapenau.

MOUSSIGNY (Paul): Bricout & Koch.

MOUTARD (Père & Fils)
16 route Nationale
10110 Buxeuil (Bar sur Seine)
25 38 50 73 u. 25 38 50 76
RM. 17 ha. 90 000 Flaschen im Jahr. Als NM auch Produzent der Champagner Diligent (François) und Duc de Charlanne.
D, HA 87, Robert.
Imp.: Jean Paul Suss, dieselbe Adresse, und Manfred Hamann, Neue Straße 6 A, 3340 Wolfenbüttel, 0 53 31/2 60 11

MOUTARDIER (Jean)
route d'Orbais
51210 Le Breuil (Montmirail)
26 59 21 09
RM. 15 ha, über 100 000 Flaschen im Jahr. HA 87, Robert, D.

G. H. MUMM & Co

Société Vinicole de Champagne Successeur

29 rue du Champ-de-Mars

51100 Reims

26 40 22 73

(Hauptsitz: 36 Avenue Pierre 1er de Serbie, 75008 Paris)

SGM

Tochtergesellschaft von Seagram.

Die Herkunft ist deutsch, der Champagner französisch, die Zugehörigkeit kanadisch. Vom Champagner Mumm wurden 1986 9,6 Millionen Flaschen verkauft. Das sicherte ihm nach Moët & Chandon den traditionellen Platz als nächste führende Marke, auch im Export, den das Haus schon lange innehat. Mumm ist eine Unternehmensgruppe, auch als solche hinter dem Giganten Moët & Chandon, was Produktion und Umsatz anbelangt, an komfortabler zweiter Stelle. (Seagram ist größer als LV. MH, die Mutter-Holding von Moët & Chandon.)

Zu Mumm gehört der Champagner Heidsieck Monopole, der schon 1972 gekauft und 1985 ganz eingegliedert wurde, aber als Marke weiterbesteht (1986: 1,55 Millionen Flaschen), und seit 1959 (juristisch noch eine Firma) Perrier-Jouët in Epernay, 1986 2,58 Millionen Flaschen. Die Gruppe konnte also 1986 13,7 Millionen Flaschen verkaufen, davon zwei Drittel im Export.

Die Zugehörigkeit zu Seagram, einem der großen internationalen Getränkekonzerne, erleichtert sicher das Auslandsgeschäft, besonders in Nordamerika, wo Mumm und Perrier-Jouët etwa ein Viertel aller Champagnerverkäufe bestreiten. Aber Mumm war dort schon lange vor der Übernahme durch Seagram in hervorragender Position.

Die Fujita-Kapelle in Reims: ausgemalt mit Fresken des konvertierten japanischen Künstlers (Szenen aus dem alten und dem neuen Testament), gestiftet vom damaligen Mumm-Generaldirektor René Lalou; eröffnet 1966.

Hauptexportländer für Mumm sind, in der Reihenfolge: USA, Kanada, Schweiz, Großbritannien. Bundesrepublik 1986: 235000. Mumm ist der in den duty free shops der ganzen Welt am meisten verkaufte Champagner.

Die Gruppe verfügt über 423 ha eigenen Weinbesitz (Mumm selbst 220 ha), was nur etwa ein Viertel des Bedarfs deckt. Sie kauft mehr als drei Millionen kg Trauben im Jahr dazu. In den Gewölben und unterirdischen Gängen (Gesamtlänge achtzehn Kilometer) lagern fast 30 Millionen Flaschen. Tägliche Führungen außer am Wochenende und an Feiertagen, auch in deutscher Sprache, von 9.00–11.00 Uhr und 14.00–17.00 Uhr.

Mumm stellt in den USA auch Schaumwein und Wein her. In der Bundesrepublik ist das Unternehmen unter eigenem Namen im Wein- und Sektgeschäft tätig und besitzt mehrere Tochterfirmen. Außerdem produziert es in Argentinien. Gegründet hat die Firma im Jahr 1827 Peter Arnold Mumm, aus rheinischer Weinbesitzer- und -handelsfamilie, zunächst in Partnerschaft mit dem Deutschen Friedrich Giesler, der sich aber bald danach mit eigenem Unternehmen selbständig machte. Den endgültigen Firmennamen etablierte 1853 der Enkel Georg Hermann: G. H. Mumm & Co. Das Haus arbeitete sich schnell in die Spitzengruppe vor; zusammen mit Moët & Chandon, Clicquot (s. d.) und Pommery (s. d.) bildete es im vergangenen

Jahrhundert das Quartett der erfolgreichsten, den Absatz ständig steigernden Exporteure. Zeitweise kam jede zweite Flasche Champagner, die in Amerika verkauft wurde (1877: 1,75 Millionen), von Mumm.

Der Cordon Rouge mit dem großen roten Diagonalstreifen auf dem Etikett ist seit 1883 auf dem Markt und nach wie vor der am meisten verkaufte Mumm. Das Unternehmen führte als erstes Champagnerhaus 1836 die Most-zu-Wein-Vergärung in Riesenfässern ein (à 12000 l), die Mumm aus der Pfalz kommen ließ; es ermöglichte, dem Wein (und späteren Champagner) einen beständigeren, einheitlicheren Charakter zu geben als mit der Gärung in kleinen Fässern. Die Konkurrenten zogen bald nach.

Der Erste Weltkrieg beendete abrupt die geschäftliche Rekordkarriere der Mumms. Sie hatten sich nicht als Franzosen einbürgern lassen – ihr Unternehmen wurde als Feindbetrieb beschlagnahmt und 1920 an eine größere Aktionärsgruppe verkauft, zu der auch die Apéritif-Firma Dubonnet gehörte. Unter dem neuen Generaldirektor René Lalou blieb der Firmenname unverändert, mit dem Zusatz »Société Vinicole de Champagne Successeur«. Das Unternehmen konnte die geschäftlichen Erfolge fortsetzen und sich weiter ausdehnen; 1969 erwarb dann Seagram die Aktienmehrheit. Nach dem verstorbenen Lalou heißt die Prestigecuvée des Hauses. Die Mumms blieben auf deutscher Seite ein führendes Wein- und Sektunternehmen; auch dieses gehört heute Seagram.

An Champagnersorten bietet Mumm zur Zeit an: Cordon Rouge Brut, etwa 66 % des Gesamtverkaufs (hergestellt zu drei Vierteln aus den beiden Pinots, 25 % Chardonnay) – Cordon Brut mit Jahrgang – Cordon Rosé mit Jahrgang – Crémant de Cramant Double – Cordon sec (nur in Frankreich) – Extra Dry (nur in Nordamerika) – Cordon Vert demisec – als Prestigecuvée René Lalou, stets

mit Jahrgang (je 50 % Chardonnay und Pinot Noir), etwa 400 000 Flaschen im Jahr.
HA 87, GM 87, VF 87, Robert, D, V.
Importeur: Seagram Deutschland Vertriebs-GmbH, Geheimrat-Hummel-Platz 4, 6203 Hochheim am Main, 06146/501

MUNOZ-BRUNEAU (Jean)
4 rue des Vignes
51200 Le Mesnil le Huttier/Festigny (Epernay)
26583263
RM. Robert.

DE MURET: Duval-Leroy

MUSCAT DU ROI SOLEIL: S.A.M.E.

MUSCAT MAJOR: S.A.M.E.

NAMUR SUCHAUT (Bernard)
16 rue Anatole France
51200 Damery (Epernay)
265841 18
NMR Robert.

NAPOLÉON
Grande Champagne Napoléon
Ch. & A. Prieur
2 rue de Villers aux Bois
51130 Vertus
265211 74
SGM
Gegründet 1825, ursprünglicher Name Prieur-Pageot, noch immer im Besitz der Familie Prieur. Jährlich etwa 150 000 Flaschen, Export etwas mehr als zwei Drittel. Die Marke »Napoléon« wurde erst Anfang des Jahrhunderts eingeführt, auf Betreiben des Vertreters in Rußland. Nach dem Zweiten Weltkrieg mußte sie in mehreren Prozessen gegen Konkurrenten verteidigt werden; erst 1968 sicherte das Kassationsgericht Prieur endgültig die Exklusivität. GM 87, VF 87, D.
Imp.: Rolf Herzberger GmbH & Co KG, Am Holzbrunnen 5–7, 6600 Saarbrücken 3, 0681/814021

NARELLY (Pol): S.A.M.E.

DIE NASEN: s. Goutte d'Or.

NECTAR DES NOIRS: Coopérative Vinicole d'Ambonnay. Siehe Saint-Réol. HA 87.

NECTAR DE ST. RÉMI: s. de l'Auche

NILENS (Julien): Duval-Leroy

NIVELLE (Pol): Albert Le Brun

NOLLEVALLE (Paul)
51120 Allemant (Sézanne)
268060 95
Winzer seit 1664. NMR 7 ha, Verkauf etwa 20 000 Flaschen im Jahr. Liefert die Marke Granier nach England (s. d.).

NOMINÉ-RENARD (André)
rue Vigne Abesse
51270 Villevenard
26 59 16 13
NMR. 20 ha. Rund 160 000 Flaschen im Jahr. Club. HA 87, Robert.
Importeur: H. & M. Nuisel GmbH, Wacholderweg 19, 6720 Speyer, 0 62 32/3 37 52.

NORBERT (D.): S.A.M.E.

NOWACK (Bernard)
15 rue Bailly
51700 Vandières (Dormans)
26 58 02 69
RM. Robert.

NOWACK (Frédéric)
20 Avenue Paul Doumer
51700 Port à Binson (Dormans)
26 58 08 79
NMR.

OLIVIER (Pierre)
route de Dormans (1 km von Dormans)
02850 Trélou-sur-Marne (Jaulgonne)
(20 km östlich Château-Thierry)
23 70 24 01
RM. 100 000 Flaschen im Jahr.

AN (Charles)
44 route de Paris
51700 Troissy
26 50 70 05
RM. 6 ha, etwa 60 000 Flaschen im Jahr. Club. HA 87, Robert, V.

OPALE: Union Champagne.

OUDART (Etienne)
8 rue de la Clôterie
51200 Brugny Vaudancourt (Epernay)
26 54 31 28
RM. Robert.

OUDINOT (- Jeanmaire) (Michel Trouillard)
12 rue Godart Roger
51207 Epernay
26 54 60 31
NM. Gegründet Ende des 19. Jahrhunderts. Übernahme der Marke »Jeanmaire« 1979, beider durch M. Trouillard 1981. NM. Weinbesitz gemeinsam mit Beaumet Chaurey (s. d.) seines Bruders Jacques Trouillard 62 ha. Die Firmen

haben auch die gleiche Generaldirektion und stellen im allgemeinen die gleichen Cuvées her. Jährlich etwa 550 000 Flaschen (1986). Weitere Marken: Royal Onzane, A. & S. de Perrot. HA 87, D.

OURY (Pascal)
51300 Bassu (Vitry le François)
26 73 96 22 NMR.
Imp.: Sektkellerei Nymphenburg, Martin Kollarstr. 4, 8000 München 82, 0 89/4 20 50

PA: Charbaut.

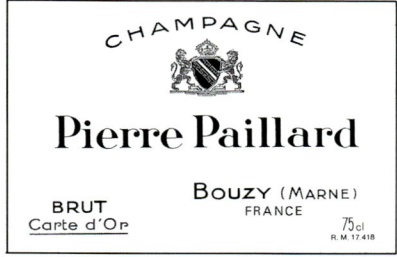

PAILLARD: seit der Jahrhundertwende in Champagner-Herstellung und -Geschäft erfolgreiche Familie, die lange für Pommery tätig war. Heute:

PAILLARD (Bruno)
rue Jacques Maritain
51100 Reims
26 36 20 22
NM. Etwa 1 Million Flaschen im Jahr. Sohn von Rémy Paillard (s. d.), der ihm schließlich sein gesamtes Exportgeschäft übertrug. Höchst erfolgreich in Großbritannien, das noch heute Hauptabnehmer ist. D, GM 87, VF 87.

PAILLARD (Jean), ebenfalls aus der Familie: s. Chauvet.

PAILLARD (Pierre)
2 rue du XXᵉ Siècle
51150 Bouzy (Tours-sur-Marne) ❧❧
26 57 08 04
Bruder von Rémy; die Firma wird heute von Sohn Benoit geführt. RM. Robert.

PAILLARD (Rémy)
35 rue Ponsardin
51150 Reims
26 40 07 06 und 26 47 03 66
NM mit 4 ha in 51360 Verzenay (26 49 40 01); früher in großem Umfang mit einer Handelsfirma tätig (zeitweise 2,5 Millionen Flaschen im Jahr), auch verbandspolitisch aktiv: Er verhandelte die Lohnabkommen, die noch heute in der Champagne gelten. Aktivität auch außerhalb der Champagner-Branche,

Rémy Paillard ▷

schließlich als Herausgeber (»Affiches 14–18«. Plakate aus dem Ersten Weltkrieg, die aus seiner Privatsammlung stammen; die Texte sind auch deutsch und englisch erläutert). Der 1928 Geborene reduzierte allmählich seine Geschäfte, setzte aber 1987 noch immer rund 1,5 Millionen Flaschen um, ausschließlich in Frankreich, davon nur etwa 30 000 unter seinem Namen. Zu seinen Handelsmarken gehören Delafon, Dubois-Carron und Métayer.

PALMER & CO
67 rue Jacquart
51100 Reims
26 07 35 07
»Société coopérative des Grands Terroirs de Champagne«, Genossenschaft von etwa 80 Winzern aus sehr guten Lagen mit zusammen 150 ha. Produktion jährlich rund 1 Million Flaschen, von denen etwa 250 000 den Mitgliedern zur Endfertigung zurückgeliefert werden. Eigenmarke Palmer, etwa 70 000 Flaschen, dazu verschiedene Handelsmarken rund 80 000. Etwa die Hälfte der Produktion geht an andere Häuser zur dortigen Fertigstellung. Großes Investitionsprogramm; bis 1990 Neubau und Vergrößerung der Lagerräume. HA 87, D.

PA: Charbaut.

PANNIER (G.): Covama (Coopérative de champagnisation des coteaux du Val de Marne)
23 rue Roger Chatillon
02400 Château-Thierry
23 69 13 10
Die Genossenschaft, heute 180 Mitglieder mit zusammen rund 250 ha, hat bei ihrer Gründung Marke und Kundschaft der Firma Pannier übernommen und stellt etwa 2 Millionen Flaschen jährlich her. Davon beziehen die Mitglieder un-

ter ihren verschiedenen Etiketten etwa die Hälfte. Der andere Teil wird als G. Pannier und unter einigen anderen Handelsmarken verkauft, die besonders für Supermärkte bestimmt sind, z. B. Pol du Breuil, Brenner und de Brienne (dieser hauptsächlich für die Bundesrepublik, 1986 etwa 85 000 Flaschen). HA 87, Robert. D.
Imp.: Karlheinz Haus GmbH, Am Langfeld 36, 6604 Saarbrücken-Gudingen, 06 81/87 10 56

PAQUES (Gérard)
1 rue de Valmy
51500 Rilly la Montagne 🍇
26 03 42 53
RM. Robert.

PASQUIER (Pol): Marne et Champagne.

PASQUIER (Veuve): Marne et Champagne.

LE PAVÉ: Vranken-Lafitte.

PAYELLE PÈRE & FILS (Gérard)
22 rue St.-Vincent
51150 Ambonnay (Tours-sur-Marne) 🍇🍇
26 57 02 52.
RM.

PELLETIER (Vve & Fils): Marne et Champagne.

PENOT (Claude)
10110 Ville sur Arce (Bar sur Seine)
25 38 76 46
RM. Robert.

PÉRARD (J. & Fils)
9 rue de Reims
51150 Ambonnay (Tours sur Marne) 🍇🍇
26 57 00 96
RM.

PÉRARDEL (D.): für das Weinhandelshaus (Marché aux Vins, Reims und l'Epine bei Châlons sur Marne, auch das Hotel-Restaurant »Aux Armes de Champagne« in l'Epine gehört dazu) von Testulat (Epernay) (s. c.) hergestellte Eigenmarke.

PERLYS: S.A.M.E.

PERNET-LEBRUN
Ancien Moulin
51200 Mancy (Epernay)
26 59 71 63
RM. 50 000 Flaschen. ST.

PERNOD RICARD: s. Besserat, Salon.

PERREAU (Roger): Marne et Champagne

PERRIER (Achille): Sté Sparnacienne.

JOSEPH PERRIER FILS & CO
69 Avenue de Paris
51005 Châlons-sur-Marne
26 68 29 51
SGM
Das Unternehmen liegt etwas außerhalb der vertrauten Champagner-Gegend, ist aber Mitglied im Syndicat des Grandes Marques. Perrier verkauft um die 600 000 Flaschen im Jahr und exportiert rund die Hälfte davon; Hauptkunden sind Belgien, Großbritannien und die USA. Die Vorräte belaufen sich auf etwa

2 Millionen Flaschen, Weinbesitz 20 ha.

Gründer der Marke war 1825 Joseph Perrier, dessen Vater bereits mit Wein gehandelt hatte. Sein Enkel Gabriel Perrier, der ohne Anhang war, verkaufte die Firma 1888 an Paul Pithois, dessen Nachkommen sie heute noch gehört.

Perrier gehört zu den wenigen Firmen, die auch bei halben Flaschen und bei Übergrößen die Flaschengärung durchführen – meist wird in solche Größen aus den Normalflaschen umgefüllt.

Qualitäten: Demi Sec – Cuvée Royale Brut (30 % Chardonnay, 45 % Meunier) – Cuvée Royale Blanc de Blancs Brut – Crémant brut – Cuvée Royale Brut mit Jahrgang (60 % Pinot Noir, 40 % Chardonnay) – Cuvée Royale Brut Rosé (30 % Chardonnay, 55 % Meunier) – Cuvée du Cent-Cinquantenaire, Prestigecuvée des Hauses (60 % Chardonnay, 40 % Pinot Noir).

HA 87, D. Robert.

Importeur: Vinco Wein- und Sektkellerei GmbH, Jacobstraße 6–8, 5500 Trier, 06 51/4 11 77

Lagerstollen im Osten der Champagne, nicht weniger eindrucksvoll (und ergiebig) als in den bekannteren Zentren: Joseph Perrier in Châlons sur Marne.

PERRIER-JOUËT
28 Avenue de Champagne
51201 Epernay
26 55 20 53

SGM

Gegründet 1811, gehört zu Mumm/Seagram. Verkauft etwa 2,5 Millionen Flaschen im Jahr, wovon etwa 1,5 Millionen exportiert werden (Bundesrepublik 1986: 215 000). Das Haus verfügt über 108 ha Weinbesitz. Der Vorrat beträgt etwa 8 Millionen Flaschen. Das Haus ist in Vertriebspartnerschaft mit Barton & Gestier verbunden, einem im französischen Weinhandel starken weiteren Tochter-Unternehmen von Seagram. Pierrer-Jouët war das erste Haus, das im vergangenen Jahrhundert auf dem wichtigsten Champagnermarkt, Großbritannien, trockenen Champagner einzuführen versuchte (auf Betreiben des dortigen Importeurs) und damit scheiterte, bis neuerliche Versuche, auch anderer Häuser, dann dem »Brut« doch noch zum Siege verhalfen. Heute hebt sich die Marke hauptsächlich durch die im Jugendstil dekorierte Flasche der Prestigecuvée »Belle Epoque« hervor, die zum ersten Mal mit dem Jahrgang 1966 in den Handel gebracht wurde und auf eine 1902 vom berühmten Glaskünstler Gallé angefertigte Flasche zurückgeht.
HA 87, GM 87, VF 87, Robert, D, V. Importeur: Epikur GmbH, Deinhardplatz, 5400 Koblenz, 06 21/10 40

PERRIN (A.): Cogevi.

PERRIN (Henri)
10 rue de Bel Air
51200 Festigny (Epernay)
26 58 32 84
NM. Champagner wird hergestellt von Vautrain (s. d.).

PERRIN-DELAROCHE: Marne et Champagne.

PERROT (A. & S.): Oudinot.

PERROT (Daniel): Charbaut.

PERROT-BOULONNAIS (Pascal)
12 place du Mont Chenil
51130 Vertus
26 52 12 96
RM. Robert.

Jugendstildekor ziert auch die Rosé-Flaschen von Perrier-Jouët.

PERTOIS (Dominique)
13 Avenue de la République
51190 Le Mesnil sur Oger (Avize) 🍇 🍇
26 57 52 14
RM. HA 87.

PERTOIS-LEBRUN
399 rue de la Libération
51200 Cramant (Epernay) 🍇 🍇
26 57 54 25
RM, 7 ha. Etwa 75 000 Flaschen im Jahr.
Robert. D.

PERTOIS-MORIZET
5 route d'Oger
51190 Le Mesnil sur Oger 🍇 🍇
26 57 53 04
RM. Club. Robert.

PÉTERS (Pierre)
26 rue des Lombards
51190 Le Mesnil sur Oger (Avize) 🍇 🍇
26 57 50 32
NMR. 17 ha. Etwa 140 000 Flaschen im
Jahr. Dovaz, HA 87, GM 87, Robert.

PÉTIAU (Gilbert)
9 rue St. Martin
51380 Trépail (Verzy) 🍇
26 57 05 48
RM, 25 000 Flaschen im Jahr. ST.

PETIT (Charles): Mailly-Champagne

PETIT (Guy)
rue du Chemin Neuf
51260 Bethon (Anglure)
26 80 48 31
RM. 40 000 Flaschen. ST.

PETITJEAN (H. & Cie), (Michel)
12 bis, rue Saint Victor
51206 Epernay
26 54 44 52
NM, etwa 130 000 Flaschen im Jahr.
Keller auch in 51150 Ambonnay (pl. Barancourt, 26 57 01 26). HA 87.

PÉTROT-BONNET: Marne et Champagne.

PHILIPPONAT
13 rue du Pont
51160 Mareuil-sur-Ay (Ay) 🍇
26 50 60 43
NM. Seit Mitte des 19. Jahrhunderts
Handelshaus mit eigenem Weinbesitz,
gehört heute nach mehrmaligem Besitzwechsel zur Likör- und Apéritif-Grup-
pe Marie Brizard. 12 ha, davon 6 ha des
berühmten steilen »Clos des Goisses«,
jährlich etwa 430 000 Flaschen. HA 87,
GM 87, D, V.
Imp.: Wein Wolf Import GmbH, Drachenburgstr. 36 A, 5300 Bonn 2,
02 28/34 20 11.

PIERLOT (Jules)
15 rue Henri Martin
51200 Epernay
26 54 45 52
Gegründet 1889. NM. Etwa 100 000 Flaschen.

PIERRE (H.): S.A.M.E.

PINBOUEN-MANSARD
51700 Cerseuil/Mareuil le Port (Dormans)
26 50 71 54
RM. Robert.

Hunderttausende Flaschen liegen auf Rüttelpulten
in den Kalksteinhöhlen von Reims, Epernay und
anderen Orten, hier bei Heidsieck ▷

PIPER-HEIDSIECK
8 rue Piper
51100 Reims
26 85 01 94
SGM

Von den drei Heidsieck-Marken, die geschäftlich nicht zusammenhängen, die erfolgreichste, mit jährlichem Verkauf von knapp 5 Millionen Flaschen (1986: 4,8 Millionen) und einem Vorrat von rund 15 Millionen. Das Haus besitzt keine eigenen Weinberge. Rund 57 % der Produktion werden exportiert. Hauptkunden sind (der Bedeutung nach) die USA, Schweiz, Großbritannien, Italien, Bundesrepublik (1986: 263 000).

Piper-Heidsieck besitzt gemeinsam mit dem Cognac-Unternehmen Martell eine Vertriebsgesellschaft, die auch andere Getränke vertreibt. Außerdem ist das Haus in den USA und in Argentinien erfolgreicher Erzeuger von Schaumwein, weitere Projekte laufen, teilweise über die Tochterfirma Champagne Technologie, in Australien, Indien und Mexiko.

Das Unternehmen gehörte zu den ersten, die das traditionelle Handrütteln der Champagnerflaschen abschafften und sich auf maschinelle, computergesteuerte »giropalettes« umstellten, von denen es etwa 220 in Betrieb hat. Milchsäuregärung wird vermieden, außer bei sehr säurereicher Ernte (wird aber dann auch nur für einen Teil des Weines durchgeführt). Die unterirdischen Keller und Gänge in Reims, die im vergangenen Jahrhundert im Kreideuntergrund ausgegraben wurden, erstrecken sich über 12 Kilometer Länge und eine Fläche von 16 000 Quadratmetern. Führungen (teils im elektrischen Zug) auch in deutscher Sprache: 9.00–11.30 und 14.00–17.30, vom 26. März bis 11. November täglich, sonst an Werktagen.

Hier steht auch eine der modernsten Anlagen zur Füllung von Halb- und Viertelliterflaschen, die Piper-Heidsieck gemeinsam mit Taittinger gehört und auch für andere Champagnerfirmen arbeitet – die meisten Häuser lassen die Flaschengärung nicht in kleineren Größen als der 0,75-Liter-Flasche stattfinden, sondern füllen um.*

---

* s. Kapitel Gärung, Seite 60 ff.

Piper-Heidsieck geht auf den deutschen Gründer Florenz-Ludwig Heidsieck zurück, s. Übersicht S.158, der 1785 die Tochter eines Wollhändlers in Reims geheiratet, im gleichen Jahr ein Textil- und Champagnerhaus gegründet und sich dann geschäftlich sehr bald auf Champagner konzentriert hatte. Bald nach seinem Tode gründete sein Neffe Christian Heidsieck 1834 eine neue Firma Heidsieck & Co. Später heiratete Christian Heidsiecks Witwe seinen vormaligen Teilhaber Henri Piper (seinerseits Großneffe des Firmengründers). Die Firma hieß nun Piper, behielt aber die Marke Heidsieck bei, und da amerikanische Kunden ihren Champagner als »Piper's Heidsieck« verlangten, wurde das Unternehmen entsprechend umgetauft. 1870 erbte J. C. Kunkelmann die Firma, aus Mannheim stammend und jahrelang für Piper in den USA erfolgreich tätig, dann Teilhaber geworden. Seine Enkelin heiratete den Marquis Jean de Suarez d'Aulan, ihr Sohn leitet die Firma heute.

Dieses Haus mehrfacher deutscher Herkunft hatte mit den Deutschen von Zeit zu Zeit besonderes Pech. 1870 wurden die Keller von preußischen Truppen heimgesucht, im Ersten Weltkrieg fielen einige Millionen Flaschen dem deutschen Artilleriefeuer zum Opfer (die Front verlief lange etwa sechs Kilometer von Reims), im Zweiten Weltkrieg ließ sich die deutsche Champagnerverwaltung bei Piper-Heidsieck nieder, wo ein Lager mit Waffen und Material für den Widerstand gefunden wurde. Jean de Suarez d'Aulan fiel als Jagdflieger der freien französischen Streitkräfte wenige Tage vor Kriegsende.

Piper-Heidsieck bietet an: Demi Sec – Brut Extra, mehr als 80 % des Verkaufs (80 % Pinot Noir, 20 % Chardonnay) drei Jahre Lager, Dosage 10 Gramm Zucker pro Liter – Brut Extra mit Jahrgang (je 50 % Pinot Noir und Chardonnay), empfohlene Trinkzeit vier bis sechs Jahre nach dem Jahrgang – Brut Rosé mit Jahrgang (80 % Pinot Noir, 20 % Chardonnay, Hinzugabe 20–25 % Rotwein, ebenfalls Pinot Noir) – Brut Sauvage, ohne jede Dosage, (auch kein älterer Wein) 90 % Pinot Noir, 10 % Chardonnay, vier Jahre Lager – Piper Rare mit Jahrgang (40 % Pinot Noir,

60 % Chardonnay) – Florens-Louis, Prestigecuvée (überwiegend Chardonnay), Dosage 10 Gramm pro Liter.
Piper-Heidsieck führt noch die Marke Heidsieck weiter (Heidsieck – Ancienne Maison fondée en 1785), wenn auch in kleinen Mengen, Prestigecuvée »Jubilé Brut« mit Jahrgang. Ferner die Marke Becker, Prestigecuvée »Amorial Brut« mit Jahrgang. Weitere Marke: Fournier.
HA 87, GM 87, VF 87, Robert, D, V.
Importeur: Piper-Heidsieck Deutschland, Taunusstr. 43, 6200 Wiesbaden, 06121/526020

PITHOIS (Michel)
16 rue Moët et Chandon
51360 Verzenay ❧ ❧
26 49 41 77
RM. Robert.

DE PLOUVY (M.): S.A.M.E.

PLOYEZ-Jacquemart
8 rue Astoin
51500 Ludes (Rilly la Montagne) ❧
NM. 2 ha. Etwa 100000 Flaschen im Jahr. D.
Imp.: Sticker & Krahn, Parkstr. 31, 4000 Düsseldorf 30, 5211/49 24 95

POILVERT (Jacques)
Grande Rue
51270 Talus Saint-Prix (Montmort)
26 59 12 48
NMR. 130000 Flaschen, 50 % Export.

POL ROGER
1, rue Henri-Lelarge
51200 Epernay
26 55 41 95
SGM

Im Revolutionsjahr 1848 geboren, hat dieses Haus nichts Revolutionäres, sondern eher einen seriös-fröhlichen Charakter. Es gehört zu den besonders Angesehenen.
Pol Roger, Marke des oberen Qualitätsbereiches, verkaufte 1986 rund 1,3 Millionen Flaschen und exportierte davon fast 60 %. Die Hauptkunden außerhalb Frankreichs sind Großbritannien, USA, Kanada. Die Vorräte des Hauses belaufen sich auf etwa 6 Millionen Flaschen. Einige Weinberge von insgesamt 75 ha decken etwa 40 % des Bedarfs; während die Firma den benötigten größeren Rest hinzukauft, hält sie nach Gelegenheiten Ausschau, weitere Flächen zu erwerben. Die Weinberge läßt sie, was in der Champagne einzigartig ist, in Pacht bewirtschaften; die Champagnerherstellung übernimmt sie natürlich selbst.
Pol Roger gehört zu den wenigen, die für die zweite Gärung die Champagnerflaschen nicht mit Metallkapseln verschließen, wie fast überall üblich, sondern mit Korken. Ein Teil der Keller ist ein Grad kälter (9,5 Grad C) als der Champagnerdurchschnitt, was offenbar die Gärung verlangsamt und für besonders feinen Schaum sorgt.
Bedeutendster Propagandist des Hauses war zweifellos Sir Winston Churchill, der kurz vor Kriegsende in Paris das Ehepaar Jacques und Odette Pol-Roger kennenlernte; Odette war die Tochter eines britischen Generals. Churchill ließ sich hinfort regelmäßig mit Pol Roger beliefern, vorzugsweise ältere Jahrgänge, nannte eines seiner Rennpferde Pol Roger (es gewann mehrere Rennen) und verkündete, die Anschrift Pol Rogers in Epernay sei »der Welt trinkbarste Adresse«. Wo immer er auf seinen Reisen Gast war, fühlten sich die Gastgeber verpflichtet, ihm Pol Roger zu kredenzen. Nach seinem Tod umgab die Firma das Etikett ihrer für England bestimmten Flaschen mit einem schwarzen Rahmen, und zwanzig Jahre später brachte sie eine »Cuvée Sir Winston Churchill« auf den Markt, im wesentlichen auf den britischen.

Firmengründer war 1848 der Sohn eines Notars aus der Champagnerstadt Ay. Er hatte schon ein paar Jahre für andere Firmen Champagner produziert, nun hielt er die politischen und militärischen Wirren der Epoche für keinen Grund, sich nicht selbständig zu machen und sein Glück zu versuchen. Er bemühte sich von Anfang an besonders um englische Kundschaft – mit großem Erfolg. Zwischen dem Ersten und dem Zweiten Weltkrieg lieferte Pol Roger mehr Champagner nach Großbritannien als jedes andere Haus.
Da war es schon in den Händen seiner beiden Söhne. Sie erwirkten vom Staat die Erlaubnis, seinen Vornamen hinfort als Teil des Familiennamens führen zu dürfen – die Familie heißt seither Pol-Roger mit Bindestrich, die Champagnermarke Pol Roger ohne.
Pol Roger besitzt in Epernay ausgedehnte unterirdische Kellerlager im kreidigen Untergrund. Besucher solcher Anlagen in Reims oder Epernay mögen sich manchmal fragen, ob denn die ziemlich weiche Kreide auch solide genug ist. Das Haus Pol Roger hat hierzu

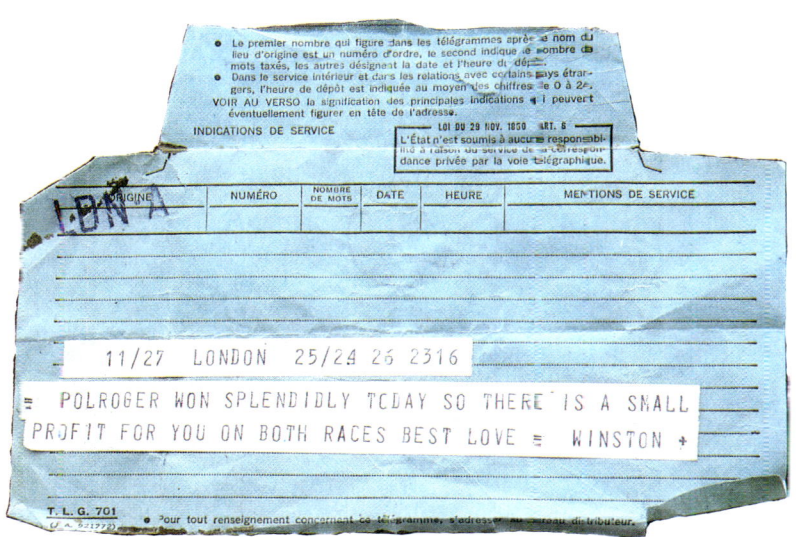

»Pol-Roger siegte heute glänzend, also habt Ihr an beiden Rennen ein bißchen verdient«, telegraphierte Winston Churchill, Freund der Familie, nach der er sein Lieblings-Rennpferd benannt hatte. Das Haus hält sein Gedächtnis hoch.

besondere Erfahrung. Im März des Jahres 1900 ließ es seine Keller vergrößern und die Abstützungen verstärken – aber offenbar etwas zu spät. Eines Nachts erwachte Maurice Pol-Roger von lautem Getöse, das er zunächst für einen Zugzusammenstoß hielt – in Wirklichkeit waren seine Galerien eingestürzt, manche zwanzig, dreißig Meter tief. Fünfhundert Weinfässer und 1,3 Millionen Flaschen Champagner waren Bruch, ein Verlust von (damaligen) 4 Millionen Francs…

Die Brüder, die jedermann für ruiniert hielt, überwanden den Schicksalsschlag und bauten Anlagen und Bestände (solider) wieder auf. Ihre Beharrlichkeit und Zähigkeit brauchten sie bald danach von neuem: Kurz nach Ausbruch des Ersten Weltkrieges, im September 1914, besetzten deutsche Truppen eine Woche lang Epernay. Maurice Pol-Roger war Bürgermeister, alle anderen französischen Behörden einschließlich Polizei waren verschwunden, er sollte nun für Ordnung sorgen, mußte aber sich und die Stadt hauptsächlich gegen deutsche Forderungen und Drohungen verteidi-

gen – Epernay sollte niedergebrannt, er selbst erschossen werden, weil die Deutschen, die hier mehrere Hauptquartiere errichtet hatten, das Ausbleiben von Strom und Gas für Sabotageakte hielten. Doch Epernay und Maurice Pol-Roger kamen schließlich davon. Als er 1935 sein Bürgermeisteramt endgültig niederlegte, machte ihn die Stadt zum Ehrenbürgermeister – auch in Frankreich nichts Häufiges.

Das Unternehmen ist in der Familie geblieben. Es wird heute von zwei Urenkeln des Gründers geleitet: Christian de Billy, Mitglied der Internationalen Weinakademie in Genf, und Christian Pol-Roger. Die Champagner des Hauses sind überdurchschnittlich kräftig, wenn auch leichter als früher, der Anteil an Chardonnay ist höher geworden. Zur Zeit werden folgende Champagner angeboten:

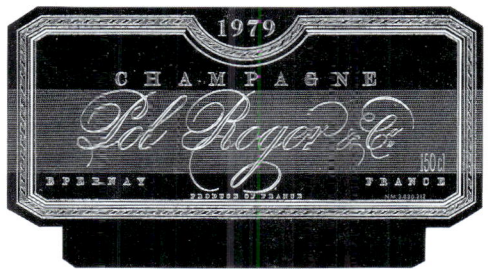

Christian Pol-Roger und Christian de Billy,
Chefs von Pol-Roger.

Prinz Alain de Polignac, Önologe,
verantwortlich für den Geschmack von Pommery.

Demi Sec, drei Jahre alte Grundweine, Dosage 39 Gramm pro Liter, zur Dessertbegleitung – Sec, etwas trockener, 26 Gramm Zucker pro Liter – Brut, etwa 60 % der Produktion, 13 Gramm – Brut mit Jahrgang (60 % Pinot Noir, 40 % Chardonnay) Dosage wie der Brut ohne Jahrgang – Rosé mit Jahrgang (Pinot Noir mit Zugabe von Pinot Noir von Bouzy), Dosage etwa 10 Gramm – Blanc de Chardonnay mit Jahrgang (aus den Spitzenlagen der Côte des Blancs), Dosage etwa 10 Gramm – Réserve spéciale PR mit Jahrgang (je 50 % Pinot Noir und Chardonnay) Prestigecuvée des Hauses, begrenzte Menge, dosiert mit etwa 10 Gramm – Cuvée Winston Churchill – Sondercuvée, nur für Großbritannien, zur Hochzeit Prince Andrews 1986, aus dem Jahrgang 1979.
HA 87, GM 87, VF 87, Robert, D, V.
Importeur: Gilbert Schwaentzel France Vinicole GmbH, Hafenstraße 17, 7640 Kehl, 07851/73823.

POMMELET (Michel)
5 rue des Longs-Champs
51200 Fleury la Rivière (Epernay)
26 58 41 04
RM. Robert.

POMMERY (& Greno)
5 place du Général Gouraud
51100 Reims
26 05 05 01
SGM
Gehört zum größten französischen Lebensmittel- und Getränkekonzern (einem der größten Europas), BSN, der Pommery ebenso wie den Champagner Lanson 1984 von Xavier Gardinier übernommen hat. Pommery ist eine der größten Champagnermarken: Verkauf 1986: 5,3 Millionen Flaschen. Die Firma verfügt über rund 300 ha Weinbergbesitz in besten Lagen, 260 ha davon produzieren. Damit deckt es knapp die Hälfte seines Bedarfs. Die Jahrgangs-

Champagner der Marke kommen ausschließlich aus diesen eigenen Lagen. Zugekauft werden nicht Trauben, wie oft üblich, sondern Most aus etwa fünfzig Kelter-Kooperativen. Die Vorräte schwanken je nach Ernte und Verkauf zwischen 18 und 20 Millionen Flaschen.
Pommery kann sich rühmen, eines der besten und berühmtesten französischen Restaurants, Boyer, nur eine Alleebreite entfernt im Château Crayères, unter dem gleichen Konzerndach zu wissen. Auch sonst gehört Pommery zu den besonders bemerkenswerten Häusern der Champagne. In Reims gibt es kein auffälligeres: Die Riesenanlage mit den pittoresken Gebäuden in der Nähe einer Hauptausfallstraße an einem großen Platz liegt auf einem Hügel, der die Stadt beherrscht. Auch die unterirdischen Anlagen gehören zu den Sehenswürdigkeiten: etwa dreißig Meter unter der Erde 120 Kreidebrüche, teilweise domartig hochgewölbt, einige davon aus gallo-römischer Zeit, verbunden durch Gänge von insgesamt achtzehn Kilometer Länge, ein beeindruckendes Flaschenlager. Die Räume sind nach bedeutenden Champagnerabnehmer- oder Partnerstädten benannt, Metropolen der Welt, aber auch Hannover und Bingen gehören dazu. Auch die ultramodernen Einrichtungen in den eher altmodisch bizar-

Château Les Crayères in Reims, Sitz eines der besten französischen Restaurants: Boyer

ren Gebäuden auf dem Hügel sind sehenswert. Führungen werktags, auch in deutscher Sprache, 9.00–11.00, 14.00–17.00.
Pommery exportiert etwa 67% seiner Verkäufe. Die Bundesrepublik ist Hauptexportmarkt (und Pommery bei uns die zweitstärkste Champagnermarke nach Moët & Chandon), mit 1,27

Millionen Flaschen 1986. Die nächstplazierten Auslandskunden: Schweiz, Italien, USA.
Die Firma Pommery & Greno gehört zu jenen, in der Champagne nicht seltenen, die ihren Aufschwung einer Frau verdanken. Zunächst entstand 1836 in Reims ein Geschäft Dubois & Greno: ein Jahr danach schied der Teilhaber

Dubois aus, Narcisse Greno nahm einen neuen namens Wibert auf und nannte die Firma Greno & Cie; Wibert wurde 1856 durch Louis Alexandre Pommery ersetzt, einen Wollwarenhändler, der hauptsächlich Kapital beisteuerte. Pommery starb schon zwei Jahre später. Seine damals 39jährige Witwe übernahm die Leitung mit Hilfe von Mitarbeitern

Manche Kellergewölbe von Pommery sind mit Skulpturen geschmückt. Louise Pommery war eine der »Großen Damen« (und Witwen) der Champagne; nach ihr heißt auch die Prestige-Cuvée des Hauses.
Die Lagerkeller tragen Kunden- und Städtenamen (halbverdeckt erkennt man »Hanovre«: Hannover).

ihres Mannes und Grenos, der sich bald danach aufs Altenteil zurückzog, aber weiter als Berater wirkte.

Louise Pommery, geborene Jeanne Alexandrine Louise Mélin, entwickelte sofort große unternehmerische Weitsicht und Initiative. Sie erst machte die Firma, die bis dahin hauptsächlich Rotwein verkauft hatte, zu einem Champagnerhaus, und sie setzte frühzeitig auf den englischen Markt – die Briten sind in der Tat fast immer die Hauptkunden für Champagner gewesen, nur gelegentlich von den Amerikanern verdrängt, und seit 1985 wieder auf Platz eins. Louise Pommery errichtete schon 1861 eine Vertretung in London; ihren sehr er-

folgreichen Repräsentanten hatte sie aus früheren Zeiten erinnert – er hatte ihr in einem Stoffgeschäft fünfmal mehr Band verkauft, als sie eigentlich haben wollte, und sie dadurch als erstklassiger Verkäufer beeindruckt. Die Rechnung ging auf, Pommery faßte in England Fuß.

Im Jahr 1870 verkaufte Pommery eine Million Flaschen. 1866 brachte die Witwe als eine der ersten einen weniger süßen Champagner auf den Markt, der gleich großen Anklang fand. Sie hatte, ebenfalls als eine der ersten, früh erkannt, daß der bis dahin vorherrschende süße Champagner, der überwiegend zum Dessert getrunken wurde, keine sehr großen Verkaufszahlen ermöglichen würde. Die Wende leitete 1875 »Pommery Nature« ein, sozusagen Champagner für alle Gelegenheiten als ein vergleichsweise so gut wie gar nicht dosierter Brut: Der Siegeszug des trockenen Champagners begann.

Der finanzielle Erfolg ermöglichte Louise Pommery, das Firmengelände in Reims stark zu vergrößern, sie kaufte auf dem Hügel Saint-Nicaise ein großes Gelände, unter dem sie die »crayères«, also die Kreidestollen, ausbauen und auf dem sie eine Reihe pittoresker Bauten errichten ließ. Diese waren als Geste gegenüber englischen Freunden und Kunden gedacht, wie dem Herzog von Argyll, dem Earl von Haddington und anderen, von deren Schlössern Einzelheiten, meist verkleinert, in seltsamer Stilmischung neue, für die Umgebung denkbar auffällige und ungewöhnliche Gebäude ergaben. Auch Parks legte sie an, in einem errichtete dann ihr Enkel Melchior de Polignac das Schlößchen Les Crayères, das heute das berühmte Restaurant Boyer beherbergt (»mit Zimmern« – sehr luxuriösen).

Nach dem Tod der Witwe im Jahr 1890 übernahmen Sohn Louis und Tochter Louise, die inzwischen Guy de Polignac aus einer der ältesten französischen Adelsfamilien geheiratet hatte, gemeinsam mit Henri Vasnier die Firmenleitung (Vasnier war von Anfang an dabeigewesen). 1907 begann mit Louise Pommerys Enkel Melchior eine Jahrzehnte währende Geschäftsführung der Polignacs. Der Firmenname, der sich mehrfach geändert hatte, blieb nach dem Ersten Weltkrieg unverändert Pommery &

Hinter der ungewöhnlichen Fassade stehen supermoderne Gärtanks mit einem Fassungsvermögen von 65 000 Hektolitern.

Greno. Melchior de Polignac errichtete 1909 ein 22 ha großes Sportgelände für die Beschäftigten des Hauses, was damals alles andere als selbstverständlich war; 1912 wurde es für die gesamte Bevölkerung freigegeben.

Pommery & Greno wurde 1968 erstmalig an der Pariser Börse gehandelt. 1974 machte Moët & Chandon einen vergeblichen Versuch, die Firma zu übernehmen, doch 1979 waren die Gebrüder Gardinier, denen bereits Lanson gehörte, erfolgreicher. Mehrheitsaktionär und Präsident der Firma wurde Xavier Gardinier, Chef der Keller und der Champagnerzubereitung blieb, als diplomierter Oenologe, Prince Alain de Polignac. Im Jahr 1984 verkaufte Gardinier dann Pommery (und Lanson) an BSN. Er blieb Präsident von Pommery & Greno.

Pommerys Kellerpolitik: Die Weine nicht stark dosieren, den Geschmack der einzelnen Lagen respektieren. Die Geschäftsführung möchte Pommery hauptsächlich zum Champagner der Welt der Kunst und der Altersgruppen über fünfunddreißig machen. Das Haus erzeugt folgende Qualitäten:

Demi-Sec, stark dosiert – Drapeau Sec, nicht ganz so süß – Extra Sec, schon trockener, hauptsächlich für Fernost – Extra Dry, hauptsächlich für Nordame-

rika – Rosé Brut, im Gegensatz zu den meisten Häusern nicht durch Hinzufügen von rotem Champagne-Wein erzeugt, sondern auf die auch in anderen Anbaugebieten übliche Weise, die Traubenschalen eine Weile im Most zu belassen – Brut Royal, der etwa 87% des Gesamtverkaufs ausmacht (30% Chardonnay, dazu Pinot Noir und Meunier), ein bis zwei Lagerjahre – Brut Millésimé, also mit Jahrgang (aus 50% Pinot Noir und Chardonnay) drei Jahre und länger gelagert – Cuvée Louise Pommery, Prestigequalität des Hauses (hauptsächlich aus Chardonnay aus den Toplagen Avize und Cramant mit 40% Pinot Noir aus dem ebenso eingestuften Ay) – Louise Pommery Rosé, ebenfalls mit Jahrgang – Cuvée Jubilée (zum 150. Geburtstag der Firma, entspricht der Cuvée Louise Pommery, in anderer Flasche).
HA 87, GM 87, Robert, D, V.
Importeur: Weltmarken Import, Mainzer Straße 152–160, 6530 Bingen 1, 06721/1850

PONSON (Père & Fils)
1 rue de la Fontaine
51390 Coulommes la Montagne (Gueux)
26492017
RM. 11 ha. 50–80000 Flaschen. Tel. Anmeldung erbeten.

POPINOT (Père & Fils): Marne et Champagne.

PORTIER (Virgile)
21 rue Nationale
51400 Beaumont-sur-Vesle (Mourmelon le Grand) 🍇🍇
26616015
RM. HA 87.

POTIÉ (Noël), eigener Champagner, aber Adresse wie Vater:

POTIÉ (Norbert)
6 rue de Reims
51150 Condé-sur-Marne (Tours-sur-Marne)
26691334
RM. Zusammen etwa 50000 Flaschen. ST.

POUGEOISE (Charles)
21 Bd. Paul Goerg
51130 Vertus 🍇
26522663
Gegründet 1895. RM. 13 ha. Rund 100000 Flaschen im Jahr. Robert, D.

POUMEAU (Charles): Ed. Brun & Cie, Ay

PRÉAUT (Guy de)
1 place de la Mairie
10250 Gye-sur-Seine (Mussy)
25382155
RM.

PREMIERS CRUS DE LA MARNE
(Association Coopérative de Viticulteurs de)
1 + 5 rue de la Brèche
51160 Ay 🍇🍇
26554405
75 Mitglieder mit zusammen 20 ha. Produktion 80–100000 Flaschen im Jahr. Marken: de la Brèche, Gérard, Sélection, Vatel. Besichtigung möglich, Video auch in deutscher Sprache.

PRESSOR: S.A.M.E.

PRÉVOTEAU-PERRIER (Patrice)
13–15 rue André Maginot
51200 Damery (Epernay)
26584156
NMR. 100000 Flaschen im Jahr. D, HA 87.

Mittagspause im Weinberg

PRÉVOTEAU-TINTIER (Yvonne Prévoteau)
6 Faubourg d'Arnotay
51200 Venteuil (Epernay)
26584835
RM. 7,5 ha. ST.

PRIEUR (Marcel)
10200 Bergères (Bar-sur-Aube)
25264277
RM. Robert.

PRIEUR: s. Napoléon.

PRIN (Père & Fils)
20 chemin de la Grange aux Bois
51200 Chavot Courcourt (Epernay)
26543274
NMR.

PRINCE ANDRÉ DE BOURBON-PARME: Abel Lepitre/Les Grands Vins Chatellier.

DES PRINCES: de Venoge.

PRIVILÈGE DES CONNAISSEURS: Moët & Chandon.

QUATRESOLS-GAUTHIER (Michel)
4 rue de Reims
51500 Ludes 🍇
26611013
RM. 25000 Flaschen im Jahr.

QUATRESOLS-JAMEIN (Jean)
34 rue Victor Hugo
51500 Ludes 🍇
26611022 (26611057)
RM. 25000 Flaschen im Jahr.

QUENARDEL & FILS
place Carnot (place de la Mairie)
51360 Verzenay 🍇 🍇
26494063
RM. 50–60000 Flaschen. 2. Marke Longueville. Club. Robert.

QUENARDEL (Jean)
5 rue de Reims
51500 Ludes (Rilly la Montagne) 🍇
26611052
RM. Robert.

QUENARDEL-ESQUERRÉ (Georges)
7 rue Werlé
51360 Verzenay 🍇 🍇
26494181
RM. ST.

RAFFLIN (Serge)
10 rue Nationale
51500 Ludes 🍇
26611284
RM. 10 ha. GM 87.

RAGOT-NOMINÉ (Eric)
51270 Courjeonnet (Montmort)
26593571
RM. Robert.

RALLE (Eugène)
1 rue Gambetta
51360 Verzenay 🍇 🍇
26494012
NM.

RAPENEAU (Ernest)
4 Avenue Paul Bert
51318 Magenta (Epernay)
26510633
NM. 15 ha. Besitzt auch die Marke
G. H. Martel neben weiteren Handelsmarken. Etwa 1,8 Millionen Flaschen im Jahr.

RASSELET (Père & Fils)
18 rue des Hussards
51200 Montvoisin/Oeuilly (Epernay)
26583026
RM. Robert.

RAT (Jean)
Nogent les Sermiers
51500 Sermiers (Rilly la Montagne)
26976294
RM. 6 ha. ST.

RAT-LAPIE (André)
rue du Clos des Moines
51500 Sermiers
26976195
RM (Bruder von Jean Rat).

DE LA REAUTE (A.): S.A.M.E.

REBEYROLLE-DUMENIL (Michel)
34 rue de Rilly
51500 Chigny les Roses (Rilly la Montagne) 🍇
26034204
RM. Robert.

REDON (Prudent)
22 rue de Vaudemanges
51380 Trépail (Verzy) 🍇
26570566
RM. ST.

REDONT (V H.): S.A.M.E.

RÉGENT & FILS
18 rue Maurice Cerveaux
51200 Epernay
26544621
NM.

REISDER (Paul): Duval-Leroy.

REMY (Georges): s. Castille.

RÉMY (Henri)
5 rue Pasteur
51150 Villers Marmery 🍇 (Verzy)
26979628
RM. ST.

RÉMY (Jean)
6 rue Dom Pérignon
51150 Villers Marmery 🍇
26979432
RM. Robert.

RENAISSANCE (Champagne de la)
2 rue d'Avize
51190 Oger 🍇 🍇
26575390
RM.

RENARD-BARNIER
rue Vigne Abesse
51270 Villevenard
26591601
RM, einer der größten. Robert.

RENAUDIN (R.)
Domaine des Conardins
51200 Moussy
26540341
RM, 22,5 ha. Etwa 240000 Flaschen im
Jahr. Club. HA 87, Robert. D.
Importeur: Otmar Federl, Forst-Kasten-Allee, 8000 München 71
089/7552529

RENNESSON (G. & Fils): Charbaut.

DE RENOIS (Jean): S.A.M.E.

DE REYRE: Union Champagne

RICCIUTI-RÉVOLTE
18 rue Lieutenant de Vaisseau Paris
51160 Avenay Val d'Or (Ay) 🍇
26523027
RM. 4,5 ha. 15000 Flaschen im Jahr, ne-

Im Weinberg von Louis Roederer

ben Belieferung eines großen Hauses. Albert Ricciuti ist Amerikaner, der seine Frau, Pauline Révolte, während des amerikanischen Vormarsches 1944 als Soldat kennengelernt hatte, nach dem Krieg zurückkehrte; nach ihrer Hochzeit gründeten sie 1963 die Firma. Robert, D.

DE RICHEBOURG (Paul): Union Auboise.

RICHOMME (Georges)
339 rue du 8 Mai
51200 Cramant (Epernay) ✿ ✿
26 57 50 18
RM.

RIVIERRE (Jules): Marne et Champagne.

ROBERT (Alain)
25 Avenue de la République
51190 Le Mesnil sur Oger (Avize) ✿ ✿
26 57 52 94
RM. Robert.

ROBERT (Bernard)
rue de l'Orme
10200 Voigny (Bar-sur-Aube)
25 27 11 53
RM. Robert.

ROBIN (Paul & Fils): Marne et Champagne.

ROBINET (Roland)
 80 Grande Rue
 10110 Landreville (Bar-sur-Seine)
 25 38 55 41
 RM. Robert.

ROCHET-BOCART (Charles)
 13 rue d'Ambonnay
 51150 Vaudemanges (Tours-sur-Marne) ❀
 26 69 13 98
 RM. 15–20000 Flaschen. Goldmedaille Salon d'Agriculture, Paris 1986.

ROCHEFORT (N.): Charbaut

ROCHERET: Marne et Champagne

RODEZ (Jean-Baptiste)
 11 rue du Clos des Vignes
 51150 Ambonnay ❀ ❀
 26 57 08 76
 RM. 6 ha. GM 87, Robert.

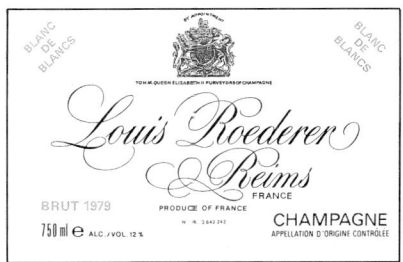

LOUIS ROEDERER S.A.
 21 boulevard Lundy
 51100 Reims
 26 40 42 11
 SGM

Ein Haus elsässischen Ursprungs: Nikolas Schreider, der das seit 1776 bestehende kleine Unternehmen Dubois Père & Fils übernommen hatte, vererbte es 1833 seinem schon seit sechs Jahren bei ihm tätigen Neffen Louis Roederer. Der machte die nunmehr seinen Namen tragende Firma, ausgehend von dem ererbten Sockel von etwa hunderttausend verkauften Flaschen pro Jahr, ziemlich schnell zu einer der großen. 1878 verkaufte sie rund 2,5 Millionen Flaschen – 1986 waren es fast ebenso viel, 2,44 Millionen.

Ende 1986 beliefen sich die Vorräte auf etwa acht Millionen Flaschen. Wirkliche Versorgungsprobleme kann Roederer kaum erleben, außer bei totaler Mißernte: Eigene Weinberge von insgesamt 180 ha decken 80 bis 90 % des Bedarfs, ein für die Champagne bemerkenswert günstiges Verhältnis. Roederer exportiert etwa 65 % der Verkäufe. Hauptausfuhrkunden sind die USA, die Bundesrepublik (1986 220000), Großbritannien und Italien.

Roederer hat sich überdurchschnittlicher Qualität verschrieben. Die Reserveweine lagern in klimatisierten Kellern in großen alten Eichenholzfässern zu 600 hl, von denen viele achtzig bis hundert Jahre alt sind. Junge Fässer würden nach Ansicht der Zuständigen dem Reserwein, der mit zehn bis zwanzig Prozent in der jährlich erneuerten Standardcuvée enthalten ist, zu viel Gerbsäure abgeben. Zehn Prozent der jeweiligen Ernte werden jeweils wieder als Reserveweine zurückbehalten, wie in anderen Häusern auch. Die Lagermethode ist in der Champagne einzigartig – alle anderen, auch ebenso traditionsverhaftete Häuser, bewahren ihre Reserveweine in Edelstahltanks oder in Magnumflaschen auf.

Das Unternehmen verdankte seinen Aufschwung dem Rußlandgeschäft in der zweiten Hälfte des 19. Jahrhunderts: Roederer wurde zum Lieblingschampagner des Zaren Alexander II. Auf des-

sen Drängen wurde eine spezielle Kristallflasche aus weißem Glas eingeführt, nur für den russischen Hof – Vorläuferin der heutigen Prestige-Flasche Cristal Roederer. Die russische Revolution brachte Roederer den Verlust eines Marktes, der auf achtzig Prozent seiner Umsätze angewachsen war, die Schulden des Zarenhofes waren nicht mehr einzutreiben und der bereits für die Monarchenfamilie vorbereitete Champagnervorrat zu süß für den Geschmack anderer Kundschaft. Aber das Haus war solide genug, um den Rückschlag zu verkraften, und konnte sich bald einen anderen Kundenkreis erschließen (der Zarenchampagner wurde schließlich nach Lateinamerika verkauft).

Nach 1880 wurde das Haus fast hundert Jahre lang von den Nachkommen der Schwester des Gründers geleitet, bevor es 1975 auf dem Erbwege an die Familie Rouzaud überging.

Die letzte der Roederer, Camille Olry Roederer, die das Unternehmen von 1933 bis 1975 regierte, ist als eine der »großen Damen der Champagne« bekannt und geachtet worden. Sie war eine tüchtige Geschäftsfrau, wußte aber auch gesellschaftlich gut für die Marke zu werben und setzte nicht minder geschickt ihren erfolgreichen Traber-Rennstall ein, mit Vorliebe in Ländern, wo Roederer besondere Verkaufsförderung treiben wollte. Ihr Mann, Léon Olry Roederer, hatte die französische oberste Gesellschaft mit regelmäßigen Treibjagden beeindruckt.. und mit dem Getränk, das er dazu mitbringen ließ.

Aus dem Zweiten Weltkrieg wird berichtet, daß Madame Roederer verstand, die deutschen Behörden von allzu umfangreichen Champagner-Requisitionen abzuhalten, und daß sie den Besatzungsbehörden weit höhere Zuteilungen an »Dosage-Zucker« entlockte, als sie wirklich für diesen Zweck brauchte; sie verteilte ihn an die Mitarbeiter des Hauses. Sie vergrößerte durch Zukäufe die Weinflächen des Hauses auf den heutigen, vielbeneideten Stand – und sie führte 1945 die Cristal-Prestigecuvée allgemein ein, in heller, aber nicht mehr so teurer Flasche und viel weniger süß dosiert als seinerzeit für die Zaren. Der Lord Mayor von London servierte Cri-

Roederer-Spezialität: Die Reserveweine lagern in Fässern.

stal Roederer 1956 bei einem Bankett für Chruschtschow und Bulganin; man weiß nicht, ob sie die Anspielung verstanden haben.

Zur Firma gehören auch die Marke Théophile Roederer, Verkauf jährlich etwa 150 000 Flaschen, und deren Untermarken »Jamin« und »Gladiateur« – Erinnerungen an besonders erfolgreiche Pferde aus dem Stall der Madame Roederer (alle als demi-sec, Extra Dry, Brut, Brut mit Jahrgang, Crémant brut). In der Schweiz ist Roederer gemeinsam mit dem Cognac-Haus Martell Besitzer der Firma Navazza, die Roederer (und Martell) dort vertreibt. In den USA und in Australien ist das Haus am Schaumweingeschäft beteiligt.

In Roederer-Champagner werden dreißig bis vierzig Lagen vereint, überwiegend Pinot Noir. Die Flaschen lagern mindestens dreieinhalb bis vier Jahre vor dem Verkauf. Die Firma legt Wert auf einen ziemlich kräftigen, nachhaltigen Champagner, im allgemeinen aus Pinot Noir und Chardonnay im Verhältnis zwei zu eins. Milchsäuregärung wird in Jahren mit gutem Säuregehalt (etwa sechs Gramm pro Liter) vermieden, bei zu starker Säure gewünscht. 1982 ist sie teilweise, 1984 ganz durchgeführt worden.

Die Roederer-Qualitäten sind: Carte Blanche (der süßeste, 60 Gramm Zucker pro Liter, für sehr süße Desserts) – Grand Vin Sec (40 Gramm Zucker) – Extra Dry (15–20 Gramm) – Brut (Brut Premier, in England bis vor kurzem Extra Quality Brut), etwa sechzig Prozent aller Verkäufe, zwischen 10 und 14

Gramm Zucker – Brut mit Jahrgang, Dosage 12,5 Gramm Zucker – Brut Blanc de Blancs mit Jahrgang (nur Chardonnay, weniger Kohlensäure als Normalchampagner, 12,5 Gramm Zucker – Brut Rosé (80 % Pinot Noir und 20 % Chardonnay), Farbe durch Belassen der Traubenhäute im Most, 12,5 Gramm Zucker – Cristal Brut mit Jahrgang, Prestigecuvée des Hauses, etwa ein Viertel der Gesamtproduktion (55–60 % Pinot Noir, Rest Chardonnay) 12 Gramm Zucker; in weißer Flasche, die aber dennoch lichtbremsende Eigenschaften haben soll und in gelbes Schutzzellophan verpackt ist – Cristal Brut Rosé (70 % Pinot Noir, 30 % Chardonnay) Herstellung wie Brut Rosé, Dosage 12,5 Gramm.

Die Prestige-Cuvée »Cristal«, in durchsichtiger Flasche, geht auf den Champagnerdurst der Zaren zurück.

HA 87, GM 87, VF 87, Robert, D, V.
Importeur: D. V. Schlumberger KG,
Buschstraße 20, 5309 Meckenheim
0 22 25/8 80 90
Für Théophile Roederer: Ferd. Schulze
& Co., Pfingstweidstraße 10–12, 6800
Mannheim 24 (Neckarau), 06 21/8 50 51.

ROEDERER (Théophile): s. Roederer.

ROEMER (E.): Marne et Champagne.

ROGUET-POL
7 rue Gambetta
51500 Mailly-Champagne 🍇 🍇
26 49 41 36
RM. 6,5 ha. Robert.

ROLLAND D'ORFEUIL: Chiquet Père
& Fils

ROTHSCHILD (Alfred): Marne et
Champagne. HA 87.
Imp.: Wilmouth; s. Marne et Cham-
pagne
ROTHSCHILD (Philippe de): Henriot.

DE ROUALLES: Coopérative de Grauves, s. Royal Coteau.

ROUET (Marcel): S.A.M.E.

ROUSSEAU (J.): S.A.M.E.

ROUX (Maurice)
27 rue de l'Ancien Hôpital
51120 Sézanne
26 80 53 53
NM. Marke: Barthley.

ROYAL· S.A.M.E.

ROYAL COTEAU (Le): Coopérative Vinicole et Viticole
51190 Grauves (Avize) 🍇
26 59 71 12
150 Winzer mit zusammen 100 ha, jährlich etwa 150 000 Flaschen.

ROYAL HELRIK: S.A.M.E.

ROYAL ONZANE: Oudinot.

ROYER (Paul): Ed. Brun, Ay.

ROYER (Jean Pierre)
72 Grande Rue
10110 Landreville (Bar-sur-Seine)
25 38 52 86
NMR.

ROYER (Père & Fils)
62 Grande Rue
10110 Landreville
25 38 52 16
RM. Robert.

RUELLE-PERTOIS (Michel)
11 rue de Champagne
51200 Moussy (Epernay)
26 54 05 12
RM. 6 ha, etwa 35 000 Flaschen im Jahr.
(Pertois = Chardonnay aus dem von
Mme Ruelle, geb. Pertois, eingebrachten
Weinbesitz in Cramant). DIVO.

RUFFIN (& Fils)
Grande Rue
51270 Etoges (Montmort)
26 59 37 14
NMR. Robert.

RUINART (Paul & Co): Ruinart Père &
Fils

Rückansicht der Kathedrale von Reims

RUINART PÈRE & FILS
Société Rémoise des Grands Vins de Champagne
4 rue des Crayères
51053 Reims
26 85 40 29
SGM
Gehört über Moët-Chandon zur Gruppe LV. MH.

Dieses Haus, gegründet 1729, gilt als das älteste noch bestehende Champagnerunternehmen bzw. als das erste, das sich ausschließlich auf Champagner konzentriert hat (Gosset, s. d., besteht noch länger). Es verkauft etwas mehr als eine Million Flaschen im Jahr, etwa ein Drittel davon im Export, Hauptabnehmer sind USA, Belgien, Italien, Schweiz. Die Vorräte belaufen sich auf mehr als 4 Millionen Flaschen, eigener Weinbesitz von 15 ha deckt 10 bis 20 % des Bedarfes. Der Sohn des Gründers, Claude Ruinart, verlegte das Unternehmen von Epernay nach Reims, wo es die vielleicht schönsten unterirdischen Gewölbe und

Kelleranlagen aus gallisch-römischer Zeit besitzt; mit einer Gesamtfläche von 25 000 Quadratmetern erstrecken sie sich in drei Etagen bis 38 Meter Tiefe; sie stehen unter Denkmalschutz. (Führung, auch in deutscher Sprache, nur nach Voranmeldung).
Im Ersten Weltkrieg wurden die oberirdischen Anlagen der Firma durch deutsches Artilleriefeuer zerstört, im Zwei-

ten die Keller von den deutschen Besatzern weitgehend geleert. Bald nach dem Zweiten Weltkrieg ging Ruinart eine Zusammenarbeit mit Baron Philippe de Rothschild ein, durch die es seinen Umsatz sehr steigern konnte; 1963 verkaufte es der Neffe des letzten Ruinart an Moët-Chandon. Handelsmarken: Paul Ruinart und Ruinart de Brimont.
Ruinart stellt nur noch Brut-Qualitäten her, nämlich: R de Ruinart Brut mit Jahrgang und ohne Jahrgang – Brut Rosé – Dom Ruinart (Prestigecuvée) Blanc de Blancs mit Jahrgang – Dom Ruinart Rosé mit und ohne Jahrgang. Auf dem Etikett gibt Ruinart den Namen der Heimatstadt noch in altfranzösischer Schreibweise an: Rheims. HA 87, GM 87, VF 87, Robert, D, V.
Importeur: Fürst von Metternich Sektkellerei GmbH (Tochter von Henkell & Söhnlein), 6222 Geisenheim-Johannisberg.
Anfragen an Zweigniederlassung Wiesbaden: 06121/63 35 01

SACOTTE
13 rue de la Verrerie
51200 Magenta (Epernay)
26 55 31 90
Gegründet 1887, etwa 250 000 Flaschen jährlich, fast alle für den französischen Markt. Der Gründer (Léon Sacotte) wurde Schwiegervater von Gaston Burtin, der nach einigen Jahren im Haus Sacotte seine eigene Firma aufbaute und zu einer der größten der Champagne machte: Marne et Champagne (s. d.) NM.
Imp.: Cardyko, Dieselstr. 13, 6604 Gudingen/Saar, 06 81/87 26 50

SACY
6 rue de Verzenay
51380 Verzy ❦ ❦
26 97 91 13
NM. 30 ha. Etwa 220 000 Flaschen im Jahr, auch unter der Marke: de Sacy (Louis). Hierfür Imp.: Klemann GmbH, Am Hauenstein 15, 6706 Wachenheim, 06322/6 44 74

SAINSBURY (britische Kette, führend im Weinhandel): Duval-Leroy. D.

SAINT-EVRON: Charbaut.

DE SAINT GALL: Union Champagne. HA 87, Robert.

DE SAINT MARCEAUX: Les Grands Vins Chatellier, Reims. Etwa 250 000 Flaschen im Jahr. GM 87, D.

ST. MICHAEL: Union Champagne für Marks & Spencer, London.

SAINT NICAISE: Bauchet Frères. HA 87.

SAINT RÉOL: Coopérative Vinicole
rue du Moulin
51150 Ambonnay ❦ ❦
26 57 01 46
Die Weine der Mitglieder werden bei Union Champagne (s. d.) zu Champagner verarbeitet, eine zweite Marke ist »Nectar de Noirs«. 125 Winzer, 130 ha, etwa 350 000 Flaschen im Jahr, von denen etwa 45 000 unter diesen Marken verkauft, die Mehrzahl jedoch den Mitgliedern für ihre Etiketten zur Verfügung gestellt werden. HA 87.

SAINT SIMON: Coopérative la Crayère, Bethon. S. Le Brun de Neuville.

A. SALON
Le Mesnil-sur-Oger
51190 Avize ❦ ❦
26 57 53 69
SGM

Gehört zur Gruppe Pernod Ricard (über Besserat de Bellefon).
Ein besonderes Haus in mehrfacher Beziehung: Es produziert nicht jedes Jahr, sondern stellt nur Jahrgangschampagner her, und dies seltener als die meisten anderen Häuser. Es verwendet nur Chardonnay-Trauben aus Le Mesnil, ihrer besten Gegend, und bietet nur eine einzige Qualität an: Blanc de Blancs Brut der Luxusklasse in sehr kleiner Menge; der Verkauf beträgt etwa 40 000 Flaschen jährlich bei einem selbstgesetzten Limit von 50 000 (Export etwa ein Siebentel). Kundschaft ist hauptsächlich die große Gastronomie; es gibt einen Klub, dessen Mitglieder je 36 Flaschen pro Jahr beziehen dürfen.
Dem begrenzten Verkauf steht ein verhältnismäßig hohes Vorratslager gegenüber, etwa 400 000 Flaschen. Salon verfügt über einen Hektar Chardonnay in Le Mesnil, weitere Traubenmengen des Ortes erwirbt das Haus über eine zu diesem Zweck organisierte kleine Kooperative. Insgesamt hat Salon die Ernten aus etwa 16 ha zur Verfügung. Die Ernte nimmt, wenn sich nach Meinung Salons kein Jahrgangs-Champagner lohnt, Besserat de Bellefon ab; die Leitung ist dieselbe. Die Weine lagern sieben bis acht Jahre.
Gegründet hat das Haus Eugène-Aimé Salon, nachdem er im Pelzhandel ein Vermögen gemacht hatte. Zunächst ließ er nur Geschäftsfreunde von dem Blanc de Blancs kosten, den er als einer der ersten produzierte; da sie so begeistert waren, entwickelte sich daraus 1914 eine Firma. 1928 machte das berühmte Maxim's in Paris Salon zu seinem Haus-Champagner.
Salon ist fast ein Monocru, was nach vorherrschender Meinung der Champagne eigentlich keinen erstklassigen

Champagner ergeben kann. Salon beweist, daß es unter bestimmten Bedingungen geht. Dazu gehören recht traditionelle sorgfältige Herstellungsmethoden und Geduld – auch bei den Abnehmern: Im Sommer 1986 war gerade der Jahrgang 1979 auf den Markt gekommen. Bald danach entdeckte ich in einem Luxus-Feinkostgeschäft Hongkongs noch den Jahrgang 1971 . .
Salon läßt keine Milchsäuregärung zu – länger lagernder Champagner bedarf seines Säurevorrates (der sich ja allmählich abbaut), um auch noch in höherem Alter bestehen zu können.
Im Jahr 1963 sah sich Aimé Salons Enkel Marcel Guillaume gezwungen, das Unternehmen zu verkaufen, um Erbschafts-Finanzprobleme bewältigen zu können. Erwerber war Besserat de Bellefon, das damals zur Gruppe Dubonnet-Cinzano gehörte und 1976 von Pernod Ricard übernommen wurde.
HA 87, GM 87, VF 87, Robert, D.

SA MAJESTÉ: COGEVI.

S.A.M.E. = Société Anonyme de Magenta-Epernay
1 rue des Cotelles
51204 Epernay
26 54 23 46
Eines der Häuser, die sich auf Handelsmarken für (überwiegend) Supermarkt- und Großketten-Kundschaft spezialisiert haben, für die es Champagner unter vielen Dutzenden verschiedener Etiketten liefert, z. B. »H. Lanvin Fils« und »Marguerite Christel«. Seit 1972 ist es auch Besitzer der Champagnermarke »Marie Stuart« (s. d.) und seit 1985 der Marke »Cazanove«. Verkauf pro Jahr 1,8–2 Millionen Flaschen. Größte Auslandskunden: Großbritannien, Bundesrepublik. D.
Importeur: Uni Handelsgesellschaft, Am Felsbrunnen 5, 6600 Saarbrücken, 0681/87 73 4

SAMPERS (Claude)
10200 Voigny (Bar-sur-Aube)
25 27 11 57
RM. Robert.

Die Kirche von Mutigny ▷

SANGER & VAUBECOURT: Coopéra-tive des Anciens Elèves de la Viticulture Lycée Agricole et Viticole de la Cham-pagne
51190 Avize 🍇 🍇
26 57 50 42
Frühere Absolventen der Weinbauschu-le liefern die Trauben, die Champagner-bereitung ist Lehrstoff. Das Endpro-dukt wird verkauft – rund 100 000 Fla-schen im Jahr.

SAVÈS (Camille)
4 rue Condé
51150 Bouzy (Tours-sur-Marne) 🍇 🍇
26 57 00 33. RM. Robert.

DE SAVIGNY (Nicole): Union Auboise.

SCHERMANN (R.): S.A.M.E.

SCHIRRU (Eraldo)
78 Avenue de Bammental
51130 Vertus 🍇
26 52 12 25
RM u. Reben-Veredelungsbetrieb. ST.

SCHLOESSER (René): Tribout-Schloes-ser.

SCHOUMACKER (R.): S.A.M.E.

SCHRÖDER (M. & Co): S.A.M.E.

SEAGRAM: s. Mumm.

SECONDÉ (François)
rue Galipes
51500 Sillery (Rilly la Montagne) 🍇 🍇
26 49 16 67. RM. Robert.

SECONDÉ-PREVOTEAU (André)
2 rue du Château
51150 Ambonnay (Tours sur Marne) 🍇 🍇
26 57 01 59
NM. In früheren Generationen waren die Secondés Weinkommissionäre und betrieben eine Kelterei; sie lieferten den Rotwein, mit dem das Haus Roederer

Oben: André Secondé, »kleiner« Winzer mit großem Ruf, bedient sich für seine »assemblage« wissen-schaftlichen Sachverstandes: Önologe Louis Chau-mont mischt mit.
Unten: Im Keller von Secondé-Prevoteau (Geburts-name von Madame Secondé).

den Rosé-Champagner für den russischen Zarenhof verschnitt. Die gute Verbindung zu Roederer besteht noch heute. Außer dem Champagner produziert das Haus einen für die Gegend so überdurchschnittlich guten Rotwein (Ambonnay Rouge), daß ich ihn ausdrücklich hervorheben möchte – ungeachtet des an anderer Stelle über die Coteaux Champenois Gesagten. Liefert Trauben und Wein an Roederer und andere »Große«. Champagner unter eigener Marke: etwa 14000 Flaschen im Jahr. Dovaz, HA 87, Robert, ST.

SECONDÉ-SIMON (Jean-Luc)
14 route de Trépail
51150 Ambonnay 🍇🍇
26578285
RM. 7 ha.
Imp.: Klaus Stengelin, Schlößleweg 1, 7200 Tuttlingen, 07461/3524

SEJAFA S.A.
38 rue Léger Bertin
51200 Epernay
26541017
NMR. Champagner Jacquot.

SÉLECTION: s. Premiers Crus de la Marne.

SÉLECTION DE GRANDES MARQUES DE CHAMPAGNE: s. Castille.

SELOSSE (Jacques, Anselme)
61 rue Ernest Vallé
51190 Avize 🍇🍇
26575356
RM. 5,5 ha. Etwa 30000 Flaschen im Jahr. Club. HA 87, Robert, V.
Imp.: Karlheinz Ball Weinimport, Lichtentaler Allee 14, 7570 Baden-Baden, 07221/23357
Vins Burgondes Combier-Niebuhr, Schleiermacherstr. 16, 6000 Frankfurt 1, 069/433179

SENEZ (Christian)
10360 Fontette (Essoyes)
25296062
NMR, Robert.
Imp.: Kluxen-Lemercier, Kreienhoop 117, 2000 Hamburg 65, 040/6028381

SÉVERIN-DOUBLET (René)
10 rue des Falloises
51130 Vertus 🍇
26521057
RM. Robert.

SIMART (Marcel & Fils)
4 rue du Château
51200 Chouilly 🍇🍇
26554071
RM, 5 ha. Montalba.

SIMON (Gabriel) Mailly-Champagne.

SIMON (George)
14 route de Trépail
51150 Ambonnay 🍇🍇
26570059
RM.

SIMON (Père & Fils): Marne et Champagne.

SILVAIN (Père & Fils): Marne et Champagne.

SOCIÉTÉ VITICOLE FLEURY-SIENNE
1 rue François Arnoult
51200 Fleury la Rivière (Epernay)
26584086
NMR. Marke: L. Bernard.

SOLVAY (H.) S.A.M.E.

SOREL (Jacques): S.A.M.E.

SORLIN (R.): S.A.M.E.

SOREVI (Société rémoise des vins)
61 rue de Verdun
51051 Reims
26073410
Tochter von Berger, vermarktet Champagner Bur (s. Centre Vinicole de la Champagne, Chouilly), Besson und Louis Henri.

SOUTIRAN (Patrick),
1 rue des Crayères
51150 Ambonnay (Tours-sur-Marne) 🍇🍇
26570818
RM. 3 ha.
Importeur: Lager GmbH, Weststr. 9, 7640 Kehl, 07851/4660

DE SOUSA & FILS
12 pl. Léon Bourgeois
51190 Avize 🍇🍇
26575329
RM, 5 ha. Silbermedaille Salon d'Agriculture Paris 1986.

SPARNACIENNE DE VINS DE CHAMPAGNE (Sté)
9 rue Chandon-Moët
51204 Epernay
26540406
NM. Etwa 100000 Flaschen im Jahr, verteilt auf die Marken de Castelnau, André Fosse–Parisis, Emile Jolly und Achille Perrier.

SPIRMANN: Marne et Champagne.

ST. HONORÉ: Duval-Leroy

STROEBEL (Marcel)
6 rue de Rilly la Montagne
51500 Villers Allerand (Rilly la Montagne) 🍇
26976040
RM. Robert.

STUART: S. Marie Stuart

SUGOT-FENEUIL (Robert)
40 impasse de la Mairie
51200 Cramant 🍇🍇
26575354
RM, 6,5 ha. 35000 Flaschen im Jahr. Club. HA 87, Robert.

SUPER STAR: S.A.M.E.

Claude Taittinger, Konzernchef und seit dem Tode seines Bruders auch direkt verantwortlich für das Champagner-Haus.

TAILLET (Daniel)
51700 Baslieux sous Châtillon (Dormans)
26 58 11 42
RM. 8 ha. 60–70 000 Flaschen. Sohn mit im Unternehmen, produziert aber auch unter seiner eigenen Marke:
TAILLET (Eric).

TAITTINGER
C.C.V.C. (Compagnie Commerciale et Viticole Champenoise)
9 place Saint-Nicaise
51100 Reims
26 85 45 35
SGM

Dieser Champagner heißt wie seine Besitzer, also wie die der Marke, was unter den Handelshäusern nicht mehr oft anzutreffen ist. Dafür ist es ja auch eine recht junge Champagnerfamilie, die sich 1932 in eine der nun wiederum ältesten Champagnerfirmen überhaupt einkaufte. Das war das auf 1734 zurückgehende Haus Forest-Fourneaux (deren Teilhaber Fourneaux Anfang des 19. Jahrhunderts ein paar Jahre lang der Witwe Clicquot bei der Herstellung ihres Champagners geholfen hatte). Doch bis zur Übernahme durch Taittinger blieb Forest-Fourneaux von geringer Bedeutung. Die Taittingers brachten es durch beharrlichen Zukauf von Weinbergen, andere Investitionen und eine kluge Geschäftspolitik binnen zwei Generationen in die Spitzengruppe der Markenchampagner – nicht nur durch Qualität (die Firma wirbt damit, daß ihr Champagner stets bei den Empfängen des Präsidenten der Republik »dabei«

sei), sondern auch was die Größe ablangt.

Taittinger verkauft rund 4 Millionen Flaschen jährlich, davon 60% im Export, und verfügt über etwa fünfzehn Millionen Flaschen Reserven. Das Unternehmen besitzt fast 250 ha Weinberge, über alle Lagen der Champagne verteilt. Sie decken vierzig Prozent des Bedarfs. Hauptexportkunden sind die USA, Italien, die Schweiz und die Bundesrepublik (1986: 105 000).

Zu den Erwerbungen der Familie in den dreißiger Jahren gehörte auch das Schloß La Marquetterie in Pierry bei Epernay, was eine Andenkenpflege des Mönches Oudard erlaubt. Frère Jean Oudard lebte und wirkte zur Zeit Dom Pérignons und einige Jahre länger als Kellermeister der Abtei Châlons, zu der La Marquetterie gehörte. Er war allem Anschein nach ein nicht geringerer Champagnerexperte als Dom Pérignon, stellte »mousseux von Pierry« her und ist heute für Taittinger das, was der berühmter gebliebene Kellermeister der Abtei Hautvillers für Moët & Chandon bedeutet.

Taittinger verfügt in Reims (abgesehen vom früheren Sitz der Grafen von Champagne in der Stadt) über einige der schönsten Kelleranlagen, etwa vier Kilometer lang, unter dem Hügel St.-Nicaise, in denen der Prestigechampagner des Hauses (Comtes de Champagne) in traditioneller Weise hergestellt wird. (Führungen vom 1. März bis 30. November täglich, auch in deutscher Sprache, 9.00–11.00 und 14.00–17.00, in den anderen Monaten werktags). Die anderen Qualitäten, neun Zehntel der Produktion, werden mit ultramodernen Methoden anderswo in der Stadt (rue de la Justice) verkaufsfertig gemacht. Taittinger gehörte zu den ersten, die mechanische, computergesteuerte »remuage« durch »giropalettes« einführten.

Der geschäftliche Erfolg führte das Haus zu weiterer Expansion, auch in andere Branchen. Nicht nur die Champagnerfirma Irroy (gegründet 1820 und jahrelang sehr erfolgreich) und zwei Schaumweinfirmen an der Loire (J. M. Monmousseau und Bouvet-Ladubay) wurden Bestandteil der Gruppe, sondern auch Hotelketten (Concorde, Campanile – dieser Kette sollen bis 1990 allein rund 200 Hotels angehören) sowie Unternehmen der Heizgeräte-, Büromöbel-, Druckerei- und Immobilienbranche. Taittinger gehört auch zu den Champagnerfirmen, die sich in Kalifornien engagiert haben, um dort ebenfalls Schaumwein herzustellen.

Taittingers unterirdische Flaschenlager in Reims gehören zu den schönen, die einen Besuch lohnen.

Das Depot an der unteren Flaschenwand (Demonstration bei Taittinger)

Taittinger bietet zur Zeit folgende Qualitäten an: Demi Sec (für Desserts), Dosage 64 g Zucker pro Liter – Brut Reserve (drei Jahre gelagert), Dosierung 14 g Zucker pro Liter, also 10,5 g pro Flasche (40 % Chardonnay mit Pinot Noir und Meunier), meistverkaufte Qualität (80 %) – Brut Absolu ohne Dosage (40 % Chardonnay, 60 % Pinot Noir) – Brut Millésimé, also mit Jahrgang – Collection Brut mit Jahrgang, Auflage 100 000, Flaschendesign des Jahrgangs 1981 von Arman; die Collection hatte mit dem Jahrgang 1978 begonnen, Flaschendesign von Vasarely (40 % Chardonnay, 60 % Pinot Noir aus Ambonnay, Bouzy, Hautvillers und Mailly). Die Flaschen werden in Geschenkkartons verkauft, die die Unterschrift des jeweiligen Künstlers tragen. – Comtes de Champagne, Blanc de Blancs, Prestigemarke des Hauses, fünf Jahre gelagert (aber kann wesentlich länger liegen), etwa 10 % des Gesamtverkaufs – Comtes de Champagne Rosé Brut, auf die außerhalb der Champagne übliche, hier viel seltener praktizierte Weise hergestellt, nicht durch Hinzumischen von Rotwein, sondern durch Belassen der Traubenhaut im Most, bis er genug Farbe genommen hat.

HA 87, GM 87, VF 87, Robert, D, V. Importeur: J. B. Sturm Markenimport GmbH, Am Rottland 2–10, 6220 Rüdesheim, 06722/121

TAPPREST (Gilles)
10200 Meurville (Bar-sur-Aube)
25 26 41 45 und 25 26 41 20
RM. 4 ha. Nur ein Teil in eigener Abfüllung, sonst Lieferung an den Handel. Robert.

TARILLON (Gilles)
22 rue Neuve
51200 Dizy (Epernay) 🍇
26 51 68 49
RM. 4 ha. Kellerei bei:

TARIN (Julien) (Sté Viticole du Mesnil)
10 rue Pasteur
51190 Le Mesnil-sur-Oger (Avize) 🍇🍇
26 57 51 77
Unternehmen gehört jetzt Krug (s. d.), Champagner wird aber getrennt vermarktet, etwa 20000 Flaschen jährlich, und Sitz ist Krugs berühmter »Clos du Mesnil«.

TARLANT (Georges & Jean-Marie)
55 rue de la Coopérative
51200 Oueilly (Epernay)
26 58 30 60
RM. 11 ha, 60–70000 Flaschen. Robert.

TASSIGNY (Léon de): Chiquet Père & Fils.

TASSIN (Bernard)
10110 Celles-sur-Ource (Bar-sur-Seine)
25 38 50 19
NMR. 10 ha, etwa 70–80000 Flaschen.

TELLIER (René): Marne et Champagne.

DE TELMONT (André L'Hôpital)
1 Avenue de Champagne
51200 Damery (Epernay)
26 58 40 33
NM. 24 ha. Etwa 800000 Flaschen. Robert, D.

TESCO (engl. Handelskette): Marne et Champagne

TESTULAT (Gérard & Michel)
23 rue Léger Bertin
51200 Epernay
26 54 10 65
RM. 20 ha. 180–200000 Flaschen. Robert.

THIBAUT-CHARLOT (Raymond)
51160 Mutigny (Ay) 🍇
26 52 32 02
NMR. 5,8 ha. 27–30000 Flaschen im Jahr.

THIERRY (H. & Co): S.A.M.E.

THIERCELIN (Père & Fils)
2 place Léon Bourgeois
51200 Moussy (Epernay)
26 54 02 81
RM. 16 ha. Etwa 150000 Flaschen. Robert.

TIXIER (Guy)
12 rue Jobert
51500 Chigny-les-Roses 🍇
26 03 42 51
RM. 4 ha. Traubenlieferung an den Handel, etwa 25000 Flaschen eigener Marke. Montalba.

TIXIER (Michel)
8 rue des Vignes
51500 Chigny-les-Roses 🍇
26 03 42 61
RM, 4 ha. 25000 Flaschen. Häufig Jurymitglied beim Concours des Salon d'Agriculture in Paris.

TORNAY (Bernard)
rue Haut Petit Chemin
51150 Bouzy (Tours-sur-Marne) 🍇🍇
26 57 08 58
(Wohnung: 2 rue Colbert
26 57 00 86)
RM. 10,5 ha. Etwa 125000 Flaschen im Jahr. D, GM 87.

TOUR D'ARGENT: die Champagner-Eigenmarke des berühmten Pariser Restaurants liefert Legras (s. d.).

TOURNEUR-PRIEUR (Jean-Claude)
28 rue du 11 Novembre
51200 Moussy (Epernay)
26 55 37 29
NMR. 3,5 ha.

TRIBAUT (G.)
88 rue d'Eguisheim
51160 Hautvillers 🍇
26 59 40 57
RM. Etwa 70000 Flaschen. Robert. Imp.: TOSCANA Weinimport GmbH, Rohrer Straße 172, 7022 Leinfelden-Echterdingen,
07 11/7 80 00 70 + 7 54 56 42

TRIBAUT (Jean)
21 rue St.-Vincent + (cave) rue Oluze
51160 Romery (Ay)
26 58 64 21
NMR. 14 ha. 110–115000 Flaschen. »Cuvée René Schloesser«. Robert.

TRILLON (Jean)
807 Avenue du Général Leclerc
51200 Dizy 🍇
26 55 26 92
RM. ST.

TROUILLARD (Bertrand)
2+4 Avenue Foch
51208 Epernay
26 55 37 55
NM. 20 ha, Zukauf. Verkauf jährlich über eine halbe Million Flaschen. (Bernard Tr. ist ein Vetter der Brüder Jacques Trouillard [Beaumet-Chaurey] und Michel Trouillard [Oudinot-Jeanmaire]).
Imp.: Bordeaux-Import H. L. Fuchs, Postfach 20 17 31, 2000 Hamburg 20, 01 30/22 55

UNION AUBOISE DES PRODUCTEURS DE VIN DE CHAMPAGNE
Domaine de Villeneuve
10110 Bar-sur-Seine
25 29 85 57
Eine Genossenschaft von 11 Kooperativen mit zusammen 1200 ha. Etwa 1,3 Millionen Flaschen jährlich. Außer Handelsmarken die Eigenmarken Léonze d'Albe, Abel Jeannin, Paul de Richebourg, Maurice Leroy, Veuve Pol Baron (für den Hauptexportmarkt Bundesrepublik, 1986 etwa 110 000 Flaschen) und Veuve A. Devaux.
Importeur für Vve Pol Baron: Hawesko, Doormannsweg 43, 2000 Hamburg 19, 0 40/4 31 70 20

UNION CHAMPAGNE
7 rue Pasteur
51190 Avize 🍇🍇
26 57 94 22
Verband von zehn Genossenschaften mit zusammen rund 1100 Winzern, überwiegend gute Lagen, hauptsächlich in der »Côte des Blancs«. 1000 ha (davon 740 ha Chardonnay, Rest Pinot Noir). Die Union beliefert Champagnerhäuser (auch die großen Marken) mit stillem Wein, rund 16 500 hl jährlich, dazu etwa 700 000 in Flaschen bzw. nach zweiter Gärung (zur abschließenden Behandlung in den Markenhäusern). Ferner erhalten die Mitglieder für ihre Zwecke rund 1,2 Millionen Flaschen im Jahr, und schließlich werden bis zu 1 Million unter verschiedenen Handelsmarken bzw. unter den drei Eigenmarken der Union geliefert: René Florancy, de Saint Gall und Orpale.

UNION DES PROPRIÉTAIRES RÉCOLTANTS DU MESNIL
rue Charpentier Laurain
51190 Le Mesnil-sur-Oger
(Avize) 🍇🍇
26 57 53 23
Der Genossenschaft gehören 450 Winzer mit zusammen 280 ha an, die Produktion beträgt rund 200 000 Flaschen jährlich, davon werden etwas mehr als die Hälfte unter den Namen der Mitglieder verkauft. Marken der Genossenschaft: Le Mesnil (sie gehört zu den Firmen, die ihren ausschließlich aus der Ortslage hergestellten Champagner so

nennen können (s. Mesnil), Richard d'Ayala (bis 1986), Richard d'Albry.

URBAIN II: Mercier.

VADIN-PLATEAU (Guy)
1 rue de la Coopérative
51200 Cumières (Epernay) 🍇
26 55 23 36
RM. 5 ha. GM 87, Robert.

VALLÈS & CIE: Coop. Régionale des Vins de Champagne; s. Jacquart, Reims Imp.: Weinhandelskontor, Liststr. 15, 7000 Stuttgart, 07 11/60 25 50

VALLOIS (Jean-Claude)
route des Caves
51200 Cuis (Epernay) 🍇
26 55 12 30
Etwa 20 000 Flaschen im Jahr.
Imp.: Champa Vins Français, Am Glasofen 9, 5190 Stolberg, 0 24 02/55 11

DE VALLOIS: Rémy-Paillard.

DE VALTINSOY: Marke des Hauses Valentin
27 rue de Reims
51200 Epernay
26 55 26 58
Valentin verkauft hauptsächlich Zubehör, Maschinen und Geräte für die Weinproduzenten.

VANDER GUCHT: Montaudon.

VANZELLA (Michel)
5 rue Joliot Curie
51500 Mailly Champagne 🍇🍇
26 49 41 67
RM. 6 ha. Eigene Marke und Belieferung des Handels. ST.

VARÈNE (Pol): Bricout.

VARENNE (Paul): Bricout.

VATEL (A.): s. Premiers Crus de la Marne.

VATEL (Jean)
49 rue de la Tour
51700 Verneuil (Dormans)
26 52 92 83
RM. 7 ha. 50–60 000 Flaschen im Jahr. ST.

Freundliches Rencontre in Vertus. Postmann? Marktmeister?
Er radelte davon, bevor wir ihn fragen konnten

VAUBECOURT: s. Sanger & Vaubecourt.

VAUDON (Pierre): Union Champagne.

DE VAUGENCY (Henry): s. Henry, René.

VAUTRAIN (Bernard)
10 rue de Bel Air
51200 Festigny (Epernay)
26 58 32 84
RM, 3 ha. Etwa 20000 Flaschen. Siehe auch Perrin (Henri).

VAUTRAIN (Marcel)
157 route de Reims
51200 Dizy (Epernay) ❦
26 55 29 89
RM, 6 ha.
Imp.: Gaston Frottier & Fils, Eulenburgstr. 11, 6520 Worms,
06241/41 17/8.

VAUTRAIN (Victor): Trouillard.

VAZART (Lucien) (Dominique)
2 rue d'Avize
51200 Chouilly (Epernay) ❦ ❦
26 54 51 03
NM. Etwa 30000 Flaschen im Jahr.

VAZART-COMTE (Pierre)
26 rue des Partelaines
51200 Chouilly ❦ ❦
26 55 40 01
RM, 18–20000 Flaschen. ST.

VAZART-COQUART
6 rue des Partelaines
51200 Chouilly ❦ ❦
26 55 40 04
RM, 10 ha. Robert.

VELLING (H. & Co): S.A.M.E.

DE VENOGE
30 Avenue de Champagne
51204 Epernay
26 55 01 01
Gegründet 1837, nach mehrmaligem Besitzwechsel 1986 von der Cie. Française de Sucrerie (Paris) übernommen, einer Tochtergesellschaft der Cie. de Navigation Mixte. Kein eigener Weinbesitz. Et-

wa 1,5 Millionen Flaschen (1986) inkl. Handelsmarken. Prestigecuvée »Champagne des Princes« in Karaffe, die wie-

221

Die kegelförmigen Prestigekaraffen von de Venoge im Rüttelpult. In diesem Haus kann man auch einen romantischen Saal für große Veranstaltungen mieten.

derbenutzt werden kann (Glasstöpsel wird mitgeliefert). Export hauptsächlich Großbritannien, Italien und USA.
HA 87, GM 87, VF 87, Robert, D, V.
Importeur: Gebr. Anraths, Bilker Allee 57, 4000 Düsseldorf 1, 02 11/30 70 27; Karlheinz Haus, Postfach 992, 6600 Saarbrücken

VERGNON (Jean-Louis)
1 Grande Rue
51190 Le Mesnil-sur-Oger
(Avize) 🍇🍇
26 57 53 86
RM. 5 ha. Etwa 40 000 Flaschen. HA 87, Robert, V.

VERRIER (Francis)
51270 Etoges (Montmort)
26 59 32 42
NM. 7 ha. 50–60 000 Flaschen im Jahr.

VERTAY (Paul): Duval-Leroy

VESSELLE (Alain)
8 rue de Louvois
51150 Bouzy (Tours-sur-Marne) 🍇🍇
26 57 00 88
RM. 12,5 ha. Über 100 000 Flaschen im Jahr. D, HA 87, Robert, V.

VESSELLE (Georges)
16 rue des Postes
51150 Bouzy 🍇🍇
26 57 00 15
NMR. 17,5 ha. 150 000 Flaschen im Jahr.
HA 87, GM 87, VF 87, Robert, V.
Imp.: Kluxen-Lemercier, Kreienhoop 117, 2000 Hamburg 65, 040/6 02 83 81

VESSELLE (Jean)
2 pl. J.-B. Barnaut
51150 Bouzy 🍇🍇
26 57 01 55
RM. 8 ha. 40–50 000 Flaschen im Jahr.
Dovaz, HA 87, GM 87.

VEUVE ARNAUD: S.A.M.E.

VEUVE CLICQUOT PONSARDIN

12 rue du Temple
51100 Reims
26 40 25 42

SGM

Gehört zur Luxuswaren-Gruppe LV.
MH Moët-Hennessy Louis Vuitton.
Der Firmenname verrät es nicht, doch
auch dies ist eines der Champagner-Unternehmen, an deren Wachsen und Gedeihen Deutsche maßgeblich beteiligt
waren. Hauptaktionäre (vor der Übernahme durch Louis Vuitton (Lederwaren) und dessen Fusion mit Moët-Hennessy) waren Nachkommen eines Wetzlarers. Das Haus gehört zu den Großen
der Champagne. Mit einem Verkauf von
7,63 Millionen Flaschen war die Marke
1986 auf Platz vier, im Export, der 81 %
der Verkäufe ausmachte, Nummer drei
(6,17 Millionen).

Hauptmärkte sind Italien, die Bundesrepublik (1986: 900 000), Großbritannien,
die Schweiz und die USA. 15 % des gesamten Absatzes macht der zollfreie
Verkauf durch Luftlinien und in duty
free shops aus.

Auch dies ist eine Unternehmensgruppe. Zu »Veuve Clicquot« gehörten neben »Veuve Clicquot Ponsardin, maison
fondée en 1772« (vollständiger Gesellschaftsname) noch die Champagner Canard-Duchêne (mehr als 2,5 Millionen
Flaschen, fast ganz in Frankreich verkauft), Henriot (etwa 1 Million Flaschen, 36 % Export), Doyen, Dueil und
Chanoine Frères. Außerdem der Calvados Père Magloire, die Parfums Givenchy und einiges andere.

»Veuve Clicquot« gehört mit 268 ha zu
den größten Weinbesitzern der Champagne. Die Gruppe besitzt insgesamt
390 Hektar; die eigenen Weine decken
32 % des Bedarfs; die Vorräte belaufen
sich auf etwa 38 Millionen Flaschen.
Führungen durch die umfangreichen
Kelleranlagen zwischen Ostern und
dem 31. Oktober täglich 9.00–11.15,
14.15–17.00, an Wochenenden und Feiertagen nur nachmittags; in anderen
Monaten nur werktags, dazu Sonntagnachmittag, im Februar nur auf besondere Vereinbarung.

Gründer des Hauses war 1772 Philippe
Clicquot Muiron, Bankier und Wollhändler. Die Frau, die es zu einem der
größten und angesehensten Champa-

gner-Unternehmen überhaupt machte,
war die Frau seines Sohnes François, Nicole-Barbe, geborene Ponsardin. Als
François 1805 jung starb, beschloß die
27jährige Witwe gegen den Wunsch ihres Schwiegervaters, das Geschäft weiterzuführen. Sie gründete binnen vier
Monaten die Firma »Vve Clicquot Ponsardin, Fourneaux & Cie«. Fourneaux
war zuständig für die Champagnerzubereitung; er verließ das Unternehmen
1810. Sein Nachfolger als langjähriger
Kellermeister, Kessler, machte sich später in Deutschland mit der Sektfirma des
Namens selbständig (in Esslingen).

Die junge Unternehmerin verdankte
den Aufschwung ihres Geschäftes –
hauptsächlich Export – ihrem Vertreter
und späteren Partner, dem Deutschen
Ludwig Bohne aus Mannheim. Er erschloß in den schwierigen Zeiten gegen
Ende der napoleonischen Kriege für
Clicquot Rußland, Ostdeutschland und
Österreich als bedeutende Absatzmärkte; die ersten dreihundert Flaschen waren freilich noch vom Gründer 1773
nach Deutschland verkauft worden. Einer der frühesten noch heute in den damaligen Büchern auffindbaren deutschen Abnehmer war 1777 Ferdinand
Mayer, »Aigle d'Or« (»Goldener Adler«) in Konstanz, er bezog hundert Flaschen.

Die Witwe Clicquot und ihr Repräsentant Bohne feierten ihren ersten großen
Triumph, als sie noch vor dem Friedensschluß zwischen Frankreich und den gegen Napoleon angetretenen siegreichen
Mächten im Jahr 1814 per Schiff und
Bahn dreißigtausend Flaschen Champagner nach Ostpreußen und Rußland
brachten. Lange Zeit war Rußland der
Hauptmarkt und Clicquot dort die mit
Abstand führende Marke. 1831 nahm
die Veuve als ihren Partner Eduard Werle auf, der viele Jahre vorher, aus Wetzlar kommend, als Lehrling in die Firma
eingetreten war und sich allmählich
hochgearbeitet hatte. Beim Tod der Witwe erbte er die Firma, da die Unternehmerin dem Mann ihrer einzigen Tochter
Clementine nicht zutraute, das Geschäft
weiterführen zu können.

Werle war im gleichen Jahr französischer Staatsbürger geworden (als Edouard Werlé), wurde später in den Grafenstand erhoben und dann Bürgermeister
von Reims. Er heiratete die Tochter des
Herzogs von Montebello, der ebenfalls
Champagner herstellte (s. c.). Die Firma
trug dann seinen Namen (Marke blieb
Veuve Clicquot Ponsardin), sodann die
seiner Erben aus den Ehen seiner Töchter. Das »Werlé« steht noch heute in einem Kreis auf jedem Etikett zusammen
mit dem Namen Clicquot

Die Witwe Clicquot hatte, als sie sich zur Weiterführung des Unternehmens entschloß, allgemeines Kopfschütteln hervorgerufen. Aber mit ihrer Energie und ihren Erfolgen kam die Anerkennung, und schließlich war sie unbestritten die »Grande Dame« der Champagne. Sie entwickelte gemeinsam mit ihrem Mitarbeiter Antoine de Muller das bis heute vorherrschende Rüttelverfahren, das in den Flaschen das Depot allmählich am Korken konzentriert, damit es dann einfach entfernt werden kann. Heute werden bei Clicquot auch mechanisierte Rüttelpulte (System SICAM) verwendet. Die Firma hat allem Anschein nach auch als erste einen Rosé-Champagner produziert – das Geschäftsbuch von Philippe Clicquot zeigt, daß schon 1777 Flaschen davon verkauft wurden, und im neunzehnten Jahrhundert produzierte Clicquot alle paar Jahre neue Rosé-Cuvées. Der nach Rußland gelieferte Champagner war sehr süß, aber später im neunzehnten Jahrhundert brachte auch Clicquot trockenen Champagner auf den Markt.

Clicquot-Cuvées sind heute: Carte Blanche demi-sec – Extra Dry (für Amerika) – Carte Jaune Brut, die am meisten verkaufte (aus einem Drittel Chardonnay, zehn Prozent Meunier, sonst Pinot Noir) – Brut Carte d'Or (gold. Etikett) mit Jahrgang – Rosé mit Jahrgang – La Grande Dame, die Prestigecuvée, benannt natürlich nach der Veuve, immer mit Jahrgang. Sie wurde zur Zweihundertjahrfeier der Firma herausgebracht. Zur Zweihundertjahrfeier der ersten Lieferung nach Amerika gab es in begrenzter Auflage Rosé des Jahrganges 1969 in numerierten Magnumflaschen. HA 87, GM 87, VF 87, Robert, D, V. Importeur: Veuve Clicquot GmbH, Taunusstraße 21, 6200 Wiesbaden, 06121/521011

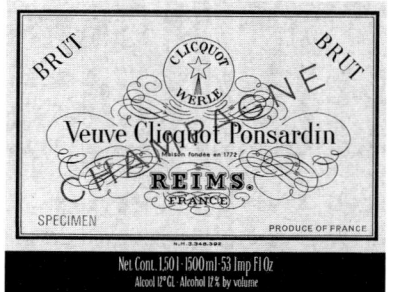

VEUVE EMILLE: Marne et Champagne. Importeur: Henkell & Söhnlein, Henkellsfeld, 6200 Wiesbaden, 06121/630

VEUVE GALIEN: Nicolas, produziert bei Henriot.

VEUVE J. LANAUD: s. Lanaud.

VEUVE MAÎTRE GEOFFROY (Thierry Maître)
116 rue Gaston Poittevin
51200 Cumières
2655 2987. RM. 10 ha GM 87.

VEUVE MONNIER (& ses Fils): siehe Vranken.

VEUVE MORLANT: Duval-Leroy.

VEUVE PASQUIER: Marne et Champagne.

VEUVE POL BARON: Union Auboise.

VÉZIEN (MARCEL)
5 rue de la Lande
10110 Celles-sur-Ource (Bar-sur-Seine)
25385022
RM. 75000 Flaschen im Jahr. HA 87, Robert.

VICOMTE DE LA BALME: S.A.M.E.

VIEILLARD (Raymond)
12 rue Jean Jaurès
51700 Troissy (Dormans)
26507040. RM. Robert.

VIEUX GOUT FRANÇAIS: S.A.M.E.

DES VIGNERONS: COGEVI

VIGNIER-LEBRUN
176 rue Carrouge + 35 rue N. Gaunel
51200 Cramant (Epernay)
26575710 + 26575488
NMR. 15 ha. Jährl. ca. 130000 Flaschen.

VILLEROY (Paul de): Marne et Champagne.

VILMART & CIE
4 rue de la République
51500 Rilly la Montagne
26034001. NMR. Robert.

VILMART PÈRE & FILS
10 rue Marcel Chanson
51500 Rilly-la-Montagne
26034157
RM. 7 ha. 30000 Flaschen im Jahr.

VINOT (Abel)
10200 Colombé-le-Sec (Bar-sur-Aube)
25271546
RM. Robert.

VOIRIN-DESMOULINS
rue Dom Pérignon
51200 Chouilly (Epernay)
26545030
RM. Club. Robert.

VOLLEREAUX (Guy)
48 rue Léon Bourgeois
51200 Pierry (Epernay)
26540305
NMR. 40 ha. Rund 350000 Flaschen jährlich. D.

DE VRIGNY (R.): S.A.M.E.

VRANKEN-LAFITTE
39 Avenue du Général Leclerc
51130 Vertus
26572354
NM. Sehr junges Unternehmen (Ende der siebziger Jahre gegründet), das 1986 schon 1,5 Millionen Flaschen absetzte. Hauptmarken: Charles Lafitte, Veuve Monnier, La Demoiselle de Champagne, Le Pavé, ferner Comte d'Aulone, Meiter und Doyard. Besitzt auch eine Portweinproduktion im Douro.

WAITROSE (engl. Handelskette): Marne et Champagne

WANNER-BOUGE (Jacques)
51200 Cramant
26575235
RM
Imp.: LFE la Française d'exportation, Escher Str. 23 A, 5000 Köln 71, 0221/5902024

WARIS & CHENAYER
1 rue Pasteur
51190 Avize
26575688
Gegründet 1898. Jährlich etwa 80000 Flaschen.

Importeure

ABELE: Freixenet, Nord Europa, Lohweg 3, 6501 Portenheim, 04967/323077.

AGRAPART: Weinimport Rutishauser GmbH, Erlenmayerstr. 4, 8750 Aschaffenburg, 06021/42097.

AYALA: Roland Marken-Import KG, Auf der Muggenburg 7, 2800 Bremen 1, 0421/39941.

BARA: Jacques Biehl Weincabinett, Hauptstr. 40a, 5010 Bergheim, 02271/43109; Weinhaus Schulmeister, Lange Straße 9, 7570 Baden-Baden, 07221/24170; Bernhard Steinmetz GmbH, Gottesweg 165, 5000 Köln 41, 0221/411597.

BARANCOURT: Savour Club, Niersteiner Str. 16, 6000 Frankfurt, 069/636475;
K. H. Fuchs, Bürgerstr. 23, 6070 Langen, 06103/74488;
Bayerl Weinkellerei, Milchberg 15, 8900 Augsburg, 0821/36613;
Golfier France Import, Salkenhegener Str. 64 A, 1000 Berlin 20, 030/3368601;
Champa Vins Français, Am Glasofen 9, 5190 Stolberg, 02402/5511.

BARDOUX (Père & Fils): Jean-Pierre Joly, Postfach 1125, 6222 Geisenheim, 06722/5279.

BAUGET-JOUETTE: Neuendorfer Allee 125, 5000 Köln, 0221/438592 u. 438532.

BEAUFORT (André & Jacques): Hermes-Handel Peter Schaupp, Engelbergstraße 12, 7900 Ulm, 0731/37447.

BEAUFORT (Herbert & Fils) Vertreten für BRD durch Mme. F. Vadé-Felon, 18 rue de l'Arcade, Paris 8, 47422833.

Lucien BEAUMET: Friedr. Dammann Nachf. Hans Eigelsbach Weinimport, Mozartstr. 2, 6501 Bodenheim, 06135/2876.

BESSERAT DE BELLEFON: J. J. Jacobson, Husumer Str. 200, 2390 Flensburg, 0461/93001.

BILLECART SALMON: Champa Vins Français, Am Glasofen 9, 5190 Stolberg, 02402/5511 u. 29463;
Wein- und Champagner-Import Stuttgart, Traubenstraße 33a, 7000 Stuttgart 1, 0711/291428 u. 290105.

BLIARD (Jean): Weinkeller M. Muder, Gneisenaustr. 15, 1000 Berlin 61, 030/6945761.

BLIN (Henri): Salco GmbH, Bischmisheimer Str. 15, 6601 Saarbrücken-Schafbrücke, 0681/894006; Gefaco, Bahnhofstr. 29, 7316 Köngen (Wendlingen), 07024/8949.

BOCUSE (Paul): »Schwarzer Adler«, 7801 Vogtsburg-Oberbergen, 07662/715.

BOIZEL: Vertretung Victor Hafner, Schulstraße 49, 6630 Saarlouis 2, 06831/81218.
Verkaufsbüros: Heinz Becker, Saarlouiser Str. 5, 6638 Dillingen/Saar, 06831/71818; Rudi Holzer, 6648 Wadern-Buttnich, 06871/3094.

BOLLINGER: CW Champagner und Wein-Importgesellschaft mbH, Doormannsweg 43, 2000 Hamburg 20, 040/43170258.

BONNET (F. & Fils): G. Osthoff, Wuppermannstr. 157, 5828 Ennepetal, 02333/80721 + 73195.

BONVILLE (Edmond): Champagner-Service Ursula Ehmann, Hauptstr. 29, 7155 Oppenweiler, 07191/69339.

BONVILLE (F. & Fils) Piemonte & Co, Mövenweg 31, 6680 Neunkirchen/Saar, 06821/25552.

BOULARD (Raymond): Champa Vins Français, Am Glasofen 9, 5190 Stolberg, 02402/5511;
Sektkellerei Schloß Wachenheim, Kommerzienrat Wagner-Straße, 6706 Wachenheim/Weinstraße, 06322/79040.

BRICOUT: Racke, Stefan-George-Str. 20, 6530 Bingen, 06721/1881.

LE BRUN (Albert): Distruba, Gaustr. 21–23, 6530 Bingen, 06721/15125.

BRUSSON (Père & Fils): R. H. Prietze, Georgstr. 40, 5300 Bonn 1, 0228/65697.

BUSIN (Jacques): La Petite France, Florentiusgraben 29, 5300 Bonn 1, 0228/691388.

CANARD-DUCHÊNE: Veuve Clicquot GmbH, Taunusstr. 21, 6200 Wiesbaden, 06121/521011.

DE CASTELLANE: Roland Marken-Import KG, Auf der Muggenburg 7, 2800 Bremen 1, 0421/39941.

CASTILLE: U. Chevalier, Kobenhüttenweg 64, 6600 Saarbrücken, 0681/62159.

CATTIER: A. Weidemann, Wexstr. 36, 2000 Hamburg 36, 040/352836.

CENTRE VINICOLE: Calvet & Co, Alzeyer Str. 31, 6520 Worms, 06241/500250.

CHARBAUT: Gebr. Anraths GmbH, Bilker Allee 57, 4000 Düsseldorf, 0211/307027.

CHIQUET (Gaston): Weincontor Importges., Händlerstr. 38, 6940 Weinheim, 06201/13024.

RAOUL COLLET: Jacques Biehl Weincabinet, Hauptstr. 40a, 5010 Bergheim, 02271/43109;
Bernhard Steinmetz GmbH, Gottesweg 165, 5000 Köln 41, 0221/411597.

DEHOURS: Baur + Willig, Auf der Platte 8, 6701 Altrip, 06236/30622;
S. Kukurudz, Pöseldorfer Weg 7, 2000 Hamburg 20, 040/442101.

DEREGARD MASSING: Baus & Provot, Dudweiler Str. 57, 6603 Sulzbach-Neuweiler, 06897/4266.

DESROCHES: Calvet & Co, Schloßstr. 65, 4000 Düsseldorf, 0211/484096.

DEUTZ: Deutz & Geldermann Sektkellerei Breisach GmbH, 7814 Breisach/Rhein, 07667/595.

DRAPPIER: Rutishauser GmbH, Erlenmayerstr. 4, 8750 Aschaffenburg, 06021/42097.

DRIANT: Vins Burgondes Combier-Niebuhr, Schleiermacher Str. 16, 6000 Frankfurt 1, 069/433179.

DUFOUR: Wein- und Champagner-Import Stuttgart, Traubenstr. 33a, 7000 Stuttgart 1, 0711/291428.

DUPONT (I. Cl.): Toscana-Weinimport GmbH, Rohrer Str. 172, 7022 Leinfelden-Echterdingen, 0711/7800070 u. 7545642.

DUPONT (I. P.): Stadtwallgürtel 1, 5000 Köln 41, 0221/408127.

DUVAL-LEROY: Weinstraße Adolph, Ubierring 13, 5000 Köln 1, 0221/312413.

EVEQUE (Paul): Gérard Dubois, Justus-Liebig-Str. 2, 6500 Mainz-Hechtsheim (Industriegebiet), 06131/504518.

FEUILLATTE (Nicolas): A. Viehauser, Martinistraße 11, 2000 Hamburg 20, 040/4807889.

FLINIAUX: Erich Gandlgruber, An der Vogtei 2, 8836 Ellingen, 09141/71770.

GERMAIN: Marcantor, St. Johanner Str. 94, 6600 Saarbrücken 2, 0681/47755.

GIMONNET: Die französische Weinbotschaft, Kanzlerweg 7, 6501 Saulheim 1, 06732/5395.

GOBILLARD (Paul): Frenger, Frankonnenweg 5, 7410 Reutlingen, 07121/330220.

GOERG: Diemert, Krimhieldstr. 6, 7640 Kehl, 07851/77163.

GOSSET: Carl Tesdorpf, Mengstr. 66/70, 2400 Lübeck 1, 0451/76074.

GOULET: Hein & von Hake, Frankfurter Str. 13, 3550 Marburg/Lahn, 06421/23644.

GOUTORBE (Henri): Wolfgang Nagel, Neureuter Hauptstr. 210, 7500 Karlsruhe 31, 0721/705742.

LA GOUTTE D'OR: »Die Nasen« für Weinversand »Ente vom Lehel«, Kaiser-Friedrich-Platz 3, 6200 Wiesbaden, 06121/301516.

GRATIEN: Werner Kappert, Jasminweg 16, 5602 Velbert 1, 02051/62324.

GUÉRARD (Michel): A. Segnitz & Co, Löwenhof 2, 2800 Bremen 1, 0421/388007.

GUICHON: Champa Vins Français, Am Glasofen, 5190 Stolberg, 02402/20064.

CHARLES HEIDSIECK: Eckes Import, Bahnstraße 6, 6501 Niederolm, 06136/35383.

HEIDSIECK MONOPOLE: Monopole Marken-Getränke Import, Gustav-Heinemann-Straße, 4044 Kaarst 1, 02101/64076.

HENRIOT: Frankhof-Kellerei, Burgeffstraße 14, 6203 Hochheim/Main, 06146/4058.

HERTZ: Interpartner HWG, Essener Straße 95, 2000 Hamburg 62, 040/5274595.

JACQUART: Eggers + Franke, Töferbohm 8, 2800 Bremen, 0421/310181.

JACQUESSON: Weingut-Sektkellerei zum Domherrenhof, Walporzheimer Str. 125, 5483 Walporzheim, 02641/34031.

JEANMAIRE: Alpina/Bovensiepen, Alpenstraße 35–37, 8938 Buchloe, 08241/3071.

KRUG: Bremer Weinkolleg A. & A. Segnitz & Co, Löwenhof 2, 2800 Bremen 1, 0421/388007 (bis Ende 1987).

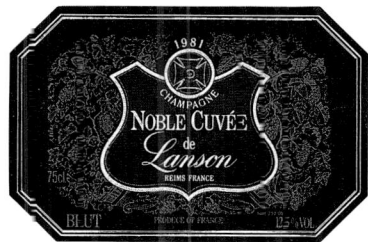

LANSON: JUMAC Markenimport, Drachenburgstraße 36a, 5300 Bonn 2, 0228/345061.

LAURENT-PERRIER: Euromarken-Import GmbH, Henkellsfeld, 6202 Wiesbaden-Biebrich, 06121/633344.

LEBRUN (Paul): Weinkontor Importgesellschaft, Händelstraße 38, 6940 Weinheim, 06201/13024.

LECHÈRE: Vinotheka GmbH, Industriestraße 8, 6094 Bischofsheim, 06144/7091.

LEGRAS: Schwarzer Adler Frankreich-Import, 7818 Vogtsburg-Oberbergen, 07662/715.

LEPITRE: Klaus Fetzner Importe, Lilienweg 33, 7251 Weissach 2, 07044/32566.

MAEZELLE/GIMMONET: Club des Vins »Le Connaisseur Paris«, Hohenzollernstr. 89, 8000 München 40, 089/272905–10.

MAILLY-CHAMPAGNE: DFW Kiefer Import, Blumenstraße 3, 6600 Saarbrücken, 0681/36033 u. 37799.

MANDOIS: Jacques Biehl Weincabinet, Hauptstr. 40a, 5010 Bergheim, 02271/43109.

MARIE STUART: Weinwelt Mack & Schüle, Neue Straße 45, 7311 Owen (Teck), 07021/57010.

MARTEL (G. H.): A. Weigand, Mainzer Str. 54–56, 6530 Bingen, 06721/13311.

PANNIER: Karlheinz Haus GmbH, Am Langfeld 36, 6604 Saarbrücken-Gudingen, 0681/871056.

JOSEPH PERRIER: Vinco Wein- und Sektkellerei GmbH, Jacobstraße 6–8, 5500 Trier, 0651/41177.

PERRIER-JOUËT: Epikur GmbH, Deinhardplatz, 5400 Koblenz, 0621/1040.

PHILIPPONAT: Wein Wolf, Drachenburgstr. 36a, 5300 Bonn 2, 0228/34211.

PIPER HEIDSIECK: Piper-Heidsieck Deutschland, 6200 Wiesbaden, Taunusstr. 43, 06121/526020.

PLOYEZ JACQUEMART: Sticker & Krahn, Parkstr. 31, 4000 Düsseldorf, 0211/492495.

POL ROGER: Gilbert Schwaentzel France Vinicole GmbH, Hafenstraße 17, 7640 Kehl, 07851/73823.

POMMERY: Schneider-Import, Mainzer Str. 152–160, 6530 Bingen 1, 06721/1850.

RENAUDIN: Otmar Federl, Forst Kasten-Allee, 8000 München 71, 089/7552529.

ROEDERER: D. V. Schlumberger KG, Buschstraße 20, 5309 Meckenheim, 02225/88090.

THEÓPHILE ROEDERER: Ferd. Schulze & Co, Pfingstweidstraße 10–12, 6800 Mannheim 24 (Neckarau), 0621/85051.

ROTHSCHILD (Alfred): Wilmouth Weine, Postillonstr. 29, 4130 Moers 3, 02841/79102.

RUINART: Fürst von Metternich Sektkellerei, 6222 Geisenheim-Johannisberg Tel. Anfragen an Zweigniederlassung Wiesbaden 06121/633501.

SACOTTE: Cardyko, Dieselstr. 13, 6604 Güdingen/Saar, 0681/872650.

DE SACY: Klemann GmbH, Am Hauenstein 15, 6706 Wachenheim, 06322/64474.

S.A.M.E.: Uni Handelsgesellschaft, Am Felsbrunnen 5, 6600 Saarbrücken, 0681/87734.

MATHIEU: F. Reimers, Clemens-Schultz-Str. 86/87, 2000 Hamburg 4, 040/311266–69.

MAXIM'S: Schneider Hamburg GmbH, Palmaille 104–106, 2000 Hamburg 50, 040/38180106.

MÉDOT: Hanseatische Weinhandelsgesellschaft, Neustadtbahnhof 3, 2800 Bremen 1, 0421/506338;
»Blanc de Blancs«, Berrenrather Str. 162a, 5000 Köln 41, 0221/419937.

MERCIER: Chandon Handelsgesellschaft, St.-Anna-Platz 2, 8000 München 22, 089/227331.

DE MÉRIC: Neue Wittenkamper, Gutenbergstr. 13–15, 2057 Reinbek, 040/7276040;
W. Richter, Melcherstr. 3, 4400 Münster, 0251/279291;
Wein- u. Champagner-Agentur G. Hansmann-Stocko, In den Weinbergen 8, 7000 Stuttgart 40, 0711/808822;
H. Beutler, Leerbachstr. 71, 6000 Frankfurt 1, 069/552035;

De Pastre/M. Fritzmaier, Natorpstr. 26, 4300 Essen 1, 0201/320090;
La Maison de France, Leutstettener Str. 12, 8130 Starnberg, 08151/6380.

MOËT & CHANDON: Chandon Handelsgesellschaft mbH, St.-Anna-Platz 2, 8000 München 22, 089/227331.

MOUTARD: Manfred Hamann, Neue Straße 6a, 3340 Wolfenbüttel, 05331/26011.

MUMM: Seagram Deutschland Vertriebs-GmbH, Geheimrat Hummel-Platz 4, 6203 Hochheim am Main, 06146/501.

NAPOLEON: Rolf Herzberger GmbH & Co KG, Am Holzbrunnen 5–7, 6600 Saarbrücken 3, 0681/814021.

DIE NASEN: s. la Goutte d'Or.

NOMINÉ-RENARD: H. & M. Nuisel GmbH, Wacholderweg 19, 6720 Speyer, 06232/33752.

OUDINOT: Sektkellerei Nymphenburg, Martin Kollarstr. 4, 8000 München, 089/42050.

SECONDÉ-SIMON: Klaus Stengelin, Schlößleweg 1, 7200 Tuttlingen, 07461/3524.

SELOSSE: Karlheinz Ball Weinimport, Lichtentaler Allee 14, 7570 Baden-Baden, 07221/23357;
Vins Bourgondes Combier-Niebuhr, Schleiermacherstr. 16, 6000 Frankfurt 1, 069/433179.

SENEZ: Kluxen-Lemercier, Kreienhoop 117, 2000 Hamburg 65, 040/6028381.

SOUTIRAN: Lagergesellschaft, Weststr. 9, 7640 Kehl, 07851/4660.

TAITTINGER: J. B. Sturm Markenimport GmbH, Am Rottland 2–10, 6220 Rüdesheim, 06722/121.

TRIBAUT, G.: Toscana Weinimport GmbH, Rohrer Str. 172, 7022 Leinfelden-Echterdingen, 0711/7800070 u. 7545642.

TROUILLARD: Bordeaux-Import-Kontor H. L. Fuchs, Postfach 201731, 2000 Hamburg 20, 0130/2255.

VEUVE POL BARON: Hawesko, Doormannsweg 43, 2000 Hamburg 19, 040/4317020.

VALLÈS & CIE: Weinhandelskontor, Liststr. 15, 7000 Stuttgart, 0711/602550.

VALLOIS (Jean-Claude): Champa Vins Français, Am Glasofen 9, 5190 Stolberg, 02402/5511.

VAUTRAIN: Gaston Frottier & Fils, Eulenburgstr. 11, 6520 Worms, 06241/4117–8.

DE VENOGE: Gebr. Anraths, Bilker Allee 57, 4000 Düsseldorf 1.

VESSELLE (Georges): Kluxen-Lemercier, Kreienhoop 117, 2000 Hamburg 65, 040/6028381.

VEUVE CLICQUOT: Veuve Clicquot GmbH, Taunusstraße 21, 6200 Wiesbaden, 06121/521011.

VEUVE EMILLE: Henkel & Söhnlein, Henkelsfeld, 6200 Wiesbaden, 06121/630.

WANNER-BOUGE: LFE La Française d'exportation, Escher Str. 23a, 5000 Köln 71, 0221/5902024.

240 Jahre auf und ab (Verkaufs-Statistik)

1746: Das Haus Moët verschickt allein 50 000 Flaschen, ein Rekord.

Ende des 18. Jahrhunderts: geschätzter Verkauf insgesamt höchstens 300 000 Flaschen pro Jahr.

1720 bis 1725: insgesamt 7604 hl, größtenteils Faßlieferungen. Welchen Anteil moussierende Champagner daran hatten, ist unbekannt.

1778: 18 613,5 hl, davon nur 212 498 Flaschen, das meiste in Fässern.

1788: 5919 hl, wachsender Flaschenverkauf (288 400). Bonal* erklärt den starken Rückgang damit, daß hauptsächlich schlechtere Weine durch die Konkurrenz anderer Gebiete verdrängt worden seien.

1814: rund 2 Millionen Flaschen

1830: 3 Millionen

1844: 6 Millionen. Von diesem Jahr an wird eine Jahresstatistik geführt. Damals wurden in der Champagne aber noch andere Schaumweine hergestellt, die ebenfalls in der Statistik enthalten waren und erst 1910 aus ihr herausgenommen wurden. Man schätzt ihren Anteil auf ein Viertel. In den folgenden Angaben ist also aus den Ziffern der Handelskammer in Reims bis einschließlich der Zahl für 1910 jeweils ein Viertel herausgerechnet, und das ergäbe

1845: 5 Millionen

1850: 6 Millionen

1860: 8,4 Millionen

1870: 13,1 Millionen

1880: 15,4 Millionen

1890: 15,3 Millionen

1900: 21,3 Millionen

1901/02: 21,15 Millionen

1902/03: 23,9 Millionen

1903/04: 23,17 Millionen

1904/05: 21 Millionen

1905/06: 26,7 Millionen

1906/07: 24,9 Millionen

1907/08: 25,3 Millionen

1908/09: 24,5 Millionen

1909/10: 39,3 Millionen

1910/11: 38,6 Millionen

1911/12: 29,3 Millionen

1912/13: 30,1 Millionen

1913/14: 26,5 Millionen

1914/15: 10,3 Millionen

1915/16: 11,4 Millionen

1916/17: 16 Millionen

1917/18: 17,6 Millionen

1918/19: 15,7 Millionen

1919/20: 23 Millionen

1920/21: 21,1 Millionen

1921/22: 12,3 Millionen

1922/23: 18,5 Millionen

1923/24: 31,9 Millionen

1924/25: 30,2 Millionen

1925/26: 36,1 Millionen

1926/27: 32,2 Millionen

1927/28: 21,2 Millionen

1928/29: 23,8 Millionen

1929/30: 27,4 Millionen

1930/31: 24,6 Millionen

1931/32: 22,8 Millionen

1932/33: 25,5 Millionen

(von hier an sind auch die bisher nicht erfaßten, noch ziemlich belanglosen Verkäufe der Einzelwinzer in die Statistik eingebracht.)

1933/34: 30,4 Millionen

1934/35: 27,7 Millionen

1935/36: 33,18 Millionen

1936/37: 40 Millionen

1937/38: 35,7 Millionen

1938/39: 31,8 Millionen

1939/40: 27,7 Millionen

1940/41: 23,3 Millionen (nur geschätzt; Unterlagen wegen des Krieges unvollständig.)

1941/42: 26 Millionen (einschließlich Ablieferungen an die deutsche Besatzungsmacht.)

ab hier Umstellung der Statistik.

1942: 22,9 Millionen (s. 41/42)

1943: 26,1 Millionen (s. 41/42)

1944: 18,4 Millionen (s. 41/42)

80 cl Flaschen

1945: 21 792 376

1946: 24 851 092

1947: 22 421 696

1948: 29 281 056

1949: 28 522 898

1950: 32 779 324

1951: 35 221 667

1952: 30 528 561

1953: 30 366 899

1954: 32 977 780

1955: 37 706 826

1956: 44 304 197

1957: 48 422 119

1958: 40 702 291

1959: 42 270 073

1960: 49 265 501

1961: 54 187 849

1962: 57 919 826

1963: 64 018 259

1964: 70 204 695

78 cl Flaschen

1965: 78 621 036

1966: 86 887 944

1967: 93 061 047

1968: 86 496 902

1969: 93 983 820

1970: 102 224 090

1971: 116 426 256

1972: 123 144 634

1973: 124 696 186

77 cl Flaschen

1974: 105 478 492

75 cl Flaschen

1975: 122 173 580

1976: 153 495 794

1977: 170 237 213

1978: 185 922 892

1979: 184 137 690

1980: 176 466 231

1981: 159 007 451

1982: 146 530 529

1983: 159 487 663

1984: 188 043 780

1985: 195 420 761

1986: 204 920 108

* Le Livre d'Or du Champagne

Beim heutigen Traubenpreis (3,25/Kilo)... Verwenden Sie für Ihre Erntearbeiter den Maulkorb »PARAT« – 50 Prozent Ersparnis!

Heute zu teuer zum Essen

DIE ENTWICKLUNG DER TRAUBENPREISE IN DER CHAMPAGNE

Francs pro »caque« *= 80 Kilogramm*	*ab hier Neue Francs* *pro Kilogramm:*
1844: 30	1960: 3,05
1848: 20	1961: 3,035
1851: 20	1962: 3,252
1852: 50	1963: 3,2495
1855: 100	1964: 3,25
1857: 80	1965: 3,35
1860: 15	1966: 4,–
1870: 30	1967: 4,30
1873: 150	1969: 4,59
1876: 30	1969: 4,99
1880: 220	1970: 4,88
1881: 80	1971: 5,42
1883: 115	1972: 6,65
1886: 60	1973: 8,37
1889: 115	1974: 8,45
1892: 200	1975: 6,10
1894: 40	1976: 7,18
1900: 50	1977: 7,98
1905: 50	1978: 9,41
1906: 80	1979: 11,56
1907: 75	1980: 13,50 + 10,– Zuschuß wegen Mißernte
1908: 75	
1909: 85	1981: 17,– + 3,– Zuschuß
1910: 80	1982: 19,03
1911: 195	1983: 15,53
1912: 150	1984: 18,07
1913: 180	1985: 23,03
1917: 111	1986: 22,19
1920: 270	
1925: 240	

Francs pro Kilogramm:
1927: 10
1930: 4–6
1933: 2,50
1935: 1,30
1939: 3–4
1940: 8,50
ab hier Franc-Inflation
1945: 37,50
1950: 113
1955: 141
1956: 144
1957: 210
1958: 300
1959: 260

Grundlage der Champagnerblüte
Die Entwicklung der Rebfläche (in Produktion)

1832: 20 000 ha
1869: 16 500 ha
1877: 16 401 ha
1882: 16 500 ha
1886: 14 311 ha
1890: 14 299 ha
1895: 15 466 ha

1900: 14 209 ha (noch ausschließlich französische Rebstöcke)
1910: 13 400 ha (davon 2000 mit auf amerikanische Stöcke aufgepropften Rebstöcken, wegen der Reblauskrise.)
1920: 5900 ha (davon 3800 mit neuen Stöcken)
1922: 5000 ha
1930: 8360 ha
(von hier an alles mit neuen Stöcken)

1933: 8490 ha
1935: 8986 ha
1939: 7909 ha
1941: 8556 ha
1950: 10 450 ha
1960: 11 870 ha
1970: 18 050 ha
1980: 23 900 ha
1986: 25 200 ha

Champagners Vettern

Viele Champagnerhersteller sind stolz auf ihren nicht schäumenden Wein. Für den war die Gegend ja auch schon jahrhundertelang berühmt gewesen, bevor sie ihren noch berühmter gewordenen Schaumwein entwickelte. Nicht »moussierenden« Wein gibt es hier noch heute, aus den Rebsorten, die auch für richtigen Champagner benötigt werden und ähnlich strengen Kontrollen unterliegen. Früher tranken wir ihn als »Champagne Nature«, aber heute ist nur noch die Bezeichnung »Coteaux Champenois« zugelassen, es gibt roten und weißen.

Diese Weine haben den Nachteil, ähnlich den für Cognac verwendeten, daß sie für Champagner ziemlich schwach in Alkohol und Geschmack sein sollen. Wenn man sie nicht zu Champagner verarbeitet, nützt alle Kunst am Weinberg und im Keller nichts – es bleiben, wie ja gewollt, mittelmäßige Weine. Ihr Hauptunterschied zu anderen, ebenso mäßigen, ist, daß sie weit überteuert sind. Man könnte sie ja zum lukrativen Champagner verarbeiten – also ist ihr Preis gleich so, als hätte man es getan. Doch gibt es keinen Weißen darunter, der an Frische, Fruchtigkeit, Feinheit und Bukett mit ähnlich zu bezahlenden Burgundern und meist billigeren Elsässern konkurrieren könnte. Die Roten sind allenfalls auf der Qualitätsstufe der Loire (Chinon, Saumur eta.) und Côtes du Rhône (aber beileibe nicht Hermitage). Das hat

nicht verhindert, daß sie – dank rühriger Reklame einiger Interessierter und Aufnahmebereitschaft einiger Snobs – als scheinbar gleichberechtigt die Weinkarten mancher anspruchsvollen Lokale zieren. Es besagt mehr über die Mode als über Qualitätsempfinden.

Natürlich gibt es, wie immer, ein paar Ausnahmen, doch sind sie hier noch seltener als anderswo. Bouzy Rouge, der berühmteste, zählt nur mit ganz, ganz wenigen Beispielen dazu, aber immerhin. Der beste Rote der Gegend, einer, der auch anderswo gut bestehen könnte, ist nach meinem Gefühl der Ambonnay Rouge unseres Wirtes und Freundes André Secondé. Auch in Cumières entsteht überdurchschnittlicher (für die Champagne) Rotwein. Größter Coteaux-Produzent (etwa 80 000 Flaschen im Jahr) ist das Markenhaus Laurent-Perrier. Aber Ausnahmen setzen die Regel nicht außer Kraft und hierin bin ich durchaus einig mit den Chefs großer Champagnerhäuser – verständlicherweise solchen, die keine Coteaux vermarkten.

Die Menge der hergestellten weißen und roten Coteaux schwankt natür-

lich mit der Gesamternte und liegt mal unter, mal bei einer Million Flaschen. Die Bundesrepublik ist größter Exportkunde, mit etwa 100 000 Flaschen im Jahr.

Um gleich dabei zu bleiben, was die Leute in der Champagne sonst noch machen: Marc de Champagne, also Trester – und auch nur ausnahmsweise ein sehr guter Branntwein; Fine de Marne, ein Weinbrand, für den das ebenfalls gilt, und Ratafia, eine Seltsamkeit ähnlich dem Pineau des Charentes, die aber im Gegensatz zur Cognac-Gegend nicht mit dem Bedürfnis erklärt werden kann, unverkäufliche Weine loszuwerden. Für Ratafia wird dem Most neunzigprozentiger Weinbrand zugesetzt, was seine Gärung verhindert. Dann muß er 12–15 Monate im Faß lagern. Sein Alkoholgehalt muß im Inland 18 Prozent betragen, für den Export 23%. Er wird nur in winzigen Mengen produziert.

Für Liebhaber von Rosé (nicht Rosé-Champagner) ist Les Riceys im Anbaugebiet Aube eine gute Adresse, wo ein paar Winzer zusammen höchstens 10 000 Flaschen im Jahr herstellen, der Geschmack gilt als etwas seltsam. Ich habe bei einer Kostprobe nicht gefunden, daß er anderen französichen Rosés überlegen ist oder sich auch nur im Charakter sehr von ihnen unterscheidet. Ich fand ihn leicht bitter (nicht unangenehm) und fühlte mich etwas an elässischen Pinot noir erinnert.

Champagner-Regierung

Die Champagner-Branche Frankreichs, man kann einfach sagen: der Champagner, ist hervorragend organisiert.

Auf der einen Seite vertreten zwei Verbände den Handel, einschließlich der großen Markenhäuser: das ältere »Syndicat de Grandes Marques de Champagne« (seit 1844), dessen Mitglieder zusammen rund 45 Prozent allen Champagners umsetzen, und das »Syndicat des Négociants en Vin de Champagne« (seit 1912). Diese beiden sind zusammengeschlossen in der »Union des Syndicats de Commerce des Vins de Champagne«, 1 rue Marie Stuart, 51100 Reims, T. 26 47 26 89.

Auf der anderen Seite sind die Winzer organisiert im »Syndicat Général des Vignerons de la Champagne«, 44 Avenue Jean Jaurès, 51200 Epernay, T. 26 51 04 44 (dort sitzt auch die »Fédération des Coopératives«).

Die Präsidenten der Union und des Syndicat Général bilden gemeinsam mit einem Regierungskommissar[*], der ihre Beschlüsse gegenzeichnen muß, damit sie in Kraft treten, die Spitze einer mit weitreichenden Vollmachten ausgestatteten Organisation. Diese ist für das wirtschaftliche und soziale Leben der gesamten französischen Champagnerbranche zuständig, einschließlich der Organisation der Marktverhältnisse, u. a. Preis-, Anbau- und Mengenregelung, Marken- und Qualitätskontrolle, aber auch für die Wahrnehmung und Verteidigung der Champagner-Interessen nach außen. Das ist das »Comité Interprofessionel du Vin de Champagne«, abgekürzt CIVC, 5 rue Henri Martin (Maison de la Champagne), T. 25 54 47 20.

Dem Präsidenten steht eine Konsultativkommission zur Seite, in der Winzer und Handel paritätisch vertreten sind, praktisch das Parlament des CIVC. Rund ein Dutzend Fachkommissionen bereiten die Entscheidungen für die verschiedenen Sachgebiete vor. Das Budget des CIVC setzt sich aus Abgaben vom Erntewert und vom Verkauf (0,26% des Flaschenpreises) zusammen.

---

[*] Seit 1987 ist es der Präfekt der Region Champagne-Ardenne.

Werber und Mäzene

»Gut genug zum Schiffe-Taufen« ist nicht gerade ein Kompliment für Champagner; andererseits würden die Firmen gern bei so beachtetem Anlaß ihre Marke glänzen lassen. Schlechter Champagner (zu dem sich niemand mehr bekennt) wäre richtig für die Schiffe des Feindes, sagt John Arlott*.

Eine Flüssigkeit, die sich zum beliebtesten Fest- und Toastgetränk der westlichen Welt entwickelt hat, ist natürlich überall dabei, wo es etwas zu feiern gibt, privat oder öffentlich. Nirgendwo kann ein Champagnerhaus eine nützlichere Werbewirkung entfalten. Sollte es nicht genügend Anlässe geben, gemessen an den Vorräten, dann ist es eine weise Geschäftspolitik, Gründe zum Anstoßen zu schaffen.

Nicht nur haben die Handelshäuser durch großzügiges Mäzenatentum erreicht, was keinem anderen alkoholischen Getränk möglich war: eine von niemandem beargwöhnte direkte Verbindung zwischen sportlichem Sieg, also Sport überhaupt, und Champagner zu schaffen – bei den vorhandenen Anlässen, aber noch mehr bei selbstgemachten, also von Champagnerfirmen finanzierten, die inzwischen fester Bestandteil des internationalen Sportkalenders geworden sind. Mit Vorliebe findet sich Champagner bei Sportarten ein, die als nobel angesehen werden und/oder durch ihre Stars dazu beitragen, neue Werbeträger zu schaffen: Autorennen, Segelregatta, Pferde-

sport, Golf. Gerade da kann über das bloße Sich-Einfinden hinaus durch Finanzierung auch das Arrangement beeinflußt, vielleicht gar übernommen werden. Die jeweiligen Sieger haben dann auch nichts dagegen, wenn die Marke, mit der ein Sieg zu begießen ist, als einziges schon vorher feststeht.

Champagner beim Pferderennen – das entwickelte sich schon Anfang des vergangenen Jahrhunderts in England. »Turf gilt als unser nationaler Zeitvertreib«, sagte Vizetelly, und niemand wird die enge Verbindung zwischen Pferdesport und Champagner bestreiten. Eine extreme Form hat diese allerdings in Frankreich angenommen. Dort wettete 1725 der als brillanter Reiter bekannte Graf von Saillans, daß ein gutes Reitpferd die Strecke vom Schloß Versailles bis zum Hôtel des

Invalides in einer Stunde schaffen könne. Das Pferd wurde vorher einige Tage lang mit Biskuits und Champagner ernährt. Der Bedienstete des Grafen, der dann den Ritt unternehmen mußte, brauchte zweieinhalb Minuten zu viel. Wegen der schlechten Wege, sagte der Graf, aber Vizetelly nimmt wohl mit größerem Recht an, es habe an der seltsamen Diät gelegen.

Im Jahre 1828 fanden in Doncaster erstmals die »Champagner Stakes« statt. Der Besitzer des Siegerpferdes war verpflichtet, dem Club sechs Kisten (also 72 Flaschen) Champagner zu stiften. Von 1860 an war kein Epsom-Derby denkbar ohne mächtigen Champagnerkonsum derer, die es sich leisten konnten. Heute können das mehr Leute als damals – noch ein Grund mehr für die Firmen, bei solchen und ähnlichen Veranstaltungen dabeizusein. Da kann man ein sehr eindrucksvolles Register aufmachen, aus dem ich hier nur das Wichtigste herausgreifen will.

Moët & Chandon, die Größten, waren und sind besonders präsent beim Autorennsport, bei den Grand Prix der Formel 1, den 24 Stunden von Le Mans, bei der Marken- und bei der Rallye-Weltmeisterschaft. Auch bei Motorradrennen. Auch beim Segeln: als »offizieller« Champagner beim berühmten America Cup, beim Maxi-Cup im Rahmen der Nioulargue (St. Tropez) und der (von Moët &

* Krug, House of Champagne, London 1976

235

Mumm gehört zu den Mäzenen des America's Cup.

Chandon gestifteten) Trophée Gilles Calumet im Rahmen der vom »Figaro« veranstalteten Segelregatta. Pferderennen: Subvention berühmter Rennreiter, damit sie Besitzer ihrer ebenso berühmten Pferde werden oder bleiben können. Golf: Moët & Chandon hat gemeinsam mit der französischen Golf-Föderation und der Revue »Golf Européen« das »handicap 24« ins Leben gerufen; jeder Amateur, der es erreicht, bekommt eine Magnumflasche Moët. Weiter: ein jährliches Tennis- und Golfturnier für Restaurateure und Hoteliers in La Baule, mit einigen hundert Teilnehmern, und alle zwei Jahre Skimeisterschaften für die gleiche Gruppe, und für die gibt es auch noch gemeinsame, freundliche Au-

torennen mit berühmten Rennfahrern.

Auch *Mumm* ist beim Segeln dabei; es gibt einen »Champagne Mumm Admiral's Cup« (alle zwei Jahre vor der Insel Wright), aber auch den »Mumm Crazy Cup« auf der Seine, an welchem nicht nur bekannte Segler, sondern auch die Stars des »Crazy Horse Saloon«* teilnehmen. Jeweils während des »Salon Nautique« einen Mumm »Challenge International«.

Piper Heidsieck ist Arrangeur eines Polo-Preises in Deauville und hat 1986 zum ersten Mal ein europäisches Thun-Wettfischen veranstaltet. *Charles Heidsieck* ist, nach jahrelanger Aktivität im Segelsport, nun auch bei Pferderennen dabei, besonders beim »Prix Diane« von

Hermès, aber auch in England, zusammen mit *Krug. Perrier-Jouët* beim Golf, mit etwa vierzig Veranstaltungen, darunter dem »Golden Cup« in Deauville. *De Venoge* organisiert die »Olympiade von Biarritz« für Stars von Sport und Showgeschäft (Golf, Tennis, Karting, Rugby). *Bollinger* stiftete als erster Preise für britische Springreiter (Bollinger Trophy). *Laurent Perrier:* Pferderennen, Polo, war aber auch prominenter Durstlöscher bei der 200-Jahr-Feier der Erstbesteigung des Mont Blanc in Chamonix. An der Grenze zwischen Sport und Naturpflege: »Les Honneurs Laurent Perrier de la Chasse« belohnt besondere Verdienste um die Wildpflege. Außerdem hat Laurent Perrier einen Preis für die Erfindung von Geräten und Techniken ausgesetzt, die verhindern, daß Wild von landwirtschaftlichen Geräten getötet oder verstümmelt wird.

Taittinger erklomm, sozusagen, den noch etwas höheren Everest, nämlich mit der Expedition Pierre Mazeaud, und tröstete den einsamen Eric Tabarly während seiner berühmten Atlantiküberquerung. Außerdem ist das Haus offizieller Champagner der Fußballmannschaft Paris-St. Germain und auch bei anderen Sportveranstaltungen. *Jacquart:* eigener Rennstall. *Palmer:* sorgte für Champagner während der Schachweltmeisterschaft in London 1986.

Genauso energisch wie um den Sport kümmern sich die Champagnerfirmen mit Preis und Trank um die Welt der Kultur, ob Film, Showbusiness, Theater oder Konzert oder Museum. *Piper Heidsieck*

* berühmter Nachtklub

betreibt beim Filmfestival in Cannes ein TV-Studio für ausländische Stationen. Die Firma hat unlängst zwanzigtausend Dollar eingesetzt, um Geld für das »New York City Joyce Theater« aufzubringen (ein Tanztheater). *Moët & Chandon* ist Champagner für den Auftaktabend des Cannes-Festivals; beim Festival des amerikanischen Films in Deauville gibt es einen Club Moët & Chandon. Das Schlußdiner der »Nacht der Césars«* wird ebenfalls von dieser Marke verschönt; an der »Nuit« ist aber auch *Charles Heidsieck* beteiligt.

Pommery und *Lanson* versorgen das Internationale Musikfestival in Evian, zu dessen Mitorganisatoren ihre Mutterfirma BSN gehört. Lanson unterhält beim Cannes-Filmfestival einen Salon für Cineasten. *Pommery* veranstaltet Ausstellungen (Beispiel: Andy Warhol), finanziert in Amerika einen TV-Kulturkanal, in Australien Ballett, in Europa Gastspiele von Broadwayproduktionen. Madame Pommery dürfte eine der ersten großen Spenderinnen gewesen sein: 1888 stiftete sie dem Louvre ein Bild von Millet, das sie für 300 000 Goldfrancs erstanden hatte. Freilich war ihr Hauptmotiv damals, Gerüchte über angebliche Zahlungsschwierigkeiten ihres Hauses zu widerlegen.

Ähnlich spektakulär war *Mumms* Geschenk an die Stadt Reims. Der damalige Präsident der Firma, René Lalou, ließ den Maler Fujita eine Kapelle ausgestalten, die Mumm hatte bauen lassen, und vermachte diese dann der Stadt. *De Castellane* bedachte die französische Nationalbibliothek mit einer Sammlung von rund dreitausend Champa-

gner-Etiketten. Am Sitz der Firma in Epernay, in dem Turm, der als eines der Wahrzeichen von Epernay gelten kann, werden Ausstellungen aus dem Bereich der regionalen Tradition veranstaltet. *Bollinger* sorgte dafür, daß bei der 200-Jahr-Feier der Londoner »Times« eine Spezialcuvée eingeschenkt werden konnte.

Einige Häuser beleben mit Initiativen und Preisen das Interesse der Gesellschaft für verdienstvolle Leistungen einzelner. *Clicquot* krönt in mehreren Ländern die »Unternehmerin des Jahres«. Mumm hat den »Literaturpreis Kleber-Haedens« mit 100 000 Francs ausgestattet, außerdem zwei Preise jährlich für journalistische Leistungen. *Perrier-Jouet* prämiiert junge Möbeldesigner. *Taittinger* läßt die Fla-

schen seiner besonderen Prestige-Cuvée von berühmten Künstlern entwerfen. *Laurent Perrier* hat den »Prix Grand Siècle« gestiftet (so heißt auch die Prestige-Cuvée des Hauses), der herausragende Persönlichkeiten verschiedener Bereiche belohnt. Einen ähnlichen Preis schuf *Krug* (Trophée d'Excellence, eine Skulptur von Dali). Von *Mumm* gibt es den »Prix du Savoir-Vivre en politique«, den als erster 1985 der Generalsekretär der RPR, Toubon, erhielt. *Moët & Chandon* hat einen »Prix de l'Histoire« gestiftet, der jedes Jahr einem Autor eines historischen Werkes verliehen wird, und ein Asien-Stipendium ausgesetzt, um das sich Schüler von

* französische Filmpreise

Verwaltungsschulen bewerben können; es soll die Wirtschaftsbeziehungen zwischen Frankreich und asiatischen Ländern fördern. *Piper Heidsieck* belohnt mit einem »Bijou Champagne« (entworfen vom berühmten Haus Van Cleef et Arpels) jedes Jahr eine Künstlerin oder einen Künstler; die erste Vergabe wurde mit einer Soirée im Schloß von Versailles gefeiert.

Natürlich pflegen die Champagnerhäuser mit besonderem Nachdruck das Milieu der Restauration und der Hotellerie, auf dessen Wohlwollen sie schließlich am stärksten angewiesen sind. *Mumm* veranstaltet die Gala der vom Michelin-Reiseführer neu Besternten, dazu den Gala-Abend für die Ehefrauen der Restaurateure, den Wettbewerb »Cordon Rouge« (so heißt die Standard-Cuvée von Mumm) für die »Fins Cordons Bleus«. *Moët* ist Pate der »jungen Restaurateure Frankreichs« und der »jungen Chefs der Relais & Châteaux«. Im Rahmen der Relais & Châteaux hat Moët & Chandon auch eine »Trophée de l'accueil« gestiftet, also des guten Empfanges. *Roederer* lädt ebenfalls einmal im Jahr Restaurateure und Weinkellner aus Stern-Restaurants zum Diner. *Ruinart* prämiiert den besten jungen »sommelier« (er oder sie darf höchstens 26 Jahre alt sein) und seit 1986 in separatem Wettbewerb auch den oder die der Schweiz. *Perrier-Jouët* lädt regelmäßig Sommelier-Gruppen ein und hat einen Hilfsfonds für Mittellose, die das Hotelfach lernen wollen. *Heidsieck Monopole* hat den Preis »Diamant bleu« (so heißt die Prestige-Cuvée) der Freunde von Relais & Châteaux gestiftet. *Bollinger* fördert den Wettbewerb, in dem der »beste Weinkellner der Welt«

ermittelt wird (alle drei Jahre). *Taittinger* vergibt den Prix Culinaire International, nun schon seit zwanzig Jahren, ein Wettbewerb für Köchinnen und Köche, der hohes Ansehen genießt. Außerdem veranstaltet das Haus jeweils am letzten Tag der Weinernte in der Champagne einen Festtag für mehr als zweihundert Sommeliers und Barmen/women. *Pol Roger*, getreu seiner langen Bindung an den britischen Markt, prämiiert in Großbritannien den »jungen Weinhändler des Jahres«, zusammen mit der Weinzeitschrift »Decanter«. *Clicquot* belohnt mit dem »Privilège Clicquot Rosé« Restaurants, die von bestimmten Berufsgruppen erwählt worden sind – zum Beispiel das »Recamier« in Paris (ein Stern im Michelin) von den Literaten, »Maxim's« von den Couturiers, »Le Pré Carré« von der Show-Branche.

Laurent Perrier gehört zu den Sponsoren des internationalen Sommelierwettbewerbs (bzw. zu denen, die die Preise zur Verfügung stellen). *Pol Roger* finanziert den Preis, den die Wein-Fachjournalisten jährlich für die beste Restaurant-Weinkarte vergeben. *Piper Heidsieck* unterstützt den Verband der Restaurantköchinnen. *Krug* ehrt von Zeit zu Zeit einen Großen der französischen Küche. *Bricout*, das sich mit dem Filmstar Alain Delon einen besonderen Trumpf gesichert hat, verleiht an berühmte Leute der Gastronomie die goldenen »Seaux Alain Delons« (goldene Weinkübel).

Man sieht, ohne die Champagnerfirmen wäre das öffentliche Leben, auch das kulturelle, wirklich etwas ärmer. Da gerade die aufgezählten Handelshäuser bisher keinerlei Absatzschwierigkeiten hatten, ist für

ihr kulturelles Mäzenatentum durchaus Anerkennung am Platze. Und – meine Liste ist noch gar nicht vollzählig.

Zu welchen Höhe sich Phantasie und Unternehmungslust auf diesem Gebiet aufschwingen können, zeigt besonders trefflich der Ausflug des Hauses *Krug* nach Brüssel. Belgien ist traditionell erstklassige Champagnerkundschaft, gerade für guten. Brüssel beging 1979 seine Tausendjahrfeier. Also wurde ein »Hommage Krug« an die belgische Küche organisiert, in Zusammenarbeit mit der Stadt, mit der Provinz Brabant, hauptsächlich aber mit der Unterstützung (auch der finanziellen) der berühmtesten Brüsseler Küchenchefs*. Bekannte europäische Küchenchefs wurden mit ihren Frauen eingeladen, dazu etwa 150 Journalisten – ein Bankett für etwa achthundert Personen, bewirtet von den elf führenden Brüsseler Restaurateuren, die jeder auf seine Art für einige Tische kochten.

Das Wetter war nicht gnädig, so daß die vorgesehene heitere Prozession aller Gäste nach dem Empfang beim Bürgermeister, durch ein Fakkelspalier hindurch, zur Magdalenenhalle wegen Regen sowohl dunkel als auch sehr hastig wurde. Nicht wenige Brüsseler mit Kenntnis der gastronomischen Szene hatten wohl gemeint, so vielen Fremden die fälligen Tafelfreuden nicht allein überlassen zu sollen. So saßen viele Ungeladene schon an den Tischen, als die geladenen Gäste sich mühsam durch die einzige Tür gepreßt hatten. Manche von diesen

---

* Die belgischen Behörden brachten 1,5 Millionen Francs auf, die Köche steuerten Waren und Leistungen für rund 2 Millionen bei, Krug kostete es rund eine Million. Gesamtkosten umgerechnet insgesamt 220 000 Mark.

Jean-Paul Médard, Informations-Chef eines Großmäzens für Sport, Gesellschaft und Kultur:
Moët & Chandon in Epernay

verließen ob der Nachricht, mehr Tische könnten nicht aufgestellt werden und eine Kontrolle sei unmöglich, einigermaßen enttäuscht eine Szene, zu der sie Hunderte von Kilometern angereist waren.

Im Laufe des Abends wurden aber für die Standhaften doch noch Plätze organisiert, die Stimmung der etwa tausend Leute im Saal stieg, nicht nur wegen des Essens. Insgesamt wurden neben Hunderten von Magnumflaschen gutem Bordeaux ja auch rund tausendfünfhundert Flaschen Champagner von Krug getrunken…

Breughel hätte sich ein solches Mahl nicht vorstellen können, stand danach in belgischen Zeitungen. Aber für den Champagner, wenn man so sagen darf, war es nichts gar so Unerhörtes. Am 22. September 1900 hatte der französische Staatspräsident Loubet die Bürgermeister Frankreichs in den Pariser Tuileriegarten zum Festschmaus geladen. Zu Tisch saßen 22695 Menschen, und sie bewältigten neben vielem anderen rund 20000 Flaschen Champagner. »Was es damals für ein Vergnügen war, Bürgermeister zu sein«, meint François Bonal*, dem ich diese Geschichte verdanke.

Ähnlich rekordlustig zeigte sich 1984 anläßlich der olympischen Spiele in Los Angeles das Champagnerhaus *Leclerc-Briant*. Es errichtete im Biltmore Hotel die höchste jemals gesehene Pyramide aus Champagnergläsern: 10404 Gläser in 44 Etagen, Gesamthöhe 7,55 m…

* La Champagne Viticole, März 1986

Besuch willkommen

Winzer, die gerne ihren Betrieb zeigen

Die eindrucksvollen Keller und Verarbeitungsanlagen der meisten großen Champagnerhäuser können besichtigt werden. Entsprechende Hinweise finden Sie im ABC bei den Unternehmen. Aber es ist auch interessant, die Einrichtungen und die Arbeitsweise kleinerer kennenzulernen: der Kontakt ist unmittelbar, die Weinberge sind nahe, die Atmosphäre ist oft intimer, der Champagner ebenfalls gut. Dutzende von Winzern empfangen Sie gern. Nicht wenige können auf deutsch führen und erklären, natürlich noch mehr auf englisch. Hier eine Liste, nach Ortschaften gegliedert, von Mitgliedern einer Gruppierung, die eine »Charte d'Accueil au Vignoble« unterschrieben, sich also bereit erklärt haben, Besucher zu empfangen. Aber möglichst vorher anrufen! Winzer haben bekanntlich oft im Weinberg zu tun...

AY
Association Coopérative de Viticulteurs de Premiers Crus de la Marne, 1 + 5, rue de la Brèche. 26 55 44 05. Tonbildschau auch deutsch.

Roger Brun, 1, Impasse Saint-Vincent. 26 55 12 73. Deutsch an Wochenenden.
Roland Fliniaux, 1, rue Léon Bourgeois, 26 55 17 17.
Gatinois, 16, rue Marcel Mailly, 26 55 14 26. Deutsch.
H. Goutorbe, 11, rue Léon Bourgeois, 26 55 21 70. Deutsch.
R. Goutorbe, 11, rue Jeanson, 26 55 19 47. Deutsch.

BOURSAULT
J. Berat, 8, rue St.-Roch, 26 58 41 57.

LE BREUIL
Pierre Mignon, 5, rue des Grappes d'Or, 26 59 22 03.

CHAMPILLON
G. Autréau, 15, rue René Baudet, 26 51 54 13.

CHOUILLY
Hostomme, 5, rue de l'Allée, 26 55 40 79.

CONGY
Breton Fils, 12, rue Courte Pilate, 26 59 31 01. Deutsch.

CORMICY
Cantoni-Guerlet, 16, rue du Président Kennedy, 26 61 31 58.

COURJEONNET
Ragot-Nominé, 26 59 35 71. Deutsch.

CUIS
Le Brun, 17 + 19, route d'Epernay, 26 59 70 30.

EPERNAY
Janisson-Baradon & Fils, 65, rue de la Chaude-Ruelle, 26 54 45 85.

FESTIGNY
H. Loriot, 13, rue de Bel Air, 26 58 33 44.

FLEURY-LA-RIVIERE
Michel Pommelet, 5, rue des Longs Champs, 26 58 41 04.

HAUTVILLERS
Lopez-Martin, 63, les Côtes de l'Héry,
26 59 42 17.

MARDEUIL
Claude Dubois, 89, rue Paul Langevin,
26 55 25 65.
A. Gaillot & Fils, 12, rue de la Liberté,
26 55 31 42.

MAREUIL-SUR-AY
M. Hebrart, 20, rue du Pont, 26 50 60 75.
Deutsch während der Ferien.

LE MESNIL-SUR-OGER
A. Jacquart, 6, Avenue de la République,
26 57 52 29.
B. Launois, 3, Avenue de la République,
26 57 50 15.
D. Pertois, 13, Avenue de la République,
26 57 52 14.
Alain Robert, 25, Avenue de la République, 26 57 52 94 (deutsch nach Anmeldung).

M. Rocourt, 1, rue des Zalieux,
26 57 94 99.

MONTHELON
D. Frezier, 8 + 50, rue Gaston Poittevin, 26 59 70 16. Deutsch nach Verabre-
dung.
M. Pienne, 20, rue de Montauban,
26 59 70 94. Deutsch am Wochenende.

MOUSSY
Duverger, 15, rue de Champagne,
26 54 03 54.

OEUILLY
Rasselet, 18, rue des Hussards,
26 58 30 26.

RILLY-LA-MONTAGNE
Adam Garnotel, 15, rue de Chigny,
26 03 40 22.

TREPAIL
Georges Maizières, chemin rural de Fer-
vins/1, rue du Stade, 26 57 05 04.

VANDIERES
Delabarre-Brochet, 26, rue de Châtillon,
26 58 02 65.
Daniel Moreau, 5, rue du Petit Moulin,
26 58 01 64.
Bernard Nowack, 15, rue Bailly,
26 58 02 69.

VENTEUIL
B. Mignon, 3/5, rue du Banc de Pierre,
26 58 48 90.

VERTUS
Michel Rogué, 15, rue du Général Leclerc, 26 52 15 68. Deutsch.

VILLERS-SOUS-CHATILLON
Jacky Charpentier, rue de Reuil,
26 58 05 78.

Marne-Kanal bei Mareuil

Glossarium

Hier wollen wir weder ein Weinlexikon überflüssig machen noch ein französisch-deutsches Wörterbuch oder ein Verzeichnis der Ausdrücke, die bei der Weinverkostung und -beschreibung üblich sind. Unsere Stichworte sind auf den Champagner bezogen und hauptsächlich solche, die man bei den Herstellern und in den Markenhäusern hören kann. Dazu kommen einige allgemeine Fachausdrücke.

acidité: Säuregehalt (Säuregrad)

AOC: Abkürzung für Appellation d'Origine contrôlée: bedeutet Qualitätswein mit kontrollierter Ursprungsbezeichnung, welche Einstufung, die strenge Regeln und Kontrollen mit sich bringt, auch der Champagner genießt. Siehe Abschnitt II (»Das Rezept«).

agrafe: Metallspange zur zusätzlichen Sicherung des Korkens, früher viel verwendet während der Flaschengärung, als noch anstelle der heute fast überall üblichen Kronenkapseln echte Korken verwendet wurden.

apfelig, Apfelgeruch: zeigt im allgemeinen an, daß der Wein zu jung ist, noch unreif.

appellation: siehe AOC.

Aroma: Geruchsstoffe, die von der Traube herrühren.

assemblage: das Verschneiden, also Zusammenmischen verschiedener Weine zu einer »cuvée«. Siehe II (»Das Rezept«).

barlon oder *bellon* oder *belon:* Holz- oder Zementbehälter unter der Weinpresse, in den der Most hineinläuft.

bitter: leichter Bitterton bei jungem Champagner, kann durchaus zum erfrischenden Geschmack beitragen, verschwindet mit der Reifung.

blanc de blancs: Champagner, ausschließlich aus weißen Trauben gekeltert.

blanc de noirs: Champagner, der ausschließlich aus blauen Trauben gewonnen wird.

blumig: beim Champagner unbeliebt; zu ausgeprägtes Bukett (und Geschmack) wird vermieden.

BOB: »Buyer's Own Brand«, Handelsmarke, die entsprechend dem Wunsch des Abnehmers benannt wird, also den Namen des Lokals oder Geschäftes oder der Handelskette trägt und nicht den des Herstellers. Erkennbar an den Buchstaben MA vor der winzigen Kontrollnummer auf dem Etikett; s. auch Seite 70.

bobillon: kleines Faß.

bouchon d'expédition: der endgültige Korken auf der verkaufsfertigen Champagnerflasche.

bouchon de tirage: Verschluß der Flasche für die Phase der Flaschengärung, meist Kronkapseln, nur noch selten Korken.

bouillage: das erste heftige Stadium der Vergärung des Mostes zu Wein; in den Tanks oder Fässern brodelt es richtig.

brut: sehr »trockener« bzw. herber Champagner mit wenig Zuckerzusatz, Höchstgrenze 15 g pro l.

brut absolu, zéro, intégral, 100% u. ä.: Champagner, dem kein Zucker zugesetzt wurde.

Bukett: die Gesamtheit der Duftstoffe, die sowohl von der Traube als auch aus der Vinifizierung stammen, vom Faß und der Entwicklung in der Flasche.

Buyer's Own Brand: siehe BOB.

caque: altes Maß für Traubengewicht nach den früher verwendeten Körben = 80 kg.

cave: unterirdischer Keller.

caviste: Arbeiter im Weinkeller.

cellier: Lagerraum über der Erde.

cépage: Rebsorte.

chaptalisation: Zuckerzusatz zum Most, um bei der Vergärung einen höheren Alkoholgehalt des Weines zu erreichen.

Chardonnay: Die Weißweintraube, aus der die großen Burgunder gewonnen werden, auch eine der drei für den Champagner bestimmten Rebsorten.

CIVC: siehe Kapitel »Champagner-Regierung«, Seite 234.

club de viticulteurs: Zusammenschluß von etwa fünfzig Winzern, die unter dem Club-Zeichen nur Champagner verkaufen, der von einer Prüfungskommission des Klubs gebilligt wurde.

CM: Abkürzung für »coopérative de manipulation«, also eine Champagner erzeugende Genossenschaft, vor der Kontrollnummer auf dem Etikett.

cochelet: Abschlußfeier (hauptsächlich mit Essen und Trinken verbunden) nach der Lese.

col: Hals, ist zum Begriff für die ganze Flasche geworden. Produzenten geben ihre Verkaufszahl oft in »cols« anstatt in »bouteilles« an.

collage: Klärung, »Schönung« des Weines

Comité Interprofessionnel: siehe Kapitel »Champagner-Regierung«.

cossier: Dialekt für Winzer.

coteaux champenois: die nicht schäumenden Weine der Champagne, s. Abschnitt »Champagners Vettern«.

coupe: das ziemlich flache runde Glas, das für Champagner ganz ungeeignet, aber sprachlich zur Bestelleinheit für offenen geworden ist. »Une coupe« verlangt man, wenn man ein Glas Champagner haben will, ohne Rücksicht auf die Form (das flache wird in guten Lokalen ohnehin nicht verwendet).

courtier: Makler.

Cramant: Spitzenlage in der Chardonnay-Gegend »Côte des Blancs«, nicht zu verwechseln mit »Crémant«.

Crémant: mit schwächerem Druck hergestellter Champagner, s. Abschnitt »Das Rezept«.

Cru: Gewächs, bei Champagner gleichbedeutend mit Lage, nämlich mit den Ortschaften. s. Abschnitt »Die Hierarchie der Crus«.

cuve: Tank, Wanne, nur noch selten Faß.

cuvée: sowohl der Most der ersten Pressung (2050 l aus 4000 kg Trauben, s. »Das Rezept«) als auch das Endprodukt der Champagnerzubereitung: die fertige Mischung.

débourbage: Säubern des frisch gekelterten Mostes von Unreinheiten und Fremdstoffen; sobald sie sich unten abgesetzt haben (nach etwa 10 bis 12 Stunden), wird er abgepumpt. Es gibt seit einiger Zeit auch ein Zentrifugierverfahren.

débourrement: das Aufbrechen der Knospen.

degorgieren: Enfernung des Depots, s. Abschnitt »Das Rezept«.

demi-muid: 600-Liter-Holzfaß.

demi sec: halbtrocken, Champagner mit Zuckerzusatz von 33 bis 50 g pro Liter.

dépôt: Ablagerungen in der Flasche, z. B. Weinstein, Hefereste.

deuxième taille: die letzten erlaubten 205 l Most aus der Gesamtpressung von 4000 kg Trauben, die noch zu Champagner verarbeitet werden dürfen.

dosage: Zugabe von »Likör«, der aus Zucker und Wein besteht, zum Champagner, s. »Das Rezept«.

doux: mehr als 50 g Zucker pro l Champagner.

échelle (des crus): Die qualitative Einstufung der Champagnerlagen, siehe Abschnitt »Die Hierarchie der Crus«.

entraillage: das Lagern der gefüllten Flaschen auf Latten, vor der Flaschengärung.

épluchage: das Verlesen, also Aussortieren schlechter Trauben vor dem Keltern.

Essigton: bildet sich leicht bei offenem Wein; weggießen! Besser: Champagner nicht lange offen stehen lassen. Für einmal geöffneten gibt es praktische Spezialkorken, die ihm mindestens einen weiteren Tag im Eisschrank ohne Schaden ermöglichen.

extra dry, extra sec: 12–20 g Zucker pro Liter Champagner.

fermentation: Gärung

fermentation malolactique: Milchsäuregärung, Vergärung der Apfelsäure zu Milchsäure, wobei der Gesamtsäuregehalt des Weines herabgesetzt wird.

Firne: Alterston, zunächst eher angenehm (»Edelfirne«), dann ins »Madeirisieren« übergehend und mehr und mehr an mißglückten Sherry erinnernd; der Champagner wird mit dem Alter auch dunkler. Die Beurteilung der Firne geht stark auseinander – in England wird »firniger« Champagner mehr geschätzt als in Frankreich. Welche chemischen Veränderungen das Altern dem Champagner bringt, ist noch kaum erforscht.

flach: ist Champagner, wenn er nicht (mehr) schäumt, und ganz allgemein, wenn er gar zu neutral wirkt.

Foule, en foule: frühere »unordentliche«, also nicht in Reih und Glied betriebene Anbaumethode der Champagnerrebstöcke. Sie bewirkte eine bessere Verteilung der Vegetation; die Trauben waren kleiner, aber von besserer Qualität. Doch der (scheinbare) »Wildwuchs« erschwerte die Arbeit im Weinberg: Pferde und später Maschinen konnten nicht durch. Schon vor dem Zweiten Weltkrieg ging man aus diesen praktischen Gründen zum Reihenanbau über.

Frische: wird von ausreichendem Säuregehalt bewirkt. Mehrere Produzenten verzichten auf den biologischen Säureabbau (s. fermentation malolactique), damit der säurereichere Champagner Jahre länger seine Frische behält.

fut: Faß.

galipe: Weinfeld oder Weinberg.

grand cru: s. »Hierarchie der Crus«.

grün: nicht die Farbe ist gemeint (viele Champagner sind hellgelb mit grünlichem Ton), sondern zu junger, etwas unreifer, rauher Geschmack.

habillage: das Anbringen des Etiketts und der Halsumhüllung.

hordon: Trupp von Weinlesern.

liqueur d'expédition: s. dosage.

Länge: der Geschmack soll noch eine Weile auf der Zunge bzw. am Gaumen haften, sonst ist der »Abgang« zu »kurz«.

liqueur de tirage: Beigabe von Zucker (in Wein gelöst) und Reinzuchthefen, um die Flaschengärung auszulösen.

MA: Marque d'Acheteur, Handelsmarke, s. BOB.

madeirisiert: Alterston d. Champagners.

malolaktische Gärung (»malolactique«): Milchsäuregärung, s. fermentation.

mannequin: so hieß der Tragekorb für die Trauben bei der Lese, der heute durch Plastikkästen ersetzt ist.

marc: 1. die Inhaltseinheit der normalen Champagnerpresse, nämlich 4000 kg, aus denen 2666 l Most für die Champagnerbereitung gepreßt werden dürfen. 2. die ausgepreßte Masse von Traubenschalen, Kernen und Stielen nach der Kelterung, 3. Tresterschnaps.

masse: siehe mise en masse.

méthode champenoise: siehe Abschnitt »Das Rezept«.

méthode rurale: Füllung noch nicht ganz vergorener Weine in Flaschen; so werden auch sie nach wieder einsetzender Gärung zu (schwächeren) Schaumweinen.

millésime: Jahrgang.

millésimé: als Jahrgangschampagner ausgebaut.

mise en masse: Lagerung der Champagnerflaschen mit dem Hals nach unten, nach Beendigung der remuage vor dem Degorgieren, s. »Das Rezept«.

monocru: aus einer Lage. Die meisten Champagner der großen Häuser sind keine, sondern »assemblages« verschiedener Lagen. Winzerchampagner hingegen ist oft »monocru«.

mousse: der Schaum.

muselet: das Drahtgeflecht um den Champagnerkorken.

Nase: nicht nur, womit Sie Aroma und Bukett des Champagner beurteilen, sondern auch, wie er dann auf Ihre Nase wirkt.

négoce, négociant: der Handel, also die Handelsfirmen, der Händler.

NM: négociant manipulant, der Händler bzw. die Firma, die selbst Champagner herstellt. Siehe »Etikett, entschlüsselt«.

non vintage: ohne Jahrgang.

œil de perdrix: eigentlich zwar Rebhuhnauge, aber in Wirklichkeit Hühnerauge; beim Champagner bedeutet es einen leicht rötlich gefärbten, meist Rosé.

ouillage: Auffüllen von Fässern oder Tanks.

oxidiert: im leichten, harmlosen Fall wie madeirisiert (s. d.), im schweren deutlich aufdringlich-unangenehmer Geruch und Geschmack.

pétillant: leicht perlender Wein, weit geringerer Kohlensäuregehalt als Champagner.

Phylloxera vastatrix: Reblaus.

pièce: Faß von 205 l.

pinot meunier: für Champagner zugelassene blaue Rebsorte.

pinot noir: für Champagner zugelassene blaue Rebsorte.

pointes (sur): Lagerung der Flaschen: senkrecht, Korken unten (meist in mehreren Reihen übereinander, das Korkende jeweils in der Delle der nächst tieferen).

premier cru: s. »Hierarchie der Crus«.

première taille: Most aus der zweiten Kelterung eines Marc (s. d.), 410 l aus der Ladung von 4000 kg.

pressoir: die Weinpresse.

prise de mousse: die Bildung von Kohlensäuregas durch die zweite Gärung in der Flasche, das auch den Druck von 4,5 bis 6 bar bringt.

ratafia: s. »Champagners Vettern«

RD: récemment dégorgé: vor kurzem erst von seinem Depot befreiter Champagner.

rebêche: was nach der zugelassenen Mostmenge noch ausgepreßt werden könnte, bzw. wird, darf nicht für Champagner verwendet werden.

récoltant: Winzer.

remuage: das systematische Rütteln der Flaschen, um das Depot zu lockern und schließlich im Hals der umgedrehten Flasche auf der Kapsel oder dem Korken zu konzentrieren.

renarder: eigentlich erbrechen. Hier bedeutet es, der Champagner erreicht das ungenießbare Stadium zu weit fortgeschrittener Oxydation.

RM: Récoltant Manipulant, Winzer, der seinen eigenen Wein zu Champagner verarbeitet. s. »Etikett, entschlüsselt«.

sans année: ohne Jahrgang.

sec: 17–35 g Zucker pro Liter Champagner.

sommelier: Weinkellner.

sous-marque: Handelsmarke, nicht die eigene Hauptmarke eines Herstellers.

Spécial-Club: Die Abfüllungen der Mitglieder des Clubs (s. d.) mit dem zusätzlichen Club-Etikett.

soutirage: Abstich, Ab- bzw. Umpumpen des Weines.

taille: 1. der Rebschnitt, 2 Phase beim Keltern, s. II (»Das Rezept«).

transvasage: Umfüllung von größeren in kleinere Flaschen oder umgekehrt (die zweite Gärung in der Flasche wird nicht in den ganz kleinen und den ganz großen Flaschen durchgeführt).

vendangeoir: die Keltere-Anlage.

vendanges: die Weinlese.

vieux vignes: Reben, die nicht auf amerikanische Rebstöcke aufgepropft wurden (denen die Reblaus nichts anhaben kann); gibt es nur noch ganz wenig (bei Bollinger). Warum sie nicht befallen werden, weiß man nicht.

vigneron: Winzer.

vignoble: Weinberg (oder -feld), wird auch für ganze Anbaugebiete benutzt.

vin de cuvée: Aus dem Most der ersten Pressung entstandener Grundwein.

vintage: Jahrgang.

volée (à la): Das Entkorken zwecks Entfernen des Depots nicht maschinell, sondern mit der Hand.

zitronig: schmecken viele Champagner, wenn nicht zu stark, trägt es angenehm zur Frische bei.

Partnerschaften zwischen Orten der Champagner-Region und deutschen Gemeinden

5100 Aachen – Reims
5488 Adenau – Sillery
6691 Bammental – Vertus
7122 Besigheim – Ay
6100 Darmstadt – Troyes*
4270 Dorsten – Dormans
6501 Essenheim – Boursault,
   Châtillon sur Marne,
   Festigny und Verneuil
7505 Ettlingen – Epernay
7505 Ettlingen 7 (Oberweier) –
   Etoges

6509 Flonheim –
   Villenauxe-la-Grande
6084 Gernsheim (Rhein) –
   Bar-sur-Aube
6689 Hüttigweiler (Ortsteil von
   Illingen/Saar) – Verzy
6229 Kiedrich – Hautvillers
5561 Kinheim – Ambonnay
6909 Leimen – Tinqueux
   (Vorort von Reims)
7502 Malsch – Sézanne

6950 Morsbach (Baden) – Château
   Thierry
4040 Neuss – Châlons-sur-Marne
8711 Sulzfeld – Avize
6501 Zornheim – Cerseuil, Mareuil-
   le-Port und Port-à-Binson

* Nicht mehr direkt im produzierenden Gebiet, aber historische Hauptstadt der Champagne und Verwaltungssitz des Départements Aube.

Hochschul-Partnerschaften

Pädagogische Hochschule
Heidelberg – Ecole Normale
Mixte de la Marne,
Châlons-sur-Marne

Fachhochschule für Technik
und Wirtschaft Reutlingen –
Ecole Supérieure de Commerce,

Centre d'Etudes Supérieures
Européennes de Management
(CESEM), Reims

INDEX

Firmen- und Markennamen finden Sie außerdem auch im Importeur-Verzeichnis (Seite 226 ff.), in der »Hierarchie der Crus« (Seite 41 ff., dort in den jeweiligen Gruppen alphabetisch) und unter »Besuch willkommen« (Seite 240/41). Diese Einträge sind hier nicht wiederholt, ebensowenig die des Glossariums auf Seite 243–245.

Im Hof von Krug werden Fässer gewässert.

Frühmorgens bei der Mühle von Verzenay.

251

Bibliographie

Deutschsprachige Champagnerliteratur ist spärlich, englische und französische mußte bisher als Hauptquelle dienen. Ich habe für dieses Buch mit Nutzen konsultiert:

John Arlott: Krug, House of Champagne, London 1976

P. M. Blüher: Meisterwerk der Speisen und Getränke, Leipzig 1901

Boisriveaud, Dumay u. a.: Le Vin de Champagne, Paris (Montalba) 1977

François Bonal: Le Livre d'Or du Champagne, Lausanne 1984

Hervé Bozier: Le Champagne – Guide Pratique, Reims 1982

Michel Dovaz: L'encyclopédie des vins de Champagne, Paris 1983

Patrick Forbes: Champagne: the wine, the land und the people, London 1967

René Gandilhon: Naissance du Champagne – Dom Pierre Pérignon, Paris 1968

André Garcia: Grandes Marques & Maisons de Champagne, Reims 1982

André Garcia: Le Vin de Champagne, Paris 1986

Albert Gosset: Champagne au Cœur, Reims 1984

Joseph Henriot: Champagne Charlie (Historischer Roman auf der Grundlage von Dokumenten), Paris 1982

Henri et Rémy Krug: L'Art du Champagne, Paris 1979

Michel Mage: Le Champagne, Paris 1982

Nicolas de Rabaudy: Le Champagne et la Belle Epoque, Paris 1985

Cyril Ray: Bollinger – Tradition of a Champagne Family, London 1971

Georges Renoy: Les Mémoires du Champagne, Liège 1983

Guy Renvoise: Guide des Vins de Champagne, Paris 1983

Jean-Marc Robert (photos Claude Huyghens u. Françoise Danrigal): Les Routes du Champagne, Paris 1986

Edouard Robinet: Manuel Général des Vins – deuxième partie: Vins Mousseux, Champagnes, Paris 1927

Tom Stevenson: Champagne, London 1986

Pamela Vandyke Price / Thérèse During: Le guide familier des vins de Champagne, Paris 1980

H. Warner Allen: White Wines and Cognac, London 1952

Henry Vizetelly: A History of Champagne with Notes on the other sparkling wines of France, London 1882

Regelmäßige fachliche Informationen bieten die Zeitschriften »Le Vigneron Champenois« der »Association Viticole Champenoise« und das »Bulletin trimestriel d'Information« des CIVC, beide Epernay, und »Le Journal du Champagne«, Reims.

Lieferbare politische Bücher von Gert v. Paczensky:

Nofretete will nach Hause (Gert v. Paczensky und Herbert Ganslmayr), Bertelsmann

Weiße Herrschaft (Geschichte des Kolonialismus), Fischer TB 3418

Faustrecht am Jordan? (Geschichte des Nahost-Konflikts), Erdmann/Thienemanns

…Über Fernsehen, Bucher

Das Ölkomplott (wie wir von Erdöl-Multis ausgenommen wurden), Fischer TB 4325

Über Jean-Pierre Haeberlin und die Auberge de l'Ill:

Paul und Jean-Pierre Haeberlin – Meisterköche aus dem Elsaß, Econ

Fotobände von Jürgen D. Schmidt:

Wenn man es glaubt, ist es noch schöner (Text Ken Kaska), Coppenrath

Wer anderen eine Rede hält (Text Karl-Heinz Wocker), Coppenrath

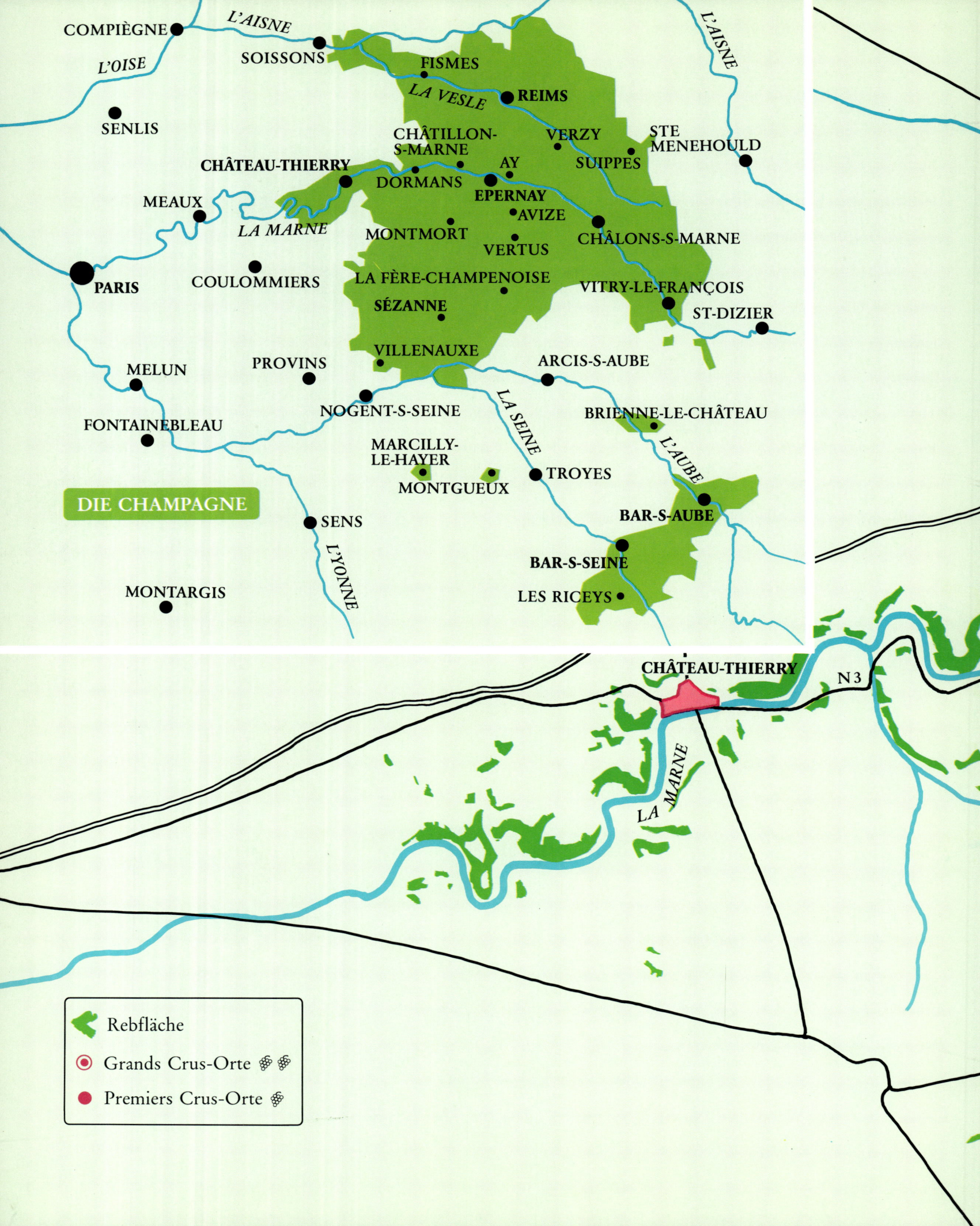

DIE CHAMPAGNE

COMPIÈGNE
L'AISNE
L'OISE
SOISSONS
SENLIS
FISMES
LA VESLE
REIMS
CHÂTILLON-S-MARNE
VERZY
STE MENEHOULD
CHÂTEAU-THIERRY
AY
SUIPPES
MEAUX
DORMANS
EPERNAY
LA MARNE
MONTMORT
AVIZE
CHÂLONS-S-MARNE
PARIS
VERTUS
COULOMMIERS
LA FÈRE-CHAMPENOISE
VITRY-LE-FRANÇOIS
SÉZANNE
ST-DIZIER
VILLENAUXE
ARCIS-S-AUBE
MELUN
PROVINS
NOGENT-S-SEINE
BRIENNE-LE-CHÂTEAU
LA SEINE
L'AUBE
FONTAINEBLEAU
MARCILLY-LE-HAYER
MONTGUEUX
TROYES
BAR-S-AUBE
SENS
BAR-S-SEINE
L'YONNE
LES RICEYS
MONTARGIS

CHÂTEAU-THIERRY
N 3
LA MARNE

Rebfläche

Grands Crus-Orte 🍇🍇

Premiers Crus-Orte 🍇

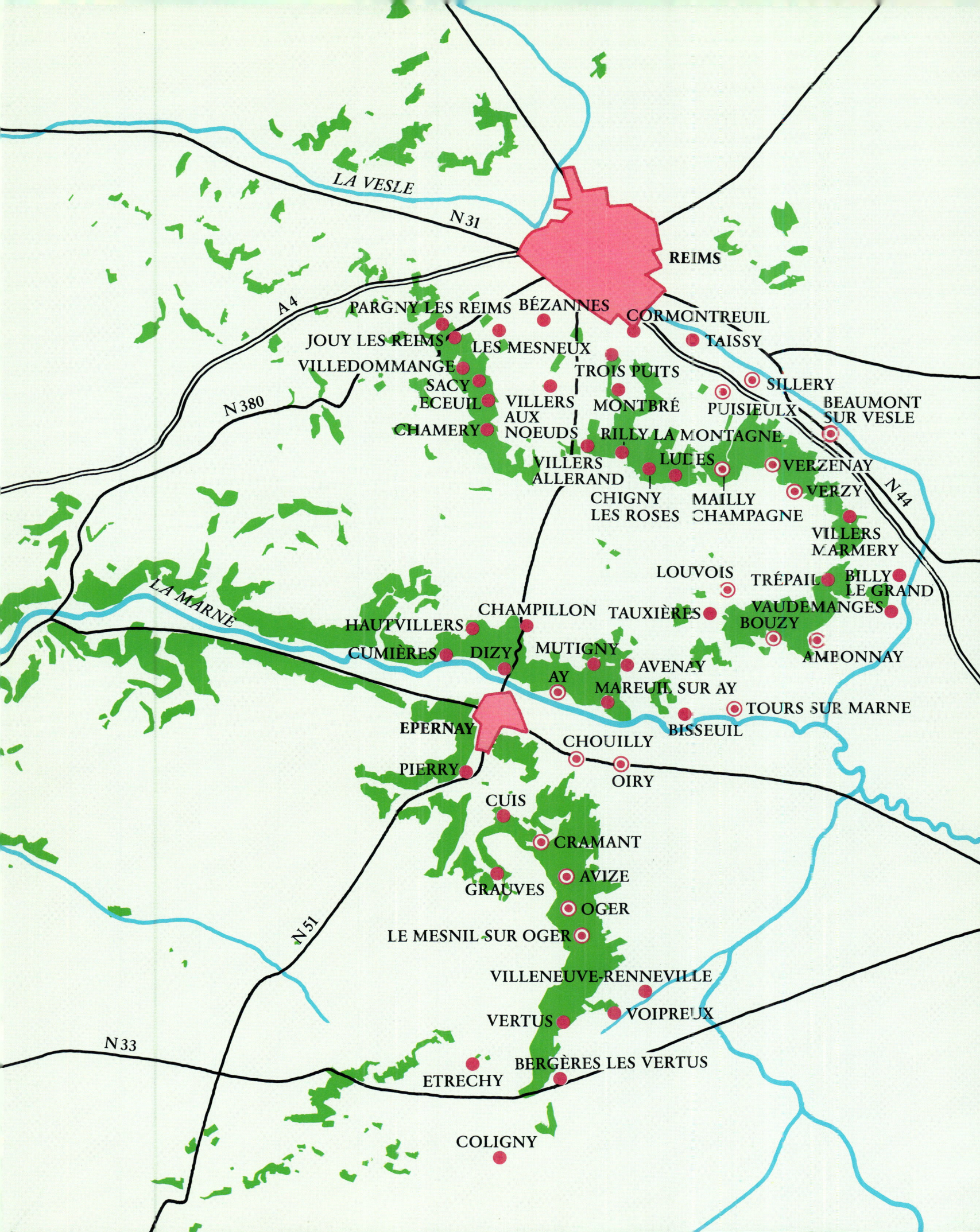

Bücher für Leser mit Geschmack

Cognac

von Gert v. Paczensky mit Fotos von Jürgen D. Schmidt, Aquarellen und Zeichnungen von Jean-Pierre Haeberlin. In derselben schönen Ausstattung wie der vorliegende Band erschien in verbesserter Neuauflage dieses Standardwerk: Jetzt mit 3000 Cognacs, über 1000 Marken und aktualisierten Adressen. Alles über Herkunft, Klassifizierung, Pflege und Genuß. Ein prachtvoller Bildband, für den Fachmann zum Nachschlagen unentbehrlich und für den Liebhaber dieses edlen Getränks mit jeder benötigten Information, vollständig wie nie zuvor. Ein Buch, das auch in Frankreich neue Maßstäbe setzte und daher inzwischen ins Französische übersetzt wurde. Ausgezeichnet mit der Goldmedaille der Gastronomischen Akademie. 223 Seiten mit über 150 zum großen Teil farbigen Abbildungen. Leinen.

Cocktails, Drinks & Longdrinks
Die Welt des Cocktails

Von Gino Marcialis und Dario G.C. Querini. Das Barbuch, in dem jeder Drink farbig fotografiert ist. Von Bild zu Bild findet man phantasievolle Serviervorschläge und Dekorationsideen. Jedes Rezept ist gut verständlich beschrieben und leicht zu mixen. Gino Marcialis, der international renommierte italienische Barmeister präsentiert rund 200 Mixdrinks mit vielen Tips, Erfahrungen und allem Wissenswerten für die perfekte Bar. Ausführliche Beschreibung der über 30 Drinks-Kategorien, internationales Produktglossar und übersichtliche Gläserkunde »Welcher Drink in welches Glas?«. 144 Seiten, 110 Fotos, Großformat 27 × 20 cm. Glanzeinband oder *Luxusausgabe* in Ganzleder und repräsentativer, hochwertiger Ausstattung.

Liköre – hausgemacht

von Claus Arius. 100 Rezepte für fruchtige und würzige, süße und bittere Liköre. Alle Handgriffe, Geräte und Techniken werden in Wort und Bild genau beschrieben. 151 Seiten mit 12 Farbtafeln.

Armagnac

von Jean und Georges Samalens/Horst Scharfenberg. Heimat und Entstehung des Armagnac, Land und Leute, typische Rezepte der Gascogne. Ein kulinarischer Reiseführer und ein fundiertes Fachbuch über Herstellung, Lagerung, Pflege und Genuß dieses exquisiten Getränks. Silbermedaille der Gastronomischen Akademie! 87 Seiten, viele Abbildungen.

Großtante Hortense
Bowlen, Punsche & Amouren

von Leonhard Reinirkens, illustriert von Tony Munzlinger. In jeder Hinsicht hochprozentig sind die Amouren der Großtante Hortense und ihre Erfolgsrezepte für Punsche und Bowlen: süffige Kompositionen, pikante Geschichten, lockere Illustrationen. Geschenkband mit 160 Seiten und rund 30 Illustrationen.

Fred Metzelers
Kulinarisches Lesebuch

Literarische Würzmischung mit Zutaten von Peter Bamm, Günter Grass, Rudolf Hagelstange, Roda-Roda, Joseph Wechsberg und anderen Feinschmeckern. Amüsante Lektüre für Genießer, Fundus für Tischreden, Quintessenz zahlloser Rundfunksendungen des beliebten Moderators. Geschenkband, 76 Seiten.

50 Mixdrinks ohne Alkohol

von Karl Rudolf. Ganz ohne Alkohol: Rezepte, die bezaubern durch ihre raffinierte Mischung, die Vielfalt der Möglichkeiten und durch die hervorragenden Fotos, mit denen jedes Getränk präsentiert wird. Da freuen sich nicht nur Autofahrer und Kinder. 63 Seiten, alle farbig, flexibler Hochglanzeinband.

Vollwertküche
für Gourmets

Feinschmecker-Rezepte, die höchsten Ansprüchen genügen: sowohl im ambitionierten Haushalt als auch in der Gastronomie. Alles ohne Fleisch und absolut vollwertig! Rund 150 Rezepte mit Menüvorschlägen, meisterhaft fotografiert. 206 Seiten, 60 Fotos, hochwertiger Kunststoffeinband.

Die Küche der Toscana
Land und Menschen

von Bruno Hausch und Leonhard Reinirkens. Ein prachtvoller Bildband, der die einfache unverfälschte Küche dieser Region vorstellt, der das Land beschreibt, in dem sie ihren Ursprung hat, und die Menschen, die dort leben. Mehr als ein Kochbuch, mehr als ein Reiseführer und mehr als ein Landschaftsbuch. 192 Seiten mit über 100 Fotos.

Die kulinarischen Abenteuer
des FRA BARTOLO

von Leonhard Reinirkens. Ebenfalls vor allem in der Toscana spielen die genüßlichen Geschichten vom sinnenfrohen Klostergärtner Fra Bartolo, der die unglaublichsten Abenteuer erlebt, die – dem Himmel sei Dank! – immer mit einem köstlichen italienischen Rezept ihr glückliches Ende finden. Was Hunderttausende mit Vergnügen im Rundfunk hörten, kann man jetzt im Buch nachlesen: auf über 400 Seiten mit über 50 echt italienischen Rezepten.

Küchengeräte um 1900

von Brigitte ten Kate-von Eicken. Bildband und Sammler-Fachbuch für alle, die gerne auf Flohmärkten und bei Antiquitätenhändlern nach Omas Küchengeräten aus den Anfängen der industriellen Fertigung stöbern. 280 Farb- und Schwarzweißfotos, 239 Seiten, Leinen.

Alle angezeigten Bücher erhalten Sie in Ihrer Buchhandlung. Sollte ein Titel nicht vorrätig sein, kann er von Ihrem Buchhändler kurzfristig besorgt werden. Prospekte und Informationen erhalten Sie vom

HÄDECKE VERLAG

D-7252 Weil der Stadt